KB264968

백제 정치사의 전개과정 | 百濟 政治史의 展開過程

● 지은이

양기석 _ 梁起錫(Yang Gi-Seok)

1948년 서울 출생
서울대학교 사범대학 역사과 졸
단국대학교 대학원 사학과 석사 · 박사
충북대학교 교수(1981~2013)
한국고대사학회 회장(1993~1995)
백제학회 회장(2008~2009)
충북사학회 회장(2009~2010)
충북대박물관장(2011~2013)

주요 논저

『백제의 경제생활』(주류성, 2005)
『신라서원소경연구』(서경문화사, 2001, 共)
『백제 지방세력의 존재양태』(한국학중앙연구원, 2005, 共)
『백제와 금강』(서경문화사, 2007, 共)
『백제사자료역주집 -한국편1-』(충청남도 역사문화연구원, 2008, 共)
『한국 사국[고구려 · 백제 · 신라 · 가야]의 국경선』(서경문화사, 2008, 共)
『마한, 백제인들의 일본열도 이주와 교류』(서경문화사, 2012, 共) 외 다수

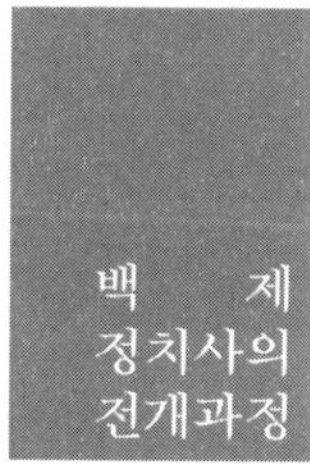

초판인쇄일   2013년 11월 4일
초판발행일   2013년 11월 5일

지 은 이   양기석
발 행 인   김선경
책 임 편 집   김윤희, 김소라

발 행 처   도서출판 서경문화사
           주소 : 서울 종로구 동숭동 199 – 15(105호)
           전화 : 743 – 8203, 8205 / 팩스 : 743 – 8210
           메일 : sk8203@chollian.net

인   쇄   바른글인쇄
제   책   반도제책사

등 록 번 호   제 300-1994-41호

ISBN   978-89-6062-111-4   93900

ⓒ양기석, 2013

____

정가   28,000원

백제 정치사의 전개과정

양기석 지음

서경문화사

백제사를 공부한 지도 30여 년이 흘렀다. 70년대 말 대학원을 다니면서 백제사 특히 성왕대의 중흥정치에 대해 깊은 관심을 가지고 있었다. 475년 고구려의 불의의 한성 침공으로 인해 웅진에 천도한 백제가 어떻게 하여 짧은 기간에 기사회생하여 중흥을 이루었을까에 대해 많은 궁금증이 있었다.

이를 규명하기 위해서는 아무래도 그 앞선 시기의 동성왕대와 무령왕대의 권력구조와 정치 개혁에 대해 알고 싶었다. 그 결과 「웅진시대 백제 지배층 연구」라는 첫 논문을 쓰게 되었다. 관련 전문 지식이나 연구방법론 등 여러 면에서 많이 미숙했지만 웅진 천도를 계기로 백제 지배층의 구성상의 큰 변화가 있었음을 알게 되었고, 또한 이 시기 등장하는 한성 관련 지명에 주목하여 동성왕과 무령왕대에 한강하류유역을 다시 회복하였을 가능성을 제기하였다.

이어서 4세기 말 백제와 고구려의 관계에서 나타나는 質子 문제에 주목하여 「삼국시대 인질의 성격」이란 논문을 쓰게 되었고, 〈광개토왕릉비문〉에 나타난 고구려의 천하관 문제를 거론하면서 백제 뿐 아니라 삼국시대 전반에 관한 인식을 넓히게 되었다.

그 뒤 대학원 박사과정에서 백제 정치사에 대한 박사학위논문을 쓴 이후 서경문화사의 김선경 사장으로부터 그동안의 논문을 묶어 책으로 발간할 것을 권유받은 적이 있었다. 본래 文才가 부족하고 학계에 보탬이 될 만한 큰 성과를 내지 못했기 때문에 선뜻 출판에 나설 수 없었다. 차일피일 미루다가 결국 제가 뜻한 대로 단행본을 출간하지 못한 채 올해 학교를 떠나게 되었다. 제가 출판을 주저한 큰 이유는 근본적으로 남 앞에서 크게 자신을 드러내 보이지 못하는 소심한 성격에 기인하지만 백제사를 보는 식견이 부족하고 관점이 분명히 정립되지 않았기 때문인 것으로 생각된다. 그리고 새로운 자료가 발견되고 연구 성과가 심화됨에 따라 새로운 관점에서 다시 논문을 쓰려고 하다 보니 논지의 일관성을 유지하기가 어려웠던 점도 부담이 된 것이다.

이번의 책은 자신의 의도보다는 여러 제자들의 독려에 힘입어 2권을 출간하게 되었다. 1권은 백제 정치사에 관한 논문들을 수록하였다. 2권은 주로 백제의 대외관계와 문화교류에 관한 논문, 그리고 부록으로 지역사에 관한 논문들로 구성하였다. 이 책에서 선정된 주제들은 대부분 10년 이내의 논문들이지만 책의 짜임새 있는 구성을 위해 일부 그 이전 논문들을 수록하였다. 이전의 논문들 중에 논지가 최근의 것과 다를 경우 말미에 〈추기〉 형식으로 달라진 관점만을 제시하였다. 장절의 제목이나 문장이 너무 한문투로 되었거나 부드럽지 않은 부분은 논지 전개에 크게 어긋나지 않는 범위 내에서 가급적 알기 쉬운 용어나 문장으로 고쳤다.

이 책은 주로 백제 정치사의 전개과정과 통치체제, 그리고 정치개혁을 다루었다. 백제 정치사에 관한 글들이 주제이다. 원래 정치란 국가의 권력을 획득하여 인간 상호 간의 이해를 조정하고 사회질서를 바로잡는 역할을 하는 것이기 때문에 국가체가 성립된 고대사회부터 정치사가 다른 어떤 부문보다도 중시되었다. 『삼국사기』 본기 기사 내용을 분석해 볼 때 정치기사가 무려 38.2%를 차지할 정도로 비중이 높다. 현재 전해오는 고대의 기록들은 거의 정치에 관한 것이 대부분을 차지하고 있으며, 필자 역시 백제사를 공부하기 시작할 때부터 현재까지 정치사에 관한 많은 논문들을 써왔다. 이 책에서는 백제 정치사에 관한 글들을 3편으로 나누어 서술하였다.

　제1편에서는 백제의 건국 문제부터 시작하여 백제 사비시대 위덕왕대까지 백제 정치사의 전개과정에 대한 새로운 연구성과를 폭넓게 반영하여 서술하였다.

　백제의 건국 시기는 언제이며 한성시대 후기 정치사의 전개 과정을 통해 475년 백제가 고구려의 불시의 공격을 받아 패망하고 서울을 웅진으로 천도하게 된 경위와 웅진 천도의 배경 및 새로운 백제를 건설하기 위한 노력들을 살펴보았다. 이어 동성왕대와 무령왕대의 왕권강화 노력을 바탕으로 성왕이 사비로 천도하여 백제 중흥을 도모하게 된 배경과 성과를 함께 살펴보았다. 그리고 554년 관산성 전투에서 패사한 성왕의 뒤를 이어 즉위한 위덕왕이 실추된 왕권의 위상을 확립하기 위해 어떤 노력을 하였는가에 대해 면밀하게 검토하였다. 정치사의 역사적 전개란 정치권력의 흐름을 뜻하는 만큼, 정치권력을 정형화시키는 통치체제와 그것을 성립시키고 주도해 간 지배세력의 성향과 밀접한 관련을 지닌다는 점에서 통치체제는 지배세력과의 상호관계라는 안목에서 살피려고 하였다.

　제2편에서는 백제의 최고위직인 좌평제와 초기의 지방구획인 部制를 검토하고 이어 백제 지방통치체제에 대한 최근의 연구동향과 성과를 살펴보고 여기서 제기된 문제점과 앞으로의 연구 방향을 제시하였다.

　한국고대사에 있어서 중앙권력과 지방세력과의 관계를 유기적으로 파악하는 데에는 지방통치체제에 대한 이해가 필수적이다. 지방통치체제는 국가의 통치의지를 일정 지역에 관철시키는 중요한 요소로서 중앙집권력의 정도를 가늠해 주는 주요 관건이 되기 때문이다. 이를 통해 중앙의 지방지배책이나 경제제도의 해명 뿐 아니라 지방의 재지세력이나 민의 존재 형태를 다각적으로 규명하여 균형 잡힌 고대 사회의 실상을 복원하는데 중요한 단서를 찾으려 하였다.

　제3편에서는 주로 백제의 사비시대의 정치개혁을 주도해 나간 무령왕과 성왕, 위덕왕, 그리고 무왕대의 왕권의 존재 형태와 권력기반 강화 과정을 살펴본 것이다.

  이 시기는 백제 왕권을 확립하기 위해 여러 측면에서 정치 개혁을 공통적으로 추진해 가던 혁신의 시기라 할 수 있다. 그들은 어떠한 방법으로 정치 개혁을 추진해 나갔으며, 또한 왕권과 귀족세력들 간의 역관계는 어떠하였는가에 대해 고찰하였다. 아울러 그들이 추진한 개혁의 성과와 한계를 추출하여 한국 고대 집권국가를 확립한다는 차원에서 어떤 역사적 의미가 있는가를 검토하였다.

  이 책은 여러 시기에 걸쳐 필자의 일정한 관점에 따라 작성된 논고이기 때문에 내용상 다소 중복되는 부분이 있고, 또한 최근에 많은 연구 성과들이 학계에 속속 제시되고 있어 어느 경우에는 문제 제기에만 끝나거나, 보다 심층적인 연구 성과로 이어지지 못한 경우도 없지 않았다. 이것은 전적으로 필자의 부족한 학덕의 소치라고 생각되지만, 이 책이 앞으로 후학들이 백제사에 대한 새로운 이해와 지속적인 관심을 통해 올바른 백제 역사의 모습을 복원하는데 일조가 되기를 기원하는 바이다.

  끝으로 이 책을 출간하는데 직 간접적으로 도움을 준 여러분들께 감사를 드린다. 먼저 필자를 독려하여 책을 출간하도록 큰 도움을 준 김영관 선생과 강민식 선생에게 감사를 드린다. 아울러 부족한 필자에게 학문을 가르쳐 주시고 독려해 주신 정영호 선생님, 신형식 선생님, 김광수 선생님을 비롯한 여러 선학과 후학들에게도 뜨거운 감사를 드린다. 또한 이 책의 편집과 교정 및 출판을 정성껏 일구어낸 서경문화사 김선경 사장과 직원들에게 고마운 마음을 전한다.

2013년 9월

原庵 梁 起 錫

백 제
정치사의
전개과정

차 례

1편

백제 정치사의 흐름

백제의 건국

1. 들어가면서

백제는『삼국사기』백제본기에 전하는 백제의 온조 시조설화에 의하면 고구려의 건국자인 朱蒙의 둘째 아들인 溫祚가 형인 沸流와 함께 남하하여 한강 하류유역에서 각각 정착하여 나라를 세운 것으로 되어 있다. 백제의 건국 시조로 주장되는 온조는 한강 남쪽에 도읍을 정하고 10명의 신하의 보필을 받아 '十濟'라는 나라를 세웠는데 이때가 기원전 18년이었다고 한다. 이 온조 시조설화에 의하면 백제의 건국세력은 고구려계 이주민이었음을 보여주고 있다. 서울 석촌동을 비롯한 한강유역에 존재하고 있는 적석총의 존재가 이를 입증하는 고고학적 근거로 보고 있다.

반면에 관련 문헌 사료를 통해 볼 때 백제의 건국세력은 부여계 이주민과 관련이 있는 것으로 나타난다. 백제 왕실에서는 부여의 族祖인 東明을 모시는 동명묘에 배알하는 의식이 국초부터 행해져 왔고, 그밖에 부여씨라는 왕성을 사용한 점, 472년 백제 蓋鹵王이 북위에 보낸 국서에서 부여 계승의식을 천명한 점,[1] 그리고 538년 백제 성왕이 사비천도와 함께 국호를 일시적으로 南扶餘로 고친 사실[2] 등을 통해 볼 때 부여에 그 국가적 기원을 설정하고 있었음을 알 수 있다.

그런데 백제의 건국연대를 『삼국사기』 백제본기의 기록대로 기원전 18년으로 보는 데에는 많은 문제점이 제기되고 있다. 온조왕 13년에 백제의 강역이 북으로 예성강, 남으로 안성천, 서쪽으로는 서해, 동으로 춘천일대에까지 미쳤다는 기사[3]나 마한멸망 기사[4] 등은 3~4세기의 사실로 받아들여지고 있기 때문에 사실 그대로 취신하기에는 문제가 있다. 후대의 사실을 건국주인 온조왕의 사실로 일괄 부회하여 시조의 업적을 크게 부각시키려는 의도에서 나온 서술로 생각된다.

고고학적으로 백제 건국을 뒷받침해 주는 부여 자료는 거의 발견되고 있

<hr>

1) 『魏書』 권100, 열전 백제전 및 『삼국사기』 백제본기 개로왕 18년.
2) 『삼국사기』 백제본기 성왕 16년 춘.
3) 『삼국사기』 백제본기 온조왕 13년 8월. 이 기사를 본 기사대로 온조왕 13년대로 보는 견해가 있으나(천관우, 「삼한의 국가형성(하)」 『한국학보』3, 일지사, 1976, 120~121쪽), 이 기사는 후대의 사실이 온조왕대에 부회된 것으로 보는 입장에서는 3세기경 古爾王代의 사실로 보는 것이 지배적이다(이병도, 『한국고대사연구』, 박영사, 1976, 476~477쪽). 백제가 건국한 지 얼마 안 되어 오늘날의 중부지역 일대를 포함하는 넓은 지역을 자신의 영역으로 삼았다고 하는 것은 무리가 있기 때문이다. 고고학적으로 서울 송파구 일대, 남한강과 북한강, 그리고 한탄강유역에 고구려와 관련이 있는 적석묘의 존재를 통해 2~3세기경의 사실로 이해하고 있다(권오영, 「초기백제의 성장과정에 관한 일고찰」 『한국사론』15, 1986, 34~54쪽 ; 김성범, 「군사보호구역내 문화유적 지표조사보고」 『문화재』25, 1992, 238쪽 ; 윤근일·김성범, 『연천 삼곶리 백제적석총 발굴조사보고서』, 문화재관리국 문화재연구소, 1994).
4) 『삼국사기』 백제본기 온조왕대에는 백제의 마한 정복과정을 단계적으로 제시하고 있다. 온조왕대에는 백제의 웅천책 설치 단계(온조왕 24년) → 진한과 마한에 대한 정복을 결심하는 단계(온조왕 25년) → 백제의 마한정복 의지 천명(온조왕 26년 7월) → 백제의 마한 공격 개시 단계(온조왕 6년 10월) → 백제의 마한 유민에 대한 사민책과 멸망시키는 단계(온조왕 27년 4월) → 구 마한세력의 대규모 부흥운동과 진압 단계(온조왕 34년 10월) → 백제의 구 마한지역에 대한 새로운 지배책 마련 단계(온조왕 36년 7월 및 8월)로 백제의 마한 정복과 그 지배과정을 단계화하여 살펴 볼 수 있다. 이 일련의 마한 정복 과정이 건국시조인 온조왕대에 집약해서 서술되어 있는데 사료 비판을 통해 관련 지명 분석과 『일본서기』 권9 신공기 49년조 기사와의 일치성을 검토한 결과 4세기 후반 근초고왕대의 사실을 온조왕대에 투영되었을 것으로 보는 견해도 있다(G.K.Ledyard, *"Galloping along with the horseriders"* Journal of Japanese Studies Vol1. No.2, 1975, 242쪽 ; 유현용, 「온조왕대 마한 정복기사의 재고찰」 『사총』46, 1997, 25~26쪽).

지 않지만, 고구려와 관련 있는 자료는 3세기 중반 이후에나 출현하고 있어
『삼국사기』 백제본기에 나타난 건국연대와는 시기적으로 큰 차이가 있다.
더구나 중국사서인 『삼국지』 위서 동이전에는 『삼국사기』 백제본기와는 달
리 3세기경에 마한의 54개 소국의 하나인 伯濟國으로 기록하고 있어서 대
조를 이룬다. 이에 따라 『삼국사기』 백제본기 기록을 그대로 믿는 긍정론도
있지만 반면에 백제 초기기록을 부정하거나 또는 비판적으로 재구성해서
보는 절충론도 제기되고 있다.

　따라서 이 논문은 『삼국사기』 백제본기의 초기 기록을 비판적으로 검토
하여 백제의 실제 건국연대를 밝히기 위해 작성된 것이다. 이를 위해 먼저
十濟 → 伯濟國 → 百濟로 바뀌는 백제 국호의 변천과정을 검토하여 백제가
국가형성 과정에서 과연 어느 시기에 백제가 실질적으로 건국되었는가를
살펴 볼 예정이다. 이어 논란이 많은 백제 초기 왕계를 비판적으로 검토하
여 백제 초기 왕계의 계승관계를 살펴보고 초기 기사의 신뢰성 여부 문제와
건국 시기를 연역적으로 살펴볼 예정이다.

　백제 초기사의 문제는 『삼국사기』 백제본기의 초기기록은 후대 사실이
일괄 부회되어 있거나 또는 부정확한 소전의 기사들이 섞여 있어 사실 그대
로 취신하기에는 여전히 문제가 있다. 그러나 백제의 국가 형성과정이나 사
회 발전 추이를 반영해 주는 자료들도 있어 이를 적극적으로 해석할 경우
백제의 건국 문제를 포함한 초기사의 재구성에 한 실마리를 제공할 수 있을
것으로 생각한다.

2. 연구사적 검토

　백제가 언제 건국을 했는가에 대해서는 현재 여러 견해가 제기되어 있
다. 『삼국사기』 백제본기의 온조 시조설화에는 기원전 18년이라 하여 『삼
국사기』 기록을 그대로 취신하는 견해가 있지만, 이와는 달리 『삼국사기』
백제본기 초기기록에 대한 불신론이나 절충론도 제기되어 있을 정도로 견

해가 분분한 실정이다. 이에 따라 백제의 건국 시기를 기원전 18년 이외에 2세기설, 3세기설, 4세기설로 나뉘어져 있어, 초기 백제사의 실체를 규명하는 작업에 어려움을 주고 있다. 이는 기본적으로 『삼국사기』 백제본기의 초기 기록과 중국사서인 『삼국지』 위서 동이전 기록에 대한 신빙성 문제와 깊은 관련이 있으며, 여기에 고고학 자료의 해석에 대한 문제가 가미되면서 백제 건국연대에 대한 논쟁을 한층 심화시키고 있다.[5]

1) 백제 초기기록은 믿을 수 없다

4세기 중엽 근초고왕대에 백제가 실질적으로 건국하고 그 이전의 백제초기사에 관한 기록을 허구로 보는 견해는 일찍부터 일본의 식민사학자들에 의해서 제기되어 왔다. 『삼국사기』 초기기록에 대한 사료 가치를 부정하면서 불신론을 제기한 사람은 那珂通世였다.[6] 이후 이를 이어받아 『삼국사기』 백제본기에 대한 불신론을 체계적으로 연구한 사람이 津田左右吉이었다. 그는 『삼국지』 동이전 기사를 보다 신뢰하고 또한 『일본서기』의 백제왕계 기사를 근거로 하여 『삼국사기』의 12대 契王(344~346) 이전의 백제 기사를 사실로 볼 수 없으며 그것은 후세 사가에 의해 조작된 것이라고 하였다.[7]

이러한 인식체계는 다소 차이는 있지만 太田亮,[8] 今西龍[9] 등에 의해 더욱 정치하게 재구성되어 해방 이후에도 일본학계 뿐 아니라 우리 학계에도 불신론을 형성하는데 큰 영향을 미쳐왔다. 이들의 견해는 『삼국사기』 초기

---

5) 백제의 건국 시기에 대한 연구사를 정리한 주요 논문은 다음과 같다. 노중국, 『백제정치사연구』, 일조각, 1988, 6~19쪽 ; 이도학, 「백제의 기원과 국가형성에 관한 재검토」 『한국고대국가의 형성』, 민음사, 1995, 106~130쪽 ; 최범호, 「『삼국사기』 백제본기 초기 기록의 불신론 비판」 『대동사학』4, 2005, 5~21쪽 ; 김기섭, 「백제의 건국 시기와 주체세력」 『선사와 고대』27, 2007, 7~12쪽 및 「백제 한성도읍기 연구동향과 과제」 『백제문화』44, 2011, 9~15쪽.
6) 那珂通世, 「朝鮮古史考1」 『史學雜誌』5-3, 1894.
7) 津田左右吉, 「百濟に關する日本書紀の記載」 『滿鮮地理歷史研究報告』8, 1921, 105~138쪽.
8) 太田亮, 「朝鮮古史年代の研究と日韓の關係」 『日本古代史研究』8, 1928, 430~442쪽.
9) 今西龍, 『百濟史研究』, 近澤書店, 1934.

기록보다는 『삼국지』 위서 동이전의 기사 내용을 보다 신뢰하고 있으며, 『일본서기』와 〈광개토왕릉비문〉 등의 자료를 근거로 해서 4세기 근초고왕 이전의 백제 왕실계보가 조작됐거나 허구이자 전설이라고 주장하면서도 조작의 확실한 근거를 제시하지 않았다. 그리고 이에 대한 기본 사서인 『삼국사기』 초기기록과 『삼국지』 위서 동이전 내용에 대한 사료 비판과 각 사서의 편찬 배경과 의도를 간과한 것이기 때문에 백제 초기사 인식에는 한계가 있었다.

우리 학계에서 일본인들에 의한 초기기록 불신론에 의문을 제기하고 3세기 고이왕대 백제 건국설을 주장한 사람이 李丙燾였다. 그는 중국사서인 『周書』 등에 백제 시조로 수장되는 仇台가 古爾와 음이 같다는 점, 그리고 고이왕 27년조에 실려져 있는 백제 관제기사에 주목하여 古爾王(234~286)을 백제의 실질적인 시조로 보았다.[10] 이러한 견해는 일본학계의 4세기 백제 건국설에 비해 1세기 가량 연대를 올려본 점에서는 진일보한 것이었지만 여전히 초기기록의 불신론 범주를 벗어나지 못한 한계가 있다. 그렇지만 이 견해는 해방 후 우리 학계에 큰 영향을 끼쳐 이후 李基白,[11] 金哲埈[12] 등에 의해 백제 건국시기에 대한 지배적인 견해로 자리 잡게 되었다.

한편 백제의 건국시기를 기마민족설과 관련시켜 4세기로 재구성해 보는 견해도 대두되었다. 이 견해는 1935년에 稻葉岩吉에 의해 제기되었다. 그는 285년 내지 286년경에 선비족 모용씨에 의해 격파당한 부여족의 일파가 동옥저로 도망하여 그곳에 한동안 정착해 있다가 4세기 초 기마·유목민족의 이동기에 대방지역으로 진출하여 백제를 건국한 것으로 보았다.[13] 이 견해는 白鳥庫吉,[14] 末松保和,[15] G.K.Ledyard, 岡田英弘[16] 등에 의해 이어졌

---

10) 이병도, 「삼한문제의 신고찰」 『진단학보』6, 진단학회, 1936, 71~92쪽.

11) 이기백, 「백제왕위계승고」 『역사학보』11, 1959, 1~47쪽.

12) 김철준, 「백제건국고」 『백제연구』 특집호, 1962, 5~17쪽.

13) 稻葉岩吉 外, 『朝鮮滿洲史』(平凡社, 『朝鮮歷史大系』11), 1935, 52쪽.

14) 白鳥庫吉, 「百濟の起源について」 『歷史』 創刊號, 1947 ; 『白鳥庫吉全集』3, 1970, 485~499쪽.

고, 우리 학계에서는 다소 논지의 차이가 있지만 이기동, 이도학 등에 의해 입론이 되어왔다. 李基東은 4세기경에 고구려계통의 기마민족인 온조세력이 남하하여 마한족의 백제국을 정복한 것으로 보았으며,[17] 李道學은 백제의 기원을 만주지역의 부여에서 찾고 그들이 1세기 경과 4세기 경 두 차례에 걸쳐 각각 남하하여 4세기경 기존의 백제국을 정복하고 왕실을 교체한 것으로 보았다.[18]

그밖에 근초고왕대 國史를 편찬하였을 때 백제의 건국연대가 조정·산출된 것으로 추정하는 견해도 있다. 김철준은 『삼국사기』 백제본기에 나타난 백제의 건국연대가 근초고왕 즉위년(346)에서부터 363년 이전으로 되어 있는 점에 주목하여 360년마다 국가의 興運을 맞이한다는 참위설의 영향을 받아 개국 연대를 360년 전으로 잡은 것으로 추정하였다.[19] G.K. Ledyard 는 『삼국사기』 백제본기 온조왕대 기사 중에서 마한 공격 및 멸망과정에 대한 일련의 기사가 『일본서기』 신공기에 보이는 근초고왕의 마한 공격 및 멸망 기사보다 360년 앞선 점에 주목하여 백제본기의 사실이 360년 소급시켜 기록한 것이라 하였다.[20]

2) 백제 초기의 역사는 믿을 수 있다

『삼국사기』 초기기록에 대한 긍정론도 제기되었다. 해방 이후 『삼국사기』 초기기록에 대한 긍정론을 제시하여 큰 영향을 미친 사람이 金元龍이었

---

15) 末松保和, 「新羅建國考」 『新羅史の諸問題』, 東洋文庫, 1954, 135쪽.

16) 岡田英弘, 『倭國』, 中公新書, 1977, 120~121쪽.

17) 이기동, 「백제 왕실교대론에 대하여」 『백제연구』 특집호, 1982, 24~28쪽.

18) 이도학, 「백제의 기원과 국가형성에 관한 재검토」 『한국고대국가의 형성』, 민음사, 1995, 143~163쪽.

19) 김철준, 「백제사회와 그 문화」 『무령왕릉발굴조사보고서』, 1973 ; 『한국고대사회연구』, 지식산업사, 1975, 49~50쪽.

20) G.K.Ledyard, "*Galloping along with the horseriders*" Journal of Japanese Studies Vol1. No.2, 1975, 234~235쪽.

다. 그는 서울의 풍납토성 내 유물포함층을 발굴 조사한 결과 풍납동 무문 토기 및 유문조질토기, 김해식토기 등을 근거로 풍납토성의 축조 시기를 적어도 기원 전후까지 소급시킬 수 있기 때문에 백제의 건국을 기원전 1세기 경으로 추정하였다.[21] 최근 풍납토성이 계속 발굴 조사 중이어서 그 축조 시기 여부가 백제의 건국 시기를 규명하는데 중요한 단서가 되고 있다.

이러한 고고학적 연구에 힘입어 문헌사학계에서 긍정론을 새로운 관점에서 정리한 사람이 千寬宇였다. 그는 백제 왕실의 계보를 優台-沸流-古爾 系와 朱蒙-溫祚-肖古系로 나누어 이들 두 왕계가 왕위계승을 둘러싸고 서로 경쟁한 것으로 보았다. 그리고 온조왕대의 영역획정 기사를 사실로 보고 온 조왕대에 백제는 이미 영역국가가 성립된 것으로 파악하였다.[22] 李鍾旭은 신진화론적 국가이론을 원용해『삼국사기』초기기록의 신빙성을 입증하려 하였다.[23] 그는 초기백제의 성장 과정을 세시기로 나누고 제1기는 기원전 1세기에 부여·고구려계 온조집단이 한강유역에 정착하여 나라를 세우는 백제 건국기로 이해하고 그 국가적 성격을 성읍국가로 파악하였다. 제2기 는 마한정복과 해씨·진씨·흘씨 등 지방세력을 部에 편제하는 영역국가 단계로 보았다. 제3기는 초고왕대 이후로 지방세력의 중앙귀족화가 이루어 지면서 고이왕대에 전제왕국으로 성장을 하였다는 것이다. 이러한 긍정론 은 이후 다소 차이는 있지만 박찬규[24]·박현숙[25]·최범호[26] 등에 의해 이 어지고 있다.

그런데 이 견해는『삼국사기』초기기록에 나타난 불합리한 왕위계보 문 제, 영역획정 문제, 마한정복 기사, 고이왕대의 관제정비 기사 등을 사실 그

---

21) 김원룡,「삼국시대의 개시에 관한 일고찰」『동아문화』7, 1967, 1~33쪽.
22) 천관우,「삼한의 국가형성(하)」『한국학보』3, 1976, 112~143쪽.
23) 이종욱,「백제의 국가형성」『대구사학』11, 1976, 35~65쪽 및「백제 왕국의 성장」『대구사학』12·13, 1977, 55~32쪽.
24) 박찬규,「백제의 마한정복과정연구」, 단국대대학원박사학위논문, 1995.
25) 박현숙,「백제 지방통치체제 연구」, 고려대대학원박사학위논문, 1997.
26) 최범호,「백제 온조왕대의 部 연구」, 전북대대학원박사학위논문, 2001.

대로 믿기에는 한계가 있다. 또한 『삼국사기』 초기기록과 대조를 보이는 『삼국지』 위서 동이전 기사를 어떻게 이해해야 하는가의 사료 비판과 합리적인 해석의 모색이 필요하다. 더구나 백제의 건국지인 서울지역에서는 백제 건국기에 해당하는 기원전후의 고고학 자료가 절대 부족한 편이고 고구려와 연결되는 적석총도 3세기 이후로 편년되고 있기 때문에 해결해야 할 합리적인 방안이 필요하다.

3) 『삼국사기』 초기기록과 『삼국지』 동이전 기사를
절충해 보자

이러한 『삼국사기』 초기기록에 대한 불신론과 긍정론에 대해 두 견해를 절충하려는 견해가 분해론이다. 盧重國은 『삼국사기』 초기기록과 『삼국지』 위서 동이전의 양 사서를 종합하는 방법으로 『삼국지』 위서 동이전의 내용을 단계화하고 『삼국사기』 초기기록의 내용을 분해하여 이를 재구성하는 방법을 제안하였다. 이에 따라 삼국의 국가형성 과정을 읍락단계 → 소국단계 → 소국연맹단계(삼한단계) → 부체제단계(부여 · 고구려단계) → 고대국가단계로 설정하여 『삼국사기』 초기기록을 재구성하였다. 李鍾旭은 노중국과는 달리 『삼국사기』 초기기록을 신뢰하는 입장에서 『삼국사기』에서는 초기 백제사의 줄거리를 취하고 『삼국지』 위서 동이전에서는 한반도의 사회상과 대중국외교 관계를 취해 보완 연결할 것을 주장하였다.[27]

이러한 분해론은 관련 기사를 연구자의 입장에 따라 자의적으로 재단할 여지를 갖는 만큼 연구상의 한계를 갖고 있지만 현재 많은 연구자들에 의해 원용되는 연구방법론에 해당한다. 그러나 분해론이 상이한 역사상을 담고 있는 두 사서를 함께 원용할 수 있는 유효한 역사연구 방법론의 하나임은 틀림이 없기 때문에 이 논문에서는 분해론의 입장에서 건국 시기의 문제를

---

27) 이종욱, 「백제 초기사 연구사료의 성격」 『백제연구』17, 1986, 10~31쪽.

검토하도록 하겠다.

이처럼 백제의 건국 시기를 검토하는 데에는 기본 사서인『삼국사기』초기기록과 중국 사서인『삼국지』위서 동이전 내용에 대한 신뢰성 여부가 큰 쟁점이 되고 있으며 이에 따라 부정론, 긍정론, 분해론이 제기되고 있음을 살펴보았다.

3. 十濟의 성립과 국가적 성격

1) 백제의 국호는 어떠하였는가

백제의 실제 건국 시기를 알아보기 위해서는 백제초기의 역사에서 국호가 단계적으로 변화한 사실을 추적해 보는 것도 한 방법이 될 수 있다.[28] 국호의 변천은 단순히 명칭상의 변화만으로 끝나는 것이 아니라 한 단위정치체의 체제와 사회 변화를 수반하기 때문에 백제의 국가형성 과정을 구획하는 중요 요소가 되기도 한다.

---

28) 백제는 국호를 바꾸기도 하고 때로는 별칭을 사용하기도 하였다. 중국적인 시각에서 국가의 성장과정을 반영한 명칭으로는 '十濟'(『삼국사기』), '百濟'(『진서』, 『송서』, 『수서』등)가 있고, 백제의 왕성의 이름을 따서 부른 '慰禮國'(『일본서기』)이 전하고 있다. 538년 聖王이 사비로 천도한 이후에 한때 '南扶餘'로 고친 적이 있었으며, 그밖에 별칭으로는 '鷹準'(『帝王韻紀』)이나 '羅鬪' 또는 '鷹遊'(『三國遺事』권3 興法篇 皇龍寺九層塔) 등으로 부르기도 하였다. 여기서 '鷹準', '羅鬪', '鷹遊'는 조류의 일종인 '매'와 관련있는 용어로서 백제가 馬韓 지역을 영유하면서 그 지역에 광범위하게 퍼져있는 '매'관련 문화를 수용하게 되면서 이같은 국호를 사용한 것이라 한다(조법종, 「百濟 別稱 鷹準考」『한국사연구』66, 1989). 한편 중국 사서에서는 '伯濟國'(『三國志』위서 동이전)이라 하여 馬韓을 구성한 54국의 한 소국의 명칭으로 나오다가 4세기 이후『宋書』단계부터는 '百濟'라는 국호로 표기하고 있다. 『일본서기』에는 백제를 クダラ로 훈독하고 있는데 4세기 후반 백제 근초고왕대에 해당하는 신공황후기부터 백제라는 국호가 쓰여지고 있다. 백제라는 국호가 생겨나게 된 배경에 대해서는 백제 건국설화에서 보이는 '百姓樂從' 說과 '百家濟海' 說이 있다.

온조집단이 한강유역으로 이주해 온 후 세운 ‘十濟’ 단계가 백제 국가형성의 첫 단계에 해당한다. ‘백제’라는 국호가 대표적인 명칭이라고 한다면 ‘십제’와 ‘백제’의 단계 사이에 『삼국지』 동이전 한조에 나오는 ‘伯濟國’ 단계를 설정할 수 있다.[29] ‘백제국’은 3세기 경에 사용된 국호로서 마한 54개 국 소국 중의 한 명칭이다. 2세기 중반 이후 한군현세력의 약화로 인해 백제국이 미추홀의 비류세력을 통합하면서 한강유역의 한 지역연맹체에서 중심세력으로 대두하는 시기로서 소국연맹체 단계로 볼 수 있다.

다음 단계는 3세기 중반 이후 온조왕 13년조의 강역획정 기사에서 보듯이 백제가 중부지역을 아우른 중심 세력으로 등장하는 연맹왕국시대로서 ‘百濟’라는 명칭이 사용되던 시기라 할 수 있다. 온조시조설화에는 ‘十濟’가 미추홀의 비류세력을 흡수 통합한 이후에는 ‘百濟’로 국호가 바뀐 것으로 되어 있다. 백제라는 국호는 『隋書』 백제조에 의하면 ‘百家濟海’ 즉 百家가 바다를 건너서 왔다는데서 백제라는 국호가 만들어진 것으로 전하고 있지만, 이는 어디까지나 후대에 백제의 국가로서의 성장 과정을 다분히 중국식으로 숫자에 부회하여 덧붙인 견해로 볼 수 있다. 중국 사서에서 백제라는 국호는 『晉書』나 『宋書』의 4세기 단계부터 중국에까지 알려진 대표적인 명칭이다.

이런 측면에서 백제의 국호 변천에 따른 발전과정을 ‘十濟’ → ‘伯濟國’ → ‘百濟’의 세 단계로 변화한 것으로 볼 수 있다. 여기서는 백제의 건국 시기 문제에 국한해서 ‘十濟’ 단계의 국가적 성격을 검토하여 건국 시기를 추정해 볼 예정이다.

---

29) 伯濟國에서 百濟國으로의 국호 개칭을 정치발전 단계상의 단계적 차이로 볼 수 없다는 견해가 있으나(노중국, 『백제정치사연구』, 일조각, 1988, 54쪽), 마한에 대한 종속도나 영역의 확대 면에서 국가 발전상의 차이가 생기기 때문에 정치발전의 한 단계로 설정해도 좋을 듯 싶다.

2) 온조집단이 한강유역에 이주한 까닭은?

백제의 건국 과정은 그 건국설화[30]에 축약된 형태로 잘 나타나 있다. 溫祚시조설화에 의하면 백제의 시조인 온조는 고구려의 건국자인 朱蒙[추모]의 둘째 아들인데, 후에 부여에서 주몽의 아들인 孺留가 아버지를 찾아와서 왕위를 잇자 형인 沸流와 함께 남쪽으로 내려와 형제가 한강유역인 위례성과 미추홀에서 각각 나라를 세웠다고 한다. 그 후 비류가 나라 경영에 실패하여 자살한 뒤 그 백성들이 온조의 위례성에 합류하게 됨으로써 나라 이름을 十濟에서 百濟로 고쳤다는 내용이 들어있다.

이 시조설화를 통해 알 수 있는 것은 백제의 건국 세력이 부여족 계통의 고구려 이주민 출신이었다는 점이다. 온조시조설화에 의하면 온조는 북부여에서 피난을 해온 주몽과 졸본부여왕의 둘째 딸 사이에서 출생한 둘째아들로 되어 있다.

이를 통해 보면 온조는 고구려 건국자인 주몽과 깊은 관련이 있는 것으로 나타난다. 『삼국유사』에서도 역시 주몽에서 온조로 이어지는 왕실계보를 백제왕실의 근간으로 보고 있다. 비류와 온조 형제가 남하하게 된 동기는 주몽이 북부여에서 낳은 아들인 유류가 졸본부여에 와서 왕위를 잇게 된 때문이라 하였다. 이를 통해 보면 백제의 건국은 기원전 1세기경 고구려 유리왕의 즉위를 둘러싼 왕실 내부의 권력 다툼과는 깊은 관련이 있는 것으로 파악된다. 비류와 온조 형제로 대표되는 졸본지역의 선주한 세력이 부여에

---

30) 백제의 건국설화에 나오는 시조로는 온조와 비류 이외에 仇台와 都慕가 주장되고 있다. 그 중 구태의 실체에 대해 仇台를 '구이'로 읽어 백제의 제8대 古爾王과 동일한 인물로 보는 견해(이병도, 『한국고대사연구』, 박영사, 1976, 476쪽)와 비류 건국설화에 보이는 優台와 동일인으로 보는 견해(천관우, 「삼한의 국가형성(하)」『한국학보』3, 1976, 143쪽) 등이 있다. 구태가 건국한 지역이 대방지역이었다는 점에 주목하여 이를 백제가 고구려와 대방고지에 대한 영유권 다툼에서 구태의 시조설을 내세워 대방고지에 대한 영유권을 주장하기 위한 것으로 보는 견해가 있다. 도모설은 백제 멸망 후 일본열도에 이주한 백제계 유민들이 부여와 고구려를 포괄하여 범부여계의 족조인 동명을 시조로 인식한데에서 비롯된 것으로 볼 수 있다.

서 내려온 유리집단에게 왕위 계승에서 패한 후 남하한 것으로 볼 수 있다. 기원전 1세기경에는 기원전 2세기경의 고조선 유민과는 달리 유리왕대의 정치적 변동과 관련하여 고구려계 이주민들이 대거 한강유역에 남하한 것으로 알려졌다. 유리왕대에 大輔 陝父가 質山陰에서 오랜 기간 동안 사냥을 하던 유리왕에게 간언을 하다가 파직된 것을 계기로 하여 남하해 온 사례가 있다.[31] 주몽집단이 환인지역에서 세력기반을 갖고 那國聯盟體의 맹주 역할을 하던 消奴 집단을 대신하여 새로운 맹주로 대두하는 시기와 관련이 깊다.[32]

온조나 비류집단이 한강하류유역에 정착하게 된 것은 금강이나 경주지역처럼 세형동검문화가 결여되어 있던 힘의 공백지대였다는 점을 들 수 있다.[33] 고고학적으로 볼 때 3세기 이전 한강하류지역이 북한강이나 남한강유역에 비해 철기문화 양상이 상대적으로 미약한 것으로 드러나고 있다.[34] 이 점이 철기문화에 익숙한 고구려 이주민들에게 정착할 수 있는 조건을 형성하였을 것이다. 이 지역에서 낙랑은 주변의 여러 집단에 대한 분열과 억압정책을 지속하였고,[35] 특히 낙랑은 인접해 있는 한강하류유역에 낙랑의 안보를 위협할 만한 세력이 대두하는 것을 원치는 않았을 것이다.

3) 十濟는 언제 세웠나

온조시조설화에 의하면 백제가 처음으로 사용한 국호는 '十濟'였음을

---

31) 『삼국사기』 고구려본기 유리왕 22년 10월.

32) 김용선, 「고구려 유리왕고」 『역사학보』87, 1980, 60~62쪽 ; 노태돈, 「고구려의 초기왕계에 대한 일고찰」 『이기백선생고희기념 한국사학논총』상, 일조각, 1984.

33) 권오영, 「초기백제의 성장과정에 관한 일고찰」 『한국사론』15, 1986, 32쪽 ; 문동석, 「한강유역에서 백제의 국가형성」 『역사와 현실』21, 1996, 87쪽.

34) 오욱진, 「3~4세기 百濟의 鐵 交易路와 생산지 확보를 통해 본 영역화 과정」, 충북대석사학위논문, 2012, 220쪽.

35) 낙랑이 말갈을 동원해서 백제를 공격하는 기사나, 韓의 여러 소국에 대한 印綬 衣幘 제공을 통해 소국 세력 간의 견제와 한군현의 입지를 확보했을 것으로 보인다.

알 수 있다. 여기서 십제라는 국호는 온조가 남하하여 위례성에 정도한 다음 남하할 때 함께 따라온 烏干·馬黎 등 10명의 신하의 보조를 받는다는 의미에서 붙혀진 것이라 하였다. 온조와 함께 남하한 오간과 마려 등 10명의 신하는 신라의 사로 6村이나 가야의 9干처럼 일정한 세력을 가진 족장세력을 의미하며 온조가 세운 백제의 건국 세력에 합류한 세력으로 판단된다. 이들 세력들은 연맹체를 형성하여 十濟라는 백제 초기의 단위정치체를 이룬 것으로 볼 수 있다.십제를 백제의 첫 국호라고 본다면 백제의 건국 시기는 기원전 18년이 될 수도 있을 것이다.

그러나 기원전 18년이라는 백제의 건국연대는 기록 그대로 믿을 수는 없다.『삼국사기』의 원전자료인『古記』에서 당시 전해오는 주몽설화, 비류설화, 온조설화, 유리설화 등이 서로 상관되어 있는 점을 감안하여 유리왕 즉위년에 백제의 기년을 맞춘 것이 아닐까 한다. 유리는 적어도 주몽의 적자로서 환인계의 온조나 비류를 물리치고 고구려의 왕위를 계승하였기 때문에 유리를 정통으로 보는 인식 하에서 백제의 건국연대를 설정해 놓은 것으로 이해된다.

아무튼 백제의 건국은 계루부 출신의 주몽집단이 소노집단을 누르고 새로운 맹주세력으로 대두하였고, 또한 유리왕이 집권하던 정치적 변동 속에서 기원 전후에 온조와 비류집단이 남하하여 한강하류유역에 정착한 것으로 보는 것이 이 지역에 철기문화가 유입되는 새로운 문화상으로 볼 때 보다 합리적인 해석일 것이다.[36)]

그런데 백제의 건국설화에는 온조가 한강하류유역에 정착한 직후에 바로 십제라는 나라를 세운 것으로 되어 있지만 그 이면에는 십제의 건국 과정이 축약되어 있음을 시사해 준다. 백제는 십제라는 단위 정치체를 형성하기 전에는 한때 읍락단계를 거친 것으로 이해된다. 이와 관련하여 백제가 마한과의 경계를 구분하기 위해 熊川柵을 세울 때 마한 왕이 이를 나무라면

---

36) 권오영,「초기백제의 성장과정에 관한 일고찰」『한국사론』15, 1986, 29~30쪽.

서 한 말이 참고가 된다.

> 왕[온조]이 처음 강을 건너 왔을 때 발 디딜 만한 곳도 없었는데 내가 동북쪽의
> 100리의 땅을 떼어주어 편히 살게 하였으니 왕을 대우함이 두텁지 않았다고 할
> 수 없다. 마땅히 이에 보답할 생각을 해야 할 터인데, 이제 나라가 완성되고 백성
> 들이 모여들자 '나와 대적할 자가 없다'고 하면서 성과 못을 크게 설치하여 우리
> 의 영역을 침범하니 그것이 의리에 합당한 일인가?[37]

위 기사는 온조집단이 처음 한강하류유역에 정착하여 백제를 건국할 때
의 사정을 반영해 준다. 온조집단이 한강하류유역에 정착하였을 때 이 지역
을 관할하고 있었던 마한왕의 배려로 마한지역의 동북 1백리 땅을 할양받아
정착한 것으로 되어 있다. 이때의 마한왕은 마한의 맹주국인 目支國의 왕으
로 생각된다. 이는 衛滿이 고조선에 망명을 해왔을 때 고조선의 準王은 100
리 땅을 주고 博士라는 벼슬을 주어 대우했던 사례와 유사함을 알 수 있다.
마한이 부여·고구려계 이주민들을 기꺼이 동북변에 거주케 한 이유는 마
한이 당시 이들 이주민들을 제압할 힘이 없었던 점도 있지만, 무엇보다도
빈번히 침입해 오는 낙랑과 그에 부용된 말갈세력의 침입을 막아내기 위한
일종의 방파제 역할을 맡긴 것으로 이해된다.[38] 이때 온조집단이 확보한 영
역은 100리의 규모였다고 하였는데, 이는 다분히 상징적인 표현이라 하더라
도『삼국지』권30 위서 동이전 한조에 전하는 마한 한 소국의 규모 정도에
해당하는 크기로 볼 수 있다.

이처럼 온조집단은 마한이 인정한 공간에서 우세한 단조 철기문화를 바
탕으로 선주민 세력을 흡수·통합하면서 독자적인 세력을 형성하였다. 한
강하류유역은 한반도의 중심부에 위치하여 남북문화가 서로 융합하는 점이
지대이고, 수운을 통해 동서 간의 교류가 활발한 곳이다.[39] 아울러 비옥한

---

37)『삼국사기』백제본기 온조왕 24년 추7월.
38) 이종욱,「백제의 국가형성」『대구사학』11, 1976, 44~45쪽.
39) 신형식,『한국의 고대사』, 삼영사, 2002, 448~453쪽.

충적평야를 배경으로 농업의 발달을 가져왔는데, 백제국은 내륙의 농업생산력과 서해의 소금생산을 연결시켜 경제기반을 강화시킬 수 있었다.[40)]

그렇지만 온조집단은 마한의 제후국으로 인식될 정도로 한동안 마한의 영향력 하에 있었음을 보여준다. 온조집단은 빈번히 침입해 오는 낙랑과 말갈세력의 공세를 막아내면서 단위 정치체인 십제 단계로 성장해 나간 것으로 이해된다.

4) 十濟는 어떤 나라인가?

십제 단계에서는 온소계가 왕위를 장악하고 있었으며, 右輔라는 관직을 통해 군사와 행정 업무를 포함한 국정 전반을 총괄하도록 한 것이다. 이 시기 우보에 임명된 인물은 연장자나 왕족이 임명되었지만 독자적인 기반을 가진 세력이었다. 특히 대외전쟁이 빈발하였기 때문에 군사동원과 統兵 등과 같은 군사업무에 효율성을 기하기 위해 우보라는 제도를 활용한 것으로 보인다.

이 시기에 주목되는 일은 하남위례성과 같은 원초적인 형태의 도읍을 설치 운영하고 있었다는 점이다. 왕도는 왕성과 그 주변에 형성된 지배자의 중심지를 뜻하는 것으로 국가 형성의 중요 요소로 거론되어 왔다.[41)] 이와 관련하여 온조왕 14년의 하남위례성의 定都 기사가 주목된다.[42)] 종래 이 기사를 하북위례성에서 하남위례성으로 천도하는 것으로 이해하였다. 이와는 달리 백제가 처음부터 한강 이남에 자리 잡았다는 견해가 최근 풍납토성

40) 이도학,『백제 고대국가 연구』, 일지사, 1995, 155쪽.
41) 김정아,「백제 온조왕 14년의 천도와 그 의미」『한국고대사탐구』5, 2010, 69쪽.
42)『삼국사기』백제본기 온조왕 14년 정월. 이 기사를『삼국사기』백제본기 기록 그대로 온조왕 14년으로 보는 견해(천관우,「삼한의 국가형성(하)」『한국학보』3, 1976, 116~117쪽), 초고왕대로 보는 견해(노중국,「해씨와 부여씨의 왕실교체와 초기백제의 성장」『김철준박사화갑기념사학논총』, 1983 및 비류왕대로 보는 견해(이병도,『한국고대사연구』, 박영사, 1976, 491~497쪽) 등이 있으나 풍납토성의 3중환호의 상한에 해당하는 서력기원 전후의 사실로 받아들이고 싶다.

에 대한 발굴조사로 인해 그 가능성이 높아지고 있다.

하남위례성의 위치에 대해서는 여러 견해가 있지만 풍납토성으로 보는 견해가 지배적이다. 풍납토성이 본격적으로 축조되기 전에는 3중 환호시설이 설치되어 있는 것으로 드러났다. 이 환호시설과 관련이 있는 유구로는 B.C. 1세기~A.D.2세기로 추정되는 말각방형계 주거지와 수혈이다.[43] 풍납토성 지역에는 많은 사람들이 거주했음을 시사해 준다.

하남위례성으로의 정도가 단행된 이후 왕도로서 갖추어져야 할 여러 시설들이 마련되었다. 하남위례성을 방어하기 위해 한강 서북쪽에 성곽을 축조한 다음 이곳에 사민을 하여 군사적 거점지역으로 정비하였고,[44] 이듬해 정월에는 새로운 궁궐을 지었는데 '검소하면서도 누추하지 않고, 화려하면서도 사치스럽지 않을[儉而不陋 華而不侈]' 정도였다고 한다.[45]

이처럼 고구려계 온조집단이 한강 하류유역에 이주해 와서 세운 단위 정치체는 十濟였으며 그 건국 시기는 계루부 중심의 세력교체를 단행하는 과정에서 이탈한 고구려 주민들이 대거 남하하는 배경과 관련하여 서력기원 전후로 보았다. 十濟는 마한 맹주국의 승인을 받아 사방 백리 규모의 거주공간을 확보하였는데 소국의 규모와 맞먹는 것이었다. 十濟는 우월한 단조철기 문화를 바탕으로 하고, 한강유역이 갖는 수운 교통로상의 이점, 그리고 빈번한 대외전쟁의 수행을 통해 국가적 성장을 한 것으로 보았다. 十濟는 온조계에 의해 왕위가 이어졌으며, 독자적 기반을 가진 세력을 右輔라는 관직을 통해 행정과 군사업무를 효율적으로 수행하였다. 특히 十濟의 성립 직후 단행된 하남위례성으로의 定都는 十濟가 단순한 읍락단계를 넘어 단위정치체를 형성하는 중요한 계기가 된 것으로 보았다. 이런 면에서 볼 때 十濟의 국가적 성격은 성읍국가에 해당하는 소국단계로 볼 수 있다.

---

43) 국립문화재연구소, 『풍납토성』Ⅰ, 2001, 589쪽.
44) 『삼국사기』 백제본기 온조왕 7월.
45) 『삼국사기』 백제본기 온조왕 15년 정월.

4. 초기 王系와 王姓의 검토

1) 백제 초기의 왕계기록은 무엇이 문제인가?

『삼국사기』 백제본기 초기기록에 대한 신빙성 여부가 학계의 오랜 논쟁이 되어 왔다. 이는 상이한 역사상을 담고 있는 『삼국지』 위서 동이전과의 문제점 뿐 아니라 『삼국사기』 백제본기 초기기록 자체에 대한 의문점을 주고 있기 때문에 지금까지 불신론, 긍정론, 절충론이 제기되어 왔다. 『삼국사기』 백제본기 초기기록의 신빙성 문제는 백제의 건국 시기 문제에도 직결되고 있기 때문에 근초고왕 이전의 백제 초기 왕계와 이에 따른 왕성 문제를 검토할 예정이다.

표1 백제 초기 왕위계승표

대수	왕명	재위 기간	재위 연수	전왕과의 관계	
				삼국사기	삼국유사
1	溫祚王	B.C.18~A.D.28	46	朱蒙子	東明三子 혹은 二子
2	多婁王	A.D.28~77	50	온조왕의 元子	온조의 二子
3	己婁王	77~128	52	다루왕의 원자	다루의 子
4	蓋婁王	128~166	39	기루왕의 子	기루의 子
5	肖古王	166~214	49	개루왕의 子	개루의 子
6	仇首王	214~234	21	초고왕의 長子	초고왕의 子
7	沙伴王	234~234	1	구수왕의 長子	구수의 子
8	古爾王	234~286	53	개루왕의 二子	肖故의 母弟
9	責稽王	286~298	13	고이왕의 子	고이의 子
10	汾西王	298~304	7	책계왕의 長子	책계의 子
11	比流王	304~344	41	구수왕의 二子	구수의 二子, 사반의 弟
12	契王	344~346	3	분서왕의 長子	분서의 子
13	近肖古王	346~375	30	비류왕의 二子	비류의 二子

①溫祚王 — ②多婁王 — ③己婁王 ┐
 └─ ④蓋婁王 ┬ ⑤肖古王 — ⑥仇首王 ┬ ⑦沙伴王
            │   └ ⑪比流王 — ⑬近肖古王 — ⑭近仇首王
            │   (304~344)   (346~375)   (375~384)
            └ ⑧古爾王 — ⑨責稽王 — ⑩汾西王 — ⑫契王
              (234~286) (286~298) (298~304) (344~346)

먼저 백제초기 왕계에 관한 기사 중에서 왕의 재위 및 생몰연수, 그리고 왕실계보 문제에 있어서 합리적으로 이해되지 않는 점을 지적하고 있다. 1대 온조왕부터 5대 초고왕까지 왕들의 재위연수를 살펴보면 각각 46년, 50년, 52년, 39년, 49년으로 되어 있어 그 이후의 백제 왕들보다 훨씬 길어 다분히 작위적인 면을 배제할 수 없다는 것이다.[46] 그리고 고이왕의 경우 '개루왕의 제2자이며 초고왕의 모제' 라는 기사와 '구수왕의 2자이며 사반왕의 동생' 이라는 기록을 따를 경우 각각 120세와 110세까지 생존한 것으로 돼서 인간의 일반적인 수명을 감안해 볼 때 부자연스럽다는 것이다.[47]

다음으로 왕의 계보에 작위성이 나타난다는 점이다. 4대 개루왕, 5대 초고왕, 6대 구수왕은 13대 근초고왕, 14대 근구수왕, 21대 개로왕[近蓋婁王]과 어떤 연관이 있는 것으로 보인다. 이를 후대의 왕명을 갖고 조작해낸 가공의 존재로 보고 있기 때문에 근초고왕 이전의 왕계는 믿을 수 없다고 하였다.[48] 그리고 5대 초고왕과 13대 근초고왕의 즉위년이 모두 丙午年인 166년과 346년으로 양자가 정확히 3甲子나 차이가 난다고 하였다.[49]

또한 백제 왕위계승관계를 살펴보면 백제 왕 31명 중 80%에 달하는 23

---

46) 김철준, 「백제건국고」 『백제연구』 특집호, 1982, 8쪽.
47) 김철준, 앞의 글, 14쪽 및 이도학, 「백제 초기사에 관한 문헌자료의 검토」 『동아시아문화연구』23, 1993, 19쪽.
48) 이러한 견해는 津田左右吉, 太田亮 등 일본학계에서 주장되는 불신론의 근거이기도 하다.
49) 太田亮, 『日本古代史新研究』, 1928, 430~431쪽.

명이 직자상속으로 나타나고 있어서 『삼국사기』 백제본기의 왕통계보가 후대의 가부장적 관념에 의해 수식 내지는 조작되었을 가능성을 제기하였다.[50] 특히 둘째아들로 기록되어 있는 온조왕·고이왕·비류왕·근초고왕·무령왕은 왕위계승 과정에서 정변을 통해 집권하였을 가능성도 제기되고 있다.[51]

2) 온조계와 비류계는 交立하였을까?

근초고왕 이전의 백제 초기 왕통계보를 살펴보면 몇 가지 현상이 찾아진다. 2대 나루왕부터 4대 개부왕대까지 인명에 공통적으로 '婁' 자가 들어있는 왕들이 이어지고 있다. 그리고 8대 고이왕부터 12대 계왕에 이르기까지 11대 비류왕을 제외하고는 고이왕의 후손들이 왕위를 계승하고 있는 반면 5대 초고왕부터 7대 사반왕까지 초고왕계가 왕위를 잇고 있어 대조를 이루고 있다. 또한 11대 比流王은 백제의 건국시조로 주장되는 沸流와 이름이 같을 뿐 아니라 정변에 의해 집권하였을 가능성이 높은 6대 구수왕의 둘째아들로 기록되어 있다. 앞에서 지적하였듯이 13대 근초고왕과 14대 근구수왕은 5대 초고왕과 6대 구수왕과 왕명상으로 볼 때 연관되어 있다.

백제 초기 왕계에 있어서 이런 불합리한 문제들이 제기되고 있기 때문에 백제 왕실의 구성세력을 다원적으로 보고 이들 왕실세력 간에 왕실교체 현상이 있었다고 보는 왕실교체론이 대두되었다. 이에 대해 천관우는 왕실세력을 優台-沸流-古爾系와 朱蒙-溫祚-肖古系의 두 세력으로 나누고 고이계는 왕성을 優氏로, 초고계는 왕성을 扶餘氏로 각각 명명하면서 두 세력이 경쟁을 벌렸고, 이로 인해 몇차례 왕실교체가 있었던 것으로 파악하였다.[52] 이기동과 이도학도 4세기경 부여족의 남하에 따른 정복왕조설을 원용하여 백

---

50) 이기백, 「백제왕위계승고」 『역사학보』11, 1959, 1~45쪽 ; 김기섭, 『백제와 근초고왕』, 학연문화사, 2000, 46~57쪽.
51) 김기섭, 『백제와 근초고왕』, 학연문화사, 2000, 50~53쪽.

제왕실이 근초고왕대에 교체되었을 것으로 보았다.[53] 또한 노중국도 4대 개루왕까지를 비류계 해씨로 보고 5대 초고왕부터 온조계 부여씨로 파악하여 초고왕대(166~213)에 해씨에서 부여씨로 왕실이 교체된 것으로 보았다.[54]

이에 대한 김기섭의 견해는 독특한 일면이 있다. 즉 고이왕계와 구수왕계가 병존할 가능성을 인정하고 고이왕계가 優氏이며 우태의 후예로 보고 그 종족 계통을 부여의 濊族으로 파악한 반면 초고왕계를 부여씨로 보았다. 이에 따라 우태·비류·고이왕계의 세력근거지를 서해 근처의 임진강유역으로 보았다.[55]

3) 백제 초기의 왕계를 어떻게 이해해야 할 것인가?

백제에는 4세기 후반 박사 高興에 의해 『書記』가 편찬될 때까지 그 이전에는 문자화된 역사 기록물들이 아직 편찬되지 못하였다.[56] 따라서 『삼국사기』 백제본기에 나타난 백제 초기의 왕계 기사는 암송·기억과 구전을 통해 전해온 것을 근초고왕대에 일괄 정리한 것으로 볼 수 있다. Chiefdom 단계에 있는 폴로네시아의 족장들은 그들 족장의 계보를 대대로 암송해 왔던 인류학적 사례가 참고가 된다.[57]

이처럼 왕실계보 기사는 어떤 공식화된 문서기록에 의해 전해지는 것이 아니고 주로 口傳에 의한 것이 많기 때문에 구전과정에서 망실되는 경우도 생긴다. 아울러 집권세력의 현실적인 이해가 반영되어 왕계의 조작이나 수

---

52) 천관우, 앞의 글, 142~143쪽. 그는 ①온조~⑦사반왕은 주몽·온조계로, ⑧고이~⑫계왕은 온조계인 ⑪비류왕을 제외하고는 우태·비류계로, ⑬근초고~개로왕은 주몽·온조계로, 문주~동성왕은 비온조계로 어쩌면 우태·비류계일 가능성이 있다고 하였고, 무령~의자왕은 주몽·온조계로 파악하였다.
53) 이기동, 「백제왕실교대론에 대하여」 『백제연구』 특집호, 1982, 24~28쪽 및 이도학, 「백제의 기원과 국가형성에 관한 재검토」 『한국고대국가의 형성』, 민음사, 1995, 143~163쪽.
54) 노중국, 「해씨와 부여씨의 왕실교체와 초기백제의 성장」 『김철준박사화갑기념사학논총』, 1983.
55) 김기섭, 『백제와 근초고왕』, 학연문화사, 2000, 62~65쪽.

정이 부분적으로 나타날 여지도 있다. 따라서 초기 기록에 왕계 기사가 다소 정확성이 떨어지더라도 백제 초기의 다른 기사에 비해 대체로 신빙할 수 있을 것이다.

그리고 백제의 건국과정에는 여러 세력이 관여했을 것이라는 점도 고려해 보아야 한다. 백제의 시조로 주장되는 온조를 비롯하여 그와 경쟁관계에 있던 비류, 그리고 구태 등이 나타난다. 그밖에 온조가 남하할 때 수행한 10신으로 지칭되는 세력집단, 말갈과의 전투에서 군공을 세운 북부의 진씨와 동부의 홀우세력 등도 백제 초기에 독자적 기반을 가진 세력이었다. 따라서 왕위 계승후보자가 나이가 어리거나 또는 왕권이 취약할 때에는 이러한 경쟁세력들이 대두하여 왕위계승에 직·간접적으로 관여하게 되기 때문에 왕위계승 관계가 그리 단순치는 않았을 것이다. 고구려와 신라에 비해 건국시조로 주장되는 인물이 다원적이라는 것은 어떤 점에서 백제의 건국과정이 다른 나라에 비해 그만큼 순탄치 않았음을 보여준다. 백제의 건국설화는 고구려나 신라와는 달리 신화적 요소나 설화적 윤색이 많이 없어지고 오히려 백제가 건국과정에서 거친 여러 역사적 경험들을 반영해 준다는 점에서[58] 시조 온조의 건국과정에서의 역할만큼은 부정할 수 없다고 생각한다.

예컨대 왕명 앞에 붙여진 '近'자는 왕계 혈통상 직계의 계승관계를 강조하는 의미로 사용된다. 이러한 용례가 백제 왕실과 관련이 있는 부여와 고구려의 왕실에서도 나타나고 있어 주목이 된다. 부여의 경우 2세기 후반에는 尉仇台라는 왕이 존재하였고, 고구려의 경우 3세기 초 東川王이 太祖王宮의 체모를 닮았다고 해서 '位宮'으로 불리웠던 사례와 같은 맥락으로 이해할 수 있다. 그리고 『新撰姓氏錄』에는 일본에 이주하여 살고 있던 백제 왕족의 후예들에 관한 계보를 기록하고 있는데, 여기서는 速古王과 貴須王, 또는 近速王과 近貴須王이 각각 구별해서 기록되어 있으며, 7대 사반왕과

---

56) 『삼국사기』 백제본기 근초고왕 30년 11월.

57) Elman R. Service, 『Primitive Social Organization』, 1971, 148쪽.

58) 김철준, 앞의 글(1982), 9쪽.

11대 비류왕도 기록되어 있어[59] 그 실재를 부정하기 어렵다. 왕실교체론의
경우 왕계상의 교체를 말하는 것인지 또는 새로운 왕실세력의 대두를 말하
는 것인지 분명치가 않다.

이상으로 백제 초기 왕계기록상에 나타날 수 있는 몇가지 문제점을 중심
으로 초기사 이해의 방향에 대해 언급하였다. 그 결과 백제 초기 관련 기록
들이 부분적으로 잘못되었다고 해서 이를 곧바로 불신론의 근거로 받아들
여서는 안된다. 오히려 그 기사 자체를 인정하는 가운데 문제점이 제기될
경우 그 기사가 갖는 한계와 역사적 의미를 찾아 재구성하려는 태도가 필요
하다. 그리고 백제와 유사한 역사적 경험과 과정을 거쳤던 고구려나 신라의
연구 성과도 비교사적 관점에서 검토되어야 한다.

5. 맺음말

이 글은 『삼국사기』 백제본기의 초기기록을 비판적으로 검토하여 백제
의 실제 건국연대를 밝히기 위해 작성된 것이다. 이를 위해 먼저 十濟 → 伯
濟國 → 百濟로 바뀌는 백제 국호의 변천과정을 검토하여 백제가 국가형성
과정에서 과연 어느 시기에 백제가 실질적으로 건국되었는가를 살펴보았
다. 이어 논란이 많은 백제 초기 왕계를 비판적으로 검토하여 백제 초기 왕
계의 계승관계를 살펴보고 백제 초기사 이해의 방향에 대해 언급하였다. 이
를 요약하면 다음과 같다.

백제의 건국 시기를 검토하는 데에는 기본 사서인 『삼국사기』 초기기록
과 중국 사서인 『삼국지』 위서 동이전 내용에 대한 신뢰성 여부가 큰 쟁점
이 되고 있으며 이에 따라 부정론, 긍정론, 분해론이 제기되고 있음을 살펴
보았다. 그 중 분해론이 현재까지 상이한 역사상을 담고 있는 두 사서를 함

---

59) 『新撰姓氏錄』 左京諸蕃下 百濟 및 동 右京諸蕃下 百濟.

께 원용할 수 있는 유효한 역사연구 방법론의 하나로 보았다.

백제의 건국은 계루부 출신의 주몽집단이 소노집단을 누르고 새로운 맹주세력으로 대두하였고, 또한 유리왕이 집권하던 정치적 변동 속에서 기원 전후에 온조와 비류집단이 남하하여 한강 하류유역에 정착한 것으로 보는 것이 이 지역에 철기문화가 유입되는 새로운 문화상으로 볼 때 보다 합리적인 해석임을 밝혔다. 그리고 고구려계 온조집단이 한강 하류유역에 이주해 와서 세운 단위 정치체는 十濟였으며, 그 건국 시기는 계루부 중심의 세력교체를 단행하는 과정에서 이탈한 고구려 주민들이 대거 남하하는 배경과 관련하여 서력기원 전후로 보았다.

十濟는 마한 맹주국의 승인을 받아 사방 백리 규모의 거주 공간을 확보하였는데 小國의 규모와 맞먹는 것이었다. 十濟는 우월한 단조철기 문화를 바탕으로 하고, 한강유역이 갖는 수운 교통로상의 이점, 그리고 빈번한 대외전쟁의 수행을 통해 국가적 성장을 한 것으로 보았다. 십제는 온조계에 의해 왕위가 이어졌으며, 독자적 기반을 가진 세력을 右輔에 임명하여 행정과 군사업무를 효율적으로 수행하였다. 특히 十濟의 성립 직후 단행된 하남위례성으로의 定都는 十濟가 단순한 읍락단계를 넘어 단위정치체를 형성하는데 중요한 계기가 된 것으로 보았다. 이런 면에서 볼 때 十濟의 국가적 성격은 성읍국가에 해당하는 소국단계로 볼 수 있다.

백제 초기 왕계기록상에 나타날 수 있는 몇가지 문제점을 중심으로 초기사 이해의 방향에 대해 언급하였다. 이는 백제의 건국 시기를 어느 때로 보느냐의 문제와 깊은 관련이 있기 때문이다. 그 결과 백제 초기 관련 기록들이 부분적으로 잘못되었다고 해서 이를 곧바로 불신론의 근거로 받아들여서는 안되며, 오히려 그 기사 자체를 인정하는 가운데 문제점이 제기될 경우 그 기사가 갖는 한계와 역사적 의미를 찾아 재구성하려는 태도가 필요하다는 점을 지적하였다. 아울러 백제와 유사한 역사적 경험과 과정을 거쳤던 고구려나 신라의 연구 성과도 비교사적 관점에서 검토해야 한다고 지적하였다.

『백제, 누가 언제 세웠나』, 한성백제박물관, 2013

한성시대 후기 정치사의 전개

1. 고구려의 남진과 백제의 대응

1) 고구려의 남진과 백제의 곤핍

(1) 진사왕의 왕위 찬탈

4세기 중반 近肖古王(346~375) 이후 近仇首王(375~384), 枕流王(384~385)을 거치면서 백제는 肖古王系에 의한 왕위계승권을 확립하고, 사방으로 영토를 크게 확장하였으며, 『書記』의 편찬과 불교의 수용 등 일련의 왕권 강화시책에 힘입어 고대 중앙집권적 귀족국가의 기반을 갖춘 시기를 맞게 된다. 이어 전개되는 4세기 후반에서 5세기 후반에 이르는 약 1세기 동안의 한성시대 후기는 백제가 내우외환을 겪는 일대 격동의 역사를 맞게 된다.[1] 대내적으로 백제가 중앙집권체제를 갖추어 국가적 성장을 추구해 가던 과정에서 왕위계승을 둘러싸고 왕권과 지배 귀족들 사이에 새로운 역관계의 정립을 위한 정치적 갈등을 표출하였고, 대외적으로는 고구려의 적극적인 남진 공세로 인해 곤핍에 처하는 상황에 놓이게 되었다. 즉 근구수왕 이후 백제는 침류왕의 단명과 이에 따른 辰斯王(385~392)의 비정상적인 왕위계승,

그리고 정변에 의한 왕의 피살 등 왕위계승 문제를 둘러싸고 일련의 내분을 겪게 되면서 왕권은 극도로 동요하게 되었다.

이후 腆支王代(405~420)의 왕위계승 분쟁으로 이어지고 이에 따라 眞氏, 解氏, 木氏와 같은 유력한 귀족세력들 간의 권력다툼으로 번지면서 왕권은 점차 쇠미의 길을 걷게 되었다. 게다가 백제는 진사왕대 이후 고구려의 간단없는 남진공세에 처하게 되면서 인적 물적으로 심한 곤핍 상태를 면키 어렵게 되었다. 결국 백제는 이러한 대내외적 요인이 서로 상승 작용하여 왕도 한성을 포함한 한강 하류지역을 상실당할 정도의 일대 국가적 위기 상황으로 몰고 가게 되었는데, 이는 어느 면에서 백제가 한단계 발전을 위한 진통과정으로서 새로운 웅진시대를 잉태하는 과정이기도 하다.

이 시기에 일어난 왕위계승 분쟁 중 첫 번째로 들 수 있는 것은 진사왕의 즉위를 둘러싼 왕위계승 분쟁이다. 진사왕의 즉위 사정에 대하여 『삼국사기』 백제본기에는 다음과 같이 기록해 놓고 있다.

> A 진사왕은 근구수왕의 둘째 아들이고 침류왕의 동생으로서 사람됨이 强勇하고 총명하였으며 지략이 많았다. 침류왕이 돌아가자 태자가 어린 까닭으로 그 숙부인 진사가 즉위하였다. [진사왕 즉위년]

위의 기사에서 보면 진사왕은 침류왕의 동생이었고 뒤이어 즉위한 침류왕의 아들 阿莘王(392~405)의 숙부임을 알 수 있다. 백제의 왕위계승이 일반적으로 父系直子繼承으로 이어져 왔던 사례에 비추어 볼 때 진사왕은 형

---

1) 한성시대 후기의 정치과정을 종합적으로 다룬 연구는 다음과 같다. 盧重國, 『百濟政治史研究』, 일조각, 1988, 129~149쪽 및 「4~5世紀 百濟의 政治運營」 『韓國古代史論叢』6, (재)가락국사적개발연구원, 1994, 143~184쪽 ; 양기석, 「百濟 專制王權成立過程 硏究」, 단국대 박사학위논문, 1990 및 「백제의 변천」 『한국사』6, 국사편찬위원회, 1995, 45~58쪽 ; 李道學, 「漢城後期의 百濟王權과 支配體制의 整備」 『百濟論叢』2, 백제문화개발연구원, 1990, 287~302쪽 ; 文東錫, 「4~5세기 백제 정치체제의 변동」 『한국고대사연구』9, 1996 ; 강종원, 『4세기 백제사연구』, 서경, 2002. 136~143쪽 ; 문안식, 『백제의 흥망과 전쟁』, 혜안, 2006.

제상속에 의해 왕위계승을 하고 있는 것으로 드러났다. 여기서 진사왕이 즉위하게 된 이유를 무엇보다도 태자 아신이 침류왕의 장자로서 유력한 차기 왕위계승권자임에도 불구하고 나이가 어리다는 점 때문인 것이라 하였다. 이 점은 다음의 백제 한성시대 왕위계승의 몇가지 사례에 비추어 볼 때 일면 타당한 측면이 있음을발견하게 된다.

> B-① 古爾王은 蓋婁王의 둘째 아들이다. 仇首王이 재위 21년에 죽자 장자 沙伴이 왕위를 이었으나 어려서 정치를 할 수가 없었으므로 초고왕의 母弟인 古爾가 왕위에 올랐다. [고이왕 즉위년]
> ② 比流王은 구수왕의 둘째 아들이다. 성품이 너그럽고 인자하여 남을 사랑하였고, 또 힘이 세어 활을 잘 쏘았다. 오랫동안 백성들 사이에 있었지만 명성은 널리 퍼졌다. 분서왕이 죽자 비록 아들이 있었지만 모두 어려서 왕위에 오를 수 없었다. 이로서 (비류)가 신하와 백성들의 추대를 받아 왕위에 올랐다. [비류왕 즉위년]

위 기사에 의하면 고이왕(234~286)과 비류왕(304~344)이 모두 숙부에 해당하는 위치에 있으면서 어린 조카를 대신하여 왕위에 오른 것으로 되어 있음을 알 수 있다. 이로 미루어 보면 백제는 태자가 나이가 어려서 정사를 수행해 나갈 능력이 없을 경우에 왕통의 단절을 막기 위한 비상수단으로 형제 상속이 이루어지고 있었음이 확인된다. 이때 왕위계승 후보자는 일정 가계 범위 안에 속하는 왕족 가운데[2] 연장자로서 능력있고 현명한 자를 선출

---

2) 백제 초기의 왕족 중에서 왕이 될 수 있는 가계의 범위는 『삼국사기』 백제 왕계를 검토해 볼 때 대개 같은 曾祖 8촌까지 가능했던 것이 아닐까 한다. ⑦ 사반왕에서 ⑧ 고이왕으로의 계위는 6촌간에 이루어진 것이며, ⑪ 비류왕에서 ⑫ 계왕은 7촌간이었고, 이어 ⑫ 계왕에서 ⑬ 근초고왕은 8촌간에 왕위 계승이 이루어지고 있다. 이에 대해 이종욱은 고이왕의 왕위계승을 예로 들어 증조 6촌 안의 가계에 속한 왕족들이 동일한 정치적 권리를 누렸기 때문에 가능했던 것으로 풀이하였다(「백제의 좌평」 『진단학보』45, 1978, 27쪽). 그러나 백제 한성시대의 왕위 계승이 원칙적으로 부계직자상속으로 이루어지고 있으나, 그밖의 가계 범위안에 속한 왕족들이 왕위를 계승하는 경우는 왕의 나이가 어리거나 또는 어떤 정치적인 요인에 의해 변칙적으로 왕위 계승이 이루어지기 때문에 일반적인 현상으로 보기는 어렵다.

하여 대통을 이어 나가게 한 것으로 볼 수 있다.

그런데 진사왕이 고이왕과 비류왕처럼 숙부로서 왕위에 오를 수 있는 데에는 "그 사람됨이 强勇하고 총명하였으며 지략이 많았던 점(A)"이 크게 작용하였을 것으로 판단된다. 고이왕의 경우는 전렵 행사에서 손수 40여 마리의 사슴을 잡을 정도[3]의 탁월한 騎馬善射能力을 갖고 있었으며, 비류왕은 "성품이 너그럽고 인자하여 남을 사랑하였고, 또 힘이 세어 활을 잘 쏘았던 점(B-②)"이 영향을 미친 것으로 이해된다.

이처럼 백제는 태자가 나이가 어려서 왕위 계승이 어려울 경우 6촌에서 8촌 범위 안에 속하는 왕족이 최고 귀족회의체에서 '國人'에 의해 추대되어 왕이 될 수 있었다. 이때 그 유력한 왕위 계승후보자는 우수자 계승원리가 작용하여 특이한 체모나 신체조건을 갖춘 자, 武材나 또는 지혜와 덕성을 겸비한 인물이 선발되었음을 알 수 있다.[4] 이러한 요건들은 국왕으로서의 정치적 권위 확립에 유용한 수단이 되었음이 쉽게 짐작이 된다. 이런 면에서 진사왕은 그 사람됨이 强勇하고 총명하였으며 지략이 많았던 점(A)으로 보아 왕위계승 후보자로서의 자격은 충분히 갖춘 것으로 볼 수 있다. 때마침 형 침류왕이 재위 2년 만에 단명하자 태자 아신이 나아가 어려 정사를 돌볼 수 없다는 구실을 내세워 대신 왕위에 오른 것이다.

그런데 위의 『삼국사기』 기록과는 달리 진사왕의 즉위가 그리 순탄치만 않았다는 사실이 다음의 『일본서기』에 기록되어 있어 주목된다.

C 백제 침류왕이 죽었다. 왕자 阿花가 年少하여 叔父 辰斯가 찬탈하여 왕이 되었

---

3) 『삼국사기』 백제본기 고이왕 3년 동10월.

4) 이종욱, 『신라상대왕위계승연구』, 영남대 민족문화연구소, 1980, 167쪽 ; 신형식, 「삼국시대 왕의 성격과 지위」 『한국고대사의 신연구』, 일조각, 1984, 88~90쪽. 백제의 경우 고이왕이나 비류왕, 동성왕처럼 왕의 자질로서 탁월한 騎馬善射能力이 높이 평가되기도 하였는데, 유목사회에서는 새로운 통치자를 선발하는 과정에서 개인의 군사적 역량이나 지도력이 가장 중요한 자질로서 작용한 점(Luc Kwanten, 『Imperial Nomads』, 1979 : 송기중 역, 『유목민족제국사』, 민음사, 1987, 26쪽)이 참고가 된다.

다. [권9, 신공 65년]

위의 기사에 의하면 진사가 왕위를 찬탈한 것으로 되어 있어 침류왕의 사후 왕위 계승을 둘러싼 어떤 정변이 있었음을 시시해 주고 있다. 그 정변의 구체적인 내용은 알 수 없지만, 침류왕의 단명과 태자 아신의 年少라는 어려운 난국을 당하여 진사는 고이왕과 비류왕의 전례를 들어 형제상속에 의한 왕위계승권을 강력히 주장했을 가능성이 높다. "강용하고 총명하였으며 지략이 많았다"는 진사의 사람됨으로 보아 위와 같은 어려운 상황을 틈타 왕위를 찬탈한 것[5]임이 분명하다고 하겠다.

이러한 진사왕의 정변에 의한 왕위 찬탈에는 어떤 귀족세력이 연루되어 있었는지에 대해서는 알 수 없다. 다만 진사왕 3년(387)에 행해진 일련의 인사에서 眞嘉謨는 達率에, 그리고 豆知는 恩率에 각각 임명된 사실이 주목된다. 특히 진가모는 근초고왕대의 왕비족이었던 진씨세력과 깊은 관련이 있는 인물로 보인다. 그가 진사왕대에 대고구려전을 주도하는 중심인물로 활동을 보이고 있으며, 진사왕 6년(390) 都坤城 전투에서 큰 공을 세운 후 바로 병관좌평에 임명된 사실을 고려해 보면 진사왕의 옹립과정에서 큰 역할을 하였을 것이 쉽게 짐작이 된다. 진사왕이 왜 정변을 일으켰는지에 대해서는 사료의 제약으로 알 수는 없지만,[6] 이 일로 인하여 지배세력들 간에 어떤 대립과 갈등이 생겼을 가능성이 있다. 이 점은 앞으로 진사왕이 통치를 해나가는 데에 있어서 역기능으로 작용할 소지는 상존해 있는 것이다.

어쨌든 이 정변으로 태자가 어려서 정사를 돌볼 수 없었던 비상 시기에

---

5) 노중국, 앞의 책, 132쪽 ; 이도학, 앞의 글, 288쪽.

6) 盧重國은 진사에 의한 왕위찬탈 배경을 침류왕의 불교공인에 따른 지배세력 사이의 갈등이 작용한 것으로 추정하였고(앞의 책, 132~133쪽), 문안식은 노중국과 같은 견해를 따르고 있으나 침류왕이 진사에 의해 폐위된 것으로 보았다(앞의 책, 168쪽~170쪽). 그러나 침류왕이 재위 2년만에 단명하였고, 또 『일본서기』에 분명히 왕자 아신이 연소하다는 점을 명기하고 있기 때문에 당시 불교 공인을 둘러싸고 갈등이 있었던 사실로 보는 견해는 따르기 어렵다.

는 고이왕과 비류왕처럼 숙부와 같은 일정한 가계 범위 안에 속한 왕족이 왕위계승에 관여할 수 있는 또 하나의 실례를 만들어준 셈이 된다. 그리고 이후 전지왕 즉위 초에 일어난 일련의 정변에서 전지의 동생인 혈례에 의해 또 한 차례 왕위계승 분쟁을 일으켜 백제 왕권의 쇠약을 가져오는 요인이 되었을 것임은 틀림이 없다.

이와 같이 정변에 의해 변칙적으로 즉위하였던 진사왕이 즉위 후 시급히 해결해야 할 현안 문제는 고구려의 남진 공세에 대처하는 일이었다. 그 첫 조치의 하나로 백제의 북쪽 경계선 지역의 요충에다가 관방을 설치하는 일에 착수하였다. 진사왕 2년(386)에는 靑木嶺(개성 청석령)에서 북쪽 변경지역인 八坤城에 이르는 지역과 서해안의 예성강 하구에 이르는 곳까지 15세 이상의 백성들을 대거 동원하여 관방 시설을 설치하였다.[7] 이곳은 근초고왕 30년(375)에 고구려에게 빼앗긴 백제의 북변 水谷城(황해도 신계) 이남 지역이었다. 진사왕 즉위 초의 백제 북쪽 경계선은 대략 평산·토산을 잇는 예성강 남안 일대에 걸쳐 있었던 반면 고구려는 신계·금천쪽에 관방을 설치하여 백제와 대치한 것으로 드러났다.[8] 이 해 8월에 진사왕의 예상대로 고구려가 먼저 백제에 침입해 오면서 백제와 고구려의 두 나라 관계는 일련의 군사적 긴장관계에 접어들게 되었다. 이때 고구려가 백제를 침공하게 된 것은 진사왕 즉위 과정에서 야기된 정치적 분열에서 비롯된 것으로 판단된다.[9]

이러한 고구려의 침입에 대해 백제는 진사왕 3년(387)에 그의 옹립 세력인 眞嘉謨를 達率로 삼고 豆知를 恩率로 삼아 군사동원체제를 정비한 다음 關彌城(387, 392), 고구려의 남변(389), 都坤城(390), 赤峴城(391)에서 고구려와 일진일퇴의 공방전을 벌렸다. 그 중 백제가 고구려와 싸워 승리를 거둔 것은 도곤성 전투에서였다. 도곤성의 위치는 알 수 없지만 대략 개성에

---

7) 『三國史記』 백제본기 진사왕 2년 춘.
8) 오순제, 『한성 백제사』, 집문당, 1995, 221쪽.
9) 강종원, 앞의 책, 140쪽.

서 고구려가 차지하고 있던 이천의 개연산 부근의 요충지로 추정된다.[10]

　　이 전투에서 백제가 승리함으로서[11] 일시나마 금천·신계 방향의 고구려군과 예성강 방면의 말갈세력의 침입을 저지할 수 있었다. 이 전투에서는 달솔 진가모가 2백여 명의 고구려군 포로를 노획한 공으로 兵官佐平에 승진하기도 하였다. 그러나 전반적인 전황은 백제가 불리한 상황에 놓여 있었다. 특히 진사왕 말년에 행해진 관미성 전투는 그의 정치적 기반을 단축시키는 역기능으로 작용하였다. 백제가 고구려의 침공으로 북쪽 경계지역의 군사적 요충인 관미성을 상실함으로써 이에 따른 정치적 분열을 가속화시키는 계기가 되었고 결국 구원 행궁에서 진사왕의 피살로 귀결되었다.

　　이처럼 진사왕대의 대고구려전은 그리 효율적으로 수행되지 못하고 수세적 입장을 견지한 것으로 드러났다. 근구수왕대 이후 한동안 소강상태였던 대고구려와의 관계가 진사왕의 정변을 계기로 적극화되는 양상을 보이게 된 것이다. 이는 어떤 면에서 진사왕의 정변에 의한 즉위와 관련시켜 볼 수 있다. 진사왕은 대고구려전을 수행하는 데에 있어서 그의 정변에서 야기된 지배세력들 간의 대립과 정치적 분열을 극복하지 못한 채 이들을 효율적으로 왕권에 결집시키지 못하였다. 오히려 친왕세력인 진가모에게 병권을 위임하여 대고구려전을 전담시킴으로써 백제는 대고구려전에서 일원적인 군사권을 수행하지 못한 채 왕권의 약화를 가져오게 된 것이다.

　　다음으로 진사왕의 실정과 관련시킬 수 있는 시책은 빈번한 토목공사와 전렵의 실시를 들 수 있다. 진사왕 7년(391)에는 궁전을 대대적으로 수리하고 그 부속시설인 연못을 호사스럽게 조영하는 등 대규모 토목공사를 일으켰다.[12] 이는 정변으로 왕위에 오른 진사왕의 정통성과 권위를 확립하려는 의도에서 비롯된 조치로 이해되지만, 이에 따른 인적·물적 손실을 초래하

---

10) 팔곤성을 마식령산맥의 동북쪽 끝자락에 위치한 이천의 개연산으로 추정한 견해가 있다 (문안식, 앞의 책, 170~171쪽). 개연산은 멸악산맥과 마식령산맥이 분기되는 곳이다.
11) 『삼국사기』 백제본기 진사왕 6년 9월.
12) 『삼국사기』 백제본기 진사왕 7년 정월.

여 결국 그의 정치적 기반을 붕괴시키는 역기능을 가져왔다.

또한 진사왕은 전렵 행사를 빈번히 실시하여 왕권의 기반을 다지려 하였다. 그의 재위 기간 8년 동안 4차례에 걸쳐 왕도 한성과 그 인근 지역인 狗原(豊壤),[13] 大島(강화도), 橫岳(서울 북한산)[14] 등지에서 전렵을 행하였다. 이는 국왕으로서의 군사통수권을 확인하여[15] 대고구려전을 독려하기 위한 조치였던 것으로 이해되지만, 고구려와의 전쟁을 치룬 직후에 전렵이 빈번하게 행해지고 있었다는 점에서 오히려 역기능을 가져왔다. 특히 진사왕 8년에 행한 구원 행궁에서의 전렵은 관방 요충지인 관미성을 상실한 직후임에도 불구하고 10일이 넘게 장기간에 걸쳐 행해졌던 점은 그의 통치력 행사에 한계를 보여준다.

(2) 관미성의 상실과 진사왕의 피살

진사왕은 고구려의 남진 공세에 대한 비효율적 대응, 그리고 무모한 토목공사의 실시와 빈번한 전렵 행사로 인하여 권력 기반 확립에 심한 동요를 가져왔다. 그 중 북방의 요새인 關彌城의 상실은 그의 정치적 기반을 상실하는 계기가 되었으며 대외적으로도 고구려가 삼국항쟁사에서 한동안 힘의 우위를 점하는 계기가 된 일대 사건으로 볼 수 있다.

한편 백제와 고구려의 대립은 391년 광개토왕이 즉위하면서 새로운 전기를 맞게 되었다. 小獸林王代(371~384)에서 故國壤王代(384~391)에 걸친 시기에 고구려는 율령 반포, 태학 설립, 불교 공인 등의 대내적 체제 정비에 힘입어 고대 중앙집권적 국가의 면모를 갖추게 되었다. 특히 고국양왕 9년(391)[16]에는 불교를 크게 장려하고 종묘와 사직을 정비하여 고구려왕실의 지배 이념과 정통성을 확립하였다. 대외적으로 신라와 수교하여 동맹관계

---

13) 酒井改藏,「三國史記 地名考」『朝鮮學報』54, 1970, 46쪽.
14) 金正浩,『大東地志』권1, 漢城府, 山水·典故 ; 金瑛河,「三國時代 王의 統治形態 硏究」, 고려대 박사학위논문, 1988, 38~39쪽.
15) 金瑛河, 앞의 글, 58~60쪽.

를 수립하였는데 이때 신라는 왕자 實聖을 질자로 고구려에 파견하였다. 반면 백제는 대토목공사와 전렵 행사를 빈번히 일으켜 국력을 소모하는 한편 광개토왕이 등장한 고구려의 새로운 변화에 효율적으로 대처하지 못하고 있었다.

이처럼 4세기 후반에 걸쳐 국력을 축적한 고구려는 광개토왕의 즉위를 계기로 하여 백제에 대한 파상 공세에 나서게 되었다. 광개토왕은 즉위한 지 2달 만에 군사 4만 명을 거느리고 백제 石峴 등 10여 성을 불시에 공격하여 이를 공취하였다. 석현성은 개풍군 청석동에 위치한 것으로 추정되는 곳인데[17] 능비문의 영락 14년(404)에 나오는 '石城'과 같은 곳으로 추정된다. 이 작전으로 백제는 예성강 이남의 요충 석현성을 포함한 10여 개의 성을 고구려에 빼앗기게 되었다.

이어 10월에는 고구려가 백제의 북쪽 변경의 요충지인 關彌城 공격에 나서 20여 일만에 이를 함락시켰다. 관미성은 능비문의 영락 6년(396)에 나오는 '閣彌城'으로도 표기되고 있는데 그 위치에 대해서는 여러 견해[18]가 있다. 다만 391년 전투에서 고구려가 백제의 석현성을 거쳐 관미성을 공격하여

16) 『삼국사기』 고구려본기 고국양왕 9년 춘3월. 고국양왕 9년은 『삼국사기』에 의하면 392년으로 광개토왕 즉위년에 해당하지만 〈광개토왕릉비문〉(이하 능비문이라 약칭함)에는 광개토왕 즉위년이 391년으로 『삼국사기』와 1년 차이가 있는데 여기서는 능비문에 따라 391년으로 취하였다.

17) 이병도, 『국역 삼국사기』, 을유문화사, 380쪽. 그밖에 석현성의 위치에 대해서는 ①한강과 임진강 사이에 있던 성으로 보는 견해(池內宏, 『滿鮮地理歷史硏究報告』, 東京帝國大學文學部, 1927), ②황해도 곡산설(『대동지지』권18, 곡산) 등이 있다.

18) 관미성의 위치에 대해서는 ①임진강과 한강의 합류되는 烏頭山城說(金正浩, 『大東地志』권3, 교하 성지 ; 윤일녕, 「관미성위치고」 『북악사론』2, 1990, 103 · 164쪽), ②강화 교동도의 華蓋山城說(이병도, 앞의 책, 380쪽), ③강화도 河陰山城說(신채호, 『조선상고사』, 단재신채호전집(상), 1982 ; 운명철, 『고구려 해양사연구』, 사계절, 2003, 174쪽), ④고양시 중흥동 廢山城說(한백겸, 『東國地理志』, 新羅所倂 形勢 關防 관미성), ⑤白川郡 姑昧浦說(酒井改藏, 「好太王碑面の地名について」 『朝鮮學報』8, 1955, 51쪽), ⑥개성 부근의 關彌嶺說(박시형, 『광개토왕릉비』, 사회과학출판사, 1966, 174~175쪽) ; 이도학, 「백제 관미성에 관한 일고」 『가야통신』19 · 20, 1990), ⑦개풍군 백마산 부근설(손영종, 「광개토왕릉비를 통하여 본 고구려의 영역」 『력사과학』1982-2, 297쪽) 등이 있다.

이를 함락시키고 있으며, 이듬해에 백제가 左將 眞武를 보내 석현성 등 5성을 회복하려고 먼저 관미성을 공격한 일[19]에 비추어 볼 때 관미성과 석현성은 거리상 인접한 중요한 군사적 요충임을 다음의 기사를 통해 알 수 있다.

> D-① 그 성(관미성)은 사면이 깎은듯 가파르고 바닷물에 둘러싸여 있었으므로 왕(광개토왕)은 군사를 일곱 방향으로 나누어 공격한 지 20일 만에 함락시켰다. [광개토왕 즉위년 동 10월]
> ② 關彌城은 우리 북쪽 변경의 要害地이다. 지금 고구려의 소유가 되었으니 이는 과인(아신왕)이 분하고 애석하게 여기는 바이다. 경은 마땅히 마음을 써서 설욕하라. [아신왕 2년 추 8월]

위 기사에 의하면 관미성은 사면이 깎아지듯 가파르고 서해에 연한 지역에 있는 수로교통상의 요지에 위치하고 있음을 알 수 있다. 이런 조건을 고려해 볼 때 관미성은 예성강 이남의 내륙지역보다 임진강과 한강이 합류되는 오두산성이 보다 타당할 듯하다. 고구려가 관미성을 확보했을 경우 수군을 동원하여 서해에서 강화도를 거쳐 한강에 이르는 경기만 일대의 제해권을 장악할 수 있게 된다. 백제는 이제 관미성의 상실로 인하여 고구려의 수군으로부터 배후 측면에서 불시에 공격을 받을 수 있는 안보상 취약점을 갖게 된 것이다. 백제가 이러한 전략적 가치를 지닌 관미성을 상실함으로써 고구려로부터 육군과 수군의 합동작전에 의해 왕도 한성이 군사적 압박을 받을 수 있는 상황에까지 직면하게 된 것이다. 따라서 백제는 대고구려전에서 관미성을 반드시 확보해야 할 필요가 있는 것이다. 백제는 관미성이 가지는 전략적 중요성을 감안하여 393년 좌장 진무가 거느린 1만 명의 군사를 관미성 수복작전에 투입한 적이 있었으나 실패한 바 있었다.

이처럼 백제는 북쪽 변경의 요충지인 관미성의 상실로 인하여 적지 않은 타격을 입게 되었다. 백제는 관미성 뿐 아니라 석현성 일대를 고구려에게

---

19) 『삼국사기』 백제본기 아신왕 2년 추 8월.

빼앗김으로써 예성강 이남의 전략적 거점을 잇달아 상실하게 된 것이다. 이들 지역은 386년에 쌓은 청목령에서 팔곤성과 서해안에 이르는 전략적 요충으로 여겨진다. 백제는 북쪽 변경의 전력적 요충을 상실함으로써 이제 왕도 한성을 방어하는데 큰 허점이 생긴 것이다. "진사왕은 광개토왕이 용병에 능하다는 말을 듣고 나가 막지 못하니 한수 북쪽의 여러 부락들이 다수 함락되었다"는 기사[20]는 당시 백제가 처해진 곤핍상을 시사해 주고 있다.

이러한 위기감을 느낀 백제 조정에서는 관미성의 상실에 따른 책임 소재와 이에 대한 대응책 마련을 두고 지배세력 간에 대립과 갈등이 야기되었을 것이다. 이에 진사왕은 이를 수습하기 위한 조처의 하나로서 전렵 행사를 실시하였다. 진사왕은 구원 행궁에 계속 머무르면서 사냥을 통해 고구려에 대한 패전의 수습책을 마련하고 지배세력 간의 결속을 공고히 하려다 결국 재위 8년 만에 죽고 말았다.

그런데 진사왕의 죽음에 대해서는 『삼국사기』와 『일본서기』의 기록에서 다음과 같이 서술하고 있어 의문의 여지를 낳고 있다.

E-① 겨울 10월에 고구려가 關彌城을 쳐서 함락시켰다. (진사)왕이 狗原에서 사냥하였는데 열흘이 지나도 돌아오지 않았다. 11월에 구원의 행궁에서 죽었다. [『삼국사기』백제본기 진사왕 8년]
② 이 해 백제의 辰斯王이 즉위하여 귀국의 천황에게 무례하였다. 그래서 紀角宿禰 · 羽田失代宿禰 · 石川宿禰 · 木菟宿禰를 보내어 그 무례함을 책하였다. 이 때문에 백제국은 진사왕을 죽여 사죄하였다. 紀角宿禰 등은 다시 阿花를 왕으로 세우고 돌아왔다. [『일본서기』권10, 응신기 3년]

위 기사에서 『삼국사기』는 진사왕이 구원에서 사냥을 하다가 행궁에서 죽은 것으로 기술되어 있는 것과는 달리 『일본서기』에서는 진사왕이 살해당한 것으로 서술해 놓고 있다. 『일본서기』에서는 진사왕이 살해당한 이유를

---

20) 『삼국사기』백제본기 아신왕 8년 추7월.

즉위 후 왜 천황에게 무례하였기 때문인 것으로 서술하고 있다. 천황이 백제 왕의 무례에 대해 일정한 징벌을 가한다는 서술 태도는 『일본서기』의 천황 중심 사관이 반영된 상투적인 것으로서 사실 그대로 받아들일 수는 없다. 다만 진사왕이 피살당하고 이어 阿花王 즉 아신왕이 즉위한 사실 만큼은 받아들여도 좋을 것이다. 그리고 진사왕을 살해하고 아신왕을 옹립한 세력으로는 紀角宿禰로 대표되는 목씨세력[21]이 관여했던 사실을 시사해 주고 있다.

『삼국사기』에서 진사왕이 사냥을 나갔다가 구원 행궁에서 죽었다는 기술은 그의 죽음이 정상적인 것이 아님을 시사해 주고 있다. 아마 진사왕은 어떤 모종의 정변에 의해 희생되었을 가능성이 제기되고 있다. 『일본서기』에 '무례'로 표현된 기사는 당시 왜와의 어떤 관련성이 찾아지지 않고 있어 어떤 정변과의 관련성을 반영해 주는 서술로 보여진다. 진사왕을 죽음으로 몰고 간 정변의 내용은 관련 사료의 제약으로 알 수 없지만, 위에서 언급한 대로 관미성 패전에 따른 사후 수습책과 관련하여 지배세력 간의 대립과 갈등 속에서 찾을 수 있을 것이다.[22]

이처럼 관련 기사를 면밀히 검토해 볼 때 진사왕의 실정에 반하는 일부 귀족세력들이 진사왕을 구원행궁에서 살해하고 아신왕을 옹립한 것으로 이해된다. 이로서 아신은 숙부 진사왕의 찬탈로 빼앗긴 왕위를 되찾고 왕위에 오르게 된 것이다.

(3) 아신왕의 즉위와 고구려 광개토왕의 백제 공격

진사왕은 고구려의 잇달은 남진 공세에 효과적으로 대응하지 못한 채 구원행궁에서 피살된 후 침류왕의 아들인 阿莘王이 왕위에 올랐다. 방계에서 다시 직계로의 왕위 계승이 이루어진 것이다. 진사왕을 살해하고 아신왕을

---

21) 紀氏세력을 목씨세력과 관련시켜 보는 견해는 이홍직, 「백제인명고」『한국고대사의 연구』, 1971, 신구문화사, 347쪽 ; 김현구, 『임나일본부 연구』, 일조각, 1993, 77쪽을 참조할 것.
22) 진사왕이 의문의 죽음을 즉위과정에서의 문제와 재위과정에서 나타난 비정상적인 통치 행위에서 찾는 견해가 있다(강종원, 앞의 책, 141쪽).

옹립한 세력은 그 실체를 알 수 없지만 아신왕대의 권력 구조에서 중요한 역할을 맡았던 왕의 동생 洪을 대표로 하는 일부 왕족들과 眞武로 대표되는 진씨세력 등을 들 수 있다. 왕의 동생 洪은 아신왕 3년(394)에 수석 좌평인 內臣佐平에 임명되었고, 진무[23]는 왕의 國舅로서 아신왕 2년(393)에 左將에 임명되어 병권을 장악한 바 있다. 진무는 관미성 탈환 작전을 지휘할 정도로 대고구려전을 주도하였으며, 아신왕 7년(398)에는 병관좌평에 승진한 바 있는 아신왕대 권력의 중추에 있던 인물이다. 이들은 아신왕 즉위 초에 내신좌평과 좌장 등 권력의 핵심에 포진하고 있는 것으로 보아 아신왕을 옹립한 세력으로 볼 수 있다.

아신왕이 즉위한 후 시급히 해결해야 할 진사왕의 피살과 아신왕의 즉위과정에서 나타난 지배세력 간의 대립과 갈등을 수습하는 일일 것이다. 이 문제는 아신왕의 권력기반 확립과 맞물려 있는 일이다. 아울러 계속되는 고구려의 남진 공세를 어떻게 효과적으로 저지하느냐의 문제도 역시 당면 과제이기도 하다.

구원행궁에서 살해된 진사왕의 뒤를 이어 왕위에 오른 아신왕은 먼저 시조묘인 東明廟에 배알하는 의식을 행하는 동시에 범부여족사회에서 거행되던 전통적인 의례인 祭天祀地를 南壇에서 거행하였다.[24] 이는 왕권의 정통성을 대내적으로 천명하고 아울러 아신왕의 즉위과정에서 야기된 지배세력 간의 대립과 정치적 분열을 봉합시켜 결속을 다지기 위한 의도에서였다. 아신왕의 즉위의례가 끝난 후 옹립의 공신에 대한 인사를 단행하였다. 아신왕의 옹립에 핵심적 역할을 한 진무를 좌장에 임명함으로써 그에게 병마권을 위임하여 권력의 한 축으로서 왕권을 보필하도록 하였다. 진무는 아신왕과 통혼 관계를 맺어 國舅가 된 것은 왕실의 든든한 버팀목이 되게 하려는 의도에서였다.

---

23) 아신왕 2년에 眞武가 左將에 임명된 사례에 주목하여 진무가 이 정변에서 핵심적인 역할을 하였을 것으로 보는 견해가 있다(盧重國, 앞의 책, 150쪽).
24) 『삼국사기』 백제본기 아신왕 2년 정월.

이로서 진씨세력은 근초고왕대의 朝廷佐平 眞淨, 진사왕대의 眞嘉謨, 그리고 아신왕대의 眞武처럼 근초고왕부터 아신왕대까지 왕비족으로서 왕족과 함께 국정을 분담하는 권력의 한 축을 형성하였다. 또한 아신왕 3년(394)에는 元子 腆支를 太子로 조기 책봉하여 왕위계승상의 분쟁을 미연에 방지하고자 하였고, 王庶弟인 洪을 수석좌평인 內臣佐平에 임명하여 왕실의 기반을 다지고자 하였다. 이로서 아신왕대에는 내정은 왕족, 병권은 왕비족인 진씨세력에게 각각 역할을 분담시킴으로써 정치세력 간의 상호 견제를 통해 권력의 편중을 방지하고 왕권의 안정을 도모하려 하였다.

따라서 아신왕대의 권력구조는 근초고왕대 이래로 구축된 왕족-왕비족 연합체제를 중심으로 지배체제를 강화해 가는 방향에서 운영되었다. 대체로 왕권에 협조하는 왕족과 특정한 귀족세력과의 연합을 통해 왕권이 유지된 것으로 이해된다. 전반적으로 지배세력의 근본적인 변화는 수반하지 않았지만 왕족간의 대립과 갈등을 틈타 진씨세력의 정치적 영향력이 보다 강화되어 나갔을 것이다. 이러한 왕비족 진씨세력의 역할 증대는 점차 왕권이 쇠미해지는 현상을 초래하게 되었다.

그런데 아신왕대에는 고구려에 대해 공세적 입장을 취하면서 진사왕대에 고구려에게 상실한 예성강유역에 대한 실지 회복에 적극 나서게 되었다. 아신왕이 실지 회복을 적극 추진한 것은 진사왕을 죽이고 즉위한 권력획득의 정당성과 직결된 문제로 볼 수 있다.[25] 아울러 즉위 과정에서 대립과 정치적 갈등을 겪었던 지배세력을 왕권 중심으로 결속시키기 위한 의도도 반영되었을 것이다. 무령왕이 즉위 초 백가의 난을 진압한 후 고구려에 대해 공세적 입장을 취한 사례[26]나 또는 의자왕이 즉위 초의 정변을 수습하기 위해 신라 공격을 단행한 사례[27] 등을 들 수 있다. 아신왕의 뜻을 받들어 고구려에 대해 주전론을 견지한 대표적 인물은 국구 진무였다. 진무는 좌장이

---

25) 문안식, 앞의 책, 181쪽.
26) 양기석, 「웅진천도와 중흥」 『한국사』6, 국사편찬위원회, 78쪽.
27) 『삼국사기』 백제본기 의자왕 2년 7월.

되어 병권을 장악하고 아신왕 2년(393) 관미성 수복작전에서 선봉에 나섰던 점이 이를 입증해 준다.

아신왕의 재위 기간(392~405)은 대략 고구려의 英主로 일컫는 廣開土王代(391~413)에 해당한다. 이때에 백제와 고구려 간에 여러 차례 전투를 벌인 사실이 『삼국사기』 고구려·백제본기를 비롯하여 〈광개토왕릉비문〉에 잘 나타나 있다. 『삼국사기』에는 진사왕 말년(392)의 관미성 전투 상실, 아신왕 2년(393)의 관미성 탈환 작전 실패, 아신왕 4년(394)의 浿水 작전 기사로 구성되어 있는 반면 능비문에는 영락 6년(396) 작전, 영락 14년(404) 작전, 영락 17년(407) 작전의 3회의 기사가 나오고 있다. 능비문에 보이는 광개토왕대의 대백제전 기사를 『삼국사기』 고구려·백제본기 기사와 비교해 볼 때 기년상 1~5년 정도의 년차를 보이고 있을 뿐 아니라 기사 내용도 다소 착종된 일면을 보여준다.

『삼국사기』 백제본기의 진사왕 말년부터 아신왕 4년까지의 기사는 능비의 영락 6년 기사에 일괄하여 서술해 놓은 것으로 보인다. 영락 6년 작전에서 고구려가 백제로부터 빼앗은 58개의 성 중에 보이는 관미성이 이때에 고구려의 영유로 된 것이 확인되고 있기 때문이다. 이는 광개토왕의 정복사업을 특정한 시기에 집약시켜 그 전과를 극대화시키려는 의도가 있는 것으로 이해된다.[28] 두 자료를 비교 검토하여 아신왕대 백제와 고구려 간의 전쟁 과정을 재구성해 보았을 때 다음과 같이 정리해 볼 수 있다.

아신왕은 즉위 초의 정변을 수습하고 국왕으로서의 정통성을 확인시키는 즉위 의례 절차를 거행한 다음 393년 8월에 바로 북쪽 변경의 요충인 관미성을 탈환하기 위해 고구려에 대한 공세를 전개하였다. 국구 진무는 1만의 군대를 거느리고 진사왕 말년에 고구려에 의해 빼앗긴 석현성 등 5성을 탈환하기 위해 먼저 관미성을 공격한 것이다. 이 전투는 고구려군의 완강한

---

28) 武田幸男, 「高句麗廣開土王紀の對外關係記事」『三上次男博士頌壽記念東洋史考古學論集』, 朋友書店, 1979, 271~273쪽 ; 李基東, 「광개토왕릉비문에 보이는 백제관계 기사의 검토」『백제연구』17, 1986, 49~52쪽.

저항으로 실패로 끝났다. 이어 394년 7월에는 水谷城(신계군 다율면)에서 고구려와 전투를 벌렸으나 다시 패퇴하고 말았다. 고구려는 백제의 재침에 대비하여 황해도 남부 해안지대의 요충에다가 7개성을 구축하였다.[29] 395년 8월에 진무가 거느린 백제군이 광개토왕이 이끄는 고구려군 7천 명과 浿水 가에서 싸웠으나 8천 명의 사상자를 낼 정도로 대패하였다. 이어 11월에는 아신왕이 앞서 패수전에서의 패배를 설욕하기 위해 친히 7천 명의 군사를 거느리고 靑木嶺(개성 청석령)에 진격하였으나 때마침 내린 폭설로 인해 전과 없이 되돌아 왔다.

이처럼 백제군은 고구려를 여러 차례 침공하여 예성강 유역을 수복하려 하였으나 치열한 접전 끝에 패전을 거듭하였다. 이에 광개토왕은 백제의 잇달은 공세를 잠재우기 위해 한성을 점령하여 백제를 일거에 굴복시키려는 전격전을 추진하였다. 이에 따라 고구려군은 수륙 양면 작전으로 백제군을 압박하였다. 고구려의 육군이 예성강 이남지역에서 백제군과 대치하고 있었을 때 광개토왕이 거느린 고구려의 수군이 전격적으로 강화도와 한강 수로를 통해 경기만 일대 해안지대의 요충을 점령하고 백제의 왕도 한성으로 거슬러 올라가 아신왕을 압박하였다. 이러한 수군 작전이 가능했던 것은 391년에 이미 해안 방어의 교두보인 관미성을 확보하였기 때문이다. 이에 놀란 아신왕은 어쩔 수 없이 광개토왕 앞에 굴복을 하였다.

이러한 사실이 능비문의 영락 6년(396) 기사에 실려져 있다. 이때 백제 아신왕은 항복하고 고구려 광개토왕에 대해 '歸王請命 從今以後 永爲奴客' 하기를 맹세하였다. 이로서 백제는 한때나마 고구려세력권에 귀속된 것이다. 이에 광개토왕은 항복의 대가로 왕제 및 대신 10여 명과 남녀 천여 명을 포로로 잡아 개선하였다. 이로서 백제는 광개토왕이 즉위한 391년부터 396

---

29) 손영종은 국남 7성에 대하여 예성강 서남지방의 백제 교두보를 확보하고 황해도 남부 해안지대의 방어를 강화하기 위해 고구려가 구축한 배천 치악산성 · 연안 봉세산성 · 해주 수양산성 · 옹진 옹천성 · 태탄 오누이성 등을 지칭하는 것으로 보았다(『고구려사』, 과학백과사전종합출판사, 1990, 298~299쪽).

년까지 고구려에게 모두 58성과 700여 촌을 빼앗김으로서 임진강 이북지역을 상실하게 되었다.[30]

이에 백제는 세력을 만회하기 위해 이듬해 397년에 왜와 비밀리에 통교하고 왜의 군사력 파견을 요청하기 위한 군사외교에 적극 나서게 된 것이다. 능비문의 영락 9년(399) '百殘違誓 與倭和通' 구절이 이에 해당한다. 여기서 백제가 왜와 통교를 재개한 사실에 대해서는 다음과 같이 기록되어 있다.

> E-① (아신)왕은 왜국과 더불어 수호를 맺고 태자 腆支를 質로 삼게 하였다. [『삼국사기』 백제본기 아신왕 6년 5월]
> ② 백제인이 來朝하였다. 『百濟記』에는 "阿花王이 왕위에 있으면서 귀국에 예의를 갖추지 않았으므로 왜가 우리의 枕彌多禮 및 峴南·支侵·谷那·東韓의 땅을 빼앗았다. 이에 왕자 直支를 天朝에 보내어 선왕의 우호를 닦게 하였다." [『日本書紀』 권10, 應神紀 8년 춘3월]

위의 두 기사를 보면 백제와 왜 사이의 통교 시기는 능비문의 399년이 아니라 397년이었음을 보여주고 있다. 능비문의 399년은 신묘년 기사나 영락 6년 기사처럼 대백제전의 사실을 특정 시기에 집약해서 서술하는 능비문의 특수한 기술 방식에서 비롯된 것임을 감안해 볼 때 397년의 사실로 보인다.

여기서 백제가 왜의 도움을 끌어내기 위해 들고 나온 방책은 質子외교책이었다. 397년 백제는 왜와 긴급하게 교섭을 추진하면서 質子외교를 활용하였다. 백제와 왜 사이에는 아직 군사적 관계를 가질 만큼 큰 이해관계가 없었기 때문이다. 따라서 백제는 397년 왜와의 교섭에서 왜에게 신뢰감을 주기 위해 정치적 비중이 높은 차기 왕위계승권자인 태자급을 質子로 파견

---

30) 영락 6년 작전으로 고구려가 확보한 58성과 700여 촌은 돌려준 한강유역을 제외한 임진강 이북지역으로 보고 있으나(이병도, 『한국고대사연구』, 박영사, 1976, 382쪽), 능비문의 阿旦城을 단양의 乙阿旦城으로 보아 남한강 상류지역까지 확보한 것으로 보는 견해도 있다(이도학, 「영락 6년 광개토왕의 남정과 국원성」 『손보기박사정년기념한국사학논총』, 지식산업사, 1988, 100~102쪽).

하는 내용의 조건을 제시하였을 가능성이 있다. 왜는 質子외교를 통해 백제의 비중있는 당국자와 교섭라인을 확보하게 됨으로써 보다 밀접한 관계를 유지할 수 있기 때문에 백제의 제의를 수락한 것으로 여겨진다. 왜는 또한 종래 가야를 통해 선진문물을 접하는 데에 따른 한계를 극복하고 백제와 남조로 연결되는 무역루트를 통해 국가형성에 필요한 선진문물을 수용할 수 있으리라는 기대가 작용한 것 같다.[31]

백제는 바로 전해에 항복한 대가로 왕제 및 대신 10명을 고구려에 질자로 파견한 경험이 있었다. 이후 백제가 국가적 위기에 처해 있을 때 왜로부터 군사적 도움이 필요하게 될 때 왕족과 같은 비중있는 인물을 질자외교 형식을 빌어 왜에 파견한 사례를 종종 찾아볼 수 있다. 이 점이 백제와 왜 사이의 긴밀한 관계를 맺게 해주는 특징적인 외교방책이라 할 수 있다. 질자외교를 통한 두나라의 관계는 상하 복속관계를 나타내는 것이 아니었다.[32] 백제가 왜에 파견한 질자는 국왕을 대신하는 외교 특사의 성격을 가진 것으로, 외교관계에 있어서 상대국에게 절대 신뢰성을 보장해 주기 위한 정치적 담보물을 제공한 다음 강력한 정치적 군사적 협력을 요청하기 위한 것이었다.

태자 전지는 394년에 태자로 책봉되었고 397년에 왜에 파견되었다. 그가 귀환한 것은 아신왕이 죽은 405년이기 때문에 그의 왜에 체재한 기간은 9년이 된다. 그의 파견 목적은 왜국과 結好하기 위해 간 것이지만 그 이면에는 왜의 원병을 얻고 또한 일본열도 내의 친백제라인을 구축하여 고구려와의 전쟁으로 급박해진 백제의 위급한 상황을 타개하고 궁극적으로는 백제의 국가 이익을 극대화시키려는 의도에서였다. 이런 측면에서 볼 때 그는 유사시에 왜의 원병을 요청하려는 일종의 청병사[33]인 동시에 왜의 친백제 노선을 견지시키기 위한 일종의 특급 외교관 역할을 수행한 것이다.

---

31) 연민수, 『고대한일관계사』, 혜안, 1998, 437~438쪽.
32) 당시 백제와 신라가 왜에 質子를 파견한 것을 상하 복속관계로 이해하는 견해가 있다(末松保和, 『任那興亡史』, 吉川弘文館, 1956 ; 坂元義種, 『古代東アジアの日本と朝鮮』, 吉川弘文館, 1978).

따라서 백제의 태자 전지 파견은 강대국에 대한 복속의 의미를 가진 질자외교가 아니라 고구려의 남침에 대항하기 위한 백제의 군사외교의 일환이며, 아울러 왜의 친백제노선을 유지케 하려는 수신사로서 백제의 필요성에 의해 이루어진 것이었다.

이처럼 백제가 왜에 군사 동원을 요청한 외교적 노력에 힘입어 왜병이 한반도에 출병한 것이 능비문의 영락 9년과 10년 기사이다. 그러나 오랜 동안 왜에 대처해온 신라군의 도움과 중장기병단과 같은 우월한 군세를 갖고 있었던 고구려군에 의해 참패를 당하고 말았다.

그 후 백제는 396년의 굴욕적인 패전을 보복하기 위하여 다각적인 방법을 모색하였다. 태자 전지가 질자로 왜에 파견된 이후 아신왕은 한강 남쪽에서 열병을 실시하여 국왕으로서의 군사통수권을 확인하였고, 이듬해에는 진무를 좌장에서 병관좌평으로, 沙豆를 좌장으로 승진시키는 인사를 단행하였다.[34] 사두는 사씨세력으로 부여지역이 세력기반으로 추정되는 인물로서 금강유역에 기반을 둔 신진 재지세력들을 대고구려전에 동원하기 위한 의도로 보인다. 이런 면에서 사두에게 병권을 맡긴 것은 고구려와의 전쟁에서 패전을 거듭하고 있었던 진씨세력을 보완해 주기 위한 조치로 풀이된다.

또한 雙峴城(장단 망해산의 쌍령)[35]을 축조하거나 西臺에서 활쏘기를 하는 등[36] 국왕이 일선에 나서서 고구려와의 전쟁을 적극적으로 독려하였다. 404년 대방계 전투가 일어나기 직전인 402년과 403년에는 왜와 긴밀한 우호를 다지기 위해 교섭을 가졌고 이어 고구려의 동맹세력인 신라를 공격

---

33) 삼국시대 質子외교의 성격에 대해서는 양기석, 「삼국시대 人質의 性格에 대하여」『사학지』15, 1981 ; 羅幸柱, 「고대 한일관계에 있어서의 質의 의미」『건대사학』8, 1993을 참조할 것.
34) 『삼국사기』 백제본기 아신왕 7년 2월.
35) 문안식, 앞의 책, 194~195쪽.
36) 『삼국사기』 백제본기 아신왕 7년 3월·9월.

하여 고구려를 배후에서 견제하는 조치를 취하기도 하였다.

이렇게 대고구려전을 위한 전열을 정비한 다음 아신왕은 다시 404년에 황해도 일대인 帶方界에 침입하였다. 능비문의 영락 14년 작전이 이에 해당한다. 이는 帶方界에 침입한 倭를 광개토왕이 친정하여 평양까지 내려가 궤멸시키는 내용으로 되어 있다. 이 전쟁의 목적이 '倭不軌'에 대한 응징의 성격이 있었고 전투 형태는 '連船'으로 보아 고구려가 왜를 대상으로 황해도 연안의 요충인 石城[37]부근에서 큰 해전을 벌인 것으로 볼 수 있다. 그런데 '和通殘兵'이란 구절이 있는 것으로 보아[38]

이 전투는 왜의 단독 삭선이 아니라 백제와 함께 수행된 작전이었던 것으로 보인다. 거리가 먼 왜군이 중간 병참 지원 없이 황해도에까지 와서 단독적으로 전투를 벌릴 수 없기 때문이다. 이 전투는 백제가 왜병의 도움을 받아 대방계를 공격한 사실을 능비문에서는 고구려의 천하관에 따라 왜가 타도의 대상이 된 것처럼 분식 서술해 놓고 있다. 『삼국사기』관련 기사에는 고구려와 백제 간의 관계로 설정되어 있어서 능비문의 고구려와 왜 관계와는 서로 배치되고 있다. 이 전쟁은 실제 백제가 고구려의 주적이었고 왜는 그 배후세력에 불과한 존재였다. 능비문에 나타난 고구려의 대왜관을 통해 당시 고구려의 자존적인 천하관을 엿볼 수 있다.[39] 이 전투는 '王幢要截 盪刺 倭寇潰敗 斬煞無數'라 하였듯이 400년 경자년 작전에 이어 또다시 고구려에 의해서 백제와 왜 연합군이 크게 패퇴된 것으로 결말이 났다.

이와 같이 아신왕은 진사왕대에 상실한 예성강 일대를 수복하기 위해 여

---

37) 대방계 전투는 '連船'과 '石城'의 구절로 보아 『삼국사기』에 나오는 393년 關彌城 전투(『삼국사기』백제본기 아신왕 2년 8월)와 같은 곳에서 벌어진 전쟁으로 볼 수 있다. 여기서 능비문의 石城은 위의 『삼국사기』에 나오는 石峴과 같은 성으로 추정된다. 따라서 백제가 393년에 고구려에게 빼앗긴 관미성과 석성을 되찾기 위해 왜병과 함께 수군을 동원하여 전쟁을 벌린 것으로 이해된다.

38) 王健群, 『廣開土王碑研究』, 임동석 역, 역민사, 1985, 210쪽.

39) 고구려의 천하관에 대해서는 양기석, 「4~5C 高句麗 王者의 천하관에 대하여」『호서사학』11, 1983 ; 노태돈, 「5세기 금석문에 보이는 고구려인의 천하관」『한국사론』23, 서울대국사학과, 1989를 참조할 것.

러 차례 고구려를 침공하였으나 기대하는 만큼 성과를 거두지 못하고 결국 수포로 돌아갔다. 광개토왕의 신출귀몰한 용병술과 강력한 기마군단에 감당하지 못하고 결국 패퇴하고 만 것이다. 백제는 고구려와의 전쟁에서 잇따라 패배함으로써 이후 대내적으로 큰 어려움을 겪게 되었다. 거듭되는 전쟁으로 말미암아 많은 사상자가 나오고 농민들의 생활고는 더욱 가중되었다. 395년에는 백제가 고구려와 패수에서 전투를 할 때 8,000명의 사상자를 낸 바 있었고, 399년에는 군역을 기피하는 농민들이 신라로 집단적으로 도망하는 사례[40]도 속출하여 왕정의 재정기반을 크게 약화시켰던 것이다. 결국 백제는 4세기 후반에 들어와서 왕위계승 문제로 표출된 대내적 정정 불안으로 인하여 왕권의 쇠약과 지배세력 간의 대립과 갈등이 벌어져 고구려의 남진에 효과적으로 대응하지 못하였다.

2) 집권세력의 교체와 왕권의 약화

(1) 전지왕의 즉위와 해씨세력의 권력 장악

아신왕이 실지 회복의 꿈을 이루지 못하고 죽자 그 동안 왜에 질자로 체류하고 있던 태자 전지가 9년 만에 귀국의 길에 오르게 되었다. 그런데 腆支王(405~420)이 즉위하는 과정에서 또 다시 왕위계승 분쟁이 발생하였다. 전지가 즉위하는 과정에 대하여 『삼국사기』 전지왕 즉위년 기사에는 다음과 같이 서술하고 있다.

G (아신왕) 14년에 왕이 죽자 왕의 둘째 동생 訓解가 섭정하면서 태자의 환국을 기다렸는데, 막내 동생 碟禮가 훈해를 죽이고 스스로 왕이 되었다. 전지가 왜국에서 부음을 듣고 소리 내어 울며 귀국하기를 청하니 왜왕이 병사 100명으로써 호위해 보냈다. (전지가) 국경에 이르자 한성 사람 解忠이 와서 고하였다. "대왕이 죽자 왕의 동생 혈례가 형을 죽이고 스스로 왕이 되었습니다. 원

컨대 태자는 경솔히 들어가지 마십시오.” 전지는 倭人을 머물러 두어 자기를
호위하게 하고, 바다의 섬에 의거하여 기다렸더니, 나라 사람들이 혈례를 죽이
고 전지를 맞아 왕위에 오르게 하였다.

위 기사에 의하면 아신왕의 맏아들로서 차기 왕위계승권을 가진 태자 전
지가 아신왕이 죽었다는 전갈을 받고 귀국길에 오르고 있을 때 큰아우인 訓
解가 일시 섭정을 하면서 태자 전지의 환국을 기다리고 있었다고 한다. 이
때 작은동생인 혈례가 공석이 되어 있는 왕위를 찬탈하기 위해 왕위계승의
원칙을 무시하고 자의로 형 훈해를 죽이고 왕위를 찬탈한 것이다. 이 소식
을 들은 전지 일행은 해도에 머무르면서 사태 추이를 관망하고 있었는데,
때마침 ‘國人’으로 지칭된 세력이 중심이 되어 왕위를 불법적으로 찬탈한
혈례 세력을 토벌하고 헤도에서 전지를 맞이하여 왕위에 오르게 하였다. 4
세기 후반 진사왕과 아신왕에 이어 잇달아 왕위 계승분쟁이 이어져 발생한
것이다.

전지왕의 즉위과정에서 백제의 지배세력은 전지 옹립파와 혈례 지지파
로 나뉘어 대립하는 양상을 보인 것이다. 전자의 경우 전지왕을 옹립한 ‘國
人’으로 지칭된 세력과 해충으로 대표되는 해씨세력 등을 들 수 있다. 전지
왕을 옹립한 세력은 즉위 후 인사에서 達率이 된 解忠과 內法佐平이 된 解
須, 兵官佐平에 임명된 解丘 등이 전지왕대에 국가 요직을 장악하고 있었던
보아 해씨세력이 전지왕 옹립의 주역이 된 것 같다. 그리고 王庶弟 餘信이
왕족으로 수석좌평인 內臣佐平에 임명되었다가 408년에 신설된 최고위 上
佐平에 임명된 것을 보면 일부 왕족들이 전지왕의 지지세력이었음을 알 수
있다. 여신과 같은 왕족과 해씨세력이 곧바로 귀족회의체를 장악하고 전지
를 옹립하였는데 이들이 바로 ‘國人’의 실체가 아닐까 한다. 그러나 전지를
호송한 왜병 100명을 녹씨세력과 연관된 시시세력으로 보기도 하지만,[41]
이들은 질자가 귀국할 때 안전한 귀국을 보장하기 위해 관례적으로 파견되
기[42] 때문에 받아들일 수 없다.

반면 혈례의 지지세력은 구체적으로 알 수는 없으나, 진씨세력을 상정해

볼 수 있다. 진씨세력이 전지왕의 즉위를 계기로 한동안 정계에 등장하고 있지 않기 때문이다. 진씨세력은 4세기 후반 이래 왕비족이 되어 병관좌평과 좌장과 같은 병권을 장악하면서 대고구려전을 주도적으로 수행해 나간 유력한 귀족세력이었다. 그런데 아신왕대의 대고구려전에서 참패를 거듭하게 되자 고구려의 강경파인 진씨세력도 크게 타격을 입게 되었을 것이다. 398년의 인사에서는 고구려와의 전쟁에서의 잇달은 패전 책임으로 병마지 휘권을 담당하는 좌장직이 진무에서 沙氏세력 沙豆에게로 넘어간 것이다. 또한 능비문의 영락 6년(396) 작전의 참패로 일부 진씨세력이 고구려에 질자 보내졌을 가능성도[43) 제기되고 있다.

이로 인해 아신왕대 후반 진씨세력은 정치적으로 상당한 궁지에 몰렸을 것이다. 이러한 분위기에서 진씨세력은 자신의 거듭된 패전을 호도하고 실추된 세력을 만회하기 위하여 적극적으로 혈례를 옹립하고자 하였을 것이다. 진씨세력이 혈례를 옹립한 이유는 불리한 사태의 반전을 도모하기 위해서는 차기 왕위계승권자로 내정된 전지보다도 다른 왕족을 새로 선택하는 것이 보다 유리하다고 판단되었기 때문이다. 진씨세력에 의한 이러한 의도와 책동은 전지를 지지하는 일부 왕족과 해씨세력 등으로부터 강한 반발에 부딪쳐 결국 무산되고 만 것이다.

여기서 주목해야 할 사실은 정치의 실권이 진씨세력에서 해씨세력으로 교체되었다는 점이다. 해충은 전지왕 옹립의 공로로 달솔 관등에 오르고 漢城租 1,000석을 포상으로 지급받았으며, 그밖에 해수·해구 등 해씨세력이 내법좌평과 병관좌평 등 중요한 요직을 차지할 정도로 크게 부상하였다. 게

---

41) 전지가 귀국할 때에 동원된 왜군과 연결고리를 가지고 있었던 정치세력으로 목씨세력을 상정하는 견해도 있다(文東錫, 「4~5세기 百濟 政治體制의 變動」『한국고대사연구』9, 1996, 217~218쪽). 이에 따르면 목씨 세력도 전지 지지파로 분류될 수 있으나 당시 뚜렷한 활동을 찾을 수는 없다.
42) 479년 백제 東城王이 왜에 체류하고 있다가 三斤王이 죽은 후 즉위길에 올랐을 때에도 왜병 500명이 호송한 일(『일본서기』권14, 雄略紀 23년 하4월)을 들 수 있다.
43) 이도학, 앞의 글(1990), 290~291쪽.

다가 해씨세력은 백제 왕실과 통혼하여 왕비족이 되어 '解氏王妃族時代'로 불리울 정도로[44] 한동안 성세를 누렸다. 王戚인 해수는 내법좌평에 기용되었다가 비유왕 3년(429)에 상좌평으로 승진되었고, 解丘도 병관좌평이 되어 병권을 장악하였다. 웅진천도 직후에 전횡을 일삼던 병관좌평 解仇도[45] 해씨세력이었다. 반면에 근초고왕대에서 아신왕대까지 왕비족으로서 정치적 실권을 장악했던 진씨세력은 이후 웅진시기 초까지 한동안 권력의 전면에 나타나지 않고 있어 대조를 이룬다. 진씨세력은 전지왕 즉위 초의 정변에 연루되어 혈례를 옹립하려다가 실패하고 결국 세력을 잃게 된 것이 아닐까 한다.

이로써 5세기 전반의 권력구조는 4세기 후반대와 같이 왕족 - 왕비족에 의한 귀족연합체제적인 틀을 그대로 유지하는 가운데 전지왕대를 기점으로 하여 지배귀족이 진씨세력에서 해씨세력으로 집권세력의 교체가 이루어진 것이다.

전지왕이 혈례 일파에 의한 왕위찬탈의 책동을 분쇄하고 즉위하자 이듬해 정월에 즉위의례적인 성격을 가진 동명묘의 拜謁과 범부여족의 공통적 제의인 祭天祠地를 동시에 거행하였다. 이것은 새 왕으로서의 정통성을 천명하고 그동안의 왕위계승을 둘러싼 정치적 내분을 수습하여 지배세력간의 광범위한 결속을 다지려는 의도에서였다. 이어 즉위에 따른 논공행상적인 인사를 단행하였는데, 왕서제인 餘信을 왕명 출납을 맡은 내신좌평으로, 解須를 내법좌평으로, 解丘를 병관좌평으로, 그리고 옹립의 공이 지대한 한성 사람 解忠을 달솔로 각각 임명하였다.

즉위 초에 단행된 인사는 즉위 과정에서 야기된 정변을 수습하는 차원에서 논공행상의 성격을 갖고 행해졌지만 해씨세력이 중요 요직을 독점하는 현상이 두드러졌다. 그러나 왜에 9년 동안 체류하고 있었기 때문에 권력기반이 취약한 전지왕으로서는 해씨세력의 대두를 일정한 선에서 견제할 필

---

44) 李基白, 「百濟王位繼承考」『歷史學報』11, 1959, 31~35쪽.
45) 『삼국사기』 백제본기 문주왕 2년 9월.

요가 생긴 것이다.[46] 이러한 의도에서 왕서제인 여신에게 수석 좌평격인 내신좌평에 임명하여 권력의 한 축을 이루어 왕권의 안정을 도모하려 하였다.

지금까지 국정 운영이 왕족과 특정한 귀족세력 간의 연합체제 틀 속에 유지되어 온 만큼 상대적으로 왕권의 위상이 약화되었다. 이로 인해 잇달은 왕위계승 분쟁을 겪게 되었고 그 과정에서 지배세력 간에 첨예한 대립과 정치적 갈등이 표출되어 왔던 것이다. 따라서 전지왕은 특정한 귀족세력 중심의 정치 운영에서 벗어나 왕권 중심의 새로운 체제 구축이 보다 시급한 과제로 대두된 것이다. 그 방안의 하나로 모색된 것이 上佐平의 설치로 나타났다. 이런 의도에서 전지왕 4년(408)에는 내신좌평 여신을 새로 신설된 상좌평에 승진·임명하여 국정을 총괄케 하였다.

상좌평은 군국정사를 총괄하는 재상에 해당되는 최고위 관직이었다. 상좌평은 국왕을 견제하고 귀족세력들의 이익을 대변하기 위해 설치된 것이 아니라 왕권 강화를 위해 국왕과 상좌평으로 이어지는 새로운 정치체제의 출범을 뜻하는 것으로 볼 수 있다.[47] 이는 4세기 후반에 진씨세력과 같은 유력한 귀족세력이 병권을 장악함에 따라 야기된 왕위계승 분쟁과 대고구려전에서의 열세를 극복하려는 측면에서 강구된 시책이었다. 전지왕은 왕서제 여신을 상좌평에 임명하여 행정권과 병권을 통할케 함으로써 귀족세력에 대한 통제력을 강화하여 궁극적으로 국왕의 위상을 보다 높이려는데 그 의도가 있었을 것이다.[48]

상좌평의 설치는 왕족과 유력한 귀족세력들의 이익을 대변하는 측면이 있는 것이 아니라,[49] 귀족세력에 대한 통솔과 통제력 행사를 통해 국왕의 지위를 초월적인 존재로 부각시키려는 조처로 이해된다. 처음 설치된 상좌평에 전지왕이 신임하는 왕족 여신이 임명되어 해씨의 권력 독점을 견제하였

---

46) 이도학, 앞의 글(1990), 295쪽.
47) 상좌평이 국왕 다음의 정치적인 제2인자로서 내신좌평의 지위를 약화시키려는 의도가 반영된 것으로 파악하는 견해가 있다(문동석, 앞의 글(1996), 216~217쪽).
48) 양기석, 「百濟 腆支王代의 政治的 變化」『湖西史學』10, 1982, 22쪽.

다는 점이나, 상좌평이 신라의 상대등제와 같이 국정을 총괄할 뿐만 아니라 귀족세력을 일원적으로 통솔한다는 측면에서 볼 때,[50] 그 설치에는 왕권강화의 측면이 보다 고려된 것으로 볼 수 있다.

따라서 5세기 백제의 권력구조는 왕족과 왕비족을 기축으로 한 귀족연합체제에서 국왕 - 상좌평체제로 전환시켜 왕권 강화를 추구해 나간 것으로 이해된다.

한편 전지왕은 왕권 강화를 위해 다각적인 외교를 전개하였다. 그 노력의 일환으로 중국의 宋과 일본열도의 왜세력과 긴밀한 대외관계를 유지하면서 동아시아에서의 백제의 위상 확립과 고구려에 대한 외교적 억지력으로 이용하고자 하였다. 전지왕은 즉위한 다음 해인 406년에 동진에 사신을 파견하여 우호관계를 유지하고자 하였다. 이에 대해 東晉의 安帝는 416년 전지왕을 3품인 '使持節都督百濟諸軍事鎭東將軍百濟王'으로 책봉하였다. 전지왕의 대중외교 강화는 즉위초의 왕위계승을 둘러싼 지배세력 간의 내분을 수습하고 정통성을 확보하려는 왕권강화의 측면과 당시 등거리 외교로 남조에 접근을 꾀하던 고구려를 견제하기 위한 외교수단으로 볼 수 있다.[51]

당시 백제는 가야 · 왜와 함께 동맹을 맺어 고구려 · 신라의 동맹세력과

---

49) 盧重國은 상좌평 설치를 5세기경 백제 왕권의 쇠미현상과 관련시켜 지배세력들의 이익과 의사를 대변하기 위한 제도적 장치로 파악하고 있으나(앞의 책(1988), 141쪽 및 앞의 글(1994) 160쪽), 일단 귀족세력을 일원적으로 통솔하기 위한 왕권강화책의 일환으로 이해할 필요가 있다. 한편 상좌평과 내신좌평과의 관계에 대해서는 상좌평이 수석좌평으로서의 내신좌평의 위치를 제도화한 것으로 보는 견해도 있으나(盧泰敦, 「三國의 政治構造와 社會經濟」『한국사』2, 국사편찬위원회, 1977, 221쪽), 문주왕 때 왕제 昆支가 내신좌평에 임명되었고, 또『日本書紀』권19, 欽明紀 4년조에 沙宅己婁의 관직이 상좌평인 점을 볼 때 양자를 별개의 것으로 봐야 할 것이다.

50) 신라의 上大等을 불교 공인과 관련시켜 귀족세력들 간의 타협의 신물로 설치된 것으로 보는 견해(李基白, 「上大等考」『新羅政治社會史研究』, 일조각, 1974, 95~96쪽)가 있으나, 반면 대왕이 초월적인 존재로 부상하는 가운데 대왕의 보좌역으로 나타나는 제도적 장치로 보는 견해도 있다(주보돈, 「삼국시대의 귀족과 신분제」『한국사회발전사론』, 일조각, 1992, 42~56쪽).

51) 양기석, 앞의 글(1982), 27쪽.

싸웠기 때문에 패전에 따른 많은 인적·물적 피해를 입었다. 전지왕대에 고구려와의 관계는 영락 17년(407) 작전을 제외하고는 비교적 소강상태를 유지하였다. 다만 능비문의 영락 17년에 의하면 백제가 고구려와 다시 대회전을 벌린 것으로 되어 있다.[52] 이 전투에서는 고구려가 步騎 5만 명의 군사를 동원하여 백제와 싸웠는데 백제는 1만 명 이상의 희생자와 沙溝城을 포함한 6개의 성을 상실할 정도로 참패를 당하였다.

한편 전지왕대에 백제와 왜의 관계는 409년, 418년의 두 예에 불과하다. 즉 409년에는 왜가 백제에 사신을 보내 교섭을 가졌는데 이때 왜의 특산품인 夜明珠[53]를 바쳤다고 한다.[54] 이때 왜가 백제에 사신을 보낸 것은 영락 17년(407) 작전에서 고구려에게 참패를 당한 백제 전지왕을 위로하기 위한 사행으로 볼 수 있다. 그 후 418년 백제는 409년 왜의 사신 파견에 대한 답례로서 왜에 白綿 10필을 예물로 보내[55] 양국 간의 우의를 두터이 하였다. 전지왕은 왜에 9년간 체류하였던 경험이 있었기 때문에 아신왕대에 구축한 친왜외교를 더욱 공고히 하는 계기가 되었음은 물론이다. 이렇듯 백제는 왜와의 교섭을 아직 정례화하지는 못하였지만 유사시에 대비하여 예물을 교환하는 등 간헐적인 왜와의 교섭을 추진하는 양상을 보이고 있다.

그러나 전지왕은 왜에 오랫동안 체류하여 권력기반이 갖추어져 있지 못

---

52) 능비문의 영락 17년 작전을 후연에 대한 대릉하 방면의 작전으로 보는 견해가 있으나(천관우, 「광개토왕릉비문재론」 『전해종박사화갑기념논총』, 1980, 546~555쪽), 능비문의 沙溝城이 417년 병관좌평 解丘가 축조한 『삼국사기』의 沙口城과 같은 성으로 볼 때 고구려와 백제간의 전투로 보는 것이 합리적일 것이다.

53) 백제는 402년과 409년 왜와 교섭시에 큰 구슬이 예물 품목이었다. 『수서』권81, 열전46, 왜국조에 의하면 如意寶珠라는 구슬이 왜의 특산품이었다고 한다. 이는 광명주를 지칭하는 것으로 보이는데 "그 색깔이 푸르고 큰 것은 달걀만한 것이 밤이면 광채가 나서 마치 물고기의 눈정기와 같다"고 하였다. 구슬은 칼·銅鏡과 함께 중요한 예물이었기 때문에 중앙에서 지방의 재지수장층에게 사여하거나 또는 국가간의 교섭시에 상징적인 예물로 기능하였다.

54) 『삼국사기』 백제본기 전지왕 5년.

55) 『삼국사기』 백제본기 전지왕 14년 夏.

한 왕권을 보다 강화하려는 노력의 일환으로 상좌평제를 신설하였으나, 그의 의도와는 달리 그가 죽은 뒤에 나이 어린 구이신왕의 즉위와 목만치와 같은 권신의 발호로 인하여 오히려 상좌평체제의 동요와 함께 왕권의 약화를 초래하게 되었다.

(2) 구이신왕과 비유왕대 집권세력의 세력교체

전지왕에 이어서 즉위한 왕은 그의 장자인 久爾辛王(420~427)이었다. 구이신왕이 즉위할 때 연령은 『일본서기』에 나이가 어렸다는 기록[56]과 그의 재위 년수가 8년에 불과하여 후사를 남기지 못했을 가능성, 그리고 그의 뒤를 이은 毗有王(427~455)이 이복형제일 가능성이 높은 점 등으로 미루어 보아 대략 16세 정도인 것[57]으로 알려지고 있다. 전지왕의 사망과 구이신왕의 즉위 연대에 대해서는 많은 논란이 제기되고 있으나,[58] 『삼국사기』의 기년에 따라 420년경으로 보는 것이 합리적일 것 같다. 구이신왕대의 정치 상황에 대해서는 『삼국사기』에 단지 그 즉위와 사망에 관한 기사만 전하고

---

56) 『일본서기』 권10, 응신기 25년.

57) 이기백, 「백제왕위계승고」 『역사학보』11, 1959, 21쪽 ; 李道學, 「漢城末 熊津時代 百濟王系의 檢討」 『韓國史研究』45, 1984, 6쪽.

58) 전지왕의 죽음과 구이신왕의 즉위 연대에 관해서는 414년설(『일본서기』 권10, 응신기 25년), 420년설(『삼국사기』 백제본기 전지왕 16년·구이신왕 즉위년), 424년 이후설(『송서』 백제전), 428년설(『일본서기』 권10, 응신기 39년) 등 여러 사서마다 다르게 서술하고 있어서 그 사실성 여부를 놓고 논란이 제기되고 있다. 414년설은 木滿致 전승을 토대로 구성된 데에다가 『삼국사기』와 『송서』 백제전에 420년 이후까지 전지왕이 생존해 있는 것으로 서술되어 있어 이를 받아들이기는 어렵다. 그리고 424년 이후설은 景平 2년(424)에 餘映(전지왕)이 사신을 파견하였다는 『송서』 백제전에 근거를 둔 것인데 이에 대해 아직 전지왕이 생존해 있는 것으로 잘못 알고 있던 중국측(송)의 오해에서 비롯된 것으로 보는 견해가 있어(이기동, 「중국사서에 보이는 백제왕 牟都에 대하여」 『역사학보』62, 1974, 24~26쪽) 역시 받아들이기 어렵다. 그리고 428년설은 그 사실성에 의문이 제기되어 비유왕대의 사실로 수정해 보는 견해(古川政司, 「5世紀後半の百濟政權と倭 -東城王卽位事情を中心として-」 『立命館文學』433·434, 1981, 738~739쪽)가 설득력을 얻고 있다. 전지왕에서 구이신왕으로 즉위하는 과정에서 어떤 정변이 확인되지 않는 한 『삼국사기』 기년에 따라 420년설을 그대로 취신하겠다.

있어서 상세한 내용은 알 수 없지만, 『일본서기』에 다음과 같이 木滿致가 전횡을 한 기사가 있어 당시의 정치 상황의 일면을 엿볼 수 있는 점에서 주목된다.

> H 25년 백제 直支王이 세상을 떠나니 아들 久爾辛이 왕위에 올랐다. 왕이 나이가 어렸으므로 木滿致가 국정을 잡았는데 王母와 서로 정을 통하고 무례한 행동이 많았다. 천황이 이 소식을 듣고 그를 불러들였다. 『百濟記』에 이르기를, "木滿致는 바로 木羅斤資가 신라를 칠 때에 그 나라 여자에게서 낳은 아이다. 아버지의 공으로 任那에서 전횡하다가 우리나라로 들어왔다. 貴國을 왕래하면서 天朝의 명을 받들어 우리나라의 국정을 잡았고 권세를 세상에 떨쳤다. 그러나 天朝에서 그의 횡포함을 듣고 그를 불러들였다."고 하였다. [『일본서기』 권10, 應神紀 25년]

위 기사에 의하면 구이신왕이 어린 나이에 즉위하자 권신 木滿致가 왕모와 정을 통하고 권력을 잡아 국정을 마음대로 농단했다는 것이다. 여기서 왕모는 전지왕의 왕비인 八須夫人[59]으로 보이는데, 목만치가 왕모와 통정관계를 맺고 그 권위를 배경으로 전횡한 사실을 보여주고 있는 것이다. 당시 국왕을 보좌하는 상좌평에는 왕족 여신이 있었지만 목만치의 전횡을 통제하지는 못한 것 같다.

그러면 목만치는 어떤 인물인가에 대하여 살펴보자. 목만치는 위 기사에서 보듯이 木羅斤資의 아들로서 그의 부친이 신라 정벌 때 신라의 여자를 취하여 낳은 소생이라 하였다. 목만치로 대표되는 목씨세력의 출자에 대해서는 여러 견해가 제시되어 있지만[60] 중앙의 귀족으로 활동을 보이기 시작한 시기는 근초고왕대인 것으로 나타난다. 즉 목만치의 부친인 목라근자가 396년 사씨세력으로 보이는 沙沙奴跪와 함께 가라 7국을 평정하는 데 큰 공을 세웠던 백제의 장군으로 알려져 있다.[61] 그 후 목라근자는 신라를 공격

---

59) 『삼국사기』 백제본기 전지왕 즉위년.

할 때에도 활약한 것으로 알려져 있는데(G) 이때 신라의 여자를 취하여 목만치를 낳았다는 것이다.

그런데 4세기 후반 백제와 신라 간에 전쟁을 치른 시기는 아신왕 12년(403) 7월 기사가 유일하다. 이를 근거로 볼 경우 목만치의 출생 년대는 그 상한선을 403년으로 올려볼 수 있다. 이어 목라근자가 가야지역에 일어난 어떤 정변을 수습하고 백제의 가야지역 경영에 있어서 주도권을 독점적으로 장악하게 된 사실은 『일본서기』 신공기 62년 壬午年의 『백제기』에 잘 나타나 있다.[62] 여기서 신공기 62년은 수정연대로 壬午年 즉 근구수왕 8년(382)에 해당하며, 加羅는 고령의 대가야를 지칭한다. 이 기사는 왜기 신리를 치기 위해 파견한 沙至比跪가 신라의 미인계에 넘어가 도리어 가라국을 정벌한 내용으로 되어 있다. 사씨세력이 가야 경영에 있어서 어떤 사단을 일으킨 것으로 보인다. 왜가 가라국을 정벌하고 사직을 복구시킨 주체로 왜곡 서술되어 있지만, 가라국의 사직을 복구시킨 木羅斤資가 백제 장군인 점을 감안해 보면 가라국이 어떤 국난이 있었을 때 백제의 도움을 받아 다시 나라를 세운 것으로 이해된다.[63]

이 사건은 4세기 후반 가라국에 대한 백제의 영향력이 크게 심화되어 있었던 사실을 단적으로 시사해 주고 있다. 아울러 이는 목씨세력이 사씨세력을 대신하여 백제의 가야 경영에 대한 주도권을 장악하게 되면서 이를 기반으로 백제의 중앙 정계에서 유력한 정치세력으로 대두하였음을 보여주고

---

60) 목씨세력의 출자에 대해서는 여러 견해가 제시되어 있다. 그 출자에 대해서는 ①직산설(盧重國, 앞의 책(1988), 155~156쪽 및 「백제 귀족가문연구」『대구사학』48, 1994, 6~9쪽), ②가야계 귀화인설(정재윤, 「웅진시대 백제 정치사의 전개와 그 특징」, 서강대 박사학위논문, 1999, 50·58쪽)이 있으나, 최근에는 수촌리고분과 관련하여 공주실(김주성, 「백제 사비시대 정치사 연구」, 전남대 박사학위논문, 1990, 41쪽 ; 김수태, 「백제의 천도」『한국고대사연구』, 2004, 36쪽)이 제기되고 있다.

61) 『일본서기』 권9, 신공기 49년 춘 3월.

62) 『일본서기』 권9, 신공기 62년.

63) 김현구, 『임나일본부 연구』, 일조각, 1993, 51~54쪽.

있다.[64]

　　그런데 목만치에 대해서는 475년 웅진 천도 때 문주왕을 보필한 木協滿
致와 동일인 여부를 놓고 그 실재성에 대해 논란이 일고 있다. 이에 대해 다
소 견해 차이는 있지만 양자를 동일인으로 보는 견해가 있다. 목만치의 출
생 시기를 403년으로 볼 경우 475년 웅진천도 때 역할은 한 목협만치의 연
령이 70대이기 때문에 그때까지 생존했을 가능성이 높다는 것이다.[65] 또
하나는 양자를 동일인으로 보지만 구이신왕대 목만치의 존재를 부정하거나
수정해 보는 견해가 있다.[66]

　　그러나 이 견해를 따를 경우 『일본서기』에 인용된 『백제기』 기사에 대한
전반적인 신뢰성 문제와도 관련이 있기 때문에 받아들일 수 없다. 『일본서
기』에 인용된 『백제기』의 목씨 관련 기사는 목씨의 씨족전승에 근거를 둔
것으로 어느 특정 시기에 집약해서 일괄 정리되어 있어 기년상 맞지 않는
부분도 있지만, 구이신왕대라는 특정한 시기에 권력을 농단한 사실 자체를
부정할 필요는 없을 것이다. 개로왕 4년(458) 宋에 보낸 국서 속에 작위를
요청한 인물 11명은[67] 당시 개로왕대의 비중 있는 인물들이 망라되어 있는
것으로 볼 수 있다. 그 중 목씨세력으로 보이는 沐衿을 제외하고는 목만치
의 존재가 보이지 않는 점을 참고할 필요가 있다. 따라서 목만치와 목협만

---

64) 노중국, 앞의 글(1994), 156쪽.

65) 김현구·박현숙·우재병·이재석, 『일본서기 한국관계기사 연구(Ⅰ)』, 일지사, 2002,
　　 177~178쪽.

66) 목만치의 부친인 목라근자가 369년에 가야 7국을 평정한 시기와 그 아들 목만치가 475년
　　 까지 활약했다면 부자간의 활동 기간이 적어도 100년 이상이 되기 때문에 시기적으로 불
　　 가능한 것으로 보고 목만치의 존재를 인정하지 않고 있다(山尾幸久, 「任那に關する一試
　　 論 -史料の檢討を中心に-」『古代東アジア史論集』下, 1978, 216~219쪽 ; 古川政司, 앞의
　　 글, 739~742쪽 ; 鈴木靖民, 「木滿致と蘇我氏」『日本のなかの朝鮮文化』50, 1981, 66~69
　　 쪽). 반면 이 기사의 연대를 3주갑 인하하여 개로왕 20년(474)으로 수정해 보는 견해도 있
　　 다(이근우, 「『일본서기』에 인용된 백제삼서에 관한 연구」, 한국정신문화연구원 한국학대
　　 학원 박사학위논문, 1994, 85~90쪽).

67) 『송서』 권97, 열전57, 夷蠻 東夷 백제국 大明 2년.

치는 별개의 인물로 보아야 하며,[68] 목만치가 구이신왕대 전횡을 할 정도의 유력한 중앙의 귀족세력으로 대두한 사실은 받아들여도 좋을 것이다.

이와 같이 목씨세력은 백제의 가야 경영을 기반으로 하여 성장한 이후 이를 배경으로 구이신왕대에 들어와서는 전지왕대의 왕비족인 해씨세력을 대신하여 권력을 장악한 것으로 풀이된다. 구이신왕대에 목만치로 대표되는 새로운 귀족세력의 대두는 전지왕대 신설된 상좌평체제의 무력화를 초래하였고 아울러 지배세력 내의 세력 균형에도 영향을 미쳐 기존의 진씨와 해씨세력 중심의 권력구조상의 변화를 가져오게 하였다. 목만치의 대두 배경은 왜에 오랫동안 제류하여 권력 기반이 취약한 전지왕이 그 옹립의 공으로 실권을 잡았던 해씨세력을 견제하기 위해 신흥 귀족인 목씨세력을 중용한데에서 비롯된 것으로 이해된다.[69]

한편 구이신왕이 재위 8년만에 죽자 이어 毗有王(427~456)이 즉위하였다. 비유왕은『삼국사기』비유왕 즉위년조에 구이신왕과의 관계에 대하여 구이신왕의 長子說과 전지왕의 庶子說의 두 가지 설로 기록해 놓고 있다. 구이신왕이 어린 나이에 즉위한 사실로 미루어 보면 전지왕 서자설이 보다 설득력 있어 보인다. 구이신왕이 23세로 단명하였다는 점[70]과 비유왕의 전지왕 서자설을 토대로 하여 비유왕이 모종의 정변을 통해 즉위하였을 가능성이 제기되기도 한다.[71] 정변의 구체적인 내용은 알 수 없지만 구이신왕이 나이가 어린 틈을 타서 권신 목만치가 왕모와 간통하고 권력을 농단하는 등 일련의 실정에 반발하여 정변을 일으켰을 가능성이 있다. 그 정변의 주도세력은 비유왕 3년(429)에 해씨세력 解須가 상좌평에 임명[72]된 것으로 보아 해씨세력이었을 것이다. 비유왕의 인물됨이 '용모가 아름답고 口辯이 있어

68) 노중국, 앞의 책(1988), 139쪽.
69) 노중국, 앞의 책(1988), 158쪽.
70) 이도학, 앞의 글(1984), 7쪽.
71) 천관우, 「삼한의 국가 형성(하)」『한국학보』3, 1976, 138쪽 ; 노중국, 앞의 책(1988), 140쪽 ; 이도학, 앞의 글(1990), 295~296쪽.
72)『삼국사기』백제본기 비유왕 3년 10월.

사람들이 推重하였다'는 점에서 이복형제인 비유왕이 정변을 통해 추대를 받아 즉위한 것으로 추측된다.

비유왕이 순탄치 못한 과정을 통해 즉위한 이후 정치적 실권을 목씨세력 대신에 왕비족 해씨세력에게로 돌아갔다. 비유왕은 목만치의 전횡으로 기능이 약화되었던 상좌평체제를 강화시켜 왕권의 강화를 도모하려 하였다. 비유왕 3년(429) 10월에 상좌평 餘信이 사망하자 그의 즉위를 도운 실권귀족 解須를 상좌평에 임명하였다. 해수로 대표되는 해씨세력이 군국정사를 총괄하는 상좌평에 임명되어 권력을 다시 장악한 것이다. 해씨세력이 상좌평에 임명됨으로써 상좌평체제를 통해 행정과 병권을 총괄하여 유력한 귀족세력을 견제하려는 의도가 변질되면서 지배세력 사이의 또 다른 갈등을 낳게 되었다.

(3) 고구려의 평양 천도와 백제 비유왕의 외교적 노력

472년 개로왕이 북위에 보낸 국서에서 개로왕의 대고구려 인식을 엿볼 수 있다. 여기서 백제는 고구려의 평양 천도와 북연의 멸망을 대고구려 관계에서 당면한 커다란 압력으로 인식하고 있음을 보여주고 있다.[73)

4세기 말부터 백제·가야·왜 연합세력을 간단없이 공격하던 고구려 광개토왕대의 남정이 腆支王代(405~420)를 기점으로 5세기 중반 비유왕대까지 한동안 소강상태를 보이게 된다. 능비문의 영락 17년(407)의 대백제 작전을 끝으로 하여 한동안 백제와의 고구려 간의 전투가 나타나지 않기 때문이다. 그 동안 4세기 말부터 5세기 초에 걸친 고구려-신라와 백제-가야-왜의 두 연합세력 간의 전개된 군사적 관계가 한동안 소강상태를 보이면서 삼국 간의 역관계 변화와 중국 남북조를 대상으로 한 외교전이 활발해지는 양상

---

73) 노중국, 「한성백제의 몰락과 수도 이전」 『향토서울』64, 2004, 44~47쪽 및 「4~5세기 백제의 성장·발전과 삼국의 각축 -개로왕 국서의 내용을 중심으로-」 『향토서울』66, 2005, 165~168쪽.

이 나타난다. 이에 따라 백제와 왜의 관계도 간헐적이지만 우호관계가 지속되는 현상을 보인다.

중국 북조에서는 北魏(386~534)가 439년 北凉(397~439)을 멸망시켜 화북 통일을 이루는 가운데 남조는 420년 東晋에 이어 宋(420~479)이 등장하자 이른바 남북조시대가 열린 것이다. 이에 따라 5세기 동아시아 정세는 중국의 남북조, 동북아시아의 고구려, 몽골고원의 柔然, 그리고 서쪽 靑海지역의 土谷渾이 각각 중심이 된 다원적인 세력균형을 이루는 형세를 이루었다.

이러한 중국 정세의 변화와 함께 백제와 고구려의 두나라 관계는 427년 평양 천도와 436년 北燕의 멸망을 계기로 하여 소강상태가 깨지고 일련의 군사적 긴장관계에 접어들게 되었다. 백제 비유왕은 이러한 고구려의 심상치 않은 동향에 적극 대비하기 위한 외교적 노력을 기울이게 되었다. 문제의 발단은 고구려 장수왕이 추진한 평양 천도에서 비롯되었다. 長壽王(413~491)은 집권 전반기에 광개토왕대의 공세적인 남진정책 대신에 왕권의 전제화를 위해 지배세력의 개편과 평양 천도를 추진하여 내실을 기하려는 방향으로 정책을 전환하였다. 이에 대해 472년 개로왕이 북위에 보낸 국서에서,

> I 지금 璉(장수왕)은 죄가 있어 나라가 스스로 으깨어지고, 대신과 힘센 귀족들을 살육함이 그치지 않아, 죄가 차고 악이 쌓여 백성들은 무너지고 흩어졌다. [『위서』 백제전]

라고 하였듯이 평양 천도를 단행하여 국왕 중심의 지배체제를 수립하고 보다 안정된 경제적 기반을 마련하고자 하였다. 장수왕은 천도를 추진하는 과정에서 통구 일대의 세력기반을 가진 구귀족들을 숙청하여 왕권 전제화의 기반을 구축한 것으로 이해된다.[74]

---

74) 평양천도의 동기와 의미에 대해서는 徐永大, 「고구려 평양천도의 동기」 『한국문화』3, 1981, 125~126쪽과 朴性鳳, 『고구려 남진경영사연구』, 백산자료원, 1995, 26쪽을 참조할 것.

이처럼 고구려의 평양천도는 고구려의 남진 의지를 천명한 것으로 백제와 신라에 커다란 위협을 준 사건이었다. 고구려는 북위와의 관계를 고려하여 당장의 군사적 행동을 보여주지는 않았지만, 이를 민감하게 받아들인 나라는 백제였다. 고구려의 이러한 동향에 접한 백제 비유왕은 그 대비책을 마련하기 위해 다각적인 외교적 노력을 기울이게 되었다.

그 조치의 하나가 왜와 기존의 우호관계를 공고히 하는 일이었다. 그것이 428년 비유왕의 妹 新齊都媛이 7명의 부녀들을 거느리고 왜에 파견된 것으로 나타났다.[75] 397년 고구려에게 굴복한 백제가 절박한 상황에서 태자 전지를 왜에 질자로 파견한 이후 이번에는 왕녀를 왜에 보내 보낸 것이다. 이는 비유왕대에 두 나라 간의 혼인관계를 맺음으로서 양국 간의 관계를 보다 발전시킨 것을 나타낸 것인데 이는 양국 간에 신뢰구축을 통해 고구려의 남진동향에 대비한 외교책으로 볼 수 있다. 이에 왜는 그 答禮로 從者 50명을 거느린 대규모의 사절단을 백제에 보내[76] 백제와 왜 두 나라 간의 우호관계가 돈독함을 과시하였다.

다음으로 백제는 지금까지 적대관계에 있는 신라와의 관계개선을 추진하는 일이 시급하였다. 433년 백제는 당시 고구려와 동맹관계를 맺고 있었던 신라에 먼저 和好를 요청하였고, 이듬해 화호의 표시로 良馬 2필과 흰 매를 예물로 신라에 보냈다. 이러한 백제의 적극적인 접근책에 대해 신라 눌지마립간은 이에 대한 화답으로 황금과 명주를 백제에 보냄으로써 제·라 양국은 우호관계를 맺게 되었다.[77] 이로서 제·라 양국은 이 일을 계기로

---

75) 『일본서기』 권10, 응신기 39년 춘2월조에는 新齊都媛이 直支王 즉 전지왕의 妹로 되어 있으나 應神 39년의 조정 연대가 428년에 해당하기 때문에 『삼국사기』의 전지왕(405~420) 사망연대 420년과는 맞지 않는다. 전지왕의 사망연대에 관해서는 여러 견해가 있는데 이에 대해서는 주) 58을 참고할 것. 『일본서기』 응신기 25년조에는 直支王[전지왕]의 사망 연대가 414년으로 되어 있으나 위 본문 기사에는 428년으로 되어 있다. 이에 대해 이 기사의 직지왕을 비유왕의 오기로 보는 견해(三品彰英, 『日本書紀』朝鮮關係記事考證』上, 吉川弘文館, 1962, 249~250쪽)가 지배적이다. 따라서 이 기사는 비유왕 2년의 일로 여겨진다.

76) 『삼국사기』 백제본기 비유왕 2년 2월.

하여 그 동안의 적대관계를 버리고 화호를 맺은 것이다.[78]

이처럼 백제가 적극적으로 신라와 관계개선을 시도하여 동맹관계를 맺고자 하는 배경은 무엇일까? 그 동안 백제는 고구려의 남정에 대응하기 위해 가야-왜의 동맹세력을 적극 활용하였지만 능비문에 보듯이 소기의 성과를 거두지 못한 채 참담한 패배로 끝나고 말았다. 고구려의 평양 천도 이후 고구려의 심상치 않은 동향에 효과적으로 대처하는 데에는 기존의 가야-왜 라인으로는 한계를 가질 수밖에 없었다. 따라서 백제의 기존의 대외노선을 과감히 수정하는 방향에서 대외정책의 전환이 필요해진 것이다.

왜는 404년 대방계 패전 이후 백제와는 여전히 우호관계를 유지하고 있으나 출병을 통한 한반도 문제에 직접 개입하는 데에는 소극적일 수밖에 없었다. 그리고 백제의 입장에서 볼 때 백제가 유사시에 왜보다는 이웃하고 있는 신라의 전략적 중요성을 인식하게 되면서 적대적인 신라와의 관계 개선을 적극적으로 모색하게 된 것이다. 이는 광개토왕의 남정 때 왜와 함께 참패의 경험을 맛본 백제가 바다와 격절해 있는 왜에 대해 유사시 군사적으로 큰 도움이 되지 않았던 사실을 인식한 데에서 기인한 것이다.

그리고 신라의 입장에서 볼 때 신라는 자립화 운동을 추진하여 고구려의 영향력에서 벗어나야 할 과제가 시급하였다. 400년 고구려 광개토왕의 남정 이후 신라는 고구려에 대한 정치적 군사적 예속관계에 놓여 있었다. 5세기 중반경까지 고구려군이 신라 영내에 주둔하고 있었고,[79] 고구려에 질자 파견,[80] 그리고 고구려가 實聖王과 訥祗王의 왕위계승에 일정한 관여[81]

<hr>

77) 제·라 양국의 화호에 관한 기사는 『삼국사기』 백제본기 비유왕 7년 7월, 8년 2월·9월·10월 및 앞의 책 신라본기 눌지마립간 17년 7월, 18년 2월·9월·10월조를 참조할 것.

78) 제·라 동맹에 관한 주요 연구 성과로는 다음과 같다. 김병주, 「나제동맹에 관한 연구」 『한국사연구』46, 1984 ; 양기석, 「5~6세기 전반 신라와 백제의 관계」 『신라문화제학술발표회 논문집』15, 1994 ; 정운용, 「5~6세기 신라·고구려 관계의 추이」, 앞의 책, 1994 :「나제동맹기 신라와 백제의 관계」 『백산학보』46, 1996 :「5~6세기 신라 대외관계사 연구」, 고려대박사학위논문, 1996 ; 정재윤, 「웅진시대 백제와 신라의 관계에 대한 고찰 -나제동맹에 대한 비판적 검토-」 『호서고고학』4·5, 2001.

를 할 정도로 신라 내정에까지 깊이 관여하고 있었다. 신라가 성장 발전하는 데에는 이와 같은 고구려의 정치적 군사적 간섭이 오히려 제약이 되었던 것이다.

433년 백제와 신라 사이의 화호는 신라 입장에서 볼 때 고구려의 간섭을 배제하려는 자립화 운동과 깊은 관련이 있다. 따라서 눌지왕은 朴堤上을 보내 고구려에 체류하고 있던 卜好를 귀환시켰는데[82] 이로 인해 麗·羅 두 나라 사이에는 소원한 조짐이 나타나게 되었다.

이와 같이 제·라 두 나라 사이의 화친은 백제의 고구려에 대한 남진 저지와 고구려의 간섭에서 벗어나려는 신라의 필요성에서 두 나라 사이의 이해가 합치되어 이루어진 산물로 이해된다. 이 일로 신라는 고구려와의 동맹 관계에서 벗어나 친백제정책으로 선회하였기 때문에 이후 삼국의 항쟁사에서 큰 영향을 미쳐 551년까지 고구려와 제·라 연합의 대결구도를 설정하는 계기가 되었다.

한편 비유왕은 대중외교를 강화하였다. 420년 동진에 이어 宋이 새로 등장하게 되자 백제는 중국과의 적극적인 교섭을 벌려 고구려의 남진을 대중외교를 통해 저지하고 또 동아시아에 있어서의 백제의 위상 확립을 통해 왕권 강화를 도모하려 하였다. 백제는 송의 건국에 즈음하여 백제왕을 2품인 鎭東大將軍으로 進號한 것을 계기로 하여[83] 대중교섭을 전개해 나갔다. 백제와 송은 406년부터 450년까지 13회에 걸친 교섭을 전개한 것으로 나타난다. 그 사행 목적도 책봉이 3회, 기타 청구 2회를 제외하고는 대부분 일반적인 遣使 조공형태를 유지한 것으로 드러났다.

---

79) 〈중원고구려비문〉에 나오는 '新羅土內幢主'라는 문구와 『일본서기』 권14, 웅략기 8년 춘2월조의 기사를 통해 당시 신라 영토 안에 고구려군이 주둔하고 있었음을 알 수 있다.
80) 내물니사금 37년 정월에는 實聖이, 실성니사금 11년에는 卜好가 각각 고구려에 인질로 파견된 일이 있다.
81) 『삼국사기』 신라본기 눌지마립간 즉위년 및 『삼국유사』 권1, 기이2, 第十八 實聖王.
82) 『삼국사기』 눌지마립간 2년 정월.
83) 『송서』 권97, 열전57, 夷蠻 東夷 백제국.

당시 송은 몽골고원의 유연, 동북아시아의 고구려, 한반도 남부의 백제
와 연결하는 대북위 포위망을 구축하여 북위의 군사적 공세에 대응하려 하
였다. 송은 이런 정치적 군사적 목적을 충족시키기 위해 백제를 필요로 하
였다. 백제와 송은 서로의 기대한 만큼 정치적 군사적 욕구를 충족시켜 주
지는 못하였지만 백제는 이를 계기로 활발한 교섭을 벌려 왕권의 정통성 확
립과 선진 문물을 수용하고자 하고자 하였다.

그런데 고구려가 장수왕대에 들어와서 남진정책으로 선회하게 된 계기
는 436년 北燕의 멸망이었다. 장수왕은 435년에 사절을 파견하여 北魏와 외
교관계를 수립하였다. 그러던 중 북연의 왕 馮弘이 북위의 침략을 받아 고
구려로 망명해 오자 장수왕은 풍홍의 소환을 요구하는 북위의 요청을 거부
하였다. 여기에 宋이 개입하여 풍홍을 데려가려 하면서 풍홍의 신병 인수
문제는 고구려, 북위, 송 사이에 복잡한 국제 외교문제로 비화되었다. 이에
대해 북위는 한때 고구려를 정벌할 계획을 가질 정도로 두 나라 간의 긴장
관계가 형성되면서 440~460년까지 20년 동안 두 나라 사이의 교섭은 거의
중단되었다. 결국 장수왕은 북위와의 관계를 고려해서 풍홍을 살해함에 따
라 이 사건은 일단 종결되었다. 이러한 풍홍의 망명 사건에 대해 개로왕의
국서[84]에서,

J-① 馮氏의 운수가 다하여 그 여류가 도망해 온 이래로 醜類(고구려)가 점차 盛
하여져서 드디어 백제를 업신여기고 핍박하였다. 원한을 맺고 화를 연속한
것이 30여년에 백제는 재물이 다하고 힘이 다하여 점차 저절로 쇠약해졌다.

② 지난 庚辰年 후에 우리나라 서쪽 경계의 小石山北國 바다 가운데서 시체 10
여 개를 발견하고 아울러 의복과 기물, 안장, 굴레 등을 습득하였는데, 이를
살펴보니 고구려의 물건이 아니었습니다. 후에 들으니 이는 곧 황제의 사신
이 신의 나라로 내려오던 중 큰 뱀(고구려)이 길을 막아 바다에 빠진 것이라
합니다.

---

84) 『위서』 권100, 열전88, 백제국 ; 『삼국사기』 백제본기 개로왕 18년.

라고 하였듯이 436년 북연의 풍홍이 고구려에 망명함으로써 고구려가 이후 30여년 동안 백제를 업신여기고 핍박했다고 한다. 고구려와 원수 관계에 있은지 30여 년이 되었다는 것은 백제가 북위에 사신을 보낸 472년을 기준으로 하면 440년경이 된다. 이 440년이란 시점은 庚辰年에 해당하는데 개로왕의 국서에서는 북위 사신이 백제로 건너오다가 난파당했다는 특정한 사건에 대해 언급을 하고 있는 것과도 시기적으로 일치한다.

그런데 『삼국사기』 비유왕대에는 고구려와의 군사적 관계를 보여주는 기사가 나오지 않고 있으며, 당시 고구려가 풍홍의 소환 문제로 인해 북위와의 긴장관계를 유지하고 있었기 때문에 개로왕이 주장하는 것과는 거리가 있음을 알 수 있다. 여기에는 개로왕이 북위로부터 청병을 하기 위해 대고구려 관계를 다소 과장시킨 측면이 있지만, 어쨌든 개로왕은 고구려의 남진이 적극화되어 백제의 곤핍을 가져오게 된 계기를 풍홍의 망명 사건으로 인식하고 있음을 알 수 있다.

이상으로 비유왕대에는 고구려의 평양성 천도와 북연의 멸망으로 고구려가 남진정책으로 선회하자 비유왕대에는 신라, 중국 남조의 송, 일본열도의 왜와 긴밀한 외교관계를 맺어 이에 대처하였음을 알 수 있다. 그러나 고구려는 풍홍 사건에서 야기된 북위와의 긴장관계로 인해 백제에 대한 공격을 자제한 채 대치 형국을 유지하였다.

2. 개로왕의 왕권 강화 추진

1) 개로왕의 즉위와 왕권 중심의 정치 운영 추진

蓋鹵王代(455~476)는 한성시대에서 웅진시대로 이행하는데 계기가 된 하나의 큰 변혁기로 이해된다. 475년 고구려로부터 불시의 공격을 받아 왕도 한성의 함락, 개로왕의 패사, 한강유역의 상실, 그리고 웅진 천도와 같은 일련의 큰 변화를 겪게 된 것이다. 그리고 웅진 천도를 계기로 하여 백제의

왕위 계승이 개로왕계에서 문주왕계를 거쳐 곤지계로 옮겨져 사비시대 왕
실 계보의 연원을 이루게 된다. 또한 금강유역에 기반을 둔 신진세력들이
중앙 정계에 진출하게 되면서 한성시대 이래의 남래귀족인 진씨, 해씨, 목
씨 등과 함께 대성귀족으로 성장하는 계기가 된 것이다.

이러한 개로왕대의 정치 상황을 올바로 이해하기 위해서는 그의 재위기
간 21년을 그 정치적, 외교적 변화에 따라 세 시기로 나누어 파악하고 있
다.[85] 제1기는 개로왕 즉위년부터 13년까지로서 개로왕이 私假制를 통해
왕족을 중심으로 한 지배세력의 개편을 도모한 시기이다. 제2기는 개로왕
14년부터 18년까지로서 고구려의 남진 위협에 대처하기 위해 신라, 왜, 송
과 빈번한 우호 관계를 맺고 북위에 청병하는 등 고구려를 압박하는 전방위
외교책을 추진하던 시기이다. 제3기는 개로왕 18년 북위 교섭 이후부터 21
년까지로서 개로왕의 실정과 475년 고구려의 한성 공격이 전격적으로 단행
되는 시기이다.

蓋鹵王은 비유왕이 재위 29년만에 사망하자 비유왕의 장자로서 왕위를
계승하게 되었다. 그런데 개로왕의 즉위과정이 결코 순탄치 않고 모종의 정
변에 의해 이루어졌을 가능성이 제기되고 있다. 비유왕이 50세를 상회하지
못하고 사망한 점,[86] 그리고 그의 사망에 대하여『삼국사기』백제본기 비유
왕 29년 기사에서는,

K 가을 9월에 黑龍이 한강에 나타났는데 잠깐 동안에 구름과 안개가 끼어 캄캄
　해지더니 날아가 버렸다. 왕이 죽었다.

라고 하였듯이 비유왕의 사망을 흑룡의 출현과 관련시켜 서술해 놓은 점이

---

85) 개로왕대를 그 정치적, 외교적 변화에 따라 시기 구분하여 파악하는 다음의 연구가 참고
　가 된다. 김수태,「백제 개로왕대의 대고구려전」『백제사상의 전쟁』, 서경문화사, 2000,
　224쪽 ; 노중국,「한성백제의 함락과 수도 이전」『향토서울』64, 2004, 31~85쪽.
86) 이도학,「漢城末 熊津時代 百濟王位繼承과 王權의 性格」『韓國史研究』50 · 51합집, 1985,
　3쪽.

주목된다. 흑룡의 출현이 변고를 동반하는 흉조의 조짐으로 볼 때 비유왕은 정변에 의해 희생되었을 가능성이 엿보인다.[87] 그밖에 『삼국사기』 백제본 기 개로왕에 재위 21년 동안 14년 이전의 기록이 공백으로 남아있는 점,[88] 선왕의 陵園이 맨땅에 임시로 매장되어 있어 무덤조차 조영되지 못한 채 방 치되어 있었던 점[89] 등이 그의 즉위과정에서 정변이 일어난 사실을 암시해 주고 있다. 정변의 구체적인 내용은 관련 사료의 부족으로 알 수는 없지만, 436년 북연의 馮跋이 고구려로 망명한 사건 이후 발생한 대고구려전에서의 패배에서 기인한 것으로 보는 견해[90]가 있으나 비유왕대에는 백제와 고구 려 간에 큰 전쟁이 벌어진 사례를 찾을 수 없기 때문에 이를 개로왕 즉위 초 의 정변으로 연결시키기는 어렵다.

상좌평체제를 통해 왕권을 강화하려는 비유왕과 그 측근세력, 이에 대해 종래의 귀족연합체제를 유지하려는 해씨세력 간의 대립과 갈등에서 비롯된 것이 아닐까 한다. 즉 해씨세력은 비유왕대의 성세를 배경으로 비유왕의 아 들인 개로보다도 해씨 소생을 차기 왕위계승자로 즉위시키려고 하지 않았 나 여겨진다.[91] 해씨세력의 이러한 의도가 관철될 경우 해씨세력의 성세를 계속 이어나갈 수 있기 때문이다. 비유왕이 전지왕의 庶子일 경우[92] 비유왕 의 모친은 해씨 출신의 왕비 八須夫人의 아들이 아닐 수도 있다.

따라서 해씨세력은 전지왕의 서자인 비유왕의 직계가 왕위 계승하는 것 을 달가워하지 않았을 것이다. 이러한 입장 차이로 왕위계승문제를 둘러싼 지배세력 사이의 대립이 생기자 개로와 그 지지 세력인 餘紀, 昆支, 文周와 같은 왕족들과 목씨세력 등이 결국 정변을 일으켜 비유왕을 살해하고 정권

---

87) 이도학, 앞의 글(1985), 3~4쪽 ; 노중국, 앞의 책(1988), 140쪽.
88) 천관우, 앞의 글(1976), 139쪽.
89) 『삼국사기』 백제본기 개로왕 21년 추9월.
90) 문안식, 앞의 책(2006), 219~220쪽.
91) 정재윤, 「웅진시대 백제 정치사의 전개와 그 특성」, 서강대 박사학위논문, 1999, 18~19쪽.
92) 『삼국사기』 백제본기 비유왕 즉위년조에는 비유왕을 구이신왕의 장자라 하였고 이설로
　　전지왕의 서자설을 함께 제시해 놓고 있다.

을 장악한 것으로 추정된다. 458년 수작자에 나타난 인물들은[93] 개로왕을 옹립한 지지세력에 해당하며, 반면 수작자에서 배제된 해씨나 진씨세력은 개로의 즉위를 반대하는 세력으로 볼 수 있다.

이처럼 개로왕은 정변을 통해 왕위에 올랐지만 이에 따른 지배세력 간의 분열과 정치적 대립을 수습하고 왕권 확립을 위해 해결해야 할 당면과제가 대두되었다. 왕권의 버팀목인 상좌평체제를 어떻게 하면 안정적으로 정착 시킬 수 있겠는가의 문제가 있었다. 그리고 왕족뿐만 아니라 비유왕대에 실 권을 장악한 해씨세력, 그리고 세력 만회를 도모하기 위해 틈을 엿보는 진 씨와 목씨세력을 이렇게 왕권 히에 편제시켜 왕권 중심의 정치운영을 도모 해 나가느냐의 대내적 문제가 그것이다. 아울러 436년 북연의 馮跋이 고구 려로 망명한 사건 이후 야기된 고구려의 남진 위협에 어떻게 대처해 나가느 냐의 대외적 문제가 제기되어 있었다.

개로왕은 즉위 과정에서 귀족세력의 발호에 따른 여러 폐단과 왕권 쇠약 을 직접 겪은 바 있었다. 설상가상으로 개로왕이 즉위하자마자 바로 고구려 의 공격을 받는 일이 생겼다. 광개토왕의 남정 이후 고구려가 한동안 대내 적 체제 정비와 대북위 관계의 경색으로 인하여 한동안 긴장 관계가 유지되 어 왔었는데 455년 개로왕 즉위를 계기로 고구려가 본격적으로 군사 행동 에 나선 것이다. 455년 9월에 비유왕이 정변에 의해 살해되고 개로왕이 즉 위 직후인 10월에 고구려로부터 공격을 받은 것이다. 이에 백제는 고구려의 침입을 단독으로 막지 못하고 433년에 체결된 제라동맹에 따라 곧바로 신 라의 도움을 받아 물리칠 수 있었다.[94] 455년 고구려의 백제 침공은 바로 전해인 454년에 신라 침공[95]에 이어서 이루어진 것이다. 고구려의 신라 공 격 의도는 450년 고구려 변장을 살해한 사건에 대한 응징 차원에서 행해진

---

93) 『송서』 권97, 열전57, 夷蠻 東夷 백제국.
94) 『삼국사기』 신라본기 눌지왕 39년 10월.
95) 『삼국사기』 신라본기 눌지왕 38년 8월.

것이지만, 백제의 경우 개로왕 즉위 초의 정변으로 야기된 정정 불안을 틈
타 단행된 것으로 이해된다.[96]

이처럼 백제는 고구려의 남진 위협에 직접적으로 노출되어 있었지만 가
능한 한 고구려와의 직접적인 대결을 피하고 왕권 강화를 단계적으로 도모
해 나가기 위해 먼저 지배세력의 개편에 착수하였다. 그런데 제1기에 해당
하는 『삼국사기』 개로왕 13년까지의 기사는 공백으로 되어 있어 그 추진 내
용을 알 수는 없다. 다만 이 기간 동안에 백제 개로왕은 자신의 신료들에게
중국 남조 송의 장군호와 더불어 王・侯號를 제수한 私假制[97]를 통해 쇠약
해진 왕권의 위상을 제고하려는 노력을 찾을 수 있다. 개로왕이 자신의 신
료들에게 자칭호를 사용한 다음 중국 남조국가로부터의 승인을 받는 사가
제를 채용하게 된 것은 기존의 상좌평체제의 문제점을 보완하기 위한 조처
로 여겨진다.

상좌평체제는 전지왕이 왕권 강화를 도모하기 위해 설치하였으나 종래
의 귀족연합체제를 유지하려는 목씨・해씨세력 등의 이해관계로 인하여 그
기능이 제대로 유지되지 못하였다. 전지왕대 이후 권신들의 발호에서 보듯
이 상좌평체제만으로 귀족세력들을 왕권에 결집시켜 왕권의 위상을 높일

---

96) 김수태, 앞의 글(2000), 224쪽.

97) 주변 제국의 군왕이 남북조국가에게 특정한 관작을 요청할 때 자칭호를 사용하는데 이를
'承制假授' 또는 '私假制'로 부른다. 주변 제국의 군왕이 중국 왕조로부터 관작 제수를
전제로 자칭호를 사용하거나 또는 '行'이나 '私假', '假授' 등의 형식을 가진 관작을 임
시적으로 임명하는 일이 있었다. 이에 대해서는 坂元義種, 『古代東アジアの日本と朝鮮』,
吉川弘文館, 1978, 277~283쪽과 노중국, 앞의 글(2004), 33~38쪽을 참조할 것. 그런데 사
가제와 관련된 왕・후제를 단지 담로제와 결부시켜 지방통치체제의 차원에서 논의가 진
행되어 왔는데(末松保和, 『任那興亡史』, 六興出版社, 1961 ; 이도학, 『백제 고대국가 연
구』, 일지사, 1995 ; 김기섭, 『백제와 근초고왕』, 학연문화사, 2000 ; 김영심, 「百濟 地方統
治體制 연구 ; 5~7세기를 중심으로」, 서울대박사학위논문, 1997 ; 이용빈, 『백제 지방통치
제도 연구 -담로제를 중심으로-』, 서경, 2002, 문안식, 「개로왕의 왕권강화와 국정운영의
변화에 대하여 -개로왕의 전제왕권 지향과 좌절을 중심으로-」 『사학연구』78, 2005 등), 이
는 왕권을 중심으로 해서 중신들의 신분적 서열을 체계화하기 위한 왕권강화 측면에서
검토가 필요하다.

수 없는 한계가 드러난 것이다. 따라서 독자적 세력 기반을 갖고 귀족연합 체제를 유지하려는 유력한 귀족세력들의 신분적 서열을 왕권 중심으로 체계화하기 위해 중국 위진남북조국가에서 실시하고 있는 사가제에 주목하게 된 것이다.

그러면 개로왕이 기존의 상좌평체제에다가 새로이 사가제의 실시를 통해 왕권 중심의 지배질서를 구축하게 된 배경과 의도에 대해서 알아보기로 하자.

개로왕대에 사가제를 실시한 사례가 『송서』 백제전에 보이고 있다. 이에 의하면 개로왕이 즉위 4년째인 458년에 자신의 신료 11명을 대상으로 송에 작호의 제수를 요청하여 송으로부터 임명 승인을 받았는데 그에 관한 기사를 소개하면 다음과 같다.

> L 大明 2년 餘慶이 사신을 보내어 표문을 올려 말하기를, "신의 나라는 대대로 특별한 은혜를 입고 문무의 훌륭한 신하들이 대대로 조정의 관작을 받았습니다. 行冠軍將軍 右賢王 餘紀 등 11명은 충성스럽고 부지런하여 높은 지위에 나아감이 마땅하오니 엎드려 바라옵건대 가엽게 여기시어 모두 관작을 내려 주십시오."라고 하였다. 이에 行冠軍將軍 右賢王 餘紀 여기를 冠軍將軍으로 삼고, 行征虜將軍 左賢王 餘昆과 行征虜將軍 餘暈을 모두 征虜將軍으로, 行輔國將軍 餘都와 餘乂를 모두 輔國將軍으로, 行龍驤將軍 沐衿과 餘爵을 모두 龍驤將軍으로, 行寧朔將軍 餘流와 麋貴를 모두 寧朔將軍으로, 行建武將軍 于西와 餘婁를 모두 建武將軍으로 삼았다.

위 기사에서 개로왕이 자신의 신료 11명에게 작호를 제수한 목적이 '충성스럽고 부지런하다'는 점을 내세운 것으로 보아 개로왕의 즉위과정에서 공헌한 측근세력들을 대상으로 논공행상을 한 것임을 알 수 있다. 이 수작자들이 458년 당시 유력한 지배세력을 망라한 것으로 보기는 어렵지만 이를 통해 개로왕의 정국 운영의 방향과 지배세력 구성의 일단을 엿볼 수 있다. 개로왕이 단행한 458년 인사에서 나타난 집권 1기의 특징적인 현상은 다음과 같다.

첫째, 왕족의 정치적 비중이 높아지고 대신 종전의 진씨와 해씨세력의 정치적 역할이 축소되었다는 점이다. 개로왕이 왕족을 중용하고 있으며 또한 왕족의 결속을 강조하고 있는 점이 주목된다. 수작자는 총 11명 중 왕족이 8명으로 다수를 점하고 있으며, 그밖에 목씨세력(목금) 1명, 성씨를 알 수 없는 인물(우서와 미귀) 2명으로 되어 있다. 그 중 于氏는 비류계 優氏로 보는 견해를 따르면[98] 왕족의 숫자는 더욱 늘어난다. 이렇게 수작자 중에 왕족이 다수 포함되어 있는 것은 4세기 후반 이래 찾기 어려운 현상이라 할 수 있다. 반면 개로왕대 이전에 한동안 왕비족으로 실권을 장악했던 진씨·해씨와 같은 유력한 귀족세력의 모습은 찾아볼 수 없어 대조를 이룬다.

수작자 중에서 개로왕대의 권력 구조에서 비중이 높은 인물들은 대부분 왕족 출신이었다. 개로왕이 그만큼 왕족들을 중용하여 왕권 중심의 정치 운영을 한 것으로 볼 수 있다. 458년 인사에서 대표적 위치에 있던 餘紀는 왕족으로서 제3품인 行冠軍將軍과 흉노의 관제인 右賢王에 임명되었으며 수작자 11명 중 서열 2위에 해당한다. 그가 行征虜將軍 左賢王 餘昆보다 관작이 낮은 데에도 불구하고 수작자의 대표적 위치에 있었는지에 대해서는 알 수 없지만 전지왕대의 상좌평 여신과 같이 왕족 내에서 연령이 많거나 또는 개로왕이 신뢰할 정도로 즉위에 지대한 공헌을 한 인물로 보인다.[99]

여기 이외의 수작자 중에서 잘 알려진 인물로는 行征虜將軍 左賢王 餘昆과 行輔國將軍 餘都인데 이들 모두 개로왕의 동생으로서 昆支와 文周로 각각 비정된다.[100] 곤지[餘昆]는 제3품 行征虜將軍과 左賢王을 제수받았으며 수작자 11명 중 가장 서열이 높았다. 반면 그의 형인 문주[餘都]는 곤지보다

---

98) 천관우, 앞의 글(1975), 142~143쪽.
99) 餘紀를 개로왕의 장자로 보고 차기 왕위계승권자로서 정치적 장래를 염두에 두고 신임을 한 것으로 보는 견해가 있다(연민수, 「5세기 후반 백제와 왜국」『고대한일관계사』, 혜안, 1998, 414~417쪽). 그러나 475년 한성이 함락될 때에 개로왕이 자신의 아들이 아닌 동생 문주에게 후사를 부탁하는 것을 볼 때 개로왕의 장자로 보기는 어렵다.
100) 이기동, 「중국사서에 보이는 백제왕 牟都에 대하여」『역사학보』62, 1974, 21쪽.

2단계 낮은 行輔國將軍에 제수되었으나 후에 상좌평에 임명되어[101] 개로왕을 측근에서 보좌하였다. 특히 곤지는 458년 당시 신료들 중에서 정치적 위상이 제일 높았던 것으로 드러났는데 左賢王이 흉노에서 單于의 뒤를 이은 제2인자로서 차기 왕위계승권을 가진 태자가 임명된 점[102]이 참고가 된다. 그리고 그를 '軍君'으로도 불리운 것으로 보아[103] 병권을 장악하고 있었던 것으로 보인다. 이러한 점으로 보아 곤지는 개로왕의 측근세력으로서 개로왕의 즉위와 그 집권 초기의 권력기반 형성에서 핵심적 역할을 한 인물이었음을 알 수 있다.

또한 개로왕은 왕족들을 요직에 중용히는 것과 더불어 왕족들 간에 계보를 초월한 결속을 강조하고 있는 점이 주목된다. 개로왕의 또다른 이름을 '近蓋婁'로 칭한 것은 근초고왕이 초고왕의 후계자임을 천명하여 肖古系의 정통성을 내세운 것과 대비된다. 이처럼 개로왕이 蓋婁王의 후계자로 자처한 것은 왕위 계승에서 초고계와 같은 방계 세력을 포용한다는 의도를 나타낸 것이다.[104] 따라서 458년의 수작자들 중에는 왕족들이 직계 뿐 아니라 초고계 등 방계들도 포함되었을 것이다. 해씨와 같은 유력한 귀족세력을 견제하기 위해서는 왕족들 간의 결속이 그 어느 때보다도 필요해진 것이다.

---

101) 『삼국사기』 백제본기 문주왕 즉위에 의하면 "개로왕이 즉위하였을 때 문주는 이를 보좌하여 벼슬이 상좌평에 이르렀다"고 했는데 이를 따를 경우 개로왕 즉위와 함께 상좌평에 임명된 것으로 보인다. 이에 대해 곤지가 458년의 수작자 중 좌현왕으로 서열이 제일 높았기 때문에 문주에 앞서 상좌평에 있었던 것으로 보기도 한다(연민수, 「5세기 후반 백제와 왜국」『고대한일관계사』, 혜안, 1998, 416쪽). 또한 문주가 458년에 輔國將軍에 보임된 점에 주목하여 이때 상좌평이 된 것으로 보는 견해도 있다(정재윤, 앞의 글 (1999), 57쪽). 그러나 개로왕 4년(458)에는 곤지가 문주보다 분명 서열이 높고 또 병권까지 장악하고 있었던 점을 고려해 보면 문주의 상좌평 임명은 다소 어색하다. 이런 점에서 문주가 상좌평에 임명된 시기는 알 수 없지만 그의 동생 곤지가 왜에 건너가는 개로왕 7년(461) 무렵으로 추정된다.

102) 坂元義種, 『古代東アジアの日本と朝鮮』, 吉川弘文館, 1978, 69쪽.

103) 『일본서기』 권14, 웅략기 5년 하4월 · 6월 · 추7월. '軍君'이란 칭호가 병권 장악과 관련이 있는 것으로 파악된다(이도학, 앞의 글(1985), 13쪽).

104) 정재윤, 「웅진시대 백제 정치사의 전개와 그 특성」, 서강대박사학위논문, 1999, 17쪽.

개로왕대에는 왕족의 대두와 함께 종래 왕비족 운영상에도 어떤 변화가 나타나고 있어 주목된다. 458년 인사에서는 종전에 왕비족으로서 실권을 장악하고 있었던 진씨·해씨와 같은 유력한 귀족세력들이 배제된 것이다. 비유왕대 상좌평으로서 실권을 장악하고 있었던 해수의 존재도 보이지 않고 있다. 개로왕대에는 해씨·진씨세력의 失勢와 관련하여 종전의 왕비족 중심의 정치 운영에도 어떤 변화가 있었던 것으로 보인다. 개로왕 이전까지 진씨와 해씨세력에서 왕비를 배출하여 실권을 장악하고 왕족-왕비족에 의한 귀족연합체제를 유지해 왔던 것이다.

그런데 개로왕 18년(472) 북위에 청병사로 파견된 長史 餘禮는 '冠軍將軍駙馬都尉弗斯侯'라는 작호를 겸대하고 있는 것[105]으로 보아 그는 왕족이면서도 개로왕과 통혼관계를 맺은 것으로 나타난다. 이처럼 왕족 사이에 근친혼이 행해졌다는 것은 기존의 왕비족 운영 방식에 변화를 시사해 주는 것으로 주목된다. 이로 미루어 보면 개로왕대에는 기존의 왕비족이 아닌 새로운 통혼 방식을 통해 지금까지 권력의 한 축으로 국정 운영에 큰 역할을 해왔던 진씨와 해씨세력의 영향력에서 벗어나 국왕이 정국 운영의 주도권을 잡고 왕권 강화를 추진해 나갈 수 있게 된 것을 의미한다.

이와 같이 개로왕의 국정 운영 방향은 왕족 중심의 친정체제를 구축하여 왕권 강화를 지향하고 있었음을 알 수 있다.

한편 개로왕은 왕족 중심의 정치 운영을 표방하면서 중국의 관작 임명 방식을 수용한 백제식의 私假制 운용을 통해 왕권의 위상을 제고시키려 하였다. 458년 개로왕의 인사에는 중국 남북조국가에서 실시하고 있었던 관작 임명 방식을 채용하고 있어 주목된다. 백제에서 운용하고 있는 관작 운영 방식은 중국과는 다소 차이가 있는 사가제의 형식을 띄는 것으로 왜 5왕 시대에도 운용된 사례[106]가 있다. 사가제는 백제왕이 먼저 자신의 신하들에게 중국의 장군호와 왕·후호를 임시로 수여한 다음 이를 중국 왕조에 정

---

105)『魏書』권100, 열전88, 百濟國.

식으로 임명할 것을 요청하여 중국 황제로부터 정식 관작을 제수 받는 형식
을 취하는 제도를 말한다.[107]

개로왕은 여기에 흉노에서 운영하던 左·右賢王制를 가미시켜 백제의
실정에 맞도록 운영한 것이다. 左·右賢王制는 흉노나 돌궐과 같은 유목민
족국가에서 운용된 제도로서 개로왕은 고구려의 남침에 대응하여 이들에게
관할 지역을 맡겨 유사시 중앙을 구원케 하려는 의도에서 채용된 것이었
다.[108]

개로왕이 사가제를 채용하기 이전에 비유왕이 臺使 馮野夫에게 西河太
守를 중국 사행이라는 특정 목적을 위해 임시로 임닝한 사례가 있으며,[109]
이후 동성왕대에도 각각 시행된 사례[110]를 찾을 수 있다. 원래 사가제는 幕
府制 실시와 깊은 관련이 있다. 위진남북조시대에는 중앙의 권력이 미치지
못하는 지역에 대하여 독립적인 세력을 구축하고 있던 지방세력들의 실체
를 공인하여 이들을 통한 간접 지배를 관철시키려 하였다.

따라서 지방세력들은 刺史府와 將軍府와 같은 幕府를 개설하여 독자적
으로 관할지역의 민정과 군사 업무를 처리하였다.[111] 막부는 府主와 長

---

106) 양기석, 「5세기 백제와 왜의 관계」『왜 5왕 문제와 한일관계』, 경인문화사, 2005,
　　 107~108쪽. 자칭호를 사용하는 사가제는 고구려나 신라에서 발견된 사례는 없지만, 송
　　 과 책봉 관계를 가진 百濟, 倭, 淸水氐族 武都王, 羌族 宕昌王 등에서 간간히 나타나고
　　 있다.
107) 주) 97 참조.
108) 정재윤, 앞의 글(1999), 23~24쪽.
109) 『송서』 권97, 열전57, 夷蠻 東夷 백제국 元嘉 27년.
110) 『남제서』 권58, 열전39, 동이 백제국.
111) 幕府의 설치는 남북조 국가가 독자적인 국내의 지방세력과 주변제국의 군장들에게 책
　　 봉을 통하여 그의 자율성을 보장하고 막부를 개설할 수 있는 자격을 갖는 각종 관작을
　　 수여한 데에서 비롯된 것이다. 국가는 이들 지방의 독자적인 호족세력을 주자사에 임명
　　 하여 주민에 대한 민정권을 부여하였고, 아울러 여러 州나 郡을 묶어 군사상의 관할구역
　　 인 都督區를 설정하고 그 장관인 都督諸軍事에 이들 호족을 임명함으로써 당해지역의
　　 군사권도 인정하였다. 이들 막부의 출현과 성격에 대해서는 金翰奎, 『古代中國的世界秩
　　 序硏究』, 일조각, 1982, 282~382쪽 ; 金鍾完, 『中國南北朝史硏究 -朝貢·交聘關係를 중
　　 심으로-』, 일조각, 1995, 66~71쪽을 참조할 것.

史·司馬·參軍과 같은 다수의 속관으로 구성되었는데 이들 속관들이 府主를 보좌하여 막부의 실무 행정을 담당하였다. 주변국가들도 중국왕조와의 책봉관계를 통해 막부를 설치하고 그 속관들을 두었다. 주변제국의 군장들은 중국 왕조에 사절을 파견할 때에는 府主인 군장을 대신하여 그 속관인 長史·司馬·參軍을 파견하였다.[112] 백제의 경우 372년 근초고왕이 동진으로부터 鎭東將軍領樂浪太守로 책봉을 받은 이후 424년 長史 張威가 송에 파견된 예[113]에 비추어 보면 백제는 이미 424년 이전 어느 시기에 長史와 같은 막부의 속관을 설치하였을 것으로 추측된다.[114]

이처럼 백제가 사가제를 실시하게 된 배경은 왕권에 협조하는 왕족 출신들과 측근세력들을 결집시켜 왕권의 권력기반으로 삼고 아울러 귀족연합체제를 유지하려는 유력한 귀족세력들을 견제하여 왕권 중심의 국정 운영을 보다 강화하기 위한 조치로 여겨진다.[115] 개로왕대에는 기존의 상좌평체제와 사가제를 통해 지배세력을 제도권으로 편제하면서 왕권 강화를 추진하려 했던 것이다. 458년 관작 수여를 통해서 볼 때 개로왕 당시의 백제 왕권은 왜 왕권보다 위상이 높았던 점을 들 수 있다.

458년 개로왕은 자신의 신료들에게 송의 장군호를 수여하였는데 수작자들의 품계는 제3품 征虜將軍에서 제4품 建武將軍에 걸쳐 있을 정도로 폭이 넓은 것으로 나타났다. 이는 438년 왜왕 珍이 倭隋 등 11인에게 平西·征虜·冠軍·輔國將軍을 자칭하여 송에 제정을 요청한 사례와 451년 왜왕 濟

---

112) 坂元義種은 백제와 왜의 외교사절 중 '兼長史'에 대하여 외교 업무를 일시적으로 담당한 겸직관으로 이해하였다(『古代東アジアの日本と朝鮮』, 吉川弘文館, 1978, 396~399쪽).
113) 『송서』 권97, 열전57, 蠻夷 동이 백제국 少帝 景平 2년. 한편 고구려는 광개토왕대에 長史·司馬·參軍의 속관을 설치하였다고 한다(『梁書』 권54, 열전48, 諸夷 고구려). 백제의 長史 張威와 왜의 司馬 曹達은 漢式 姓을 갖고 있는 것으로 보아 중국어에 능통하고 중국 사정에 정통한 낙랑·대방계의 한인관료로 추정된다.
114) 백제의 사가제가 처음 실시된 시기를 전지왕대로 보고 있다(노중국, 앞의 글(2004), 36쪽).
115) 반면 개로왕대 사가제 실시 의도에 대하여 백제 왕권이 쇠약한 상황에서 실권귀족에게 권력을 위임하여 왕실의 위상을 유지하려고 보는 견해도 있다(노중국, 앞의 글(2004), 36~38쪽).

가 23인에게 장군호와 태수호를 요청한 사례[116]와 비교된다. 438년의 경우 왜왕 珍이 송으로부터 제수 받은 安東將軍과 그의 신하인 왜수 등이 받은 평서장군에서 보국장군은 모두 3품에 해당되지만, 그 관품의 차이가 없이 거의 대등한 면을 보여주고 있다. 여기서 5세기 당시 왜 왕권은 초월적인 위상을 점하지 못하고 있었는 데에 반해 458년 개로왕의 위상은 왜 왕권보다 높게 지배세력을 서열화하고 있었음이 확인된다.

다음으로 주목되는 점이 개로왕이 그 신료들에게 송의 장군호 이외에 王·侯號를 수여함으로써 개로왕 자신은 王中王에 해당하는 大王의 위상에 자리매김하게 된 것이다. 이러한 측면에서 개로왕대에 왕·후호의 존재를 통해 대왕제가 실시된 것으로 봐도 좋을 것이다.[117] 이제 개로왕은 귀족연합체제의 수장으로서의 위상이 아니라 여러 정치세력 위에 군림하는 초월적인 지위로 그 위상이 격상된 것이다. 따라서 개로왕은 천명적 질서에 가탁하여 스스로 大王이라 자처하고 그 신료들을 王·侯·太守로 분봉하여 백제식의 천하질서를 갖추면서 왕권의 전제화를 모색해 나간 것으로 볼 수 있다.[118]

그러나 위와 같이 개로왕이 집권 1기에 추진한 왕족 중심의 친정체제 확립, 왕비족 세력의 배제와 그 운용 방식의 변화, 사가제 실시 등을 통해 왕권의 권력 기반을 강화시키려고 시도하였지만 아직 충분치 못한 것으로 드러났다. 곤지가 병권을 장악하고 차기 왕위계승권자로서의 좌현왕을 차지할 정도로 권력이 점차 그에게 집중되는 현상이 나타나자 개로왕은 이를 왕권강화에 방해가 되는 것으로 간주하고 견제에 나서게 되었다. 그동안 개로왕의 권력 기반에 중추적인 역할을 해왔던 왕족과 일부 측근세력들 사이에 권력 장악을 놓고 암투가 벌어졌을 가능성이 있다.

116) 『송서』 권97, 열전57, 夷蠻 東夷 왜국.
117) 坂元義種, 앞의 책(1978), 99~102쪽.
118) 양기석, 「5세기 百濟의 '王'·'侯'·'太守' 制에 대하여」 『史學研究』38, 1984, 64~65쪽.

이와 관련하여 개로왕 7년(461) 곤지를 왜에 파견한 일이 주목된다. 곤지가 왜에 파견된 일차 목적은 『일본서기』에 의하면 池津媛의 淫行사건 때문인 것으로 분식 서술되어 있지만[119] '先王의 우호를 닦기 위한 것'으로 기록한 『일본서기』 웅략기 2년 기사[120]가 오히려 사실에 가깝다. 그렇다면 곤지의 도왜 목적은 왜와의 우호관계를 공고히 하여 왜의 친백제노선을 견지하려는 데에 있었음을 알 수 있다. 다만 백제 내부 사정으로 볼 때 왜에 왕자를 파견하는 문제로 세력 다툼이 표면화되지 않았을까 여겨진다. 458년 수작자 중에서 대표격에 있던 餘紀와 좌현왕으로 병권을 장악하고 있던 곤지, 그리고 문주 등 여러 왕자들 간에 태자 책봉이나 또는 상좌평 임명을 둘러싸고 암투를 벌린 것이 아닐까 한다.

이런 측면에서 볼 때 곤지의 왜 파견은 정략적 추방의 성격을 가진 것으로 볼 수도 있다.[121] 개로왕 자신은 권력이 비대해진 곤지를 잠재적인 위협 세력으로 간주하고 일정한 선에서 견제할 필요가 생긴 것이다. 이에 개로왕은 461년에 곤지를 왕권의 핵심부에서 배제시키기 위한 의도에서 왜에 파견한 것으로 이해된다. 곤지가 병권을 장악한 제2인자의 위치에 있으면서 왜에 거의 17년 동안이나 장기 체류한 점에서 그 단서를 찾을 수 있다. 곤지가 왜에 파견됨으로써 곤지의 형 문주가 상좌평에 임명되어 개로왕을 측근에서 보좌하게 된 것으로 보인다. 문주의 성품이 "優柔不斷하였으나 백성을 사랑하였으므로 백성들도 왕을 사랑하였다"는 점[122]으로 보아 개로왕은 병권을 장악할 정도의 결단성있는 곤지보다도 우유부단한 문주를 더 선호하였을 것이다. 개로왕은 곤지의 축출을 계기로 왕권의 권력기반을 더욱 공

---

119) 『일본서기』 권14, 웅략기 5년 하4월.
120) 『일본서기』 권14, 웅략기 2년 추7월의 분주의 『百濟新撰』.
121) 연민수, 「5세기 후반 백제와 왜국」 『고대한일관계사』, 혜안, 1998, 414~417쪽. 반면 곤지가 왜와의 공조를 강화하기 위해 파견된 것으로 보고 곤지의 정략 추방설을 부정하는 견해가 있다(정재윤, 앞의 글(1999), 27~30쪽 및 이재석, 「5세기 말 곤지의 도왜 시점과 동기에 대한 재검토」 『백제문화』30, 2001, 24~29쪽).
122) 『삼국사기』 백제본기 문주왕 즉위년.

고히 하려는데 더욱 박차를 가하게 된 것이다.

이와 같이 개로왕 집권 1기에는 즉위 초의 왕위계승 분쟁을 수습하고 왕권의 지배기반을 넓히기 위해 왕족 중심의 왕권 강화책을 추진해 나갔음을 알 수 있다. 왕족 중심의 친정체제의 확립, 왕비족 운영 방식의 변화, 기존의 상좌평체제에다가 새로이 사가제를 실시하여 왕권 중심의 지배체제를 구축하고자 하였다. 이를 통해 기존의 귀족 중심의 연합 체제를 고수하려는 진씨·해씨세력과 같은 유력한 귀족세력들의 정치적 영향력을 배제하려는 노력을 기울이게 되었다. 그리고 개로왕은 스스로 大王이라 자처하고 그 신료들을 王·侯로 분봉하여 왕권의 전제화를 도모하기 위한 준비기로 볼 수 있다.

2) 대외 관계의 강화

개로왕 집권 2기는 집권 1기에 공고히 구축해 놓은 왕권 중심 체제를 토대로 하여 대외관계를 주도적으로 추진해 나간 시기로 볼 수 있다. 이 시기는 개로왕이 고구려의 군사적 압력에 대처하기 위해 다각적인 외교책을 주도적으로 전개한 것이다. 이 시기 개로왕대의 대외관계에 있어서 발생한 중요한 사건은 개로왕 15년(469)에 단행된 고구려에 대한 선제공격과 개로왕 18년(472)에 북위와 교섭을 벌린 일이다.

고구려 장수왕대에는 평양 천도와 풍홍 사건에 따른 대북위 관계의 경색으로 인하여 백제에 대해 공격을 자제한 채 한동안 긴장 상태를 유지하면서 세력 균형을 위해 치열한 외교전을 전개해 왔다. 고구려가 본격적으로 백제를 공격한 시기는 455년 개로왕 즉위 초의 일이었다.[123] 백제가 단독으로 고구려의 공격을 막지 못하고 신라의 원군에 힘입어 고구려군을 물리칠 수

---

123) 『삼국사기』 신라본기 눌지마립간 39년 10월. 이 기사는 백제와 고구려본기에는 나타나지 않고 신라본기에만 기록되어 있다. 이 전쟁은 제라동맹군에 의한 최초의 군사연합 작전으로 나제 양국이 실질적인 공동 군사 연합관계에 들어갔음을 의미하는 계기로 보고 있다(정운용, 「나제동맹기 신라와 백제 관계」 『백산학보』 46, 1996, 90~104쪽).

있었다. 455년 전투부터는 제·라 간의 단순한 화호 수준을 넘어서 일방의 힘만으로 고구려의 공격을 막아내지 못할 경우 구원요청에 의해 제·라 양국이 군사적으로 공동 대응하는 관계로 발전시켜 나갔다. 백제가 고구려의 침입으로 어려움을 겪고 있을 때 신라의 개입을 이끌어낼 수 있도록 한 점은 백제 외교의 성과라 할 수 있다.

그 뒤 한동안 소강상태를 유지하다가 개로왕 집권 2기에 해당하는 469년에 백제와 고구려 두 나라는 다시 전쟁관계에 들어가게 되었다. 이번에는 455년 전투와는 달리 백제가 고구려를 먼저 공격하여 공세로 돌아선 것인데 관련 기사를 소개하면 다음과 같다.

> M 8월에 장수를 보내 고구려의 南邊을 침공하였다. 10월에 雙峴城을 수리하고 靑木嶺에 大柵을 설치하여 北漢山城의 土卒을 나누어 지키게 하였다. [『삼국사기』 백제본기 개로왕 15년]

위 기사에서 백제가 먼저 고구려를 선제공격한 다음 예상되는 고구려의 침공에 대비하기 위해 국경지대의 요충인 쌍현성과 청목령에 관방 시설을 설치하거나 수축하는 공사를 벌린 것으로 나타났다. 여기서 쌍현성은 임진강 너머 장단 북쪽에 위치한 망해산의 쌍령 부근으로 추정되는데,[124] 고구려군의 임진강 도강을 저지하기 위해 축성을 한 것이다. 아신왕 6년(397)에 고구려 공격에 대비하여 축조한 성[125]을 이번에 다시 수리해 사용하게 된 것이다. 청목령은 개성 청석동으로 비정되는데 진사왕 2년(386)에 고구려의 남하에 대비하여 축조한 성[126]이다. 이 성들은 평양-황주-사리원-신원-해주-개성으로 연결되는 고구려의 남진 루트를 예성강 하류인 청목령과 쌍현성과 같은 관방상 주요한 고개를 차단하는 방식으로 축조된 것이다.[127]

---

124) 문안식, 앞의 책(2006), 194쪽 및 「개로왕의 왕권강화와 국정운영의 변화에 대하여」 『사학연구』78, 2005, 63쪽.
125) 『삼국사기』 백제본기 아신왕 7년 3월.
126) 『삼국사기』 백제본기 진사왕 2년 춘.

이를 통해 469년 당시 백제의 북쪽 경계지역이 예성강 하류 일대에 형성되어 있는 것으로 보아 광개토왕대의 남정 때 상실한 임진강 이북 일대의 영토를 일부 수복하였음을 알 수 있다.

그런데 469년 전투에서 백제가 그동안의 대고구려전에서 수세에서 벗어나 공세를 취하고 있는 점이 주목된다. 이 전투는 바로 전해에 고구려와 말갈이 연합하여 悉直城(삼척)을 공격한 직후에 일어난 것으로 보아[128] 신라에 침공한 고구려를 견제하기 위한 것으로 볼 수 있다. 그러나 개로왕이 신라의 원병 없이 고구려를 선제공격한 것은 광개토왕대의 남정으로 상실한 예성강 일대의 고토를 수복하려고 의지가 반영된 것으로 볼 수 있다. 469년 전투는 그동안 추진해 온 왕권 강화시책이 어느 정도 성과를 나타내어 자신감의 발로인 동시에 전제정치의 확립을 뜻하는 것이기도 하다.[129]

한편 개로왕대에는 고구려의 남진에 대비하기 위해 왜와의 전통적인 우호관계를 강화하였다. 개로왕대에는 왜가 阿禮奴跪를 보내 왕녀를 요청함에 따라 백제에서는 慕尼夫人의 딸 適稽女郎를 대신하여 왜에 보냈다.[130] 그러던 중 왜에 건너간 부인들 중에 하나인 池津媛이 음행 사건에 연루되어 화형을 당하는 일이 생기자 개로왕은 이번에는 왕녀 대신에 왕제 昆支를 왜에 보낸 것이다.[131] 여기서 백제가 왜에 왕녀를 파견한 것을 『일본서기』에는 왜에 복속을 전제로 한 貢女 파견으로 표현되어 있으나, 이는 『일본서기』의 왜를 우위에 두고 백제를 종속적으로 위치해 보려는 분식된 기사일

---

127) 서영일, 「중원고구려비에 나타난 고구려 성과 관방체계 -우벌성과 고모루성을 중심으로-」『고구려연구』10, 2000, 491~520쪽.
128) 『삼국사기』 신라본기 자비마립간 11년 춘.
129) 469년 전투를 개로왕대 전제왕권의 확립을 뜻하는 것으로 보는 견해는 김수태, 「백제 개로왕대의 대고구려전」『백제사상의 전쟁』, 서경문화사, 2000, 226쪽을 참고할 것.
130) 『일본서기』 권14, 웅략기 2년 추7월에 인용된 『百濟新撰』을 참조할 것. 그런데 여기에 나오는 池津媛을 『일본서기』 응신기 39년조에 나오는 7명의 부녀 중의 하나로 보고 이를 適稽女郎으로 보는 견해(池內宏, 『日本上代史の一研究』, 中央公論美術出版, 1970)가 있다.
131) 『일본서기』 권14, 웅략기 5년 하4월과 그에 인용된 『百濟新撰』을 참조할 것.

뿐 사실로 받아들일 수는 없다. 이는 397년 국가적 위기에 봉착해 있던 백제가 세력 만회를 위해 태자 전지를 왜에 파견했던 왕족외교[132]의 일환으로 이해하고 있다. 이러한 인적 관계 교류를 통한 백제외교는 6세기에 들어가면서 백제는 왜에 선진문물을 제공하고 왜는 백제에 군사적 관계를 제공하는 방식[133]으로 제도화되어 가는 한 과정으로 볼 수 있다.

이처럼 백제는 태자 전지의 파견 이후 왕녀를 대신 파견하는 방식으로 전환하였는데 이는 백제가 왜와의 통혼관계를 통해 두 나라 관계를 보다 진전시키려는 의도에서였음을 알 수 있다. 그러나 이 방식에 문제가 생기자 다시 외교의 비중을 높여 461년 왕제 곤지를 파견하게 된 것이다. 백제는 397년 태자 전지가 왜에 파견한 이후 주로 왕족들을 왜에 보내 체류케 하는 방식으로 왜와 신뢰관계를 구축한 것이 5세기 백제의 대왜외교의 기본 틀이라고 할 수 있다. 곤지는 위에서 살펴보았듯이 개로왕의 동생으로 458년 당시 行征虜將軍 左賢王에다가 병권을 장악한 개로왕대 제2인자의 위치에 있던 인물이다. 그럼에도 불구하고 곤지가 왜에 파견된 이유는 무엇보다도 고구려의 남진에 대응하여 유사시 왜에 원군을 요청하기 위해서였다.

곤지가 사절로서 왜에 건너가 17년 동안 체류한 곳은 大和의 관문에 해당하는 河內의 近飛鳥地方인 것으로 알려지고 있다. 近飛鳥地方은 하내지방과 대화지방을 연결하는 교통의 요지로서 이곳에는 곤지의 후손들이 유력한 호족으로 존재하였다는 점이나,[134] 河內國 安宿郡(현재 羽曳野市 太子町)에 곤지를 신으로 제사하는 飛鳥戶神社가 있는 점,[135] 그리고 그 주변 구릉지대에 있는 飛鳥千塚고분군의 피장자가 곤지의 후예인 飛鳥戶造氏인

---

132) 연민수는 이러한 백제의 대왜 관계를 왕족외교로 부르고 있다(『고대한일관계사』, 혜안, 1998, 431~461쪽).
133) 김현구는 繼體期(503~529) 이후 백제와 왜 사이에 형성된 관계를 용병관계로 규정짓고 있다(앞의 책(1985), 14~65쪽).
134) 『新撰姓氏錄』 河內國 諸蕃 百濟國.
135) 上田正昭, 『日本の歷史』2, 1981, 381쪽.

점 등에서 곤지가 하내 지역에 정착하여 백제계 이주민들[136]에게 영향력을 행사했던 것으로 알려지고 있다. 곤지는 왜에 장기간 체류하면서 단순히 청병사 역할에 국한된 것이 아니라 백제계 이주민들을 조직화하여 왜 정권에 협력하고 이들의 힘을 이용하여 백제를 구원하려는 임무를 수행한 것으로 여겨진다.[137]

그러나 곤지는 475년 고구려의 공격으로 한성이 함락되었을 때에는 왜의 원병을 백제에 파견시키려는 일을 성공적으로 수행하지 못하였다. 그렇지만 곤지가 일본열도에 구축한 세력 기반이 후에 동성왕과 무령왕이 정치적으로 진출하는데 중요한 바탕이 되었다.

다음으로 개로왕대의 대중국관계에 대하여 살펴보자. 개로왕이 즉위한 이후에는 비유왕대에 이어 남조 송과 긴밀한 외교 관계를 유지하면서 선진 문물을 수용하고 관작을 요청하는 등 그 권위를 빌어 왕권의 정통성 확립과 위상을 높이고자 하였다. 457년 10월 개로왕은 송으로부터 2품관인 鎭東大將軍에 책봉된 이래[138] 이듬해인 458년에는 개로왕이 요구한 行冠軍將軍 右賢王 餘紀 等 11인의 관작을 요청하여 이를 승인받았다. 463년에도 송과의 교섭이 이어지고 있으며[139] 송의 孝武帝 大明 연간(457~464)에도 3차례의 교섭이 행해졌다. 이후 개로왕은 467년[140]과 471년[141]에도 송나라에 사

---

136) 일본 하내지방을 개척한 도래씨족의 중심 세력은 백제계였다. 大阪과 奈良 사이에 山畑古墳群·高安千塚·平尾山千塚·飛鳥千塚·一須賀古墳群 등이 분포되어 있는데 그 출토품이나 전승으로 보아 그 조영세력이 백제에서 건너온 이주민들이었다. 그들은 새로운 농업 기술로 개척 사업을 했을 뿐 아니라 須惠器와 무기 제조, 말의 사육 분야에서 크게 활약하였다(이진희,「고대한일관계사 연구와 무령왕릉」『백제연구』특집호, 지식산업사, 1982, 69~74쪽).

137) 정재윤, 앞의 글(1999), 28~30쪽. 이재석은 곤지의 역할이 단순한 청병사 개념과는 다른 것으로 보고 기존의 양국 간의 우호관계 유지, 왜의 독자적 군사 활동 방지, 그리고 왜 - 신라의 밀착 견제 등의 백제 중심의 국제 관계 유지의 조정역을 담당한 것으로 보고 있다(앞의 글(2001), 24~29쪽).

138)『宋書』권6, 본기6, 孝武帝.

139)『册府元龜』권968, 外臣部13, 朝貢1, 大明 7년.

140)『宋書』권8, 본기8, 明帝 泰始 3년 11月 乙卯.

신을 파견하였다. 471년에는 명제 즉위에 반발하여 반란이 전국적으로 확대되어 혼란이 계속됨에 따라 송과의 교섭을 더 이상 진행할 수 없었다.

그런데 개로왕대 대중국 관계에 있어서 주목할 만한 사건은 472년 북위와의 교섭을 벌린 일이다. 개로왕은 북위에 사신을 보내 고구려를 공격하기 위해 원병을 요청한 것이다. 그동안 남조 국가 일변도로 외교 관계를 유지해 온 백제의 대중외교에서 볼 때 매우 이례적인 일이다. 비유왕 때인 경진년 즉 440년에 백제가 북위와 교섭을 추진한 일이 472년 개로왕이 북위에 보낸 국서에 나타나 있다.[142] 교섭의 구체상은 알 수 없지만 북위 사신이 백제로 오던 중 고구려의 방해로 인해 중도에 난파되어 일이 성사가 되지 못한 것으로 드러났다. 비유왕이 북위와 교섭을 시도한 것은 개로왕이 보낸 국서에 나타났듯이 436년 북연의 멸망과 풍홍의 신병 인도에 따른 고구려, 북위, 송 사이의 국제적인 대립과 분쟁 여파가 바로 백제에 미칠 것으로 판단한 것 같다. 풍홍의 소환을 요구해 온 북위는 고구려를 견제하기 위해 백제의 사신 파견을 곧바로 받아들였던 것이다.

백제가 개로왕대에 들어와서 실질적으로 북위와 교섭을 벌린 것은 472년의 일이다.[143] 당시 백제의 송과의 교섭은 송의 내부적 혼란으로 인하여 471년을 끝으로 한동안 중단을 하게 되었다. 471년 백제가 송과 교섭을 중단한 것은 북위에 접근하는 한 계기가 되었을 것이다. 당시 고구려는 462년 북위와 교섭을 재개한 이래 465년 이후 매년 북위와 사신을 교환할 정도로 두 나라 관계가 급속히 개선되었다. 개로왕이 북위에 사신을 파견한 472년 8월 직전에는 고구려가 2월과 7월 2차례에 걸쳐 사신을 파견하면서 종전보다 2배나 많은 공물을 북위에 보냈다.[144] 백제의 사신 파견이 고구려보다

---

141)『宋書』권8, 본기8, 明帝 泰始 7년 11월 戊午.

142)『위서』권100, 열전88, 백제국 및『삼국사기』백제본기 개로왕 18년.

143) 472년 백제의 북위 교섭을 440년 이후 재개된 것으로 보는 견해가 있다(노중국, 앞의 글 (2004), 53쪽).

144)『삼국사기』고구려본기 장수왕 60년.

시기적으로 늦었지만 백제의 사절단의 행정이 여러 시일이 소요된 점을 감안하면[145] 고구려가 사전에 북위에 접근하려는 백제의 동향을 면밀히 파악하고 있었던 것으로 보인다.

개로왕이 북위에 교섭을 벌리게 된 직접적인 계기는 466년 북위 현종이 고구려 장수왕의 왕녀를 후궁으로 삼는 문제[146] 때문에 두 나라 사이의 긴장이 고조된 데에서 찾을 수 있다. 당시 북위의 文明太后가 顯祖의 후궁을 맞이하기 위해 고구려에 청혼을 하였으나, 장수왕은 이를 거부함에 따라 두 나라 사이는 긴장이 고조되었다.[147] 개로왕은 고구려와 북위 사이에 혼사 문제로 틈이 벌어지고 때마침 내부 성정 불안으로 송과의 교섭을 더 이상 유지하기 어려운 상태임을 간파하고 과감히 북위에 사신을 보내 고구려 공격에 원병을 보내줄 것을 요청한 것이다.

개로왕은 북위에 보낸 국서에서 고구려가 남으로 송과 통하고 북으로 蠕蠕과 통하고 있으며, 또 고구려가 북위의 사신을 고의로 물에 빠뜨려 죽였으므로 마땅히 응징해야 한다고 주장하고 있다. 개로왕은 고구려가 예상을 하지 못하게 허를 찔러 북위에 접근한 것이다. 개로왕의 국서에 나타났듯이 백제가 북위와 교섭을 한 목적은 북위와 고구려 사이의 외교 관계를 차단하는 것과 북위와 백제가 연합하여 고구려를 공격하자는 것이었다.

이처럼 개로왕이 고구려와 긴밀한 외교교섭을 맺고 있는 북위에 국서를 보내 고구려 징벌을 요청한 일은 대내적 왕권 안정을 통해 얻어진 자신감에서 비롯된 것으로 볼 수 있다. 개로왕은 신라와 동맹체제를 통해 고구려에 대항할 수 있게 되었고, 배후 세력으로 곤지를 통해 왜와 우호 관계를 유지

---

145) 신라의 사신단이 경주-중국 산동반도의 登州까지 대략 한 달 정도가 소요되었던 사실이 참고가 된다(권덕영, 『고대한중관계사연구 -견당사연구-』, 일조각, 1997, 199~202 및 214~218쪽).

146) 『위서』 권100, 열전88, 고구려 및 『삼국사기』 고구려본기 장수왕 54년 3월.

147) 이에 대해서는 노태돈, 「고구려의 한성 지역 병탄과 그 지배 양태」 『향토서울』66, 2005, 177~178쪽을 참조할 것.

할 수 있게 되었다. 그리고 대중국 외교에서 송과 북위에까지 아우르는 전방위 외교 전략을 구사하여 고구려를 외교적으로 봉쇄하고자 하였다. 이러한 백제의 요청에 대하여 북위는 고구려와의 전통적 우호 관계를 갖고 있다는 점과, 그리고 백제와 고구려 두나라가 사이좋게 지내야 한다는 당위론을 내세워 끝내 응하지 않았다. 그러면서 다음에 보는 것처럼 백제의 북위 교섭은 이후에도 계속된 것으로 보인다.

> N 고구려인이 누차 변경을 침범하므로 위에 글을 보내어 군사를 청하였으나 듣지 않았다. (개로)왕이 이를 원망하여 드디어 조공을 끊었다. [『삼국사기』 백제본기 개로왕 18년]

위 기사에서 472년 백제의 북위 파견 이후에 고구려가 백제를 여러 차례 공격하였고 이에 대해 북위에 계속 원병을 요청하고 있었음을 알 수 있다. 그럼에도 불구하고 북위는 고구려와의 관계를 의식하여 백제의 요청을 거부하자 이에 백제 개로왕은 북위에 실망을 느끼고 북위와의 교섭을 중단해버리고 말았다. 472년은 백제와 고구려가 북위를 자국편으로 끌어들이려는 치열한 외교전을 전개하였는데 백제는 북위 교섭 중단으로 사실상 외교전에서 고구려에게 패배하였음을 뜻하는 것이다.

그런데 개로왕의 북위 교섭은 북위의 소극적인 태도로 인해 기대한 만큼의 성과를 올리지는 못하였지만, 북위 교섭을 주도한 인물인 私署冠軍將軍駙馬都尉弗斯侯 長史 餘禮와 龍驤將軍帶方太守 張茂의 존재를 통해 개로왕 집권 2기의 권력구조 일면을 엿볼 수 있다. 사절단장에 해당하는 여례는 駙馬都尉에다 부여씨의 왕성을 갖고 있는 것으로 보아 왕족으로서 개로왕의 사위였고, 장무는 성씨로 보아 漢人系 관료 출신으로 보인다. 여례가 북위 사절단의 책임을 맡고 있는 것은 곤지와 함께 백제 왕족외교의 특징을 보여주는 사례라 할 수 있다. 그리고 대방태수 장무는 대방지역에 연고를 가진 인물로 보인다. 313년 고구려에 의해 멸망당한 대방은 이후 요서지역으로 옮아가 고구려와 계속 대립을 벌리고 있었다.[148]

개로왕 국서에서 북위가 고구려를 공격할 경우 북연과 낙랑·대방군의 잔여세력도 이에 가세할 것이라 언급한 점에서 이들 세력이 백제와도 일정한 관계를 갖고 있었음을 시사해 주고 있다.[149] 따라서 대방계 장무의 북위 파견은 북연·낙랑·대방의 잔여세력과의 연대를 추진하기 위해 파견된 것으로 이해된다. 이처럼 개로왕대에는 대왜관계는 곤지, 대중관계는 여례와 장무 등 왕족과 한인계 관료들이 외교권을 관장하고 있었던 것으로 나타난다. 이처럼 개로왕 집권 2기에는 왕족이 상좌평과 같은 요직은 물론 병권과 외교권까지 독점하여 왕권 중심의 지배체제를 구축하였음을 알 수 있다.

이와 같이 개로왕은 대외적으로 고구려의 군사적 압력에 대처하기 위한 다각적인 외교책을 강구하였다. 신라와는 비유왕 7년(433)에 맺은 제·라 동맹체제를 기본 축으로 하여 고구려의 남진에 대처하였고, 왕제 곤지를 일본 河內의 近飛鳥地方에 파견하여 유사시에 원병을 요청하였다. 또한 일본 열도 내의 백제계 이주민들을 조직화하여 배후 기지로서의 역할을 수행케 하였다. 그리고 남조인 宋과도 긴밀하게 외교 관계를 유지하면서도 이례적으로 남조 일변도의 외교책에서 벗어나 고구려와 긴밀한 외교교섭을 맺고 있는 북위에 국서를 보내 고구려 정벌을 요청하기도 하였다.

3. 수도 한성의 함락

1) 개로왕의 실정

집권 2기에 왕족을 중용하여 왕권의 전제화 기반을 공고히 하려는 개로왕은 고구려에 대한 선제공격과 북위 교섭을 벌려 고구려의 남진에 대해 다각적으로 대치해 왔다. 그런데 472년 북위 교섭을 통해 대고구려 봉쇄망을

---

148) 천관우, 「난하하류의 조선 -중국 동방주군의 치폐와 관련하여-」『사총』21·22합집, 1977.
149) 김수태, 앞의 글(2000), 233쪽.

형성하려는 백제의 전략은 도리어 고구려를 자극시켜 그 침입을 초래하는 결과가 되었다.

472년 백제의 북위 교섭은 466년 혼인 문제에 이어 고구려를 크게 긴장시킨 사건이었다. 이 문제로 인해 북위와의 관계에서도 일련의 긴장이 야기되고 있었다. 그 동안 고구려는 462년 이후 북위와의 관계 개선을 통해 사신을 빈번히 교환할 정도의 우호관계를 유지해 왔으나, 466년 혼인 문제에서 드러났듯이 두 나라 관계는 순탄치만은 않았다. 이 시기 고구려는 남조의 송과 몽골고원의 유연과 연결하면서 외교적으로 북위를 견제하고 있었다. 북위는 472년 백제의 청병 요구에도 불구하고 고구려의 전략적 가치를 인정하면서 백제의 요구를 거절하였다. 그러면서도 북위는 지금까지 보여준 고구려의 비우호적인 태도에 대해 경종을 울려줄 필요가 있었다.

이에 북위는 백제 사신이 귀국할 때 북위 사신을 동행시켜 육로로 고구려를 거쳐 백제에 가려고 하였다. 이는 북위가 백제와 교섭을 벌릴 정도의 밀접한 관계에 있다는 것을 과시함으로써 비협조적인 고구려를 위협하려는 의도에서였다.[150] 이에 대해 고구려는 북위와 백제 사신의 국경 통과를 단호히 거부함으로써 북위의 위협에 맞섰던 것이다. 그 이유는 백제가 고구려와 仇讐 관계가 있다는 것과, 그리고 백제 사신이 고구려 영내를 통과하면서 자국의 허실을 엿볼지도 모른다는 의구심 때문인 것으로 판단된다.[151]

---

150) 470년대에 고구려와 북위, 그리고 물길에 대한 동향은 노태돈, 앞의 글(2005), 177~180쪽을 참조할 것. 이 기사는 『위서』 권100, 열전88 물길전에 延興 연간(477~499)의 사실로 되어 있으나, 『북사』 권94, 열전82 물길전에는 太和(477~499) 初의 일로 되어 있어 차이가 있다. 노태돈은 이를 486년으로 보았으나(「5~6세기 동아시아의 국제정세와 고구려의 대외관계」 『동방학지』44, 1984, 16쪽), 『북사』보다도 『위서』의 기록이 사료 가치가 높다는 점, 또 『册府元龜』 권969, 외신부 조공조에 '延興五年 十月 蠕蠕國並遣使朝獻 勿吉國遣使朝獻' 이란 기사에 의거해 볼 때 乙力支가 북위에 파견된 시기는 延興五年 즉 475년이었음을 알 수 있다. 이 사실이 백제 관련 기사에는 전혀 보이지 않는 것으로 보아 실제 추진되지는 못한 것 같다. 다만 물길과 백제 사이의 연합은 성사되지는 못했지만, 475년 한성 함락 이전에 양자 간에 어떤 형태로든 연합에 관한 의사 타진 정도는 있었을 것 같다.

일단 북위와 백제 사신이 고구려를 통과하는 데에는 거절을 하였지만, 고구려로서는 이로 인해 발생할런지도 모르는 이후의 일이 큰 부담이 되었을 것이다. 고구려는 만약 북위가 백제와 연합하여 남쪽과 서쪽에서 동시에 공격해 오거나 또는 북위가 단독으로 고구려에 침공해 올 경우 매우 어려운 형편에 놓이게 된다는 것을 잘 알고 있었다. 더구나 고구려는 470년대 송화강 유역의 阿城 일대의 勿吉과 여러 차례 분쟁을 일으키고 있었다. 물길은 고구려에 대해 군사적 공세와 함께 북위에 사신을 파견하여 고구려를 압박하고 있었다. 延興 연간(471~476)에 물길이 사신 乙力支를 파견하면서 물길이 백제와 수로를 통해 연합하여 고구려를 협공하려고 한나먼서 북위의 지원을 요청한 사실이 있었다.[152]

이러한 물길의 고구려 협공 계획은 실제 이루어지지는 않았지만, 북위와의 연결을 시도하려는 백제와 물길의 동향은 고구려에게는 심각한 위협이 되지 않을 수 없었다. 따라서 고구려는 북위와 주변의 여러 세력이 연대하여 고구려에 압박해 오기 전에 먼저 백제를 공격하는 것이 유리하다고 판단하였던 것 같다.

고구려 장수왕은 백제를 공격하기 위해 백제의 외교적 고립과 내부 분열의 두 가지 방향에서 추진하였다.[153] 고구려는 북위와 송에 사신을 파견하여 백제를 외교적으로 고립시키고자 하였다. 472년 백제의 북위 교섭으로 인해 고구려와 북위 두 나라 사이는 한때 긴장 관계가 유지되었으나 고구려의 노력으로 곧 회복되었다. 고구려는 종전과는 달리 472년부터 매년 2차례씩 사신을 파견하였고 공물도 2배가 많은 양을 보내기도 하였다. 이후 475년 고구려가 백제를 공격하기까지 매년 2차례씩 사신을 파견하고 있을 정도로 긴밀한 관계를 회복하였다.[154] 고구려의 북위 관계가 종전보다 비중이 높아졌음을 알 수 있다.

---

151) 노중국, 앞의 글(2004), 55쪽.
152) 『위서』 권100, 열전88 물길.
153) 김수태, 앞의 글(2000), 235~240쪽.

북위도 송과 대치하고 있는 관계로 백제에서 기대하는 바와는 달리 고구려와 계속 긴장 관계를 유지하는 것이 바람직하지 않다고 생각하고 있었기 때문에 백제의 고구려 공격 요청을 거부하였던 것이다. 그러는 가운데 고구려는 474년 463년 이래 잠시 중단되었던 송과의 관계를 시도하였다. 고구려는 남북조국가와 등거리외교를 전개하면서 그 이해관계 여하에 따라 대송외교와 대북위외교의 수위를 조절해 왔던 것이다. 475년 이후에는 백제와의 외교전이 첨예하게 진행되면서 대북위외교에 비중을 두는 방향으로 전환을 하게 된 것이다.

이렇게 고구려가 472년 이후 대중외교를 강화하고 나선 것은 백제 침공에 앞서 야기될 수 있는 대외 문제에 대해 고구려의 입장을 설득하고 나아가 백제를 국제적으로 고립시키려는데 목적이 있었다. 따라서 고구려는 내부적으로 백제 공격의 준비가 갖추어지고 또한 국제적 환경이 어느 정도 유리하다고 판단된 475년 2월과 7월에 두 차례 사신을 파견한 다음 바로 다음 달인 9월에 백제를 공격한 것이다.

고구려 장수왕은 이러한 외교적 노력과 함께 백제의 내정을 정탐하고 아울러 혼란에 빠뜨리기 위해 간첩을 파견하는 방법을 사용하였다. 백제를 공격하기에 앞서 백제의 내부 사정을 정확히 탐지하는 것이 필요하였다. 적의 동태를 정확히 파악하는 것은 전쟁 승리의 첩경이기 때문이다. 이에 장수왕은 자원하고 나선 승려 道琳을 백제의 내정을 정탐하는 중대한 임무를 맡겼다. 도림이 백제에 건너간 시기는 백제의 북위 교섭 직후인 472년으로 판단된다.[155] 백제로 망명해 온 도림은 國手 수준의 바둑 실력이 있었기 때문에 개로왕이 늦게 만난 것을 후회할 정도의 '上客'으로 큰 대접을 받았다.

154) 472년 이후 백제의 한성 침공까지 고구려의 대북위 교섭은 473년 2월·8월, 474년 3월·7월, 475년 2월·8월로 나타나 매년 2차례씩 행해지고 있다.
155) 도림이 백제에 파견된 시기를 개로왕의 즉위초 정변과 관련시켜 보았으나(양기석, 「백제전제왕권성립과정연구」 단국대박사학위논문, 1990, 122쪽), 백제와 고구려 간에 대립이 심화되는 개로왕 18년(472) 이후로 보는 것이 보다 설득력이 있어 보인다(김수태, 앞의 글, 236쪽 ; 노중국, 앞의 글(2004), 57쪽).

도림이 이렇게 개로왕에게 쉽게 접근하여 신임을 받게 된 것은 여러 측면에서 설명된다. 먼저 박제상이 왜에 인질로 가있던 未斯欣을 구출하기 위해 왜로 들어갈 때 한 것처럼[156] 도림이 고구려에서 죄를 짓고 도망해 온 것처럼 위장하였다는 점이다. 도림은 고구려의 일개 승려에 불과한 존재가 아니라 장수왕 측근에서 佛事를 관장하던 비중 있는 승려라는 점을 내세웠을 것이다. 개로왕은 망명한 도림을 통해 고구려 내정을 샅샅이 파악할 수 있는 중요한 정보를 갖고 있을 것으로 판단하고 도림을 신임하였을 것이다. 다음으로 도림은 망명하기 이전에 개로왕이 바둑을 즐긴다는 취향을 파악하고 바둑을 통해 개로왕에게 쉽게 접근할 수 있었나. 개로왕이 내기 바둑을 즐긴다는 것은 『삼국사기』 도미전에서도 찾아볼 수 있다.[157]

다음으로 개로왕이 집권 3기에 추진하고 있었던 불교 진흥정책 추진에 관련하여 도림과 같은 고승의 역할이 필요하다고 판단하였다는 점이다. 개로왕은 지금까지 추진한 왕권의 전제 권력을 이념적으로 뒷받침해 주기 위해서는 불교를 적극 장려할 필요가 생겼다.[158] 개로왕이 어떤 방법으로 어떻게 불교를 장려하였는지에 대해서는 알 수 없지만 백제의 제전에 대한 변화를 통해서 어느 정도 추측이 가능하다. 백제 왕실의 중요한 대제전인 동명묘 제사와 제천행사가 전지왕 2년(406) 이후 한동안 나타나지 않고 있다는 점이 주목된다. 동명묘 제사와 제천행사는 범부여족의 결속과 천손족으로서의 東明의 정통 계승자임을 표방하여 새로운 왕위 즉위에 따른 정통성을 확인시키는 중요한 대제전이었다.

이 대제전을 국왕이 친히 주재함으로써 부여족의 시조인 동명의 후예로서의 신성한 권위를 과시하고 아울러 자신의 지배 권위를 인정받고 권력을 강화하고자 하였다.[159] 동명묘 제사는 국가의 이데올로기 정비와 함께 왕

---

156) 『삼국사기』 열전 박제상.
157) 『삼국사기』 열전 도미.
158) 개로왕대의 불교 장려책에 대해서는 문동석, 앞의 글(1996), 223~227쪽을 참조할 것.
159) 노명호, 「백제의 동명신화와 동명묘」 『역사학연구』 10, 1981.

권 및 사회 통합력을 강화하기 위한 것이었다. 이러한 동명묘 제사는 한성시대에만 나타날 정도로 전지왕대 이후부터는 한동안 거행되지 않았는데 이와 관련하여 다음의 『일본서기』 흠명기 16년 기사가 주목된다.

○ 蘇我卿이 "옛날 大泊瀨 천황(雄略 천황) 때에 그대의 나라가 고구려로부터 침략을 받아 위험하기가 계란을 쌓아 놓은 것보다 더하였다. 이에 천황이 神祇伯에게 명하여 공경히 神祇로부터 계책을 받도록 하였다. 祝者가 이에 神의 말에 의탁하여 '나라를 세운 신(建邦之神)을 친히 모셔와 장차 망하려는 왕을 가서 구하면 나라는 반드시 평온해지고 사람들은 잘 다스려져 편안해질 것이다.' 라고 보고했다. 이로 인해 神을 통하여 구원하였다. 이에 사직의 평안해졌다. 무릇 나라를 세운 신(建邦之神)이란 천지가 나뉘어 구분되고 초목이 말을 할 때 하늘에서 내려와 나라를 세운 신입니다. 지난번에 그대 나라에서는 돌보지 않고 제사를 지내지 않는다고 들었다. 지금이라도 앞의 잘못을 뉘우치고 神宮을 수리하여 신령을 만들어 제사지내면 나라가 크게 번성할 것이다. 그대는 나의 말을 절대 잊지 마시오"라고 말하였다. [『일본서기』 권19, 흠명기 16년 춘 2월]

위 기사에서 왜는 475년 백제가 한성이 함락당할 정도로 국가적 위기를 맞았을 때 '建邦之神'을 섬기지 않았던 점을 지적하고 백제에게 '建邦之神'을 잘 받들라고 충고하고 있음을 알 수 있다. 여기서 '建邦之神'이란 백제의 건국주로 인식되어 온 東明을 가리킨다.[160] 개로왕 때에 백제가 동명묘에 참배하는 즉위의례를 하지 않았음을 보여주고 있다. 이를 통해 볼 때 개로왕은 종래의 동명묘 제사를 지내지 않고 대신 불교를 이념적 기반으로 삼아 왕권의 전제화 수단으로 활용하고 있었음이 추정된다.[161] 개로왕대에는 불교를 숭상하여 왕권강화의 사상적 기반으로 삼았기 때문에 더 이상 시

---

160) 여기서 '建邦之神'에 대하여 일본의 건국신으로 해석하는 견해가 있으나(坂本太郎 外 校注, 『日本書紀』下, 日本古典文學大系68, 岩波書店, 1965, 115쪽), 백제의 건국신인 東明으로 보아야 한다. '建邦之神'에 대한 여러 견해에 대해서는 조경철, 「백제 사택지적 비에 나타난 불교신앙」 『역사와 현실』52, 2004, 167쪽을 참조할 것.
161) 문동석, 앞의 글(1996), 226~227쪽.

조묘의 親祀를 통해 정치적 기반을 공고히 하려는 정치적 절차가 필요치 않게 된 것이다.

이와 같이 개로왕이 무엇보다도 불교를 통해 왕권의 전제화를 도모하기 위해서는 도림과 같은 비중 있는 고승을 신임하였음이 쉽게 추측된다. 도림은 개로왕의 두터운 신임을 바탕으로 그 개혁 방안의 하나로 개로왕에게 대토목공사를 벌릴 것을 건의하였다.

P 도림이 말하기를 "대왕의 나라는 사방이 모두 산악과 河海이니, 이는 하늘이 베푼 險要요 인위적인 형세가 아닙니다. 그러므로 주위의 나라들이 감히 엿볼 생각을 품지 못하고 오직 받들어 섬기기를 원하여 마지않습니다. 그러므로 왕께서는 마땅히 숭고한 위세와 부유한 실적으로써 남의 이목을 놀라게 해야 할 것입니다. 성곽과 궁실은 수리되지 아니하고 선왕의 해골은 맨땅에 가매장되어 있고, 백성의 집은 자주 河流에 무너지니, 신은 대왕을 위해서 좋게 여기지 않습니다."라고 하였다. [『삼국사기』 백제본기 개로왕 21년 9월]

위 기사에서 도림은 주위의 나라들이 백제를 감히 넘보지 못할 정도로 천험의 요지에 있다고 개로왕을 안심시킨 다음에 대토목공사를 실시할 것을 건의하였다. 도림이 대토목공사를 건의하기 위해 내세운 명분은 궁궐이나 능묘, 성곽의 수리, 수몰로 파괴된 민가의 복구를 통해 궁실과 성곽을 장엄히 하여 왕실의 권위와 위엄을 내세워야 한다는 것이다. 그러나 그 숨은 의도는 대토목공사로 인해서 백제의 재정을 고갈시키고 민력을 피폐케 하여 혼란에 빠지게 한 다음 고구려가 용이하게 백제를 공격할 수 있도록 하는 데에 있었다.

이에 개로왕은 도림의 건의를 받아들여 대대적인 토목공사를 추진하였다. 먼저 백성들을 징발하여 흙을 쪄서 단단하게 성을 쌓았는데(蒸土築城) 당시 도성인 풍납토성을 대대적으로 중수한 것으로 보인다. 여기서 '蒸土築城' 이란 축성기법은 赫連勃勃이 축성한 統萬城의 조사에서 그 실체가 밝혀졌다. 이 성은 현재 내몽골자치구에 접한 陝西省 최북단의 반사막에 가까운 지점에 있는데 흙을 쪄서 성을 쌓아 마치 철벽과 같이 견고하게 축조한

것으로 드러났다. 통만성 성벽의 샘플 조사 결과 '蒸土築城'의 기법은 황토
·점토·석회의 혼합된 판축토성임이 밝혀졌다.[162] 즉 석회에 물을 부어
팽창시킨 다음 여기에 황토와 점토 등을 혼합시켜 단단하게 쌓는 방식이다.
대량의 석회에 물을 부을 때 생기는 열과 수증기를 이용하는 것이 蒸土의
실체다. 개로왕이 '蒸土築城'한 것은 도성으로 비정되는 서울 풍납동토성
이다.[163] 풍납토성은 현재 남아있는 부분의 둘레 3.5km, 높이 11m 이상이
되며 밑면이 43m로 추정되는 거대한 성이다. 이 성을 蒸土하여 축조하는 데
에는 많은 인력과 재정이 소요되어 국가 재정을 어렵게 하였음이 쉽게 짐작
이 간다.

다음으로 개로왕은 도성안에 있는 왕궁과 그 부속시설인 궁궐·樓閣·
臺榭를 壯麗하게 만들었다. 그리고 한강의 수재로 인해 유골이 드러날 정도
로 크게 훼손된 선왕의 능묘를 대대적으로 수리하였다. 이를 위해 郁里河
(한강)에서 큰 돌을 캐다가 槨을 만들어 부왕의 뼈를 묻어 改葬하였다고 한
다. 이때 개장한 부왕의 무덤이 봉토석실분인지 또는 기단식 적석총인지는
분명치 않다. 그리고 개로왕은 한강을 따라 제방을 축조하여 한강의 범람을
방지하려 하였다. 개로왕대의 큰 수재로 인해 부왕의 능묘와 일반 민가에까
지 크게 피해를 주었기 때문에 한강변에 대한 치수사업은 도성의 도시계획
차원 뿐 아니라 도성 안에 거주하고 있는 왕실과 귀족들, 그리고 일반 백성
들의 생명과 재산을 보호하기 위한 시급한 과제였을 것이다. 한강변의 제방
은 崇山(하남 검단산)과 蛇城에 이르는 지역에 걸친 대규모 사업으로서 여
기에 많은 백성들이 징발되었다.

---

162) '蒸土築城'한 기사로 보아 백제의 도읍지로 알려진 서울 풍납토성과 몽촌토성이 토성인
 사실을 입증해 준다. 『晉書』 권130, 赫連勃勃傳에 "阿利性尤工巧 然殘忍刻暴 乃蒸土築
 城 錐入一寸 卽殺作者 而幷築之"라고 한 기사가 참고가 된다. 赫連勃勃이 '蒸土築城'한
 고고학적 성과에 대해서는 愛宕元, 『中國の城郭都市』, 中公新書1014, 1991, 97~100쪽과
 門田誠一, 「『三國史記』百濟本紀所在の築城用語に對する釋義 -「蒸土」をめぐつて-」 『鷹
 陵史學』28, 2002, 155쪽을 참고할 것.
163) 신희권, 「풍납토성 발굴조사를 통한 하남위례성 고찰」 『향토서울』62, 2002.

이와 같이 개로왕은 궁성의 수축, 성곽의 축조, 왕릉의 조영, 한강변 蛇城의 동쪽에서 崇山의 북쪽에 이르는 치수와 대토목공사에 착수함으로써 강력한 왕권의 힘을 과시하였다.[164] 이러한 대토목공사는 대규모로 진행되었고 그 과정에 많은 노동력과 비용이 소요되었다. 이 공사는 개로왕 집권 말기에 비교적 단기간에 집중적으로 이루어졌다.

그런데 개로왕 집권 3기에 실시된 대규모의 치수 대토목공사는 외형상으로 실추된 왕권의 회복 차원에서 왕권 전제화의 표징으로 이해할 수 있지만,[165] 오히려 역기능 차원에서 왕권의 쇠약과 개로왕의 실정으로 이어졌다는 점에 보다 유의할 필요가 있다. 이러한 대토목공사가 개로왕의 왕권 확립기에 계획적으로 이루어진 것이 아니라 집권 후반기에 고구려의 첩자 도림의 건의에 의해 단기간에 집중적으로 이루어진 점, 그리고 그것이 바로 고구려의 공격과 개로왕의 패사로 이어진 점 등에서 개로왕의 실정과 관련 있는 것으로 이해된다. 개로왕 자신이 "내가 어리석고 밝지 못한 까닭으로 간사한 사람의 말을 신용하여 이 지경에 이르렀으니 백성들이 불쌍하다."고 하였듯이 왕권의 전제화에 대한 지나친 자신감 내지는 무모함에서 나온 시책[166]으로 여겨진다.

그런데 이러한 개로왕의 무모한 전제 권력의 행사로 인하여 지배세력 사이에는 모종의 갈등과 정치적 대립이 야기된 것으로 보인다. 이와 관련하여 古爾萬年과 再曾桀婁가 475년 고구려의 한성 공격 때 선봉에 서서 개로왕을 사로잡아 阿旦城에서 살해한 일[167]을 들 수 있다. 이때 고이만년과 재증 걸루는 고구려에 망명한 백제 출신의 장군이었고, 또 이들이 개로왕을 사로

---

164) 대규모 역사를 전제권력의 과시와 관련시킨 다음의 기사를 들 수 있다. "임금이란 백성들이 우러러 보는 바로서 궁전이 장엄하고 화려하지 않으면 무엇으로 위엄을 보이셨는가"(『삼국사기』열전49, 倉助利).
165) 이도학, 「한성말 웅진시대 백제왕위계승과 왕권의 성격」『한국사연구』, 1985, 6~7쪽 ; 노중국, 앞의 책(1988), 145쪽 ; 문동석, 앞의 글, 224쪽.
166) 김수태, 앞의 글(2000), 238쪽.
167)『삼국사기』백제본기 개로왕 21년 9월.

잡았을 때 말에서 내려 절하는 개로왕의 얼굴에 침을 세 번 뱉고 죄를 다스렸다는 사실에서 이들은 개로왕과 어떤 원한 관계를 가지고 있었음이 확인된다. 이들이 어떠한 문제로 개로왕과 대립을 하였는지에 대해서는 알 수 없지만, 아마 개로왕이 실시한 불교 장려정책과 무리한 대규모 토목공사 등에 반대했기 때문이 아닐까 한다. 이처럼 개로왕과 그 반대세력이 대립하게 된 것은 도림의 건의에 의해서 불교 장려책과 대토목공사가 착수되는 개로왕 18년(472) 이후의 일로 여겨진다.[168]

반면 개로왕과 도림이 주도하는 이러한 시책들은 개로왕의 전제 권력 기반 형성에 적극 가담했던 왕족들과 일부 귀족세력들의 뒷받침을 받았을 것이다. 그들은 개로왕의 시책에 적극 협조함으로써 권력 장악에 따른 이익과 지배세력 내에서의 높은 위상을 점할 수 있었기때문일 것이다. 그들은 개로왕 18년 이후 정치를 주도하면서 개로왕이 그동안 추진해 온 왕권 중심의 전제 정치를 파탄에까지 몰고 가게 하였다. 게다가 백제를 고의적으로 파탄에 빠뜨리게 하려는 도림의 활동으로 인하여 백제는 일대 국가적 위기를 맞게 되었다. 그 결과 고구려가 백제 공격을 준비하기 위해 남북조 국가를 상대로 기민하게 대처하는 외교적 노력과 심상치 않은 군사적 동향을 소홀히 인식하게 되었다.

반면 대내적으로도 개로왕의 무모한 전제정치에 반발하는 세력이 대두하여 지배세력 간의 분열과 대립이 심화되었다. 개로왕이 불교를 숭상하는 대신 왕위 계승의 정통성 확립과 부여족의 결속을 다지는 대제전인 동명묘와 제천사지에 대한 제사를 폐지함으로써 이념적 갈등이 일어나 국론을 분열시켰다. 이러한 개로왕의 전제정치는 귀족세력의 약화를 가져오는 것이기 때문에 개로왕의 체제 개혁에 불만을 품고 반발하는 귀족세력들이 대두

---

168) 고이만년과 재증걸루가 고구려에 망명한 시기를 개로왕 즉위 초의 정변과 관련시켜 이해하였으나(양기석, 앞의 글(1990), 122쪽), 개로왕 15년(472) 백제의 북위 교섭 이후로 상정해 보는 것이 보다 합리적인 것 같다(김수태, 앞의 글(2000), 238~239쪽 ; 노중국, 앞의 글(2004), 57쪽).

한 것이다. 고구려에 망명한 고이만년과 재증걸루가 그러한 부류에 속하는 세력일 것이다. 그들은 475년 한성 공격 때 백제 내부의 사정을 고구려에 전하고 또한 백제 공격에 선봉에 나서 개로왕을 패사시키는데 적극적이었다.

이처럼 개로왕대의 실정은 지배세력만의 문제로 국한되지 않았다. 잦은 전쟁과 무모한 役事로 인해 민생이 도탄에 빠져 백성들의 신망을 잃게 된 것이다. 개로왕의 국서에서 "(고구려)와 원한을 맺고 병화가 이어진지 30여 년에 재물도 다하고 힘도 고갈되어 점점 약해지고 위축되었다."[169]라고 하였듯이 고구려와의 잦은 전쟁으로 지난 30여 년 동안 백제는 이미 어려운 재정 파탄의 위기에 놓여 있었다.

게다가 이번의 대규모 토목공사 실시로 인해 국가 재정의 고갈은 물론 都彌[170]와 같은 編戶小民인 농민층의 몰락을 크게 촉진시켜 이제 백제는 국가적 위기에까지 내몰리게 된 것이다. 도미설화에서 보듯이 개로왕은 도미와 같은 자영농민의 물질적 기반 위에서 왕권의 전제화를 추진해 왔는데, 백성들의 아내를 빼앗으려는 군주로서의 도덕성 결여, 잦은 부역 동원에 따른 虐民行爲로 인하여 그 세력 기반인 편호 소민의 이탈을 가져오게 된 것이다.[171]

475년 도림이 고구려로 도망치고 곧이어 고구려의 한성 침공이 시작되자 개로왕은 뒤늦게 후회하며 문주에게, "내가 어리석고 밝지 못하여 간사한 사람의 말을 믿고 썼다가 이 지경에 이르렀다. 백성은 쇠잔하고 군사는 약하니 비록 위태로운 일이 있다고 하다더라도 누가 기꺼이 나를 위하여 힘써 싸우겠는가? ….″라고 한 말[172]이 당시 백제의 재정 파탄과 피폐된 민력의 상황을 단적으로 보여주는 것이다. 이러한 측면에서 도림설화와 도미설

---

169) 『삼국사기』 백제본기 개로왕 18년.
170) 『삼국사기』 열전 도미.
171) 양기석, 「『삼국사기』 도미열전 소고」 『이원순교수화갑기념사학논총』, 지학사, 1986, 15~18쪽 및 「도미설화의 역사성」 『위례문화』 11 · 12합집, 2009, 241~254쪽..
172) 『삼국사기』 백제본기 개로왕 21년 추9월.

화는 백제인들에게 큰 충격을 준 개로왕의 실정을 후대인들에게 계감시키기 위한 설화 형태로 전승된 것이지만, 이를 통해 개로왕 집권 3기의 정치·사회의 일면을 파악하는데 매우 중요한 자료가 되고 있다.

2) 고구려의 한성 함락

개로왕이 472년 북위와의 교섭을 통해 고구려 공격에 원병을 요청하였는데 이러한 개로왕의 청병외교는 도리어 고구려를 크게 자극하여 백제 공격을 초래하는 결과가 되었다. 고구려는 백제를 공격하기 위해 외교적으로 백제를 고립시키는 방책과 간첩 도림을 백제에 밀입시켜 백제의 국력 소진을 유도하는 등 치밀한 준비를 해왔다. 개로왕은 이러한 도림의 계책에 말려들어 대토목공사와 불교 장려책을 추진하였으나, 이러한 전제화 시책이 도리어 지배세력 간의 분열이 일어났고 아울러 재정을 피폐시키고 민심을 악화시켜 백제의 국력은 날로 쇠약해졌다.

그동안 도림은 백제의 상황을 수시로 장수왕에게 보고했을 것이다. 도림은 475년 계획대로 백제가 대토목공사로 인해 파탄에 빠져있는 것을 확인하자 이때가 백제를 멸망시킬 절호의 기회로 생각하고 백제를 탈출하여 장수왕에게 백제의 내부 사정을 상세히 보고하였다. 장수왕은 도림의 보고를 듣고 백제 공격을 전격적으로 단행하였다.

고구려는 475년 9월 장수왕이 직접 3만의 군사를 거느리고 백제의 왕도 한성을 공격 목표로 삼고 백제 공격에 나섰다. 고구려군의 남하 경로는 (1) 평양 → 황주 → 사리원 → 신원 → 해주 → 개성 방면과, (2) 평양 → 사리원 → 서흥 → 평산 → 개성 방면으로 나눌 수 있다.[173] 고구려군이 일단 개성에 집결한 다음 백제의 수도 한성을 향해 진격하게 되는데 개경부터 서울까

---

173) 서영일, 「중원고구려비에 나타난 고구려 성과 관방체계 -우벌성과 고모루성을 중심으로-」『고구려연구』10((재)고구려연구회 편, 『중원고구려비 연구』), 학연문화사, 2000, 491~520쪽 ; 문안식, 앞의 책(2006), 171쪽.

지 경기 북부지역에 분포한 관방유적에 근거해 볼 때 대략 세 가지로 구분된다.[174]

　첫 번째의 진공로는 개성에서 바로 남하하여 임진강 하구를 도하하여 파주를 지나 서울로 바로 남하하는 경로를 들 수 있다. 이 코스는 개성에서 서울에 이르는 최단 거리로서 4세기 말 고구려와 백제간의 격전지였던 요충 관미성을 거치게 된다. 이때 임진강 하구를 도하하거나 또는 수군과 합동작전으로 강화도와 경기만 일대를 거쳐 한강을 통해 서울로 진공하는데 작전 효과가 크다. 다만 경기북부지역의 경우 이를 입증할만한 관방유적이 별로 배치되어 있지 않은 것이 단점이다. 4세기 말 광개토왕이 이끄는 고구려군이 이 코스를 통해 백제를 굴복시킨 바 있다.

　다음으로는 개성(청목령)에서 장단을 거쳐 瓠蘆河(호로고로성)나 七重河를 건너 積城(칠중성) → 楊州를 지나 중량천이나 왕숙천을 끼고 남하하는 경로를 들 수 있다. 이 코스에 해당하는 경기북부지역의 고구려계 관방유적들이 3개의 군을 이루며 집중되어 있다.[175] 전곡리토성에서 아미성까지 11개 보루가 임진강과 한탄강을 중심으로 배치되어 있고, 하나는 양주 독바위보루에서 의정부 사패산보루까지 8개의 보루가 천보산맥과 불곡산·도락산을 중심으로, 그리고 또 하나가 서울 상계동보루에서 몽촌토성까지 19개의 유적이 아차산을 중심으로 하나의 군을 이루고 있다. 각 유적들은 100~500m 간격을 유지하며 임진강유역에서 의정부를 지나 서울 아차산에 이르는 간선도로변에 집중되어 있다.

　세 번째 코스는 철원에서 포천(반월산성)을 지나 서울에 이르는 경로로

---

174) 한강 이북지역에서 임진강 일대에 걸쳐 분포한 고구려 관방유적의 특징과 관방체계에 대한 연구는 산성과 보루유적 등을 중심으로 진행되어 왔는데 이에 관한 주요 업적은 다음과 같다. 서영일, 「포천지역 산성의 배치와 영속관계」『문화사학』6·7합집, 1997 ; 최종택, 「경기북부지역의 고구려 관방체계」『고구려연구』18 (고구려연구회 편, 『고구려 산성 연구』), 학연문화사, 1999 ; 심광주, 「남한지역의 고구려유적」『고구려연구』12 (고구려연구회 편, 『고구려 유적 발굴과 유물』), 학연문화사, 2001.

175) 심광주, 앞의 글(2001), 484쪽.

서 그 부용세력인 말갈의 남하경로에 해당되는 것으로 추정된다.[176]

그런데 475년 고구려의 한성공격은 곧바로 목적을 달성하고 철수하는 것으로 보아 영락 6년(396) 광개토왕대의 백제 공격 때처럼 수군을 동원하지는 않은 것 같다. 그리고 2번째 코스가 관련 유적이 3개 군으로 나뉘어 집중 분포되어 있는 점, 그리고 동서로 가로막힌 장애물이 적다는 점과 강을 도하하기가 비교적 수월하다는 점 등 지형상의 이점이 있기 때문에[177] 475년 작전에서 이용되었을 가능성이 가장 높다.

이와 같이 장수왕이 거느린 고구려군 3만 명은 백제군의 감시를 피해서 개성에서 장단을 거쳐 瓠蘆河(호로고로성)나 七重河를 건너 積城(칠중성) → 楊州 → 의정부 → 서울 아차산에 이르면서 간선도로변의 전략적 주요 거점에 소규모의 보루를 축조하였다. 이어 아차산에 본영을 차린 장수왕은 한강 도하를 지휘하면서 그 건너편의 백제 도성인 풍납토성과 몽촌토성에까지 압박해 들어가도록 독려하였다. 고구려군은 對盧 齊于와 백제에서 망명한 고이만년과 재증걸루를 선봉으로 삼고 먼저 개로왕이 지키고 있었던 북성인 풍납토성[178]을 공격하였다. 백제 출신의 고이만년과 재증걸루는 한성에 대한 지리와 사정에 밝고 또 개로왕에 대한 반감이 컸기 때문에 이러한 심리를 이용하여 한성 공격의 선봉으로 삼은 것이다.

고구려군이 한강을 도하하여 북성을 공격할 즈음에 개로왕은 동생 문주에게 "내가 어리석고 밝지 못하여 간사한 사람의 말을 믿어 이 지경에 이르렀으니 백성들이 불쌍하다"고 말한 다음 木協滿致와 祖彌桀取와 함께 신라

---

176) 서영일, 앞의 글(1991), 576쪽.

177) 최종택, 앞의 글(1999), 274쪽.

178) 여기서 고구려군이 공격한 북성과 남성에 대하여 종래에는 북성을 하북위례성인 북한성을, 남성을 하남위례성인 한성에 각각 비정하였으나(이병도, 『역주 삼국사기』, 을유문화사, 1976, 491쪽), 최근 북성은 풍납토성, 남성은 몽촌토성을 가리키며 두 성을 합하여 한성으로 보고 있다(김기섭, 「백제 전기 도성에 관한 일고찰」 『청계사학』7, 1990, 59쪽). 최근에 풍납토성의 발굴 조사를 통해 이 성이 백제 왕도인 것이 확인되었다(신희권, 「풍납토성 발굴조사를 통한 하남위례성 고찰」 『향토서울』62, 2002).

에 가서 구원병을 요청하게 하였다. 고구려군은 이미 북성에 당도하여 도성을 포위하고 7일만에 화공책을 써서 공략하여 이를 초토화시켰고, 이어 남성인 몽촌토성을 공격하자 개로왕은 성을 버리고 나와 도망쳤다. 도중에 백제에서 망명한 재증걸루 등은 개로왕을 사로잡아 阿且城으로 끌고 가 살해하였다.

이처럼 장수왕이 이끄는 고구려 3만 대군은 백제의 왕도 한성을 공략하여 왕성을 함락시킨 후 개로왕을 사로잡아 죽이고 8천 명의 포로를 이끌고 철수하였다.[179] 고구려의 한성 공략이 단기전으로 이루어졌음을 알 수 있다. 이로서 백제는 개로왕 뿐 아니라 大后와 여러 왕자들이 고구려군에게 몰살당하였고, 왕도 한성을 포함한 한강유역 일대를 모두 고구려에게 상실당하였다. 이에 관한 『삼국사기』 백제본기의 기사를 소개하면 다음과 같다.

Q 개로가 즉위한지 21년에 고구려가 쳐들어 와서 한성을 에워쌌다. 개로는 성문을 닫고 스스로 굳게 지키면서 文周로 하여금 신라에 구원을 요청하게 하였다. (문주)가 군사 1만 명을 얻어 돌아오니 고구려 군사는 비록 물러갔지만 성은 파괴되고 왕은 죽었으므로 드디어 왕위에 올랐다. (중략) 겨울 10월에 서울을 熊津으로 옮겼다. [문주왕 즉위년]

위 기사에 의하면 백제가 고구려군의 공격을 받고 한성을 상실한 후 文周가 왕위에 즉위하여 웅진(공주)으로 천도한 내용의 기사가 실려져 있다. 이 기사에 의하면 장수왕이 이끄는 3만의 고구려군이 한성을 불시에 공격하여 함락시키고 개로왕을 살해한 다음에 백제 주민 8천 명을 포로로 삼고 곧바로 철수한 것으로 되어 있다. 이어 문주가 신라 구원병 1만 명을 데리고 도착하였을 때에는 고구려군이 이미 철수한 뒤였고 왕성 또한 파괴된 상태였다. 문주가 신라 구원병을 데리고 도착하여 왕위에 오른 곳은 한성이었으며, 다음 달인 10월에는 웅진으로 천도한 것으로 되어 있다.

---

179) 『삼국사기』 고구려본기 장수왕 63년 9월.

어쨌든 475년 고구려의 백제 공격으로 인하여 이후 한성을 포함한 한강
유역은 일단 고구려의 지배 하로 들어간 것으로 볼 수 있다. 『삼국사기』 지리
지에 고구려 영역으로 표기되어 있는 지명에 대한 기록에 의거하여 이때 고
구려는 아산만과 경북 영일만 일대까지 영역을 확대한 것으로 이해하고 있
는 것이 일반적이다.[180] 그런데 이러한 견해에 대하여 의문을 제기하고 백제
가 한강유역을 계속 영유하고 있었다는 견해가 제기되고 있다.[181] 그 근거로
고구려군이 한성 공함 직후에 포로 8천 명을 데리고 바로 철수한 점, 한성을
통치하기 위한 어떤 제도적 장치가 없었다는 점, 한성지역이 대부분 초토화
되어 고구려가 영토로 삼을 이유가 없었을 것이라는 점 등을 들고 있다.

그러나 475년 고구려군이 한성 함락이라는 소기의 목적을 달성하고 치
안을 유지하기 위해 최소한의 병력을 남긴 채 대부분의 주력부대는 곧바로
철수한 것으로 보인다. 관련 기록(P)에서 고구려군이 목적을 달성한 후 곧
바로 철수한 것으로 되어 있으며, 또한 고고학적으로 볼 때 한강유역과 중
서부지역의 고구려유적이 대군이 주둔하기에 부적합한 둘레 200m 이하의
소규모 관방시설이 전체의 65%를 차지하고 있는 점[182]을 들고 있다. 고구
려의 주력 부대가 철수한 후 그 잔여 군대가 한성지역을 지키기 위해 주둔
한 곳은 몽촌토성과 아차산 일대의 보루성인 것 같다. 475년 한성 공함 당시
백제 도성인 풍납토성은 ‘성은 파괴되었다’ 란 기사(P)에서 보듯이 고구려
의 공격으로 폐허화된 상태로 남아 있었다.

대신 고구려의 잔여 군대는 온존 상태가 비교적 양호한 몽촌토성에 일정
기간 동안 주둔하였을 것으로 보인다. 이를 입증해 주는 자료가 몽촌토성의

---

180) 『삼국사기』 권35, 잡지4, 지리2 및 권37, 잡지6, 지리4 고구려에 의하면 당시 고구려의
　　　남쪽 국경은 아산만에서 죽령·조령과 흥해를 포함한 경상북도 일원에 이르는 지역이
　　　고구려 영역인 것으로 기술해 놓았다.
181) 다소 견해의 차이는 있지만 백제가 계속 한강유역을 영유하고 있는 것으로 보는 견해는
　　　박찬규, 「백제 웅진초기 북경문제」 『사학지』24, 1991, 51~52쪽 및 임범식, 「5~6세기 한
　　　강유역사 재고 : 식민사학의 병폐와 관련하여」 『한성사학』15, 2002, 28쪽을 참조할 것.
182) 심광주, 앞의 글(2001), 485쪽.

발굴조사 결과이다. 1989년 夢村土城[183] 6차 조사에서는 확인된 3.1×3.7m 가량의 범위에서 ㄱ자형의 온돌 고래와 굴뚝시설은 고구려 후기 건축 유적인 集安 東大子遺蹟과 관련 있는 것으로 밝혀졌다. 그리고 1988~89년 조사에서 廣口長頸四耳壺를 비롯한 15개 기종 329개체분의 고구려토기가 출토되었는데 475년 한성 함락 무렵의 것으로 알려지고 있다.[184] 이러한 점으로 미루어 보아 475년 고구려의 한강유역 진출 이후 몽촌토성이 고구려군에 의해 한동안 사용된 것으로 추정된다.

이때 몽촌토성에 주둔한 고구려군은 한강 이북의 전략 거점지역과 연결하기 위하여 처음에는 아차산과 용마산, 그리고 양주일대에 걸쳐 극히 일부 지역에 소수의 보루성을 설치하였을 것으로 보인다. 한강유역의 보루성유적에서 출토한 고구려토기가 대략 5세기 후엽에서 6세기 중엽으로 편년되기 때문이다.[185]

고구려의 일부 별동부대가 남천한 백제를 공격하기 위해 파죽지세로 금강유역인 청원과 대전지역에까지 남하하여 한동안 금강 對岸의 백제의 새 왕도 웅진을 공제하기 위해 고구려 최전방 기지를 건설한 것으로 보인다.[186] 청원 남성골유적의 둘레가 대략 270~360m 정도에 불과한 것을 미루

---

183) 김원용 외, 『몽촌토성 -동북지구발굴보고-』, 서울대박물관, 1987 ; 『몽촌토성 - 동남지구 발굴조사보고』, 서울대박물관, 1988 ; 『몽촌토성 - 서남지구발굴조사보고』, 서울대박물 관, 1989 ; 몽촌토성발굴조사단, 『정비·복원을 위한 몽촌토성발굴조사보고서』, 1984 ; 『몽촌토성발굴조사보고서』, 1985.

184) 김원용·임효재·박순발, 『몽촌토성 -동남지구발굴조사보고-』, 서울대박물관, 1988.

185) 이 보루성 유적에 대하여 5세기 중반~6세기 중반으로 보는 견해가 있으나(최종택, 「고고학상으로 본 고구려의 한강유역 진출과 백제」『백제연구』28, 1998, 140~158쪽), 반면 그 중심연대를 6세기 중반으로 낮추어 보는 견해도 있다(박순발, 「고구려토기의 형성에 대하여」『백제연구』29, 1999, 14~16쪽).

186) 고구려군의 한강 이남 진출루트는 중간지대에서 고구려유적이 아직 발견되지 않고 있어 분명치는 않으나 대략 세가지 루트가 상정된다. 하나는 천안을 거쳐 청원 남성골에 이르는 루트이고, 또 하나는 〈충주고구려비〉가 있는 國原城에서 금강 지류인 미호천을 따라 청원에 이르는 루트, 또 다른 것은 이천-장호원-진천-청원에 이르는 루트 등이 추정된다.

어 보면 소규모 병력이 주요 교통로를 따라 전략적 요충에 주둔하고 있을 정도의 거점 지배형태를 갖춘 것으로 추정된다. 보루성유적에서 출토된 고구려토기가 양식상 변화양상이 뚜렷하지 않고 거의 6세기 중반대에 집중되어 있는 점이나, 보루성유적 유구의 개축 흔적이 거의 없는 점으로 보아 고구려군이 장기간에 주둔하지는 않았을 것으로 보인다.[187]

그러면 고구려군의 주력부대가 한성 공함 직후에 바로 철수한 이유는 무엇일까? 이는 대외적인 요인인 北魏와 勿吉과의 일련의 긴장 관계에서 연유한 것으로 보인다.[188] 당시 북위 문명태후는 헌문제의 후궁 청혼 문제를 둘러쌓고 고구려 장수왕과 갈등을 야기하고 있었는데 이 와중에서 북위 사신 程駿을 구속하는 사건[189]에까지 비화되고 있었다.

이에 백제가 북위에 교섭을 한 472년부터 고구려는 매년 두 차례씩 사신을 파견하였고 또 공물을 두배 이상으로 보낼 정도로 북위와의 긴밀한 관계를 유지하고자 하였으나 양국 관계는 그리 순탄치만은 않았던 것 같다. 그리고 당시 송화강 유역의 亞城 일대에서 발흥한 勿吉이 延興 년간(471~476) 물길 사신 乙力支의 보고에서 나타났듯이[190] 북위에 조공관계를 맺고 여러 차례 고구려와 분쟁을 일으킨 일이 있었다. 이러한 북위와 물길의 심상치 않는 공세에 직면한 고구려는 백제에 대해 장기전을 펴기 어려운 상황에 처해 있었다.

다음으로 신라의 동향을 고려한 것 같다. 장수왕은 475년 백제 침공을 계기로 하여 전선을 신라에까지 확대시키기를 원치 않은 것으로 보인다. 신라는 450년 悉直의 고구려 변장 살해사건을 계기로 하여 고구려와 점차 적대관계로 들어선데다가 백제와 신라가 연합해서 고구려에 대항할 경우 고구려가 단기간에 백제를 응징하려는 소기의 목적에 차질이 생길 우려가 있

---

187) 심광주, 앞의 글(2001), 487쪽.
188) 475년 고구려의 한성 공략전에 대한 대외적 동향에 대해서는 노태돈, 앞의 글(2005), 176~180쪽을 참조할 것.
189) 『魏書』 권60, 程駿傳 및 권100, 고구려전.
190) 『魏書』 권100, 물길전.

었기 때문이다. 실제 문주가 한성이 함락당한 직후에 신라의 원병 1만 명을 거느리고 한성에 진입한 일이 있었다.

아울러 백제의 강력한 저항과 왜의 동향에 대한 고려가 있었다는 점이다. 광개토왕대에도 그러했듯이 백제가 국가적 위기를 맞아 어려움을 당할 때 백제와 긴밀한 관계에 있던 왜군이 참전할 가능성도 있기 때문이다.[191] 물론 475년 당시 왜군은 직접 참전하지 않았지만, 461년 개로왕의 동생인 곤지가 이미 왜에 파견되어 체류하고 있었던 점, 그리고 왜왕 武가 478년 국서를 송에 보내 고구려에 대해서 '無道' 하다든가, '掠抄邊隷 虔劉不已' 하다든가, 또는 '疆敵' 으로 표현하고 앞으로 '父兄之志' 를 계승하여 부도한 고구려를 토벌하겠다는 의지를 표명한 점[192]에서 그 가능성을 엿볼 수 있다.

이처럼 고구려가 처한 대외적 일련의 긴장관계로 인하여 475년 백제 한성 공략전은 백제를 멸망시켜 영토지배를 도모하기보다는 단기간의 전격적인 작전을 벌려 백제를 제압하는 효과를 겨냥한 작전으로 보인다.

그렇지만 이 작전은 앞에서 검토한 바와 같이 사전에 치밀하게 준비된 것 같다. 道琳이란 승려를 미리 첩자로 백제에 보내 개로왕으로부터 신임을 얻은 다음 대규모 토목공사를 벌리게 하여 백제의 국력을 소모케 하려는 反間之計가 활용되었다. 고구려의 백제 공격 지점은 다른 지역보다도 백제를 단기간에 타격을 입히는데 효과가 큰 왕도 한성을 목표로 하여 전광석화처럼 전개되었다. 북성인 풍납토성을 화공책을 써서 공략하여 이를 초토화하였고 이어 남성인 몽촌토성을 공격하자 개로왕은 도망치다가 고구려군에게 사로잡혀 阿且城으로 끌려가 살해되었다. 개로왕이 살해된 阿且城과 그 주변 보루성에는 철수한 고구려군의 주력부대를 제외하고 치안 유지에 필요

191) 『일본서기』 권14, 웅략기 20년 겨울조에는 고구려가 한성을 함락시킨 이후 고구려 장군들이 백제를 추격하여 멸망시킬 것을 요청하였으나 장수왕이 백제와 왜와의 관계를 들어 이를 중지시킨 기사가 있다. 물론 왜의 역할이 사실과 다르게 강조된 측면이 있어 사실로 받아들이기는 어렵지만 이 부분을 제외하고는 장수왕이 백제와 왜의 관계를 염두에 두고 있는 것으로 해석된다.
192) 『송서』 권97, 열전57, 夷蠻 東夷 倭國, 順帝 昇明 2年.

한 소규모의 병력이 주둔해 있었다.

3) 고구려의 한강유역 지배

고구려는 475년 한성 공략전의 승리로 말미암아 동성왕대까지 한동안 한성을 포함한 한강유역을 장악하였고 나아가 아산만 일대까지 세력권을 형성하게 되었다. 『삼국사기』 권35와 권37 지리지에 고구려의 영역으로 표기된 漢州 관할의 군현들은 사실 그대로가 아닐지라도 바로 고구려 영유기의 사정을 단적으로 보여주는 기록이라 할 수 있다. 이에 의하면 중서부지역에 있어서 고구려 세력의 南限은 충주(國原城), 괴산(仍斤內郡), 진천(今勿奴郡), 안성(皆次山郡), 직산(蛇山縣), 화성(唐城郡)에 걸쳐 있어 대략 차령산맥을 경계로 하여 공주(웅진)로 남천한 백제와 대치하고 있었음을 알 수 있다.

그러면 475년 고구려가 영유한 한강유역과 중서부지역을 어떠한 형태로 지배하였을까? 이 문제는 475년~551년까지 백제의 한강유역에 대한 영유 문제로서 한국고대사에서 논란이 크게 제기되는 쟁점 사항이다.

지금까지 475년 고구려의 백제 한성 침공 이후 백제는 한강유역을 상실하고 아산만 일대를 경계로 하여 고구려와 한동안 대치하다가 551년 성왕 때의 북진으로 실지회복을 하였다고 보는 견해[193]가 지배적이었다. 그 근거로 『삼국사기』 지리지에 수록되어 있는 漢州(漢山州), 朔州(牛首州), 溟州(何瑟羅州)가 한때 고구려의 영역으로 표기되어 있는 점,[194] 그리고 백제 성왕이 신라와 가야군과 함께 고구려를 정벌하여 한강유역의 백제 고토를

---

193) 小田省吾, 『朝鮮史大系』(上世史), 朝鮮史學會, 1928, 90쪽 ; 津田左右吉, 「長壽王征服地域考」『津田左右吉全集』11, 岩波書店, 1964, 69쪽 ; 이병도, 『한국사』(고대편), 진단학회, 1959, 428·440쪽 ; 『국역 삼국사기』(하), 을유문화사, 1977, 57쪽 ; 노중국, 「한성백제의 몰락과 수도 이전」『향토서울』64, 2004, 68~72쪽 ; 노태돈, 「고구려의 한성 지역 병탄과 그 지배양태」『향토서울』66, 2005, 180~188쪽.
194) 『삼국사기』 권35, 잡지4, 지리2 및 권37, 잡지6, 지리4.

수복했다는 『日本書紀』 기사[195]를 들고 있다. 1994년 이후에는 서울 아차산 일대에 대한 지표조사를 시작으로 하여 임진강유역으로 연결되는 중간 지점에 위치한 양주군 일대에 이르는 지역에서 상당수의 고구려의 보루유적이 확인되면서[196] 5세기 중반에서 6세기 중반에 걸쳐 고구려가 한강유역을 지배했던 사실을 고고학적으로 입증해 주는 유적으로 주목을 받으면서 이에 대한 재논의의 계기를 만들었다.

그런데 이와는 달리 『삼국사기』 백제본기 東城王代 이후부터는 漢城·漢山城 등 한강유역과 관련한 지명들이 자주 등장하고 있어서 마치 웅진시대 후기에 백제가 다시 고구려로부터 빼앗긴 한강유역을 재탈환한 것처럼 기술해 놓고 있어 위의 통설과는 다른 면을 보여주고 있다. 이에 대한 해석을 놓고 지금까지 대략 부정론과 긍정론의 두 가지 측면에서 여러 견해가 제시되고 있고 있어서 논란이 계속되고 있다.

먼저 백제가 5세기 말 이후 한강유역에 진출한 것처럼 기록한 『삼국사기』 백제본기 관련 기록 자체가 신빙성이 없다는 전제하에서 한성 관련 명칭이 충남 일원으로 옮겨진 것으로 보는 지명이동설[197]과, 사비시대에 와서 무령왕계의 왕실이 왕실의 정통성을 확보하기 위하여 조작하였다는 무령왕계 왕실의 조작설[198]이 있다.

그러나 이러한 견해는 『삼국사기』 지리지의 고구려 영유기사와 『일본서기』 흠명기 관련 기사를 사료 비판 없이 그대로 인정하고 있는 점, 한성을 제외하고 水谷城 등과 같은 지명을 한성과 같이 모두 한강 이남 지역으로

---

195) 『일본서기』 권19, 흠명기 12년.
196) 이에 관한 고고학적 조사는 다음과 같다. 심광주 · 윤우준, 『아차산의 역사와 문화유산』, 구리문화원, 1994 ; 토지박물관, 『양주군의 역사와 문화유적』, 1998 ; 임효재 · 최종택 외, 『아차산 제4보루 -발굴조사 종합보고서-』, 서울대박물관, 2000 ; 서울대 발굴조사단, 『시루봉 보루유적 발굴조사 약보고』, 1999.
197) 今西龍, 『百濟史硏究』, 國書刊行會, 1934, 126쪽 ; 이기백, 「웅진시대 백제의 귀족세력」 『백제연구』9, 1978, 6~7쪽.
198) 이도학, 「한성말 웅진시대 백제왕계의 검토」 『한국사연구』45, 1984, 23~25쪽.

이동시킨 것으로 볼 수 없는 점, 그리고 웅진으로 천도한 이후 백제와 고구려 간에 벌어진 전쟁 기록을 모두 백제측 자료에 의거한 것으로 볼 수 없다는 점 등에서 그대로 받아들이기 어렵다.

반면 백제의 한강유역 관련 지명 기록을 긍정적으로 받아들이는 입장에서 백제 영유설[199]과 동성·무령왕대의 왕권강화책에 힘입어 회복한 것으로 보는 한강유역 일시 회복설,[200] 그리고 551년 성왕의 한성고토 회복작전을 재검토하는 측면에서 한성 이북으로 보는 견해[201] 등이 있다.

그러나 이 견해는 특정한 사건에 따른 지명들에게만 국한해서 본 점, 백제의 고토회복 시기가 명시되지 않았다는 점, 그리고 최근 발견된 서울 아차산 일대의 고구려 보루유적과 청원 남성골유적 등에서 5~6세기의 고구려 유물과 유적이 확인된 점 등을 들어 비판하는 견해가 제기되었다.[202] 이의 실체를 밝혀줄 수 있는 결정적인 자료의 출현 없이는 앞으로 어느 쪽의 견해이든 논란이 계속될 전망이다.

어쨌든 475년 고구려는 동성왕대인 5세기 말까지 한강유역을 일시 영유한 것으로 보인다.[203] 문주가 신라의 원병을 1만 명을 데리고 한성에 들어온 후 이곳에서 왕위에 올랐던 점(P), 장수왕이 거느린 고구려의 주력 부대는

---

199) 박찬규, 「백제 웅진초기 북경문제」『사학지』24, 1991 ; 김병남, 「백제 웅진시대의 북방 영토」『백산학보』64, 2002.
200) 양기석, 「웅진시대의 백제지배층연구」『사학지』14, 1980, 22~23쪽.
201) 丁若鏞은 성왕대 이후 漢城 및 漢北州郡이 고구려에 의해 일시 점령된 것으로 보았고(『여유당전서』6, 「강역고」3, 한성고 및 팔도연혁총서 상·하), 韓鎭書는 고구려가 한강 이북지역을 점령한 것으로 이해하였다(『海東繹史續』 권8, 지리고8, 백제강역총론). 이후 김영관은 551년 기사를 529년에 고구려에게 상실한 高峰縣을 포함한 한강유역의 6군의 땅으로 보았고(「백제의 웅진천도의 배경과 한성경영」『충북사학』11·12, 2000, 75~91쪽), 임범식은 한성을 지금의 재령지역으로 보고 근초고왕대에 일시 차지하였던 고구려의 재령지역을 회복한 것으로 이해하였다(「5~6세기 한강유역사 재고 : 식민사학의 병폐와 관련하여」『한성사학』15, 2002, 23~35쪽).
202) 노중국, 「『삼국사기』의 백제 지리관련 기사 검토」『삼국사기의 원전 검토』, 한국정신문화연구원, 1995, 146~147쪽 및 임범식, 앞의 글, 5~23쪽 참조.
203) 양기석, 「5~6세기 백제의 북계」『박물관기요』20, 단국대석주선기념박물관, 2005, 33~49쪽.

철수하였고 몽촌토성에 주둔하고 있던 고구려군의 주둔 기간이 짧았던 점,[204] 동성왕대 고구려의 침입에 대비하여 축성한 지점은 牛頭城(486), 沙峴城과 耳山城(490), 沙井城(498), 加林城·炭峴(501)이 충남 한산·공주·부여·금산, 대전, 충북 괴산으로 비정되어 거의 차령산맥 이남 지역에 걸쳐 분포한 점, 동성왕대에 고구려와 전투를 벌린 지점은 漢山城(482), 母山城(484), 薩水와 犬牙城(494), 雉壤城(495)으로 거의 진천-증평-청원 미원-보은 선인 중부 내륙지방을 중심으로 이루어지고 있었던 점[205] 등을 들 수 있다.

이렇게 고구려가 한강유역을 일시적으로 영유를 했다면 이 지역을 어떻게 지배하였는지에 대하여 알아보자. 물론 이를 직접적으로 알려주는 문헌 기록이나 고고 자료는 거의 없는 편이다. 위의 『삼국사기』 지리지의 기록처럼 군현 설치를 통해 지방관을 파견하여 통치하는 형태의 일사불란한 행정 체계[206]는 아니었을 것이다. 고구려의 통치 방식이 영역 지배보다는 母基地에서 교통로를 따라 교두보나 거점을 마련하는 전략적 거점지배방식을 취한 것으로 추정된다.[207] 즉 소규모 병력으로 거점을 확보하면서 유사시 기마병에 의한 신속한 공격이 가능한 보루 위주의 공격형 관방체제를 구축한 것으로 보인다. 한강유역의 고구려 보루성유적들이 比高 200m 이하인 경우가 68%를 차지하고 있을 정도로 대부분 소규모에 불과한 것으로 밝혀졌다.[208]

이에 비하여 황해도 일대에는 대규모의 고구려성들이 분포하고 있어 대

---

204) 몽촌토성에 대한 발굴 조사에서 출토한 고구려의 토기로 미루어 보아 고구려의 몽촌토성 점유 기간이 최소한 20년 이상 사용한 것으로 추정된다(최종택, 「남한지역의 고구려 유적과 유물」『고구려의 역사와 문화유산』, 한국고대사학회, 2004, 478쪽).
205) 당시 신라와 고구려간의 전투가 보은 삼녀산성을 모기지로 하여 보은-청원-진천선에서 벌어진 점을 고려하면 견아성은 보은 창리의 주성산성이나 산성리의 함림산성에 비정될 수 있다(양기석, 「신라의 청주지역 진출」『신라 서원소경 연구』, 서경, 2001, 35쪽).
206) 노태돈은 한강유역에 있는 지역을 16개 군으로 나누어 지방관을 파견하여 통치한 것으로 보았다(앞의 글(2005), 185~188쪽).
207) 심광주, 앞의 글(2001), 486쪽.
208) 심광주, 앞의 글(2001), 485~487쪽.

조를 이룬다. 장수산성을 중심으로 수양산성, 비봉산성 등 둘레 2~10km에 이르는 대규모의 성들이 20~40km 정도의 간격으로 배치되어 있다. 이러한 대규모의 성들은 군사적 기능 이외에 행정적 기능을 수행하는 행정 치소로서 기능하였을 것이다.

이곳에는 守事라는 관리가 파견되어 주요 교통로상에 있는 여러 작은 성이나 보루성을 통제하여 해당 관할지역 내의 치안 유지는 물론 백제와 신라 지역에서의 작전을 지휘하는 역할을 하였을 것이다. 守事는 〈중원고구려비〉에 보이는 古牟婁城守事나 〈冉牟碑〉에 보이는 北扶餘守事와 같이 일정 방면의 교통로를 통해 주변 세력을 통할하는 지방관 겸 군사지휘관의 기능을 수행한 것으로 보인다. 예컨대 〈중원고구려비〉에 의하면 고모루성수사는 于伐城-國原城-古牟婁城으로 연결되는 종적인 관방체계를 지휘하는 위치에 있었던 점을 들 수 있다.[209] 〈광개토왕릉비〉에도 고모루성이 나타나고 있는 것으로 보아 고모루성수사와 같은 대규모 성을 관리하는 지방관이 한성으로 통하는 임진강과 한강유역의 여러 작은 보루성을 관할하는 형태로 한강유역을 통치하였을 것이다.

그런데 한강유역과 중서부지역에 군사적인 성격의 청원 남성골유적[210]과 같은 작은 성과 보루성유적을 제외하고 행정적 기능을 반영해 주는 유물유적이 거의 발견되지 않는 것도 이러한 고구려의 거점지배방식에 기인하는 것이 아닐까 한다. 한성의 경우 475년 한성 공략전으로 인해 왕도의 기반시설이 거의 황폐화되었고, 476년 한강 북쪽의 한산 주민들을 대규모로 아산의 大豆山城으로 사민시킨 결과[211] 거의 왕도의 기능이 상실된 공지나 다름없는 상태에 이르렀을 것이다. 고구려가 475년 한성을 영유하고 있었더라도 이미 전쟁으로 폐허화된 백제의 옛 도읍지 한성을 지배하기 위해 행정치소를 설치할 필요는 없었을 것이다. 다만 소규모의 병력을 전략적 거점

<hr>

209) 서영일, 「중원고구려비에 나타난 고구려 성과 관방체계」 『중원고구려비연구』(고구려연구회 편, 『고구려연구』10), 학연문화사, 2000, 509~511쪽.
210) 차용걸 외, 『청원 남성골 고구려유적』, 충북대박물관 조사보고 제104책, 2004.

지역에 주둔시켜 관할지역 내의 치안 유지와 예상되는 백제의 반격에 대해
즉각적인 초동 대처를 도모하려 한 것이 아닐까 한다.

『한성백제사2 - 건국과 성장』, 서울특별시사편찬위원회, 2008

---

211) 『삼국사기』 백제본기 문주왕 2년 2월, "大豆山城을 수리하고 漢北의 민호를 이주시켰
다." 대두산성의 위치에 대해서는 ①燕岐說(천관우, 「삼한의 국가형성(하)」『한국학보』
3, 일지사, 1976, 132쪽, ②牙山 水漢山城說(이기백, 「웅진시대 백제의 귀족세력」『백제
연구』9, 1978, 12쪽), ③아산 靈仁山城說(유원재, 「백제 탕정성 연구」『백제논총』3, 백제
문화개발연구원, 1992) 등이 있다.

웅진 천도 초기의 정치 정세

1. 웅진천도와 국가재건 노력

1) 천도 배경

文周王(475~477)은 한성에서 왕위에 오른 후 한달 후인 10월에 웅진으로 천도를 단행하였다. 문주가 신라의 원병 1만 명을 거느리고 수도 한성에 이르렀을 때에는 왕도의 기반 시설이 거의 황폐화된 상태인데다가 고구려의 잔류 부대는 주력 부대가 철수한 후 대규모의 신라 원병이 한성에 이른다는 정보를 듣고 황급히 한강을 건너 아차산 일대의 보루성으로 물러나 있었다. 아차산 일대의 보루성에서 고구려 토기들이 대거 발견된 것으로 보아 고구려군이 주둔한 소규모의 관방시설로 밝혀졌다.[1] 고구려군이 한강을 사이에 두고 바로 직전에서 백제 · 신라 연합군과 대치하는 형세가 된 것이다.

---

1) 최종택, 「한강유역 고구려토기 연구」 『한국고고학보』33, 1995, 34~39쪽 ; 「고고학상으로 본 고구려의 한강유역 진출과 백제」 『백제연구』28, 1998, 140~158쪽 ; 박순발, 「고구려토기의 형성에 대하여」 『백제연구』29, 1999, 14~16쪽.

한편 신라의 원병 1만 명을 이끌고 돌아온 문주는 개로왕의 패사로 인해 왕위가 비워져 있었기 때문에 일단 폐허 상태에 있는 한성에서 왕위 즉위식을 가졌다. 문주가 어려운 여건 속에서도 한성에서 굳이 왕위에 즉위한 것은 한성에 세력 기반을 가진 지배세력들의 권유에 따른 것으로 볼 수 있다. 새 도읍지가 결정됨으로써 한성에 기반을 둔 지배세력의 정치적 입지가 변화되는 것을 바라지 않고 있었기 때문이다. 그러한 지배세력의 의도와는 달리 폐허화 상태의 한성에서 국세를 유지해 나가기에는 너무 어려운 상황이 가로 놓여 있었다. 이러한 절박한 상황 하에서 천도에 대한 논의가 본격적으로 진행되었다. 이에 앞서 문주가 475년 고구려의 한성 공격에 즈음하여 문주가 개로왕의 요청에 의해 신라에 원병을 청하러 남행하였을 때 같이 대동한 목협만치와 조미걸취 등과 함께 한성 함락 이후를 대비하여 천도 후보지에 대한 문제를 어느 정도 검토했을 가능성이 있다.[2]

그런데 천도에 관한 준비 기간은 매우 짧았던 것으로 보인다. 『삼국사기』 백제본기와 고구려본기에는 고구려의 한성 공격이 475년 秋9월이었고 웅진으로 천도한 시기는 冬10월로 되어 있어 1달 안에 천도가 이루어진 것으로 되어 있다. 반면 『삼국사기』 신라본기에는 474년 秋7월로 되어 있어[3] 백제본기보다 10개월 정도 빠른 것으로 기록되어 있다. 『일본서기』 웅략기 본문 기사에는 476년 冬으로 되어 있고 이에 인용된 『백제기』에는 乙卯年 즉 475년 冬으로 되어 있어[4] 1년 차이가 난다. 결국 전쟁 당사국 기록인 백제본기와 고구려본기 기록, 그리고 『백제기』의 기록을 종합해 보면 475년 전투는 秋9월에 시작해서 冬10월에 끝난 것으로 볼 수 있다.

그런데 백제본기 기록에서 한성 함락에 소요된 기간이 7일 정도 걸린 점을 감안하면 475년 전투는 9월 하순에 시작해서 10월 초순에 끝난 것이 된다. 따라서 웅진 천도는 긴박한 상황 하에서 1달이 채 넘지 않은 비교적 짧

---

2) 김수태, 「백제의 천도」 『한국고대사연구』36, 2004, 23쪽.
3) 『삼국사기』 신라본기 자비마립간 17년 추7월.
4) 『일본서기』 권14, 웅략기 20년 동.

은 기간에 이루어졌음을 말해준다.[5] 그렇다고 하더라도 천도는 지배세력 간에 첨예한 이해관계가 걸려있는 문제가 되기 때문에 천도 대상지의 결정에는 여러 요건들이 참작되었을 것이다.

웅진 지역이 천도 대상지로 결정된 것은 우선 방어상 매우 유리한 지리적 조건을 갖고 있는 점을 들 수 있다. 웅진 천도가 고구려의 한성 공격으로 야기되었던 만큼 계속되는 고구려군의 군사적 위협에서 벗어날 수 있는 관방의 요해처를 물색해야만 한다. 지금의 공주지역은 지리적으로 볼 때 북으로 차령산맥과 금강에 둘러쌓여 있고, 동으로는 계룡산이 막고 있어서 고구려와 신라로부터의 침략을 방어해 주는 천험의 요새지이다. 그리고 이곳을 관통하여 흐르는 금강을 통해 서해로 나아갈 수 있고, 또한 남쪽에는 곡창지대인 너른 호남평야가 펼쳐져 있어서 관방 뿐 아니라 교통과 경제의 요충지로서 좋은 입지 조건을 갖추고 있다. 특히 웅진을 관통하여 흐르는 금강은 조세를 운반하거나 또는 위급한 상황에 구원병이 수로를 통해 오는 것이 유리하였다.[6] 이러한 지리적 요건은 위급한 시기에 고구려의 공격을 방어하기에 좋은 조건이 되었을 뿐 아니라 수로 교통을 통해 조세 운반이나 대외교류에 유리한 수도로서의 입지를 가졌기 때문이다.

한성시대에 웅진지역이 군사적으로 어떠한 비중을 가졌는지에 대해서는 분명치 않다. 문주왕이 즉위한 배경에는 신라 원병 1만 명의 존재가 역할을 한 것으로 판단된다. 백제의 군사력은 475년 전투에서 거의 붕괴되었고 왕족들과 유력한 귀족세력들의 군사 기반도 역시 붕괴된 것으로 보인다. 따라서 문주왕의 즉위 과정에서 신라 원병의 역할이 무시 못할 정도의 세력으로 남아있었을 것이다. 그렇지만 신라군은 원병의 임무를 띠고 고구려군의 공격으로

---

5) 노중국, 앞의 책(1988), 149쪽 ; 양기석, 「웅진 천도와 중흥」 『한국사』6, 국사편찬위원회, 1995, 58쪽. 천도에 관한 논의 기간이 짧았다 하더라도 어느 정도 일정한 논의를 거쳐 계획적으로 추진되었다(이남석, 「웅진지역 백제유적의 존재의미」 『백제문화』26, 1997, 31쪽 ; 김수태, 「웅진성의 변천」 『백제문화』30, 2001, 149쪽).
6) 정재윤, 앞의 글(1999), 46쪽.

부터 문주왕을 보위하는 것이 1차 목표인 만큼 백제의 안위와 지배세력의 이해관계가 미치는 천도 문제에 깊이 관여하는 데에는 한계가 있었을 것이다.

이와 관련하여 개로왕대에 실시한 좌 · 우현왕제에 주목하는 견해가 있다.[7] 좌 · 우현왕제는 고구려의 남침에 대응하기 위해서 중앙 정부의 통치력이 미치지 않는 지역을 조직화하여 유사시 중앙 정부를 구원하려는 의도에서 실시한 것으로 보고 있다. 좌현왕은 후방에서, 우현왕은 전방을 담당하여 해당 지역의 세력가를 중앙정부의 통제 아래 묶어두려는 시도에서였다는 것이다.

이런 측면에서 볼 때 웅진지역은 좌현왕에 의해 통제되는 남방지역의 중요한 군사요충지였을 가능성이 있다. 그리고 웅진지역이 목씨세력의 세력 기반으로 상정해 볼 경우[8] 4세기 후반 근초고왕대에 목씨세력이 부여지역에 세력 기반을 가진 사씨세력과 함께 가야 정벌과 경영에 깊이 관여하면서 중앙귀족으로서의 대두한 점을 들 수 있다. 그 후 5세기 전반 구이신왕대에 목만치가 정치적 실권을 장악하면서 웅진지역의 재지적 군사 기반이 중요한 역할을 했으리라 여겨진다.

다음으로 웅진 천도를 주도한 정치세력의 동향이 주목된다. 이에 대해 웅진지역은 천도 이전에 고고학적으로 볼 때 도읍지로서 기반시설이 제대로 갖춰지지 않았고 또한 내세울만한 재지세력이 없는 공지상태로 보고 있다.[9] 사비천도에서 보듯이 도성이 자리 잡은 곳은 대부분 미개발지라는 특징을 가지고 있다.[10]

이러한 점을 고려하면 웅진 천도에는 정치적 요인이 크게 작용했다는 사실을 나타내 준다. 이와 관련하여 고구려의 한성 공격 때 문주왕과 함께 南

---

7) 정재윤, 앞의 글(1999), 24~26쪽 및 41쪽.
8) 김수태, 앞의 글(2004), 32~37쪽.
9) 이남석, 앞의 글(1997), 51쪽.
10) 박순발, 「웅진천도의 배경과 사비도성 조성문제」 『백제도성의 변천과 연구상의 문제점』, 2003, 122쪽.

行한 木協滿致와 祖彌桀取가 주목된다. 이들이 남행한 목적은 신라에 원병을 요청하기 위해서였다. 이때 문주왕과 함께 동행을 하고 있는 것으로 보아 문주왕과 이해를 같이 하거나 또는 그의 측근세력일 가능성도 있다. 이들이 문주왕과 행동을 같이 하고 있다는 점에서 웅진 천도를 결정하는데 있어서 중요한 역할을 한 것[11]으로 판단된다.

먼저 조미걸취는 姐氏 또는 姐彌氏로도 표기되었는데 동성왕 때 남제에 요청하여 관작을 받았던 姐瑾[12] 등이 있다. 이를 眞氏로 보는 견해가 있지만,[13] 『일본서기』에는 저미씨와 진모(眞牟)씨가 서로 다르게 표기된 점으로 보아 진씨와 같은 성씨로 볼 수는 없다.[14] 그의 행적은 더 이상 찾을 수 없지만 문주와 목협만취와 함께 신라에 원병을 요청하러 간 사실에서 문주와 같은 정치적 노선을 가진 측근세력으로 분류될 수 있다.

목협만치는 목씨세력으로 그 출자에 대해 여러 견해가 제시되어 있는데, 최근에는 공주 수촌리유적과 관련시켜 공주지역으로 보기도 한다.[15] 『일본서기』에는 "久麻那利를 문주왕에게 주어 그 나라를 구원해 일으키게 하였다"라는 기사가 있다.[16] 이 기사는 마치 왜왕이 백제를 부흥시킨 것처럼 윤

---

11) 노중국, 앞의 책(1988), 149쪽.

12) 『남제서』 권58, 열전39, 동이 백제국.

13) 今西龍, 『百濟史硏究』, 近澤書店, 1934, 297~298쪽 ; 노중국, 「백제왕실의 남천과 지배세력의 변천」『한국사론』4, 서울대국사학과, 1978, 71쪽.

14) 이용빈, 앞의 글(2003), 190쪽. 『일본서기』 권17, 계체 6년조의 '姐彌文貴將軍'과 같은 책 권19, 흠명기 4년조의 '前部 奈率 眞慕貴文'이 서로 다르게 표기되어 있어 같은 성씨로 보기는 어렵다.

15) 목씨세력의 출자에 대해서는 여러 견해가 제시되어 있다. 그 출자에 대해서는 ①직산설(盧重國, 앞의 책(1988), 155~156쪽 및 「백제 귀족가문연구」『대구사학』48, 1994, 6~9쪽), ②가야계 귀화인설(정재윤, 『웅진시대 백제 정치사의 전개와 그 특징』, 서강대 박사학위논문, 1999, 50·58쪽), ③직산·예산·홍성·천안 일대설(이현혜, 「3세기 마한과 백제국」『백제의 중앙과 지방』, 1997, 12~14쪽), ④공주설(김주성, 『백제 사비시대 정치사 연구』, 전남대 박사학위논문, 1990, 41쪽 ; 김수태, 「백제의 천도」『한국고대사연구』, 2004, 36쪽) 등이 있다.

16) 『일본서기』 권14, 웅략기 21년 3월.

색하였기 때문에 사실로 받아들일 수는 없지만, 왜로 망명한 목씨세력의 전승을 토대로 작성된 것이라 한다.[17] 이 기사를 토대로 목씨세력의 근거지를 천안과 직산으로 보고[18] 웅진지역은 이들이 가야지역에서 세운 공로와 활동으로 인해 식읍지를 받았다는 견해도 있다.[19]

어쨌든 웅진지역이 목씨세력의 근거지이든 식읍지이든 어떤 관련이 있는 것으로 판단된다. 이를 뒷받침해 주는 고고학 자료가 최근에 발굴 조사된 공주 수촌리유적이다. 수촌리유적은 청동기시대에서 백제시대에 이르는 오랜 기간 동안 조성되어 왔는데 고분은 수혈식석곽묘에서 횡혈식석실묘에 이르기까지 다양한 편이다. 2003년도에는 II지구에서 백제시대 분묘 6기가 조사되었는데 여기서 금동관모 2점, 금동신발 3쌍, 중국제 흑유도기 3점, 중국제 청자 2점, 금동과대 1점, 환두대도 3점, 壺鐙 및 재갈 등의 마구류가 출토되었다.[20] 그 중 금동관모는 1호 토광목곽묘와 4호 석실분에서 출토되었는데 관모의 형태나 문양면에서 나주 신촌리9호분과 익산 입점리 출토품, 그리고 일본 江田船山古墳 출토품과 관련이 있는 것으로 밝혀졌다.

여기서 출토된 유물들은 당시로서는 최고의 유물을 부장하고 있다는 점에서 고분의 피장자들은 수촌리지역에 기반을 두고 있던 백제의 재지세력으로 판단된다. 그리고 고분의 구조와 금동신발, 鷄首壺 등을 고려해 볼 때 4세기 후반에서 5세기 초로 편년되는 것으로 알려졌다.[21]

이처럼 목씨세력은 공주 수촌리유적에 비추어 볼 때 중앙뿐만 아니라 웅

---

17) 이근우, 「『일본서기』에 인용된 백제삼서에 관한 연구」, 한국정신문화연구원 한국학대학원 박사학위논문, 1994, 257~260쪽.
18) 노중국, 「백제의 귀족가문 연구 -목협(목)씨 세력을 중심으로-」『대구사학』48, 1994 참조.
19) 노중국, 앞의 글(2004), 76~77쪽.
20) 이훈, 「공주 수촌리유적」『백제문화』32, 2003, 273~285쪽 및 「묘제를 통해 본 수촌리유적의 연대와 성격」『백제문화』33, 2004, 77~106쪽 ; 강종원 外, 「공주 수촌리유적 개보」『제47회 전국역사학대회 고고학부 발표자료집』, 한국고고학회, 2004, 65~83쪽 및 「한성말기 지방지배와 수촌리 백제 고분군」『4~5세기 금강유역의 백제문화와 공주 수촌리유적』, 충청남도 역사문화원 제5회 정기 심포지움, 2005, 118쪽.
21) 이훈, 앞의 글(2004), 95~104쪽.

진지역에 세력기반을 갖고 있었던 것으로 나타난다. 목씨세력이 재지세력이면서 어느 시기에 중앙귀족으로 전화되는 것을 반영해 준다고 하겠다. 목씨세력이 웅진지역의 재지세력이면서 중앙귀족으로 활동을 보이기 시작한 것은 4세기 후반 근초고왕대의 일이다. 이때 목라근자가 사씨세력과 함께 가야의 정벌과 경영에 참여함으로써 중앙귀족으로 성장하였으며, 이후 5세기 전반 구이신왕 때 목만치가 권력을 장악하고 전횡을 일삼을 정도로 유력한 실권귀족의 위치에 있었다.

그밖에 목씨세력과 함께 웅진지역에 기반을 가진 세력으로는 苩氏세력을 들 수 있다.[22] 동성왕대에 위사좌평 백가의 존재로 보아 웅진시대 초기에는 웅진지역에서 그리 큰 두각을 내지 못한 것으로 보아 목씨세력보다 세력이 낮은 재지세력이었을 가능성이 있다. 백씨세력이 동성왕대에 신진귀족으로서 중앙의 귀족으로 등장하게 된 배경에는 대성귀족인 목씨세력과의 일정한 후원 하에서 이루어진 것으로 볼 수 있다.

다음으로 웅진천도에 협조한 정치세력으로 解仇로 대표되는 해씨세력을 들 수 있다. 개로왕대에는 왕비족 출신인 해씨의 역할은 찾아볼 수 없지만, 문주왕 때 병관좌평에 임명된 해구의 존재[23]로 보아 문주왕 즉위와 웅진천도와 어떤 관련이 있는 것으로 파악된다. 해씨세력은 원래 한성 북부에 세력기반을 두었으나 웅진 천도 때에는 大豆城에 한성 이북의 주민들과 함께 이주한 것[24]으로 되어 있다. 대두성은 충남 아산일대로 비정되는데[25] 웅진 천도 직후에는 고구려와의 접경 지역이었다. 대두성은 차령산맥을 두

---

22) 이기백, 「웅진시대 백제의 귀족세력」『백제연구』9, 1978, 7~9쪽.
23) 『삼국사기』 백제본기 문주왕 2년 추9월.
24) 『삼국사기』 백제본기 문주왕 2년 춘2월.
25) 대두성의 위치에 대해서는 ①충남 연기설(천관우, 「삼한의 국가형성」하, 『한국학보』3, 1976, 132쪽), ②충남 아산시 음봉면 수한산성설(이기백, 「웅진시대 백제의 귀족세력」『백제연구』9, 1978, 4쪽), ③충남 아산시 영인산성설(유원재, 「백제 탕정성 연구」『백제논총』3, 1992) 등이 있는데 이곳을 천도 후 해씨세력의 근거지로 보고 있다(이기백, 앞의 글(1978), 12~13쪽).

고 고구려의 침입으로부터 웅진을 방어하는데 매우 전략적으로 중요한 요충이었다.[26] 이곳에는 재지세력 연씨가 세력을 장악하고 있던 지역이었다. 해구가 이곳에서 恩率 燕信과 함께 반란을 일으킨 것[27]으로 보면 대두성은 연씨의 세력 근거지이면서도 해씨세력과 관련이 있는 곳이었음을 알 수 있다. 해씨세력의 대두성 이주는 관련 기록이 남아있는 것으로 미루어 보아 웅진 천도계획의 일환으로 추진된 것으로 볼 수 있다.

이처럼 해구의 군사 기반은 475년 전투에서 다른 귀족에 비해 군사 기반을 비교적 유지하고 있었으며, 천도 직후에 바로 고구려와의 접경지대인 대두성에 이주시킬 수 있었을 것이다. 따라서 해구가 병관해구가 병관좌평에 보임되는 것은 그의 군사 기반 때문인 것으로 추정된다. 해구의 군사 기반은 475년 전투에서 타격을 받기도 하였지만, 다른 귀족에 비해 군사 기반을 어느 정도 유지했던 것으로 보인다. 문주왕의 군사 기반이 주로 신라 원병에 의존하고 있었던 점을 고려하면 해구의 군사 기반은 한성 함락과 웅진 천도, 그리고 고구려의 공격이 계속되는 상황에서 왕권을 뒷받침하는데 큰 역할을 수행하였을 것으로 판단된다.

따라서 웅진 천도는 고구려의 한성 공격과 한강유역 상실이라는 국가적 위기에서 추진된 것이기 때문에 그 배경으로 지리적 요인을 먼저 들 수 있다. 그러나 당시 웅진지역에는 큰 세력이 없을 정도의 공백이었다는 점과 문주왕이 우유부단하였다는 점에서 웅진지역에 이해관계를 가졌던 유력한 정치세력의 영향과 관련시켜 파악할 필요가 있다.

위에서 살펴본 바와 같이 웅진천도의 주도세력은 문주왕의 측근인 조미걸취와 목씨세력, 그리고 군사적 기반을 가진 해씨세력 등으로 상정된다. 그 중 목씨세력은 공주 수촌리유적과 관련시켜 볼 때 4세기 후반 이후 웅진지역의 재지세력인 동시에 중앙귀족으로서의 성격을 가진 세력으로서 웅진

---

26) 정재윤, 「문주·삼근왕대 해씨 세력의 동향과 곤지계의 등장」 『사학연구』60, 2000, 14쪽.
27) 『삼국사기』 백제본기 삼근왕 2년 봄.

천도에 큰 역할을 한 것으로 파악하였다.

2) 국가 재건의 노력

475년 9월 백제는 장수왕이 이끄는 고구려군 3만의 공격을 받아 왕도 한성이 함락당하고 개로왕이 사로잡혀 참살을 당하는 지경에 이르렀다. 이 무렵 개로왕의 동생인 文周는 신라로부터 원병 1만명을 얻어 가지고 한성에 돌아왔으나, 이미 고구려군은 퇴각하였고 개로왕과 왕족들이 무참히 참살당한 뒤였다. 이에 문주는 개로왕의 참살 비보를 듣고 곧바로 백제 왕실의 명맥을 잇기 위해 한성에서 왕위에 올랐는데 그가 바로 文周王(475~477)이다. 문주왕이 왕이 될 수 있었던 것은 475년 고구려의 한성 공격때 개로왕 직계 자손들이 거의 살해되었고,[28] 또한 그의 동생으로 병권을 장악하고 있었던 곤지가 왜에 체류하고 있었기 때문에 上佐平에 있던 문주가 왕위에 오를 수 있었다.

문주왕은 개로왕의 동생으로서 개로왕 4년(458)에 송에 관작 제수를 요청할 때[29] 수작자 11명 중 輔國將軍에 보임된 餘都와 같은 인물인 것[30]으로 밝혀졌다. 그의 동생으로 征虜將軍과 左賢王에 보임되어 병권을 장악하고 있던 昆支가 461년 왜에 파견됨으로써[31] 상좌평에 올라[32] 개로왕의 내

---

28) 『일본서기』 권14 웅략기 20년 겨울, "蓋鹵王乙卯年冬 狛大軍來 攻大城七日七夜 王城降陷 遂失尉禮 國王及大后·王子等 皆沒敵手."

29) 『송서』 권97 열전57, 동이 백제국.

30) 이기동, 「중국사서에 보이는 백제왕 牟都에 대하여」 『역사학보』62, 1974, 21쪽.

31) 『일본서기』 권14 웅략기 5년 하4월.

32) 『삼국사기』 권26 백제본기 4 문주왕 즉위년조에 의하면 "개로왕이 즉위하였을 때 문주는 이를 보좌하여 벼슬이 상좌평에 이르렀다"고 했는데 이를 따를 경우 개로왕 즉위와 함께 상좌평에 임명된 것으로 보인다. 그러나 개로왕 4년에는 그의 동생인 곤지가 문주보다 분명 서열이 높았고 또 병권까지 장악하고 있었던 점을 고려하면 문주의 상좌평 임명은 다소 어색하다. 이런 점에서 문주가 상좌평에 임명된 시기는 알 수 없지만 곤지가 왜에 건너간 개로왕 7년(461) 무렵으로 추정된다.

정을 보좌하였다. 그는 성격이 우유부단하여[33] 웅진천도와 같은 난국에 발호하는 권신들을 제어하기에는 한계가 있었다.

그런데 문주가 왕위에 올랐을 때에는 대내적으로 개로왕대의 무모한 전제 권력 행사로 인해 야기된 지배세력 사이의 대립과 분열, 고구려의 한성 공격으로 야기된 후유증, 그리고 신라의 성장과 잠재적인 위협 등으로 인하여 어려운 국면을 맞고 있었다. 당시 백제의 왕도인 漢城은 고구려군의 공격을 받아 많은 시설들이 불타서 크게 훼손되었을 뿐 아니라 고구려군이 퇴각하면서 한성에 거주하던 8천 명의 백성들을 포로로 잡아갔기 때문에[34] 더 이상 도읍지로서의 기능이 유지될 수 없는 폐허화된 공지나 다름이 없었다.

뿐만 아니라 신라는 어려움에 빠진 백제를 구원하여 1만 명의 구원군을 파견하여 백제를 도우고 있었으나, 오히려 이때를 틈타 금강 중상류지역에까지 진출하여 중부 내륙지역에서 세력을 확장하고 있었다. 신라는 상주와 보은지역에 연결되어 있는 화령로를 통해 보은지역에 진출하였는데 470년에는 이곳에 삼년산성을 축조하여[35] 북방 진출의 전략적 교두보로 삼았다. 고구려가 한성을 공격할 때 신라는 一牟城(청원 문의), 沙尸城(옥천),[36] 廣石城(영동읍),[37] 沓達城(상주 화서면), 仇禮城(옥천읍),[38] 坐羅城(영동 황간),[39] 등을 잇달아 축조하였다.[40]

---

33) 문주왕의 인물됨에 대해서는『삼국사기』권26 백제본기4 문주왕 즉위년조에 "왕은 성격의 부드러워 일을 잘 결단하지 못하였으나 백성들을 사랑하므로 백성들도 왕을 애중하였다."라고 하였다.
34)『삼국사기』권18 고구려본기 6 장수왕 63년 9월.
35)『삼국사기』권3 신라본기 3 자비마립간 13년.
36) 청원군 문의면은 백제 때 一牟山郡이 설치된 곳이고, 沙尸城은 신라가 백제 부흥 운동기에 上州摠管 品日이 일모산군 태수 大幢·사시산군 태수 哲川 등과 함께 금강을 넘어 雨述城(대전시)을 공격할 때에(『삼국사기』권6 신라본기 6 문무왕(상) 원년 9월 27일) 보이는 사시산군과 같은 지역임을 알 수 있다. 따라서 일모산군과 가까운 지역임을 감안할 때 옥천 지역이 아닐까 한다.
37) 井上秀雄 역주,『三國史記』1, 1990, 31쪽.
38) 井上秀雄 역주,『三國史記』1, 1990, 31쪽.
39) 정구복 외,『역주 삼국사기』3, 주석편(상), 한국정신문화연구원, 1997, 90쪽.

이처럼 신라는 삼년산성의 축조를 계기로 하여 상주와 소백산맥을 넘어 영동·옥천·보은 등 금강 중상류 지역의 전략적 거점에 성곽을 축조함으로써 고구려의 남침에 대비하는 한편 웅진지역에 있는 백제를 금강을 사이에 두고 견제하고자 하였다.

따라서 문주왕은 대내외적 문제로 인해 파탄 지경에 놓여있는 백제 국가를 시급히 재건해야 할 당면 과제를 안고 있었다. 그리하여 고구려의 당면한 압력에서 벗어나 국가 경영을 정상적인 궤도에 올려놓기 위한 여러 가지 계획을 마련하게 되었다.

우선 서울을 보다 안전한 곳으로 옮기는 작업이 시급히 요청되었다. 무엇보다도 예상되는 고구려군의 군사적 위협에서 벗어날 수 있고, 또한 장차 백제의 웅비를 펼칠 수 있는 곳을 선정하여 천도하는 일이 필요하게 된 것이다. 이에 문주왕은 1개월 정도의 짧은 기간에 불과하였지만 정치적·군사적·경제적 이해관계를 십분 고려하여 지금의 공주지역인 熊津으로 천도를 단행하게 되었다. 이 천도 과정에는 祖彌桀取와 木劦滿致와 같은 귀족들의 큰 도움이 있어서 가능하였다.[41] 여기서부터 백제의 역사는 웅진시대(475~538)가 전개되었는데 이 시기에는 여러 측면에 걸쳐 많은 변화가 초래되었다.

지금의 공주지역은 지리적으로 볼 때 북으로 차령산맥과 금강에 둘러싸여 있고, 동으로는 계룡산이 막고 있어서 고구려와 신라로부터의 침략을 방어해 주는 천험의 요새지였다. 그리고 이곳을 관통하여 흐르는 금강을 통해 서해로 나아갈 수 있고, 또한 남쪽에는 곡창지대인 너른 호남평야가 펼쳐져

---

40) 이 기사는 『삼국사기』 권3 신라본기 3 자비마립간 17년조에 474년으로 되어 있으나 475년으로 된 백제본기와 고구려본기에 따라 475년의 사실로 봐야 할 것이다.

41) 문주가 457년 고구려의 한성 공격에 즈음하여 문주가 개로왕의 요청에 의해 신라에 원병을 청하러 남행하였을 때 같이 대동한 목협만치와 조미걸취 등과 함께 한성 함락 이후를 대비하여 천도 후보지에 대한 문제를 어느 정도 검토했을 가능성이 있다(김수태, 「백제의 천도」『한국고대사연구』36, 2004, 23쪽).

있어서 관방 뿐 아니라 교통과 경제의 요충지로서 좋은 입지 조건을 갖추고
있다. 게다가 공주 수촌리유적에서 보듯이 그 조영 세력이 천도 이전부터
중앙의 백제 왕실로부터 금동관과 금동 신발, 중국제 흑유도기, 환두대도
등과 같은 위세품을 수여받을 정도로 백제 중앙세력과 긴밀한 관계를 맺으
면서 금강 수계의 지역적 기반을 공고히 유지해 온 것으로 이해된다.[42] 이
러한 공주지역의 지역적 기반을 가진 재지세력과의 유기적 관계 속에서 웅
진 천도가 이루어진 것으로 볼 수 있다.

웅진 천도 직후 제일 먼저 착수한 일은 옛 왕도 한성에 거주했던 백성들
을 귀족세력의 통제 하에 일정 지역에 분산시켜 수용·정착케 하는 일이었
다. 문주왕 2년(476) 2월에는 한성에서 남쪽으로 이주해 온 주민들을 아산
의 大豆山城[43] 등에 분산시켜 살게 하였다. 또한 진씨와 해씨와 같은 귀족
세력들은 자신들의 세력 기반을 유지하기 위해 그들의 지배 하에 있던 주민
들을 데리고 함께 남하하였다. 대두산성은 고구려의 남하를 저지하는 전초
기지로서 해씨세력이, 그리고 직산의 사산성은 진씨세력이 이들 주민들을
관할한 것[44]으로 보인다. 이와 같이 한성의 유민들을 새 왕도와 그 부근에
안치시킴으로써 천도로 빚어진 혼란을 수습하려 했던 것이다.

다음으로 새 도읍지 안에 왕궁을 비롯하여 도성 및 정부 청사 등 지배층
을 위한 여러 시설물들을 갖추어 나가는 일에 착수하였다. 웅진 천도는 개로
왕이 패사한지 불과 한 달 만에 임기응변적으로 이루어진 것이기 때문에[45]
웅진이 백제의 새 도읍지로서의 면모를 갖추는 데에는 많은 시일이 소요되
었다. 백제의 새로운 도읍지 웅진에는 도성이나 왕궁 시설 등이 아직 제대
로 갖추어져 있지는 않았지만 일단 급한대로 지형적 조건에 의해 방어적 기

---

42) 주) 20 참조.
43) 주) 25 참조.
44) 직산에 대해서는 『삼국유사』 권1, 왕력1 백제, "都慰禮城 一云 蛇川 今稷山."이라 하여 위
　　례성으로도 불리웠는데 이를 웅진 천도 이후 옮겨진 한성으로 보고 진씨의 세력 기반이
　　라 하였다(이기백, 앞의 글(1978), 15쪽).

능을 수행할 수 있는 곳에 왕궁을 조성하고 그 주위에 성곽과 여러 정청 시
설과 같은 기반 시설들을 단계적으로 마련해 나갔다.

새 도읍지의 중심지가 된 곳에는 왕궁과 성곽 등 여러 시설들이 단계적
으로 갖추어져 나갔음이 다음의 『삼국사기』 백제본기의 기록을 통해 알 수
있다.

> A-① 2월에 (문주)왕은 궁전을 수리하였다. [문주왕 3년, 477]
> ② 7월에 궁성을 수리하고 牛頭城을 축조하였다. 10월에 궁성 남쪽에서 閱兵
> 하였다. [동성왕 8년, 486]
> ③ 熊津橋를 건설하였다. [동성왕 20년, 498]
> ④ 臨流閣을 궁성 동쪽에 세웠는데 높이가 5丈이나 되었고, 또 연못을 파고 이
> 상한 새들을 기르게 하므로 諫官이 상소를 올려 항의하였으나 [동성]왕은 이
> 를 회답하지 않고 다시 간하는 자가 있을까 하여 궁문을 닫아버렸다. [동성
> 왕 22년 봄, 500]
> ⑤ 웅진성을 수리하고 沙井柵을 세웠다. [성왕 4년 10월, 526]

위 기록에서 보듯이 웅진으로 천도한 직후인 477년에 궁전을 수리한 기
사가 있다. 이는 왕궁이 천도 이전부터 있었던 것을 의미하는 것이 아니라
천도 직후에 임시로 사용하던 왕궁을 이때에 와서 규모를 늘려 중수한 것으
로 볼 수 있다. 그 후 동성왕대에 들어와 궁성을 또한 차례 중수하였고 그 부
속 시설로서 호사스러운 임류각과 원지를 만들어 왕궁의 위엄을 과시하려
하였다.

---

45) 웅진 천도를 백제의 내부 사정에 의하여 계획적으로 이루어진 것으로 보기도 하지만(이
남석, 「웅진지역 백제유적의 존재의미 -백제의 웅진천도와 관련하여-」 『백제문화』26,
1997, 26~31쪽 ; 김수태, 「웅진성의 변천」 『백제문화』30, 2001, 149쪽), 475년 고구려의 한
성 공함이 주요 요인이라는 점(田中俊明, 「百濟都城と公山城」 『백제문화』31, 2002, 126
쪽), 천도 자체가 지배세력들 사이의 이해관계로 인해 추진되기 어려운 점, 그리고 불과
한 달 못되는 단기간에 이루어진 점 등을 고려하면 임기응변적으로 이루어진 것으로 볼
수 있다.

그런데 현재 왕궁의 위치에 대해서는 공산성을 왕궁이 있는 왕성으로 보는 견해[46]와 공산성 밖에 있어 유사시에 기능하는 왕궁의 배후성으로 이해하는 견해[47]로 나누어져 있다. 이렇게 왕궁의 위치에 대해 논란이 생기게 된 것은 지금까지 조사된 관련 유적과 유물이 왕궁의 존재를 고고학적으로 입증하기에는 너무 부족하다는 점이 지적되고 있다. 이 문제를 해결하기 위해서 웅진성이 왕성이냐 여부를 검토하는 것이 필요하다는 견해[48]가 제시되어 있다.

왕성의 위치에 대해서는 이처럼 여러 견해가 있지만, 현재 공주시의 公山城으로 추정된다. 공산성은 공주시의 북쪽 금강에 연하여 자리한 둘레 약 2,660m의 包谷式 산성이다. 현재 공주지역에서 왕성과 관련된 유적과 유물이 많이 발견되고 있기 때문이다. 지금까지 공산성 안에서 확인된 백제 유적으로는 그 동쪽 구역에 있는 소규모의 테뫼식의 토성 부분, 추정왕궁지, 臨流閣址, 광복루 옆 광장, 12각 건물터, 굴립주 건물과 적심 건물, 서문터 옆 건물지, 저장혈, 백제 연못지[池塘] 등이다. 그 중 왕궁지와 관련된 유적은 다소 미흡하기는 하지만 공산성 내 쌍수정 앞 광장에서 확인된 약 2,500

---

46) 輕部慈恩,「熊津城考」『百濟遺跡の研究』, 吉川弘文館, 1971, 20~22쪽 ; 안승주·이남석, 『공산성내 추정왕궁지 발굴조사보고서』, 공주사범대박물관, 1987 :『공산성 성지 발굴조사보고서』, 공주사범대박물관, 1990 :『공산성 건물지』, 공주사범대박물관, 1992 ; 유원재, 「백제 웅진성 연구」『국사관논총』45, 1993, 63~66쪽 ; 이남석, 「백제 웅진성인 공산성에 대하여」『마한백제문화』14, 1999 및 『웅진시대의 백제고고학』, 서경, 2002, 33~40쪽 ; 서정석,「백제 웅진도성의 구조에 대한 일고찰」『백제문화』29, 2000, 63~95쪽 및 『백제의 성곽 -웅진·사비시대를 중심으로-』, 학연문화사, 2002, 55~82쪽.

47) 왕궁의 위치를 공산성 대신에 공산성 남록 일대로 보는 견해가 있다. 이곳에서 출토된 방형 초석 2개와 사비도성의 왕궁의 위치 등을 고려한 것인데 왕궁으로 볼 만한 유적과 유물이 거의 발견되지 않았다. 이에 대한 주요 연구 성과는 다음과 같다. 김영배,「공주 백제왕궁 및 임류각지 소고」『고고미술』6권 3·4호, 1965, 53~55쪽 및 「웅천과 사비시대의 왕궁지에 대한 고찰」『백제문화』2, 1968, 13~17쪽 ; 성주탁,「백제 웅진성 재착」『백제의 중앙과 지방』, 충남대 백제연구소, 1997, 297~300쪽 ; 박순발,「백제 도성의 변천과 특징」『정덕기박사화갑기념한국사학논총』, 1996, 15~123쪽 ; 김수태,「웅진성의 변천」『백제문화』30, 2001, 148~151쪽.

48) 서정석, 앞의 책(2002), 40쪽.

여 평의 범위에 굴립주 건물지와 용수장 시설, 그리고 목곽고 등을 갖춘 것으로 추정된다.[49] 이때는 공산성 같은 성곽이 아직 갖추어지지 않는 상태에서 왕궁도 이곳에 황급하게 조성된 것으로 보인다.

그 중 공산성의 성벽은 석성과 토성으로 되어 있는데 전체 둘레 2,660m[50]에서 대부분이 석성이고 토성은 동문지 부근의 내측 성벽 268m와 외측 성벽 467m로 모두 735m 뿐이다. 동문지 주변의 성벽은 내성과 외성의 이중의 성벽으로 되어 있는데 조사 결과 외성은 백제시대에 축성된 것으로 확인되었고, 내성은 조선시대의 것으로 드러났다.[51] 이 외성이 웅진시대의 모습의 일부를 보여주고 있는 셈이다.

쌍수정 앞 광장에 위치한 추정왕궁지에서는 1985~1986년 조사에서 수혈식 건물지, 굴립주[堀立柱, 초석 없이 땅 속에 기둥을 박는 방식] 건물지, 적심[積心, 표면 석재를 보강하기 위해 그 사이를 작은 돌이나 황토를 이용하여 메우는 방식]을 사용한 건물지가 순서대로 조성된 것이 확인되었다.[52] 그 중 굴립주 건물이 인근 정지산 유적과 같이 유사한 성격을 갖고 있어[53] 웅진 천도와 같은 시기에 축조된 것[54]으로 볼 수 있다. 출토 유물은 많지 않은 편이나 와당과 평기와편, 토기편 등이 발견되었는데 와당은 웅진시대 초기의 것이 포함되어 있다.

그밖에 임류각지는 공산성의 동문지와 남문지의 중간쯤에 위치하고 있다. 건물의 규모는 동서 5칸, 남북 6칸의 크기로 방형의 형태를 띠고 있다.

---

49) 이남석, 「공주 공산성내 백제 추정왕궁지」 『백제문화』30, 2001, 15~17쪽.
50) 전체 둘레 2,660m는 현재의 동문지 밖에 있는 외성 467m와 영은사 앞쪽의 연못[池塘]을 에워싸기 위해 후대에 추가로 축성한 43m의 석성을 포함한 길이다. 그러나 동문 밖의 외성을 백제 때 축성한 것으로 보고 이를 기준으로 하면 성벽의 둘레는 2,450m가 된다(성주탁, 「백제 웅진성과 사비성 연구(其一)」 『백제연구』11, 1980, 172쪽).
51) 안승주·이남석, 『공산성 성지 발굴조사보고서』, 공주사범대 박물관, 1990.
52) 안승주·이남석, 『공산성내 추정왕궁지 발굴조사보고서』, 공주사범대박물관, 1987.
53) 국립공주박물관, 『정지산』, 1999.
54) 이남석, 앞의 글(2001), 15쪽.

여기서 연화문와당과 토기편이 발견되었는데 백제에서 조선시대에 이르는 다양한 유물이 출토되었다. 특히 출토된 유물 중에는 '流,' '官,' '雄閣' 등이 새겨진 명문기와가 발견되어 이곳이 백제 동성왕이 500년에 축조한 임류각터인 것(A-④)으로 밝혀졌다.

이처럼 공산성 안에는 백제시대 유적이 성안 전역에 걸쳐 골고루 분포되어 있으며 그 규모나 내용 면에서 주목되는 것이 많다. 공산성이 웅진시대의 왕성으로 기능을 유지하였다면 이와 관련하여 그 축조시기에 대해 알아보기로 하자. 웅진성의 초축 시기에 대해서는 천도 이전이냐, 아니면 그 이후인가에 대해 상당한 논란이 있다. 공산성 안의 저장공에서 출토된 한성기 말경의 토기나 그 동쪽 광복루를 중심으로 한 소규모의 테뫼식 토성을 근거로 하여 웅진 천도 이전에 공산성이 축조되어 군사적 거점으로서의 기능을 유지한 것으로 보는 견해가 있다.[55]

그러나 공주지역에는 천도 이전의 유적이 거의 보이지 않을 정도로 특정한 재지세력이나 중앙과 관련된 기반 시설이 거의 없는 공지였던 점[56]에 주목해야 한다. 이 점을 고려하면 웅진성의 축조 시기는 웅진 천도 이후로 보는 것이 타당할 것 같다. 이에 대해 문주왕 때 궁전을 수리했다는 477년설과 제단을 설치하고 천지신에게 제사를 한 동성왕 11년(489)[57]설, 그리고 토성벽 하단 조사 때 발견된 옹관을 근거로 6세기 사비시대설[58] 등이 제기되고 있다.

그런데 웅진성이 천도 후에 축성된 것으로 본다면 공산성의 초축 시기는

---

55) 유원재, 앞의 글(1993), 65~66쪽 및 박순발, 「웅진 천도 배경과 사비도성 조성 과정」『백제 도성의 변천과 연구상의 문제점』, 2002, 60쪽. 한편 이남석은 남천과 더불어 혹은 남천과정에서 축조되었을 가능성을 제기하고 있다(앞의 글(1999), 299쪽 및 앞의 책(2002), 18쪽).
56) 서오선, 「천도이전의 웅진지역문화」『백제문화』26, 1997, 24쪽 ; 이남석, 「웅진지역 백제 유적의 존재의미 -백제의 웅진천도와 관련하여-」『백제문화』26, 1997, 51쪽. 웅진성의 중심부에 해당하는 공산성의 경우 그 축성 시기를 천도 이전으로 소급해 볼 근거가 없는 것으로 보는 견해(서정석, 앞의 책(2002), 68쪽)도 참고가 된다.
57)『삼국사기』권26, 백제본기 동성왕 11년 10월 · 11월.
58) 성주탁, 앞의 글(1997), 298쪽. 이를 따를 경우 526년의 웅진성 수리 기사와 상치되기 때문에 그 초축 시기로 볼 수는 없다.

문주왕 3년(477, A-①)보다는 웅진도성이 대규모 시설이 갖추어지는 동성왕 대로 보는 것이 보다 설득력이 있어 보인다. 문주왕대에는 천도 직후인 데 다가 해구가 병관좌평이 되어 권력을 장악하고 있었던 당시의 정황으로 보 아 많은 인력과 시일이 소요되는 축성 사업은 실시하기 어려웠을 것이다. 『삼국사기』 문주왕대 기록을 보면 대두산성과 궁전을 수리한 기사에서 보 듯이 궁전이나 성곽의 경우 새로 만들기보다는 기존의 시설을 수리해서 사 용한 점을 들 수 있다.

이어 東城王(479~501)은 486년 궁성을 수리하고(A-②) 임류각과 원지를 축조하여(A-④) 왕궁과 부속 시설을 어느 정도 갖추어 실추된 왕권을 진작 시키려 하였다. 이와 관련하여 486년 10월 궁성 남쪽에서 閱兵을 하였다는 기사[59]와 489년 천지신에 제사하고 南堂에 군신들과 함께 큰 연회를 열었 다는 기사[60]가 주목된다. 동성왕이 열병과 천지신에 대한 제사, 그리고 남 당에서의 대연회를 잇달아 개최한 것은 이반된 민심을 수습하고 고구려에 대한 보복을 다짐하여 쇠약해진 왕권의 위상을 확립하려는 목적에서였다.

이처럼 동성왕 8년(486)부터는 왕궁을 비롯하여 여러 부속 시설들이 갖 추어지고 웅진 시가에 대한 대대적인 도시정비 계획이 추진됨에 따라 공산 성도 도성 체계에 맞게 큰 규모로 축성이 된 것으로 보인다. 따라서 공산성 은 그 축조 시기가 분명치 않지만 동성왕 8년(486)에서 11년(489) 사이의 어 느 시기에 왕성으로서의 웅진성이 완성된 것이 아닐까 한다.[61]

다음으로 왕도 웅진에는 도시계획안이 마련되어 왕도 구획이 정해졌고 아울러 왕도로서의 면모를 갖춰야 할 여러 시설들이 건설되었다. 도성의 구 조는 『周禮』 考工記를 바탕으로 하여 건설되었는데 왕실의 존엄을 강조하고 길지를 택하여 통치자들이 자리하기 위한 의도에서였다.[62] 웅진도성에는

<hr>

59) 『삼국사기』 권26 백제본기4 동성왕 8년 10월.
60) 『삼국사기』 권26 백제본기4 동성왕 11년 10 · 11월.
61) 서정석, 앞의 책(2002), 71~72쪽.
62) 楊寬, 『中國都城の起源と發展』(尾形勇 · 高木智見 共譯), 學生社, 1987, 204쪽.

다소 논란은 있지만 羅城을 설치하지 않았다.[63] 그리고 웅진도성에는 5부제로 편제되어 있었는데[64] 이는 신분에 따른 거주 구역을 구분함으로써 도성 내의 일정한 공간 구획을 통해 禮治秩序를 구현하려는 의미에서였다.[65]

왕도 5부제는 부체제 하의 수장층들이 중앙귀족으로 전환되면서 왕도에 옮겨 거주하게 된 데에서 비롯된 것이다. 왕도 5부는 上部, 前部, 中部, 下部, 後部로 칭하였는데[66] 그 설치시기는 웅진시대로 소급해 볼 수 있다. 『일본서기』기사에서 '前部木劦不麻甲背,' '下部修德嫡德孫' 등의 기록[67]을 통해 인명이나 관등에 붙인 5부의 명칭이 보이기 때문이다. 이 기록은 웅진시대에 해당하는 516년과 534년으로서 웅진 왕도에 5부가 설치된 사실을 보여주고 있다. 5부의 실체는 알 수 없지만 행정구역의 성격이 강했던 사비시대의 왕도 5부제의 기원을 이룬 것으로 볼 수 있다.

그런데 웅진시대의 5부는 일정 공간에 인위적으로 편제되어 있는 것이 아니라 왕도 전체에 걸쳐 자연 지형에 따라 구획되어 있었을 것으로 보인다. 공주는 지형적으로 濟民川을 사이에 두고 시가지가 동서로 나누어져 있다. 이에 따라 왕성을 비롯한 부속 시설들은 제민천의 동쪽에 자리하고 있었으며, 지배세력과 일반 주민들은 신분에 따라 편제된 각 부에 거주하였을 것이다. 장마가 발생하는 여름철의 경우 제민천이 범람하여 잦은 재해가 발

---

63) 웅진도성에 나성이 있는 것으로 본 견해는 輕部慈恩, 「熊津城考」『百濟遺跡の研究』, 吉川弘文館, 1971, 39~69쪽이 대표적인데 대부분 나성의 존재를 부인하고 있다(田中俊明, 「朝鮮三國の都城制」『古代の日本の東アジア』, 小學館, 1991, 403쪽 ; 유원재, 「웅진도성의 나성문제」『호서사학』10, 1992, 36~40쪽 ; 차용걸, 「사비도성의 축성사적 위치」『사비도성과 백제의 성곽』, 서경문화사, 2000, 64쪽 ; 성주탁, 『백제성지연구』, 서경, 2002, 54~55쪽 ; 시정석, 앞의 책(2002), 73~76쪽).

64) 노중국, 『백제정치사연구』, 일조각, 1988, 232~233쪽 ; 이우태, 「백제의 부체제」『백제사의 비교연구』, 충남대백제연구소, 1993, 99~102쪽 ; 김영심, 「백제 지배체제의 정비와 왕도 5부제」『백제의 지방통치』, 학연문화사, 1998, 124~125쪽.

65) 賀業鉅, 「중국의 고대 도성」『동양도시사 속의 서울』(성주탁·강종원 공역), 서울시정개발연구원, 1994, 13쪽.

66) 『주서』권49 열전41 이역 상 백제.

생했던 사실이 『삼국사기』 백제본기에 다음과 같이 나타난다.

B-① 6월에 熊川의 물이 넘쳐서 서울의 2백여 호가 漂沒되었다. [동성왕 13년]
　② 6월에 큰 비가 와서 민가가 파괴 표류되었다. [동성왕 19년]

　위 기사에서 보듯이 장마철에 왕도를 가로질러 흐르는 웅천이 자주 범람하고 있음을 알 수 있다. 따라서 수재에 대한 대책으로서 제민천과 같은 하천을 정비하고 여기에 웅진교를 설치한 것(A-③)이 아닐까 한다. 웅진교 설치는 제민천에 의해 동서로 구획되어 있던 왕도를 보다 효율적으로 운영하기 위해 취해진 조치로 여겨진다.[68]

　다음으로 왕도를 외적의 침입으로부터 보호하기 위해 주변에 관방 시설을 단계적으로 설치하여 방어체제를 갖추어 나갔다. 문주왕대에는 천도 직후였기 때문에 기존 시설을 수리하여 사용하는 단계였지만 동성왕대에 이르러 왕도의 정비와 함께 왕도에 이르는 전략적 요충에 성곽을 쌓아 외적을 방어하기 위한 관방체제를 마련하였다. 이때에 牛頭城, 沙峴城, 耳山城, 沙井城, 加林城, 炭峴 등에 성곽을 축조함으로써 웅진성을 중심으로 여러 성을 원형으로 배치하는 위성방비체계[69]를 이루었다. 이는 한성시대의 왕도 방어체계가 몽촌토성-풍납토성으로 연결되는 남북성체계였다면 웅진시대에는 한성시대의 방어체계를 보완하여 새로운 형태의 왕도 방어체계를 구축한 것으로 판단된다. 이로서 웅진성은 행정의 중심지로서, 교통과 관방의 요충지로서 미흡하나마 왕도의 기능을 갖추게 된 것이다.

---

67) 『일본서기』 권17 繼體紀 10년 및 권18, 安閑紀 원년.
68) 서정석, 앞의 책(2002), 78~82쪽.
69) 웅진시대의 왕도 방어체계에 대해서는 서정석, 앞의 책(2002), 99~101쪽을 참조할 것.

2. 해구의 집권과 반란

1) 병관좌평 解仇의 집권과 昆支의 등장

이처럼 새 왕도 건설을 위한 노력에도 불구하고 웅진 천도 직후의 정치 상황은 그리 순탄치 만은 않았다. 더구나 문주왕은 한성 함락으로 왕권이 실추되고 귀족들 사이에 대립과 갈등이 벌어지고 있는 상황에서 우유부단한 성품으로 어려운 난국을 헤쳐 나가면서 통치권을 행사하는 데에는 한계가 있었다. 개로왕이 고구려의 한성 공격 때 그 자신은 물론 그의 직계 왕족들마저 패사한 상태에서 상좌평 문주가 왕위에 올랐지만 왕위 계승의 서열이 무너지면서 혼란이 가중되었다.

더욱이 천도 후에는 계속 실권을 장악하려는 왕족들과 유력한 귀족세력인 진씨·해씨·목씨 세력들, 그리고 왕도 부근에 세력기반을 갖고 있는 유력한 재지세력들이 가세함으로써 정국의 주도권을 놓고 새로운 양상이 전개되었다. 당시 금강유역에 분포한 유력한 재지세력으로는 燕氏·苩氏·沙氏 등을 들 수 있다. 이들은 진씨와 해씨 세력과 같은 한성시대의 구귀족들의 후원과 세력 연합을 통해 중앙 정계에 진출하여 새로운 정치 세력을 형성하게 된 것이다.

이러한 신구 귀족세력들은 이해관계 여하에 따라 합종연횡의 양상을 보이면서 왕권과 정국의 주도권을 둘러싸고 치열한 권력 투쟁을 벌였고, 이에 따라 웅진 초기 정국은 천도를 계기로 안정을 찾지 못한 채 왕권 쇠약과 함께 더욱 혼미를 거듭하는 양상을 보여주게 되었다.

문주가 개로왕이 패사한 다음 왕위에 즉위할 수 있었던 것은 여러 측면에서 검토될 수 있다.[70] 첫째, 475년 고구려의 한성 공격 때 개로왕과 그의

---

70) 정재윤, 「웅진시대 백제 정치사의 전개와 그 특성」 서강대박사학위논문, 1999, 55~58쪽 ; 이용빈, 「웅진초기 백제의 왕권과 정치권의 향방」 『선사와 고대』19, 2003, 188쪽.

직계 왕자 및 근친 왕족들이 대부분 죽은데다가 문주는 신라에 원병을 요청하러 갔기 때문에 생존해 있었다는 점, 둘째, 그의 유력한 라이벌인 동생 곤지가 장기간 왜에 체류하고 있었던 점, 셋째, 신라의 구원병이 군사적 배경이 되었다는 점, 넷째, 그를 옹립한 측근세력의 힘이 컸다는 점 등을 들 수 있다.

대부분의 왕족들은 개로왕대에 왕권 중심의 권력기반 강화에 적극 참여하였으나, 475년 고구려의 한성 공격 때 죽었거나, 또는 고구려에 끌려갔기 때문에 문주왕 즉위 과정에서는 큰 역할을 하지 못한 것으로 보인다. 반면 문주왕이 왕위에 오르는 데에 큰 역할을 한 세력으로는 木劦滿致와 祖彌桀取를 들 수 있다. 이들은 문주가 신라에 원병을 청하러 남행하였을 때 함께 동행을 하였고, 또한 그 과정에서 한성 함락 이후를 대비하여 천도 후보지에 대한 대책 마련[71]과 웅진 천도 문제에 직접 관여하였을 가능성이 있다.

목협만치로 대표되는 목씨세력의 출자에 대해서는 여러 견해가 제시되어 있지만 최근에는 공주 수촌리유적과 관련시켜 공주지역으로 보기도 한다.[72] 『日本書紀』에는 "久麻那利를 문주왕에게 주어 그 나라를 구원해 일으키게 하였다"라는 기사가 있다.[73] 이 기사는 마치 왜왕이 백제를 부흥시킨 것처럼 윤색하였기 때문에 사실로 받아들일 수는 없지만, 왜로 망명한 목씨세력의 전승을 토대로 작성된 것이라고 한다.[74] 이 기사를 토대로 목씨세력은 가야지역에서 세운 공로와 활동으로 인해 웅진지역에 식읍지를 받

---

71) 김수태, 「백제의 천도」『한국고대사연구』36, 2004, 23쪽.
72) 목씨세력의 출자에 대해서는 여러 견해가 제시되어 있다. 그 출자에 대해서는 ①직산설(盧重國, 『백제정치사연구』, 일조각, 1988, 155~156쪽 및 「백제 귀족가문연구」『대구사학』48, 1994, 6~9쪽), ②가야계 귀화인설(정재윤, 앞의 글(1999), 50·58쪽)이 있으나, 최근에는 수촌리고분과 관련하여 공주설(김주성, 『백제 사비시대 정치사 연구』, 전남대 박사학위논문, 1990, 41쪽 ; 김수태, 앞의 글(2004), 36쪽)이 제기되고 있다.
73) 『일본서기』 권14 웅략기 21년 3월.
74) 이근우, 「『일본서기』에 인용된 백제삼서에 관한 연구」, 한국정신문화연구원 한국학대학원 박사학위논문, 1994, 257~260쪽.

았던 것으로 이해하는 견해가 주목된다.[75]

어쨌든 웅진지역이 목씨세력의 세력 근거지이든 식읍지이든 어떤 관련이 있는 것으로 판단된다. 목씨세력이 웅진지역의 재지세력이면서 중앙귀족으로 활동을 보이기 시작한 것은 4세기 후반 근초고왕대의 일인 것으로 나타난다. 즉 목만치의 부친인 목라근자가 396년 사씨세력으로 보이는 沙沙奴蛣와 함께 가라 7국을 평정하는 데 큰 공을 세웠던 백제의 장군으로 알려져 있다.[76] 그 후 久爾辛王(420~427)에 들어와서는 木滿致가 전횡을 할 정도로[77] 전지왕대의 왕비족인 해씨세력을 대신하여 권력을 장악한 것으로 풀이된다.

목씨세력은 개로왕 4년(458) 송에 요청한 수작자 중에서 龍驤將軍을 수여받은 沐衿이 있는 것으로 보아[78] 문주와 함께 개로왕의 즉위와 권력 기반 강화에 적극 활동한 측근세력일 가능성이 있다. 이들이 문주와 정치적 입장을 같이 하는 이유로 해서 상좌평 문주와 친연 관계를 유지할 수 있었고, 또한 문주와 함께 신라에 청병하기 위해 남행하는데 참여하게 된 것으로 볼수 있다. 따라서 목협만치는 문주왕을 옹립하는데 적극 지지한 측근세력으로 볼 수 있다.

다음 조미걸취는 姐氏 또는 姐彌로도 표기되었는데 동성왕 때 남제에 요청하여 관작을 받았던 姐瑾[79] 등이 있다. 이를 眞氏로 보는 견해가 있지만,[80] 『일본서기』에는 저미씨와 眞牟씨가 서로 다르게 표기된 점으로 보아 진씨와 같은 성씨로 볼 수는 없다.[81] 그의 행적은 더 이상 찾을 수 없지만 문주와 목협만취와 함께 신라에 원병을 요청하러 간 사실에서 문주와 같은

---

75) 노중국,「한성백제의 몰락과 수도 이전」『향토서울』64, 2004, 76~77쪽.
76) 『일본서기』권9 신공기 49년 춘 3월.
77) 『일본서기』권10 應神紀 25년.
78) 『송서』권97 열전57 夷蠻 백제국.
79) 『남제서』권58 열전39 동이 백제국.
80) 今西龍,『百濟史硏究』, 近澤書店, 1934, 297~298쪽 ; 노중국,「백제왕실의 남천과 지배세력의 변천」『한국사론』4, 서울대국사학과, 1978, 71쪽.

정치적 노선을 가진 측근세력으로 분류될 수 있다.

　　다음으로 웅진천도에 협조한 정치세력으로 解仇로 대표되는 해씨세력을 들 수 있다. 해씨세력은 전지왕 즉위에 큰 역할을 함으로써 왕비를 배출하여 유력한 귀족가문으로 위치하였다. 458년 수작자 명단에서 해씨가 보이지 않는 것으로 보아 개로왕대의 왕권 중심의 정치 운영에는 한동안 배제되어 있는 것으로 보인다. 그런데 문주왕 2년(476)에 해구가 병관좌평에 임명된 것[82]으로 보면 해씨세력도 문주의 왕위 즉위에 일정한 역할을 한 것으로 추정된다. 해씨세력은 원래 한성 북부에 세력기반을 두었으나 웅진 천도 때에는 大豆城에 한성 이북의 주민들과 함께 이주한 것[83]으로 되어 있다.

　　대두성은 충남 아산일대로 비정되는데[84] 웅진 천도 직후에는 고구려와의 접경 지역이었다. 대두성은 차령산맥을 두고 고구려의 침입으로부터 웅진을 방어하는데 매우 전략적으로 중요한 요충이었다.[85] 원래 이곳은 재지세력 연씨가 세력을 장악하고 있던 지역이었다. 해구가 이곳에서 恩率 燕信과 함께 반란을 일으킨 것[86]으로 보면 대두성은 연씨의 세력 근거지이면서도 또한 해씨세력과도 관련이 있는 곳이었음을 알 수 있다. 웅진 천도 후 이곳이 고구려의 남침을 저지하는데 전략적 요충으로 떠오르자 해씨세력이 이곳에다 새로이 군사 기반을 마련한 것으로 보인다. 해씨세력의 대두성 이주는 관련 기록이 남아있는 것으로 미루어 보아 웅진 천도계획의 일환으로 추진된 것으로 볼 수 있다.

　　이처럼 해구의 군사 기반은 475년 전투에서 다른 귀족에 비해 군사 기반

---

81) 이용빈, 앞의 글(2003), 190쪽. 『일본서기』 권17, 계체 6년조의 '姐彌文貴將軍'과 앞의 책 권19, 흠명기 4년조의 '前部 奈率 眞慕貴文'이 서로 다르게 표기되어 있어 같은 성씨로 보기는 어렵다.

82) 『삼국사기』 권26 백제본기 4 문주왕 2년 추9월.

83) 『삼국사기』 권26 백제본기 4 문주왕 2년 춘2월.

84) 주) 16 참조.

85) 정재윤, 「문주·삼근왕대 해씨 세력의 동향과 곤지계의 등장」 『사학연구』 60, 2000, 14쪽.

86) 『삼국사기』 권26 백제본기 4 삼근왕 2년 봄.

을 비교적 유지하고 있었으며, 천도 직후에 바로 고구려와의 접경지대인 대두성에 이주시킬 수 있었을 것이다. 따라서 해구가 병관좌평에 보임되는 것은 이러한 해씨세력의 군사 기반 때문인 것으로 추정된다.[87] 문주왕의 군사 기반이 주로 신라 원병에 의존하고 있었던 점을 고려하면 해구의 군사 기반은 한성 함락과 웅진 천도, 그리고 고구려의 공격이 계속되는 상황에서 문주왕의 즉위와 왕권을 뒷받침하는데 큰 역할을 수행하였을 것으로 판단된다. 해구의 병관좌평 임명은 개로왕대에 소외되었던 해씨세력이 475년과 같은 권력의 공백기를 맞아 정국 운영에 전면에 대두하고 있었음을 의미한다.

그런데 해구의 병관좌평 임명으로 문주왕내의 권력구조 형성에 큰 변화 조짐이 나타난 것이다. 웅진 천도 이후 내부 정정의 불안으로 인해 왕권의 귀족 통제력이 약화됨에 따라 종전의 공적인 권력체계인 상좌평제나 왕비족과의 세력 연합을 통한 정치 운영이 사실상 붕괴되었고, 대신 물리적 지배수단인 병권 장악을 통해 정치적 실권을 장악하는 현상이 나타났다. 병관좌평 해구가 군사력을 배경으로 정치적 실권을 장악하자 이를 견제하려는 세력과의 불가피한 마찰이 야기되었다. 그 과정에서 해구는 먼저 문주왕의 측근세력이었던 목협만치와 권력 다툼을 벌려 이들을 중앙 정계에서 축출한 것으로 보인다. 해구와의 권력 투쟁에서 패배한 목협만치 세력들은 웅진 천도 직후에 왜로 망명한 것으로 추정되기 때문이다.[88]

이처럼 병관좌평 해구가 병권을 배경을 권력을 장악한 이후 진행된 일련

---

87) 이기백, 앞의 글(1978), 12~13쪽.
88) 목협만치를 蘇我氏의 계보 전승에서 최초로 나타난 蘇我滿智와 동일인으로 보고 그가 왜에 건너간 시기를 475~476년경(門脇禎二, 「蘇我氏の出自について」『日本のなかの朝鮮文化』12, 1971, 12쪽) 또는 477년(山尾幸久, 「日本書紀のなかの朝鮮」『日本と朝鮮の古代史』, 三省堂, 1979, 136쪽)으로 보고 있다. 이러한 견해와는 달리 목협만치가 왜에 건너간 시기를 475년 전후한 시기로 보고 그 목적이 고구려 남침에 대한 구원을 요청하기 위한 것으로 보는 견해가 있으나(김현구, 『임나일본부연구』, 일조각, 1993, 59쪽), 곤지가 이미 왜에 체류하고 있는데다가 그 이후 목협만치가 귀국하지 않고 왜에 정착하고 있는 점 등에서 받아들일 수 없다.

의 기사가 다음과 같다.

> C-① 봄 2월에 [문주]왕은 궁실을 수리하였다. 4월에 왕제 昆支를 內臣佐平으로
> 삼고 큰아들 三斤을 태자로 삼았다. 5월에 黑龍이 웅진에 나타났다. 7월에
> 내신좌평 곤지가 죽었다. [『삼국사기』 권26, 백제본기 문주왕 3년]
> ② 8월에 병관좌평 해구가 정권을 전단하고 법도를 문란시키며 왕을 없애려는
> 마음을 가졌으나 왕은 능히 그를 통제하지 못하였다. 9월에 왕은 사냥을 나
> 가 밖에 유숙하였는데 해구는 도적을 시켜 왕을 살해케 하여 드디어 돌아가
> 셨다.[89]

위 기사에서 문주왕은 그의 측근세력인 목협만치 세력을 축출한 병관좌
평 해구의 권력 독점에 불안을 느낀 나머지 여러 가지 대책을 세워 쇠약한
왕권을 강화해 나가고자 한 것이다. 문주왕이 해구를 병관좌평에 임명한 직
후 바로 취한 조치가 궁실의 다시 중수한 일이다. 그동안 문주왕은 천도 직
후의 어려운 여건으로 인하여 임시로 마련한 궁실에서 생활하였지만 이제
안정을 찾게 되자 궁실을 수축하였던 것이다. 이는 왕실의 위엄을 되찾으려
는 의도에서였을 것이다.

다음으로 문주왕이 큰아들 三斤을 태자로 책봉하고 곧이어 왜에 체류하
고 있던 곤지를 귀국시켜 內臣佐平에 임명한 것이다. 삼근을 태자로 책봉한
것은 문주계에 의한 왕위계승을 정당화시켜 왕위계승에 따른 분란을 미연
에 방지하려는 의도에서였을 것이다. 475년 고구려의 한성 공격 때 개로왕
의 직계 왕자들은 거의 패사하였지만 문주왕 자신이 방계로 왕위에 오른 이
상 태자의 조기 책봉을 통해 다른 왕족으로부터의 왕위계승에 대한 정통성
시비를 차단하기 위한 조치로 이해된다.

이와 관련하여 주목해야 할 것은 당시 왜에 장기간 체류하고 있었던 곤

---

89) 『삼국사기』 권26 백제본기 4에서는 이 기사 부분이 문주왕 4년 추8월로 되어 있으나, 연
표에 따라 문주왕 3년에 해당하는 기사로 수정해 보아야 한다(이병도, 『원문 삼국사기』,
을유문화사, 1977, 397쪽).

지의 등장이다. 곤지는 당시 왕족 중에서는 국내 뿐 아니라 왜에서도 상당한 세력 기반을 가진 위치에 있었던 인물이다. 곤지는 개로왕의 동생으로 458년 당시 수작자 11명 가운데 가장 서열이 높은 行征虜將軍 左賢王에다가 병권을 장악한 개로왕 집권 1기에 제2인자의 위치에 있었던 인물이었다. 그런데도 곤지가 왜에 파견된 이유는 고구려의 남진에 대응하여 유사시 왜에 원군을 요청하고, 아울러 곤지를 왕권의 핵심부에서 배제시키기 위해 정략적으로 추방하려는 개로왕의 의도[90]가 반영된 것으로 볼 수 있다.

곤지가 사절로서 왜에 건너가 17년 동안 체류한 곳은 大和의 관문에 해당하는 河內의 近飛鳥地方인 것으로 알려지고 있다. 근비조지방은 하내지방과 대화지방을 연결하는 교통의 요지로서 이곳에는 곤지의 후손들이 유력한 호족으로 존재하였던 점이나,[91] 河內國 安宿郡(현재 羽曳野市 太子町)에 곤지를 신으로 제사하는 飛鳥戸神社가 있는 점,[92] 그리고 그 주변 구릉지대에 있는 飛鳥千塚 고분군의 조영세력이 곤지의 후예인 飛鳥戸造氏인 점 등에서 곤지가 하내 지역에 정착하여 백제계 이주민들[93]에게 큰 영향력

---

90) 곤지의 왜 파견을 정략적 추방으로 이해하는 견해가 있다(연민수, 「5세기 후반 백제와 왜국」『고대한일관계사』, 혜안, 1998, 414~417쪽). 반면 곤지가 왜와의 공조를 강화하기 위해 파견된 것으로 보고 곤지의 정략 추방설을 부정하는 견해가 있다(정재윤, 앞의 글 (1999), 27~30쪽 및 이재석, 「5세기 말 곤지의 도왜 시점과 동기에 대한 재검토」『백제문화』30, 2001, 24~29쪽). 개로왕 자신은 권력이 비대해진 곤지를 잠재적인 위협세력으로 간주하고 일정한 선에서 견제할 필요가 생긴 것이다. 곤지가 병권을 장악한 제2인자의 위치에 있으면서 왜에 거의 17년 동안이나 장기 체류한 점에서 그 단서를 찾을 수 있다. 곤지가 왜에 파견됨으로써 곤지의 형 문주가 상좌평에 임명되어 개로왕을 측근에서 보좌하게 된 것으로 보인다.

91)『新撰姓氏錄』河內國 諸蕃 百濟國.

92) 上田正昭,『日本の歷史』2, 1981, 381쪽.

93) 일본 하내지방을 개척한 도래씨족의 중심 세력은 백제계였다. 大阪과 奈良 사이에 山畑古墳群·高安千塚·平尾山千塚·飛鳥千塚·一須賀古墳群 등이 분포되어 있는데 그 출토품이나 전승으로 보아 그 조영세력이 백제에서 건너온 이주민들이었다. 그들은 새로운 농업 기술로 개척 사업을 했을 뿐 아니라 須惠器와 무기 제조, 말의 사육 분야에서 크게 활약하였다(이진희, 「고대한일관계사 연구와 무령왕릉」『백제연구』특집호, 지식산업사, 1982, 69~74쪽).

을 행사했던 것으로 알려지고 있다. 곤지는 왜에 장기간 체류하면서 단순히 청병사 역할에 국한된 것이 아니라 백제계 이주민들을 조직화하여 왜 정권에 협력하고 이들의 힘을 이용하여 백제를 구원하려는 임무를 수행한 것으로 여겨진다.[94]

그런데 문주왕이 이러한 곤지를 왜에서 불러들여 내신좌평에 임명한 의도에 대해 주목할 필요가 있다. 내신좌평은 왕명 출납을 담당하는 관직으로서 국왕과 밀접한 관계를 가진 측근이 임명되는 것이 상례였다. 이러한 곤지를 최고위직 상좌평이 아닌 왕명 출납을 담당하는 내신좌평에 임명하는 것은 여러 측면에서의 의도를 가진 조치로 이해된다. 곤지 자신이 당시 유력한 차기 왕위계승자로서의 독자적인 세력 기반을 갖고서 왕권을 넘볼 수 있는 잠재적인 위협을 견제하려는 측면이 있다. 그리고 문주왕은 곤지에게 태자 책봉 사실을 확인시킴으로써 앞으로 예상되는 왕위 계승상의 분란 여지를 미연에 방지하려는 의도를 가졌을 것이다.

또한 문주왕은 왕족 중 독자적 세력기반을 가진 곤지를 내세워 날로 비대해져 가는 해구의 전횡을 견제할 수 있고, 또한 큰아들 삼근을 차기 왕위 계승권자로서 공인받으려는 의도가 작용한 것으로 볼 수 있다.[95] 그러면서도 독자적 세력기반을 갖고 있는 곤지와 해구는 기본적으로 대립 관계를 유지하고 있었다. 문주왕의 이러한 조치는 왕위계승상의 분쟁을 미연에 방지하고 친정체제를 구축하여 잠재적 위협 세력인 곤지와 권력이 비대해진 해구를 동시에 견제하여 자신의 권력을 유지하려는 의도로 판단된다. 왕권의 기반이 취약한 문주왕이 곤지와 해구 간의 대립을 교묘히 이용하여 자신의

---

94) 정재윤, 앞의 글(1999), 28~30쪽. 이재석은 곤지의 역할이 단순한 청병사 개념과는 다른 것으로 보고 기존의 양국간의 우호관계 유지, 왜의 독자적 군사 활동 방지, 그리고 왜-신라의 밀착 견제 등의 백제 중심의 국제 관계 유지의 조정역을 담당한 것으로 보고 있다(앞의 글(2001), 24~29쪽).

95) 정재윤, 앞의 글(2000), 17~18쪽. 반면 곤지를 반문주세력의 중심으로 보고 477년의 인사 조치를 문주왕과 곤지 사이에 모종의 정치적 거래에 의한 정치적 타협으로 보는 견해가 있다(이용빈, 앞의 글(2003), 194쪽).

왕권을 유지하려는 고육책에서 나온 것으로 볼 수 있다.

이러한 문주왕의 의도와는 달리 정국은 매우 복잡한 상황으로 전개되고 있었다. 곤지의 내신좌평 임명과 삼근의 태자 책봉이 행해진 직후 흑룡이 웅진에 나타났다가 두 달 후에 내신좌평 곤지가 사망한 것으로 서술된 점이 주목된다. 흑룡의 출현이 변고를 동반하는 흉조의 조짐으로 볼 때[96] 내신좌평 곤지는 모종의 음모에 의해 희생되었음을 시사해 준다.[97] 변고를 뜻하는 흑룡이 출현한 이후 두 달여 만에 곤지가 사망한 것이다.

이 기간 동안은 문주왕과 곤지, 그리고 해구간의 삼각 구도 속에서 치열한 권력 다툼이 일어나 결국 곤지의 죽음으로 귀결된 것으로 보인다. 곤지는 귀국 후 자신의 세력기반을 재건하여 반해구세력 입장에서 정치적 활동을 강화해 나가자 이로 인해 삼자간의 대립과 긴장관계가 치열하게 전개된 것으로 보인다. 결국 곤지의 사망을 통해 볼 때 당시 왜에 장기간 체류하였던 곤지 세력이 상대적으로 힘의 열세에 있었음을 알 수 있다.

그러면 내신좌평 곤지가 흑룡의 출현과 관련시켜 피살된 것으로 보았을 때 과연 누가 그를 살해하였을까가 궁금해진다. 이와 관련하여 "병관좌평 해구가 정권을 전단하고 법도를 문란시키며 왕을 없애려는 마음을 가졌으나 왕은 능히 그를 통제하지 못하였다."(C-②)는 기사를 고려하면 곤지의 피살과 해구의 권력 장악이 서로 관련이 있는 것으로 파악된다. 이로 미루어 볼 때 곤지를 살해한 범인은 병관좌평 해구임이 자명해진다. 해구는 권력을 독점적으로 장악하는데 방해가 되는 곤지를 일차적으로 제거한 것으로 풀이된다. 이와는 달리 곤지의 피살을 해구의 단독 범행으로 보기보다는 곤지의 대두를 부담스럽게 여긴 문주왕이 관여된 것으로 보는 견해가 있다.[98]

---

96) 이도학, 「漢城末 熊津時代 百濟王位繼承과 王權의 性格」『韓國史研究』50 · 51, 1985, 3~4쪽 ; 노중국, 앞의 책(1988), 140쪽.
97) 이도학, 앞의 글(1985), 12~15쪽 ; 노중국, 앞의 책(1988), 150~152쪽 ; 정재윤, 앞의 글(2000), 20쪽.
98) 이용빈, 앞의 글(2003), 197쪽.

그러나 문주왕의 우유부단한 성격과 곤지의 내신좌평 기사를 함께 감안해 보면 해구의 단독 범행으로 보는 것이 보다 설득력을 가진다.

어쨌든 곤지의 사망을 계기로 정국은 차츰 경색되어 나갔다. 해구는 권력 장악에 방해가 되는 곤지를 일차적으로 제거한 이후 암묵적으로 곤지와의 세력 연합을 통해 왕권을 유지하고 있던 문주왕을 제거하기로 계획을 세웠다.[99] 해구는 일단 곤지를 살해하였지만 곤지를 지지하는 반해구세력들의 반발에 대해서도 대처할 필요가 있었다. 곤지의 사망 이후 문주왕은 실권을 장악한 해구를 더 이상 견제할 수 없는 상태에 이르렀다. 그러는 가운데 문주왕은 해구의 권력남용에 대해 큰 부담을 느낀 나머지 그 대책의 일환으로 반해구세력과의 연결을 꾀한 것으로 보인다.

이에 대해 해구는 문주왕과 반해구세력과의 연대를 차단하기 위해 문주왕의 제거라는 비상수단을 강구하였다. 때마침 문주왕이 수렵을 나갔을 때 해구는 도적을 시켜 문주왕을 살해하였던 것이다. 수렵은 고대 사회에서 군사 훈련과 통수권의 기능을 가진 국왕의 고유한 권한이었다.[100] 문주왕이 수렵 행사를 통해 곤지의 사망과 병관좌평 해구의 권력 장악에 따른 사후 대책을 모색하여 해구를 견제하려 하였던 것이다.

2) 解仇의 난

병관좌평 해구는 그의 권력 장악에 방해가 되는 곤지와 문주왕을 차례로 제거한 다음 무소불위의 권력을 장악하는데 성공하였다. 해구는 477년 9월 문주왕을 제거한 다음 그의 큰아들 삼근을 옹립한 이후 해구에 관한 관련된 기사를 소개하면 다음과 같다.

---

99) 문주왕의 살해를 곤지계의 조직적인 반격으로 보는 견해가 있다(이용빈, 앞의 글(2003), 199쪽).
100) 김영하, 「삼국시대 왕의 통치형태 연구」, 고려대박사학위논문, 1988, 57쪽.

D-① 삼근왕(혹은 王乞이라고도 함)은 문주왕의 맏아들이다. 문주왕이 죽자 왕
위를 이었는데 나이가 13세였다. 군국정사 일체를 좌평 해구에게 맡겼다.
　② 2년 봄에 좌평 해구가 恩率 燕信과 함께 무리를 모아 大豆城을 근거로 하여
반란을 일으켰다. 왕은 좌평 眞男에게 명령하여 군사 2천 명으로 토벌하게
하였으나 이기지 못하였다. 다시 德率 眞老에게 명령하여 정예 군사 5백을
거느리고 해구를 공격하여 죽였다. 연신은 고구려로 도망하였는데 그 처자
를 잡아다가 웅진저자에서 목을 베었다. [『삼국사기』 권26, 백제본기 삼근
왕 원년 및 2년]

위 기사에서는 삼근왕대에 병관좌평 해구가 실권을 장악한 후 반란을 일
으키다가 토평당한 과정을 보여주고 있다. 해구는 문주왕을 살해한 다음 그
의 13살밖에 안된 어린 나이의 삼근을 옹립하였음을 알 수 있다. 해구가 자
신이 직접 왕위에 오르지 않고 문주왕의 어린 아들을 옹립한 이유는 문주왕
살해에 대한 의혹을 불식시키려는 노력으로 여겨진다.[101] 그는 문주왕을
지방의 수렵행사에서 살해할 때에도 자신이 직접 지휘 하에 거사를 한 것이
아니라 그의 사주를 받는 무리들을 도적으로 가장시켜 문주왕을 살해한 것
도 위와 같은 맥락에서이다.

이처럼 불과 1년도 채 안되는 기간에 해구는 권력을 장악하면서 그의 권
력 독점에 방해가 되는 곤지와 문주왕까지도 살해하였던 것이다. 이런 과정
에서 권력의 중심에 서있는 해구는 살해의 배후 세력으로 지목을 받고 있었
기 때문에 이를 불식시키기 위해 삼근의 옹립을 적극 추진한 것이 아닐까
한다. 더구나 삼근왕이 즉위 때 연령이 겨우 13세에 불과한 어린 나이인 점
을 기화로 그는 군국정사 일체를 장악할 정도의 독점적인 권력 행사를 유지
할 수 있게 된 것이다.

당시 해구는 삼근왕의 옹립에서 끝나지 않고 군국정사 일체를 농단할 정
도의 권력의 중심에 있었는데 이듬해 478년 봄에 恩率 燕信과 함께 대두성

<hr>

101) 정재윤, 앞의 글(2000), 24쪽.

에서 반란을 일으킨 것으로 되어 있다(D-②). 그런데 해구가 삼근왕 때 실권을 장악하고 있었음에도 불구하고 왜 갑작스럽게 반란을 일으켰는지에 대해서는 석연치 못한 점을 발견할 수 있다. 이에 대해 연구자들은 해구의 반란을 어떻게 보느냐에 따라 여러 시각을 제기하고 있다.[102] 해구의 반란을 대체로 해씨와 진씨세력 사이에 권력 장악을 놓고 일어난 사건으로 보는 점에서는 공통된 인식을 갖고 있다. 그러면서도 반란을 일으킨 원인에 대해서는 다소 견해의 차이는 있지만, 이 반란이 해구의 권력 장악에 반발한 진씨세력에 의해 촉발된 것으로 보는 견해[103]와, 진씨세력 등의 반발에 밀려 해구가 반란을 일으킨 것으로 보는 견해[104]로 대별된다.

그런데 문주왕이 살해되고 해구가 반란을 일으킨 사이에 진씨의 정변을 주장하는 견해[105]는 해구가 도적을 시켜 문주왕을 살해하였다는 『삼국사기』 기록(C-②)을 부정하고 진씨세력을 그 배후 세력으로 본 점은 보다 신중한 사료 비판이 필요하다. 그리고 진씨세력에 의한 삼근왕 옹립설[106]도 해구가 군국정사를 위임받았다는 점(D-①)에서 성립하기 어렵다. 이런 면에서 해구가 곤지계와 진씨세력으로 대표되는 반해구세력에 의해 밀리면서 세가 불리해진 해구가 반란을 일으킨 것으로 보는 것이 보다 순리적일 것이다.

한편 곤지와 문주왕이 잇달아 피살되자 그 배후세력으로 해구에 대한 의혹이 증폭되어 있었는데 반해구세력은 이러한 분위기를 힘을 결집시키는데 적극 이용한 것으로 보인다. 반해구세력은 곤지의 내신좌평 임명을 계기로

---

102) 해구의 난에 대한 연구 시각을 정리한 것은 이용빈, 앞의 글(2003), 199~200쪽을 참조할 것.

103) 이희관, 「백제 웅진천도 초기의 정치적 변동에 대한 재검토」『한국고대사연구』18, 2000, 213~218쪽 ; 이용빈, 앞의 글(2003), 200쪽.

104) 이 견해도 삼근왕을 옹립한 진씨세력의 반발에 밀려 해구가 반란을 일으킨 것으로 보는 견해(井上秀雄, 「백제 귀족에 대하여」『백제연구』특집호, 1982, 54쪽 ; 이도학, 앞의 글(1985), 15쪽 ; 연민수, 「5세기 후반 백제와 왜국」『고대한일관계사』, 혜안, 1998, 422쪽)가 있고, 또한 해구가 진씨를 비롯한 반대파에 의해 위기 상황에 몰리자 반란을 일으킨 것으로 보는 견해(노중국, 앞의 책(1988), 151쪽 ; 정재윤, 앞의 글(1999), 77쪽)로 나뉜다.

105) 이희관, 앞의 글(2000), 213~218쪽.

106) 주) 77 참조.

형성되었는데 그 대표적인 세력이 곤지계와 한동안 세력을 잃고 재기의 틈을 엿보던 진씨세력 등을 들 수 있다. 예컨대 곤지의 아들인 동성왕대에 활동한 유력한 귀족으로서 해구의 반란을 토평하는데 공을 세운 좌평 眞男과 덕솔 眞老(D-②), 남제에 파견된 조공사 내법좌평 沙若思,[107] 위사좌평 苩加,[108] 490년의 수작자 중에 姐瑾·餘古·餘歷·餘固[109] 등을 들 수 있다.

이처럼 곤지계로 분류될 수 있는 세력으로는 왕족과 진씨세력, 저씨, 그리고 금강유역에 기반을 둔 사씨와 백씨세력 등을 들 수 있다. 특히 진씨세력은 근초고왕대 이후 한동안 왕비족으로서의 성세를 나타냈으나 천도 이후 충남 직산일대에 이수하여 이곳에 세력기반을 갖고 있었다.[110]

이러한 반해구세력은 곤지와 문주왕의 살해에 대한 진상 규명을 촉구하고 아울러 해구의 전횡에 대해 문제를 제기하였다. 시간이 갈수록 해구에 반대하는 분위기가 점차 고조되었고 이를 틈타 반해구세력이 점차 결집되면서 해구는 더욱 고립되는 형국이 되었다. 이에 세가 불리해진 해구는 반해구세력이 결집되어 있던 웅진성보다는 그의 세력기반인 대두성으로 옮아가서 반란을 일으켰다. 이때 해구 진영에 가담하여 반란을 도운 세력은 恩率 燕信이었다. 연신은 湯井城[111]에 기반을 둔 연씨세력으로서 신진세력에 해당한다.

연신이 해구 진영에 가담하게 된 것은 지역적으로 해씨의 세력기반인 대두성과 가까운 곳에 위치하고 있었던 점을 들 수 있다. 그리고 해씨세력의 경우 남천한 웅진 지역에 기반이 없어 재지세력의 도움이 필요하였고, 반면 연씨세력은 중앙 정계에 진출하기 위해서 해씨세력의 도움이 필요하였다.

---

107) 『삼국사기』 권26 백제본기 4 동성왕 6년 7월.
108) 『삼국사기』 권26 백제본기 4 동성왕 8년 2월.
109) 『남제서』 권58 열전39 동남이 백제국.
110) 주) 17 참조.
111) 연씨의 세력기반은 탕정성 즉 현재 아산시 온양일대로 비정되며(이기백, 앞의 글(1978), 16쪽), 아산시 읍내동에 있는 읍내동산성으로 비정하는 견해도 있다(유원재, 앞의 글(1992), 67~68쪽).

두 세력은 고구려의 침입을 방어하기 위해 웅진 북쪽의 전략적 요충인 아산 지역에 웅거하고 있었기 때문에 군사적 기반을 갖고 있었다. 해구가 중앙이 아니라 대두성으로 옮겨와서 반란을 일으키게 된 것은 이러한 군사적 기반을 활용하기 위해서였을 것이다.

해구의 반란에 대항하기 위해 토벌군이 조직되었는데 진씨세력이 중심을 이루었다. 좌평 진남이 거느린 군사 2천 명이 토벌에 나섰으나 실패한 것으로 보면 해구 진영의 군세는 나름대로 강성했던 것으로 보인다. 다시 토벌군은 덕솔 진로가 거느린 5백 명으로 증원하여 해구의 반란군을 공격해 나가자 이에 반란군들은 궤멸되고 해구는 격살되었다. 해구 진영에 가담한 연신은 고구려로 도망함으로써 사실상 해구의 반란은 진압되고 말았다. 해구의 반란이 진압된 후 그 연루자와 가족들은 처형당하였고, 아울러 해씨의 세력 근거지였던 대두성 주민들은 이 사건에 연루되어 斗谷[112]으로 강제 사민당하였다.

이와 같이 해구의 반란이 종식되자 곤지계와 진씨세력이 정국 운영의 주도 세력으로 부상하는 가운데 금강유역에 기반을 가진 신진세력의 역할이 점차 두드러지는 계기가 되었다. 이후 즉위한 곤지계인 동성왕과 무령왕이 백제의 당면과제인 왕권 강화를 실현하기 위한 노력을 기울이면서 중흥 정치를 지향해 나가게 되었다.

『웅진도읍기의 백제』, 백제문화사대계 연구총서4, 2007

---

112) 두곡을 지금의 공주 두곡역이나 서천의 두곡역으로 보기도 하지만(천관우, 「삼한의 국가형성」 『한국학보』3, 1976, 130쪽), 고구려와의 접경지역임을 감안할 때 이 견해를 받아들이기 어렵다. 여기서 斗谷은 고구려와의 접경지역에 위치하고 있는 점을 고려할 때 차령산맥 이남의 어느 지점일 것 같으나 분명치 않다.

泗沘遷都와 그 배경

1. 머리말

백제가 금강유역인 熊津으로 천도를 하게 된 것은 475년 고구려군의 한성 공격에서 비롯되었다. 이 공격으로 백제는 蓋鹵王(455~475)이 사로잡혀 전사하고 도읍지 漢城을 포함한 한강유역을 고구려에 의해 송두리째 빼앗기게 되면서 부득이 남천을 하게 된 것이다. 1개월 정도의 짧은 기간에 불과하였지만 정치적·군사적·경제적 이해관계를 십분 고려하여 웅진 천도를 단행하게 되었다. 웅진 천도로 인하여 방어에 유리한 군사적 측면은 충족시킬 수 있었지만, 천도 직후부터 일어난 일련의 정정 불안과 왕권의 쇠약, 금강의 범람으로 인한 잇달은 자연 재해의 발생과 막심한 피해, 그리고 협소한 도성 기반의 기능 등의 요인으로 인해 재천도의 여지를 남기게 되었다. 이러한 웅진 왕도의 한계를 극복하기 위해서 단행된 것이 538년의 泗沘遷都이다.

사비천도는 단기간에 임기응변적으로 단행된 웅진천도[1]와는 달리 聖王(523~554)이 약화된 왕권을 회복하고 국가체제의 면모를 일신하기 위해 계획적으로 추진하였다는 점에서 백제사상 큰 의미를 지닌다고 하겠다. 사비천도의 배경과 추진 과정의 해명은 성왕대에 추진된 이른바 中興政治의 내용과 성격을 규명하는데 관건이 될 뿐 아니라 威德王(554~598)과 武王(600~641), 그리고 義慈王代(641~660) 집권 전반기로 이어지는 한국 고대 집권국가의 한 정치개혁 모델을 제시해 주고 있는 점에서 우리의 관심과 주목을 끌고 있다.

지금까지 사비천도에 관한 연구는 관련 사료의 부족에도 불구하고 주로 정치사적 측면과 고고학적 측면에서 나름대로 많은 성과를 온축해 왔다. 정치사 측면에서는 천도 배경이나, 천도 추진 과정과 그 역사적 의미, 그리고 그 추진세력 등이 주로 검토되어 왔고,[2] 고고학 측면에서는 주로 사비도성과 나성의 축조, 그리고 도성의 구획 문제 등을 중심으로 한 연구[3]가 진행되어 왔다.

이에 따라 웅진시대 東城王代(479~501)에 이미 사비천도 계획이 마련되었으며, 성왕대 초반에 사비도성이 축조되면서 사비 천도가 본격화된 것으로 보는 것이 지배적이다. 이러한 견해는 동성왕대에서 성왕대에 이르는 왕권의 강화와 대외관계의 변화 추세에 비추어 볼 때 나름대로 타당한 일면이

---

1) 웅진 천도를 백제의 내부 사정에 의하여 계획적으로 이루어진 것으로 보기도 하지만(이남석, 「웅진지역 백제유적의 존재의미 -백제의 웅진천도와 관련하여-」『백제문화』26, 1997, 26~31쪽 ; 김수태, 「웅진성의 변천」『백제문화』30, 2001, 149쪽), 475년 고구려의 한성 공함이 주요 요인이라는 점(田中俊明, 「百濟都城と公山城」『백제문화』31, 2002, 126쪽), 천도 자체가 지배세력들 사이의 이해관계로 인해 추진되기 어려운 점, 그리고 불과 한 달 못되는 단기간에 이루어진 점 등을 고려하면 임기응변적으로 이루어진 것으로 볼 수 있다.

2) 사비천도에 관한 정치사적 측면에서의 주요 연구성과는 다음과 같다. 노중국, 「백제왕실의 남천과 지배세력의 변천」『한국사론』4, 1978 ;『백제정치사연구』, 일조각, 1988 ; 김주성, 「백제 사비시대 정치사연구」전남대박사학위논문, 1990 ; 양기석, 「백제 성왕대의 정치개혁과 그 성격 -전제왕권의 성립문제와 관련하여-」『한국고대사연구』4, 1991 ; 유원재, 「웅진시대의 사비경영」『백제문화』24, 1995 ;『웅진백제사연구』, 주류성, 1997 ; 정재윤, 「웅진시대 백제 정치사의 전개와 그 특성」서강대박사학위논문, 1999 ; 윤수희, 「백제 사비천도의 배경과 성격」『삼국시대연구』1, 학연문화사, 2001 ; 이도학, 「백제 사비 천도의 재검토」『동국사학』39, 2003 ; 김수태, 「백제의 천도」『한국고대사연구』36, 2004 ; 강종원, 「백제 사비도성의 경영과 왕권」『고대 도시와 왕권』, 충남대 백제연구소, 서경, 2005.

있으나 웅진시대의 사비지역에 대한 관심과 개발에 대한 문제와 성왕이 사비 천도를 추진한 직접적인 배경, 그리고 천도에 협조한 추진 세력 등에 대해서는 아직 해명해야 할 과제가 남아있다. 그리고 천도문제는 입지조건 이외에 주도세력의 과단성있는 추진력과 적절한 시기 선택 등에 의해 결정되는 만큼 과연 지배세력들 간에 첨예한 이해관계가 얽힌 천도 문제를 여러 대에 걸쳐 지속적으로 추진할 수 있겠는가에 대해 일말의 의문이 든다.

따라서 이 글에서는 먼저 동성왕대부터 사비 경영이 추진되어 왔다고 하는 기존 견해를 검토해 보고 이와 관련하여 웅진시대 백제왕들이 갖고 있었던 사비지역에 대한 관심과 위상을 단계적으로 섬토해 볼 예정이다. 이어 성왕이 천도를 추진한 시기와 배경을 살펴보고 아울러 그 추진세력을 고찰할 예정이다. 그럼으로써 성왕이 사비 천도를 통해 구현하고자 했던 백제국가의 웅비를 엿볼 수 있을 것이다.

2. 東城·武寧王代의 사비지역에 대한 관심

1) 東城王代의 사비지역

웅진시대에 사비지역이 어떠한 비중을 가졌으며, 어떠한 재지세력이 존

---

3) 고고학적 측면에서의 주요 연구 성과는 다음과 같다. 윤무병·성주탁, 「백제산성의 신유형」『백제연구』8, 1977 ; 홍재선, 「백제사비성연구」 동국대석사학위논문, 1981 ; 성주탁, 「백제사비도성연구」『백제연구』13, 1982 ; 「백제사비도성 재착 -발굴자료를 중심으로-」『국사관논총』45, 1993 ; 유원재, 「사비도성의 방비체제」『공주교대논총』24, 1988 ; 윤무병, 「산성·왕성·사비도성」『백제연구』21, 1990 ; 田中俊明, 「왕도로서의 사비성에 대한 예비적 고찰」『백제연구』21, 1990 ; 심정보, 「백제 사비도성의 성곽 축조시기에 대한 고찰」『고고역사학지』11·12, 1996 ; 박순발, 「사비도성의 구조에 대하여」『백제연구』31, 2000 ; 국립부여문화재연구소편, 『사비도성과 백제의 성곽』, 서경문화사, 2000 ; 『백제도성의 변천과 연구상의 문제점』, 제3회 문화재학술대회요록, 2002 ; 서정석, 『백제의 성곽 -웅진·사비시대를 중심으로-』, 학연문화사, 2002.

재하였는지에 대해서는 관련 사료의 부족으로 알 수는 없다. 다만 사비지역이 웅진시대 백제 왕실로부터 주목을 받기 시작한 시기는 동성왕대부터임이 다음의 사료를 통해 확인이 된다.

> A-① 9월에 (동성)왕은 나라 서쪽의 사비벌판에서 사냥하고 燕突을 達率로 삼았다. [『삼국사기』 26 백제본기 4 동성왕 12년, 490]
> ② 겨울 10월에 (동성)왕이 사비의 동쪽 벌판에서 사냥하였다. 11월에 웅천의 북쪽 벌판에서 사냥하였고, 또 사비의 서쪽 벌판에서 사냥하였는데 큰 눈에 막혀 馬浦村에서 묵었다. [앞의 책, 동성왕 23년, 501]

위 기사에 의하면 동성왕이 사비지역에서 3차례에 걸쳐 사냥을 한 것으로 나타나고 있다. 동성왕은 "담력이 남보다 뛰어나고 활을 잘 쏘아 백발백중이었다"라고 평한 『삼국사기』 기사에서 보듯이[4] 사냥을 매우 좋아하는 군주였음을 알 수 있다. 실제로 동성왕 5년(483)에는 웅진 북쪽에서 사냥을 하여 신비스러운 사슴을 잡은 적이 있었고,[5] 동성왕 14년(492) 牛鳴谷에서의 사냥에서는 손수 사슴을 쏘아 맞힐 정도로[6] 뛰어난 활솜씨를 보여주기도 하였다. 『삼국사기』 백제본기 동성왕대 기사에서 왕이 사냥을 한 7차례[7] 중 사비지역에서만3차례가 행해질 정도로 빈번했을 뿐 아니라 그의 말년인 동성왕 23년(501)에는 웅진과 사비지역을 넘나들면서 사냥을 집중 실시한 것으로 드러났다. 이때의 사냥에서는 동성왕이 加林城主 苩加가 시킨 자객에 의해 사비의 馬浦村에서 살해당하기도 하였다. 동성왕은 사비지역뿐 아니라 熊津 · 漢山城(직산[8]) · 牛鳴谷 · 牛頭城과 같이 대부분 왕도인 웅진과 그 인근지역에서 사냥을 한 것으로 드러났다.

---

4) 『삼국사기』 권26, 백제본기 4, 동성왕 즉위년.
5) 앞의 책, 동성왕 5년 하4월.
6) 앞의 책, 동성왕 14년 동10월.
7) 동성왕이 사냥을 실시한 지역은 漢山城(동성왕 5년), 웅진(동성왕 5년 · 23년), 牛鳴谷(동성왕 14년), 牛頭城(동성왕 22년), 사비(동성왕 12년 · 23년 2차례)로 모두 7회 실시하였다.

이처럼 동성왕대에는 사비지역이 어떠한 상태로 개발되어 있었는지에 대해서는 알 수 없지만 왕실에서 자주 사냥을 할 정도로 사비지역에 대해 높은 관심을 가지고 있었음을 알 수 있다.

그러면 동성왕이 사비지역에서 사냥을 자주 실시한 이유는 무엇일까? 이를 동성왕이 사비천도를 준비해 온 것과 관련시켜 보는 견해가 지배적이다.[9] 그 주요 근거로 동성왕이 사비지역에서 빈번히 실시한 사냥의 기능에 주목하고 있다. 즉 동성왕의 사비지역 사냥을 그 여러 기능[10] 중에서 천도 후보지 물색을 위한 사전답사적 성격을 가진 것으로 보고 있다. 그 의도에 대해서는 웅진시대에 연이어 발생한 대홍수 피해를 극복하기 위한 수단의 일환으로 사비지역에 관심을 갖게 된 것으로 이해하기도 하고,[11] 또는 새로운 왕도의 세력기반을 공고히 하려는 정치적 의도에서 비롯된 것으로 보기도 한다.[12]

동성왕대의 사비천도 준비 사실에 대한 또 다른 근거로 동성왕 23년

---

8) 동성왕대의 한산성은 직산으로 비정된다. 직산에 대해서는 『三國遺事』 권1, 왕력1 백제조에는 "都慰禮城 一云 蛇川 今稷山"이라 하여 위례성으로도 불리웠는데 이를 웅진 천도 이후 옮겨진 한성으로 보고 진씨의 세력 기반이라 하였다(이기백, 「웅진시대 백제의 귀족세력」『백제연구』9, 1978, 15쪽).

9) 동성왕대 사비천도 준비설은 노중국에 의해 먼저 제기되었고(「백제왕실의 남천과 지배세력의 변천」『한국사론』4, 1978, 93~95쪽 ; 『백제정치사연구』, 일조각, 1988, 166쪽), 이후 이기백(「웅진시대 백제의 귀족세세력」『백제연구』9, 1978, 19쪽), 심정보(「백제 사비도성의 성곽 축조시기에 대한 고찰」『고고역사학지』11 · 12, 1996, 79~80쪽) 등에 의해 논리가 보강되어 현재까지 많은 지지를 얻고 있다. 필자도 한때 이 설을 근거로 성왕대의 정치개혁 문제를 접근하였으나(앞의 글(1991), 80쪽), 동성왕 당시의 대내외적 정황을 검토해 볼 때 이 설이 성립되기 어려운 것으로 보게 되었다(후술).

10) 고대사회에서 사냥행사는 영토 확인, 순무, 군통수권 확인과 군사 훈련, 종교적 의식 거행 등의 기능을 가진 것으로서 국가저으로 매우 중요한 행사였으며, 이를 통해 국왕의 세력 기반을 공고히 하려는 정치적 의도를 가진 것으로 이해된다(신형식, 「순행을 통해 본 삼국시대의 왕」『한국학보』25, 1981, 36쪽 ; 김영하, 「삼국시대 왕의 통치형태 연구」고려대 박사학위논문, 1988, 57쪽).

11) 윤수희, 앞의 글(2001), 253쪽.

12) 김용선, 「고구려 유리왕고」『역사학보』87, 1980, 58쪽.

(501)에 加林城을 쌓고 여기에 衛士佐平 苩加를 성주로 임명한 기사[13]를 제시하고 있다. 가림성은 현재 부여 임천의 聖興山城으로 비정되는데 사비도성 방어의 중요 요충이라는 점에서 가림성의 축조와 경영을 사비천도 준비작업의 일환으로 이해하고 있다.[14] 이때 가림성주로 임명된 백가는 동성왕의 측근세력이면서도 병을 구실로 응하지 않았으나, 동성왕이 이를 강제로 파견한 것은 바로 사비지역에 대한 동성왕의 특별한 관심에서 비롯되었다고 하였다.

또하나의 근거로 제시된 것이 동성왕 8년(486)에 축조된 牛頭城의 존재[15]이다. 우두성은 501년 가림성주 백가가 동성왕을 죽이고 반란을 일으킬 때 무령왕이 이를 토벌하기 위해 일시 주둔한 군사적 요충이다. 우두성을 '소머리' 모양으로 생긴 포곡식 산성이란 점에 착안하여 부여 부소산성으로 비정하고 있는데 우두성의 축조를 바로 동성왕의 사비지역 경영의 일환으로 파악하고 있다.[16]

이처럼 동성왕대에는 부여 부소산성인 우두성을 비롯하여 나성의 축조 등 사비도성 방어시설이 거의 갖추어지면서 사비천도 준비가 마무리된 것으로 파악하였다.[17] 동성왕이 사비 천도를 준비한 이유로는 웅진천도 직후에 야기된 왕권의 쇠약을 극복하기 위한 목적, 금강을 통한 대외활동상의 이점, 웅진도성의 협소성, 그리고 잇달은 금강의 범람 등을 들고 있다.

그밖에 동성왕대의 사냥 실시 문제를 동성왕 집권후반기의 대내외적 정책 변화와 관련시켜 이해하는 견해도 있다. 즉 동성왕이 497년에 실권귀족이었던 眞老가 사거한 후 신진세력 燕突을 병관좌평에 임명하면서[18] 집권

---

13) 『삼국사기』 권26, 백제본기 4, 동성왕 23년 8월.
14) 유원재, 「백제 가림성 연구」 『백제논총』5, 1996, 82~83쪽 ; 심정보, 앞의 글(1996), 80쪽 ; 「백제 사비도성의 축조시기에 대하여」 『사비도성과 백제의 성곽』, 서경문화사, 2000, 91~92쪽.
15) 『삼국사기』 권26, 백제본기 4, 동성왕 8년 7월.
16) 심정보, 앞의 글(1996), 81~82쪽 ; 앞의 글(2000), 95쪽.
17) 심정보, 앞의 글(2000), 100쪽.

전반기와는 달리 적극적인 남방정책을 추진하는 가운데 사비천도 계획이 마련된 것으로 보는 견해[19]가 그것이다. 동성왕 집권 초기에는 수렵지역이 한성이라는 점에서 북방계인 진씨세력과 제휴하여 북방지역에 관심을 가졌으나, 진씨세력 眞老의 사거 이후에는 연씨세력 연돌의 대두로 인해서 남방정책을 추진하는 등 정책의 전환이 있었다는 것이다. 동성왕의 사비천도 추진은 충북 내륙방면으로 진출해 오는 신라와 갈등을 빚었을 공산이 크며 沙井城(498)과 炭峴(501)에 성책을 축조한 것은[20] 바로 사비천도를 염두에 둔 방어용 성격을 가진 것이라 하였다.

이상으로 검토한 바와 같이 동성왕대 사비천도 준비설은 동성왕내에 빈번히 실시한 사냥 기사에 공통적으로 근거하여 입론되었으며, 그밖에 동성왕대에 축조된 가림성과 우두성 관련 기사 및 연돌의 병관좌평 임명에 따른 남방정책 추진 등에 근거하고 있음을 살펴보았다. 이러한 동성왕의 사비천도 준비설은 관련 사료의 절대 부족에도 불구하고 웅진 직후부터 야기되어 온 정정불안과 왕권쇠약을 극복하려는 노력을 동성왕대의 왕권강화책과 관련하여 파악한 점에서 타당한 일면이 있는 것으로 받아들여져 왔다.

그러나 동성왕대 당시 사비지역이 왕도 웅진지역과 어떤 관계에 있으며, 또한 어떠한 상태에 있었는가에 대한 면밀한 검토 없이 사냥 관련 기사를 사비천도 문제와 직접 연결시키는 데에는 논란의 여지가 생긴다. 그리고 동성왕대의 정국 상황을 고려하여 어떠한 배경과 추진세력의 주도 하에 사비천도가 이루어졌는가에 대한 천도추진 과정에 대한 검토가 필요하다.

이러한 동성왕대 사비천도 계획설은 근거가 아직 불충분하다는 점에서 이에 대한 반론이 몇가지 측면에서 제기되었다. 즉 동성왕대의 사냥 대상지가 왕도 웅진을 중심으로 그 사방 외곽 지역에서 이루어진 것이고, 그 목적은 왕도 외곽에 대한 안정적 지배를 위해 실시한 것이기 때문에 사비지역

---

18) 『삼국사기』 권26, 백제본기 4, 동성왕 19년 5월.
19) 정재윤, 「웅진시대 백제사연구의 성과와 과제」 『백제문화』33, 2004, 27쪽.
20) 『삼국사기』 권26, 백제본기 4, 동성왕 20년 7월 및 23년 7월.

사냥을 천도와 직접 관련시키기는 어렵다는 것이다.[21] 그리고 가림성 축조와 백가의 파견은 중앙귀족세력에 대한 재편성 작업의 일환이었으며, 동성왕대의 웅진교와 성곽 축조는 왕도의 정비와 웅진성 방어체제의 일환으로 추진된 것이기 때문에 동성왕대에는 적어도 천도할 계획이 없는 것으로 보고 있다.[22]

그러면 위와 같은 비판점을 토대로 하여 동성왕대의 사비지역에 대한 관심 정도를 파악하여 사비천도 준비 실현 여부를 검토해 보기로 하자.

동성왕대의 사비지역은 어떠한 상태였는지에 대해서는 관련 자료의 부족으로 잘 알려져 있지 않다. 다만 538년 성왕이 사비로 천도하기 이전에의 사비지역은 습지가 많은 미개발지였던 것으로 알려져 있다.[23] 이러한 자연환경으로 인하여 사비지역에는 좋은 사냥터가 형성되어 있었을 것이다. 동성왕 대에 사비지역에서 빈번히 사냥행사를 실시한 것이 그 좋은 예이다. 동성왕이 사비지역에 자주 사냥을 나간 것은 이곳이 지리적으로 금강 물줄기를 따라 웅진 남쪽의 가까운 곳에 위치한 웅진의 배후지역인데다가 사냥을 매우 좋아하는 왕의 습성과 취향에 따른 행적의 일환으로 볼 수 있다. 그리고 이곳은 백제 왕실에서 특별히 경계해야 할 큰 재지세력이 없는데다가 왕실에서 관리하는 소택지를 포함한 넓은 보유지가 있었기 때문에 주요 사냥지로서 기능했을 것으로 이해된다. 『삼국사기』 백제본기를 통해 백제왕들의 주요 사냥터를 정리하면 다음과 같다.

> B-① 11월에 (비류)왕은 狗原의 북쪽에서 사냥을 하였는데 손수 사슴을 잡았다. [비류왕 22년. 325]
> ② 8월에 다시 橫岳의 서쪽에서 사냥을 하였다. [진사왕 7년, 391]
> ③ 겨울 10월에 (진사)왕이 狗原에서 사냥하였는데 열흘이 지나도 돌아오지 않

21) 이도학, 앞의 글(2003), 33~35쪽.
22) 서정석, 앞의 책(2002), 128~129쪽 및 이도학, 앞의 글(2003), 36쪽.
23) 박순발, 「웅진 천도 배경과 사비천도 조성 과정」 『백제도성의 변천과 연구상의 문제점』, 국립부여문화재연구소, 2002, 63쪽.

왔다. 11월에 왕이 구원행궁에서 죽었다. [진사왕 6년, 390]

④ 여름에 큰 한재가 들어 벼모가 말라죽음으로 (아신)왕은 친히 橫岳에서 제
사하였는데 곧 비가 왔다. [아신왕 11년, 402]

위 기사에서 보듯이 백제 왕들은 한성도읍기에 橫岳(북한산[24]), 狗原(경
기도 양주 풍양[25]) 등과 같이 왕도 근처에서 사냥을 빈번히 실시한 것으로
드러났다. 그밖에 『삼국사기』 백제본기에서 나오는 한성도읍기의 사냥터로
는 西海大島(강화도),[26] 釜山(평택 진위)[27] 등이 있었는데 이곳도 왕도에서
그리 멀리 떨어지지 않은 곳에 위치힌다. 그 중에서 횡악은 사냥 행사뿐 아
니라 가뭄 때 기우제를 지내는 종교적인 성소로 기능하고 있었음을 보여주
고 있다(B-④).

국왕이 사냥 행사를 실시한 곳은 적어도 사냥 대상인 사슴이나 조류가
서식하기에 적합한 야산지대이거나 또는 갈대가 무성한 배후습지였을 것으
로 보인다. 이곳은 사람이 거주하기 어려운 황무지일 가능성도 있지만, 왕
이 사냥을 위해 자주 행차할 뿐 아니라 산천에 제사를 드릴 정도의 종교적
성소 역할을 하고 있었던 점에서 볼 때 국가나 왕실에서 관할하는 직할지로
볼 수 있다.[28] 설령 국가나 왕실 소유의 땅이 아니더라도 이 지역 재지세력
의 영향력이 비교적 적게 작용하던 공간이었을 것이다.

당시 사비지역이 생산기반으로 연결될 수 있는 경작지가 아직 조성된 상
태는 아니었지만, 백마강 유역 일대에는 넓은 소택지와 배후습지가 형성되
어 있어서 사냥하기에는 아주 적합한 지역이었을 것이다. 동성왕이 사비지

---

24) 金正浩, 『大東地志』 권1, 漢城府, 山水・典故 ; 金瑛河, 「三國時代 王의 統治形態 硏究」,
　　고려대 박사학위논문, 1988, 38~39쪽.
25) 酒井改藏, 「三國史記 地名考」 『朝鮮學報』 54, 1970, 46쪽.
26) 『삼국사기』 권24, 백제본기 2, 고이왕 3년 10월.
27) 『삼국사기』 권24, 백제본기 2, 고이왕 5년 2월. 釜山은 현재 경기도 평택시 진위면에 해당
　　한다(『삼국사기』 권35, 지리2 한주 唐恩郡 振威縣).
28) 양기석, 『백제의 경제생활』, 주류성, 2005, 24쪽.

역의 사냥 행사를 통해 자신의 취향과 욕구를 충족시킬 수 있고 또한 정국 현안문제를 타개할 수 있는 대책을 구상했을 수도 있었을 것이다.

동성왕대에는 사냥행사를 통해 말갈 침입에 따른 한산성 군민에 대한 위무[29]와 燕突의 達率 기용[30]의 사례가 나타나고 있어 민심수람을 위한 위무와 인사 임명이 행해지고 있었음을 알 수 있다. 특히 동성왕 12년(490)에 사비서원에서 사냥을 실시하여 연씨세력 연돌을 달솔에 발탁한 점은 진씨와 같은 구귀족세력을 견제하여 자신의 친정체제 기반을 공고히 하려는 의미를 가진 조치라 할 수 있다.

이후 동성왕 19년(497)에 실세귀족 眞老가 죽자 신진세력 연돌을 병관좌평으로 삼아 병권을 장악케 하는 조치로 연결되고 있다. 그리고 동성왕 23년에 사냥을 실시한 泗沘東原을 현재의 부여 능산리 지역으로 본다면 이곳은 제사의례와 관련된 중요한 종교적 의식이 거행되는 성소로서의 기능을 가진 곳으로 볼 수 있다.[31] 동성왕대의 사비지역은 사냥행사를 통해 국태민안의 기원을 담은 誓事的 행위가 행해지는 신성한 祭場으로 인식될 정도의 큰 관심을 끌던 지역이었음을 보여주고 있다. 이곳은 사비천도 이후 동나성의 중요 시설인 동문 시설과 위덕왕 14년(567)에 창건된 능산리 사원, 그리고 왕릉의 묘역인 능산리고분군이 설치될 정도로 사비도성에서의 중요한 聖所로서 위치하고 있다는 점에서 중요한 의미를 가진다.

이와 같이 동성왕대의 사비지역은 선주 취락이 크게 형성되어 있지 않은 아직 미개발지역으로 남아있었고, 왕도 인근에서 국왕이 실시하는 주요 사냥터로서 기능하고 있었음을 알 수 있다. 그럼에도 불구하고 동성왕이 사냥행사를 빈번히 실시하여 왕권 강화 추진이라는 정국의 현안문제 해결책 모색과 誓事的 행위가 행해지는 신성한 祭場으로 높게 인식하고 있었음을 알

---

29) 『삼국사기』 권26, 백제본기 4, 동성왕 5년 봄.
30) 『삼국사기』 권26, 백제본기 4, 동성왕 12년 9월.
31) 近藤浩一, 「부여 능산리 나성축조 목간의 연구」 『백제연구』 39, 2004, 121~122쪽.

수 있다.

다음으로 검토해야 할 문제는 동성왕대에 실시한 여러 성책에 대한 축성 사업일 것이다. 동성왕대에 실시한 각종 치수토목공사 중에서 사비지역과 관련하여 주목되는 성책 관방시설이 바로 우두성과 가림성 축조일 것이다. 이 성의 축조 목적 여부가 동성왕대의 사비 경영여부를 판단하는데 중요한 요소가 되고 있다.

먼저 牛頭城은 동성왕 8년(486)에 처음 축조되고 동성왕 22년(500)에는 이곳에서 사냥 행사를 추진하였으나 우박으로 중단된 적이 있는 곳이다.[32] 동성왕대에는 우두성이 적어도 정치적으로나 군사적으로 중요한 역할을 한 곳으로 판단된다. 우두성의 위치를 부여 부소산성으로 비정하여 동성왕대 에 사비천도를 추진했던 주요 근거로 제시하는 견해가 있다.[33] 즉 우두성을 '소머리' 모양으로 생긴 형태에 주목하여 부여 부소산성으로 비정하고 있 으나, 우두성과 유사한 성의 명칭이 사료상에 여러 곳에 나오고 있고, 또한 그 명칭을 성의 형태와 관련시키는 점은 설득력이 약하다. 그리고 지금까지 조사된 고고학 자료에 의거하여 부소산성과 나성의 축조시기를 검토해 볼 때 과연 동성왕대에 이들 방어 시설들이 축조되었을까에 대해서는 의문이 생긴다.

부소산성의 시축시기에 대해서는 현재까지 많은 논란이 있지만, 대체적 으로 527~528년 무렵인 것으로 보는 견해가 지배적이다. 1988~1991년 사이 에 부여 부소산성 동문지 조사에서 '大通' 명이 새겨진 기와편이 수습되어[34] 그 축조연대의 단서를 얻게 되었기 때문이다. 이 기와는 공주 반죽동에 있 는 大通寺址에서도 수습된 바 있다.[35] 다만 이 '大通'이란 이름이 절의 명 칭인지 아니면 梁의 연호인지 대해서는 논란이 있지만, 『삼국유사』의 대통

---

32) 『삼국사기』 권26, 백제본기 4, 동성왕 8년 7월 및 22년 4월.
33) 주) 16 · 17 참조.
34) 최맹식 외, 『부소산성발굴조사중간보고』, 국립부여문화재연구소, 1995, 264쪽.
35) 이남석, 「백제 대통사지와 그 출토유물」 『호서고고학』 6 · 7, 2002.

사 창건에 관한 기사[36]에 의거해 볼 때 양무제 때 대통이란 연호가 사용된 시기인 527~528년 즉 성왕 5년이나 6년에 해당하는 시기로 보는 것이 지배적이다.[37]

따라서 부소산성의 축조는 동성왕대가 아니라 성왕 5년이나 6년에 해당하는 527~528년에 축조된 것으로 보는 것이 보다 설득력이 있다. 동성왕대의 사비지역이 배후습지가 많은 미개발지역이고 인구도 적었던 지역이라는 점을 고려해 보면 이곳에 굳이 성곽을 쌓아 천도를 준비할 필요는 없었을 것이다.

반면 우두성의 위치를 한산의 건지산성으로 보는 견해가 있으나,[38] 이곳에서는 백제계 유물이 별로 출토되지 않고 있어 이 또한 우두성으로 연결시키기는 어렵다. 우두성은 공주에서 부여지역에 이르는 관방시설과 교통로 등을 검토해 볼 때 청양읍의 우산성으로 보는 것이 보다 설득력이 있어 보인다. 우산성은 청양읍 북쪽 진산인 우성산에 위치한 테뫼식산성으로 둘레 956m에 달한다. 이곳에서 격자문·승석문·물결무늬가 시문된 백제계 토기가 출토되었다.[39] 청양 우산성은 공주 - 우성면 - 정산 - 청양에 연결되는 곳에 위치하고 있으며, 이곳에서 부여 은산을 거쳐 부여읍이나 임천 성흥산성으로 연결되는 지리적 요충에 있다.

우두성은 동성왕 8년(486) 7월에 처음 축조되었고, 그 후 동성왕이 이곳에서 사냥을 실시할 정도로 동성왕대 군사적으로 중요한 의미를 가진 지역이었다. 이 성은 백가의 난이 일어나자 무령왕이 한때 주둔하여 백가의 난을 진압하는데 전진 기지로 활용한 바 있는 곳이다. 이때 무령왕이 거느린 백제군이 웅진에서 사비지역의 가림성에 진격하는 데에는 평탄한 웅진-사

---

36) 『三國遺事』 권3, 興法3 原宗興法, "大通元年丁未 爲梁帝創寺於熊川州 名大通寺."
37) 박순발, 「사비도성의 구조에 대하여」『백제연구』31, 2000, 106쪽 ; 조원창, 「기와로 본 백제 웅진기 사비 경영」『선사와 고대』23, 2005, 213쪽.
38) 김정호, 『大東地志』 권5, 한산 성지.
39) 충청남도, 『문화유적총람(성곽 관아편)』, 1991, 196~197쪽 ; 공주대박물관·청양군, 『청양 우산성』, 2003.

비지역의 금강변 코스보다 산간지대가 많아 방어하기에 유리한 우두성(청양 우산성) 코스를 선택하였을 것이다.

이런 측면에서 우두성은 동성왕대의 사비 경영과 직접 관련시키기보다는 웅진시대에 웅진도성과 그 주변의 금강유역을 안정적으로 방어하기 위한 전략적 요충으로서 축성된 것으로 볼 수 있다.

다음으로 동성왕이 가림성을 축조하고 이곳에 위사좌평 백가를 파견하게 된 배경과 의도를 살펴보자. 가림성은 현재 부여군 임천면의 성흥산성으로 비정되는 곳으로 사비지역 일대의 금강유역을 방어하기 위한 전략적 요충지이다.[40] 동성왕이 이곳에 성을 신축하고 그의 측근이었던 衛士佐平 苩加를 성주로 파견하였으나 백가의 반발로 인해 도리어 사비지역에 사냥을 나온 동성왕이 마포촌에서 살해되기도 하였다.[41]

동성왕 20년(498) 이전에는 웅진도성과 그 부속 시설의 정비와 함께 왕도 주변에 환상으로 산성을 배치하는 위성방비체제를 구축해 왔다.[42] 이 시기에 새로 축조된 牛頭城(청양, 486), 沙峴城(공주 정안,[43] 490), 耳山城(490)은 왕도 웅진을 방어하기 위해 차령을 넘어 금강유역으로 통하는 요충에 설치된 것들이다. 그러나 496년부터는 대내외적 정세 변화에 따라 금강유역의 요충에다가 성책을 축조하면서 그 범위를 확대하고 있다. 이는 신라의 심상치 않는 동향에 대비하고 아울러 영산강유역의 지배력을 공고히 하려는 목적에서 비롯된 것이다. 대가야의 신라 접근과 신라의 내부적 성장으로 인해 기존의 제라동맹관계의 변화가 촉발된 것으로 판단된다.

496년 대가야가 신라에 꼬리 길이가 5자나 되는 흰 꿩을 보내 신라에 접

---

40) 가림성은 '加林城水陸之衝', '加林險而固 攻則傷士 守則曠日'(『삼국사기』 권28, 백제본기 6 의자왕 20년 唐 龍朔 2년 7월)이라고 표현하고 있는 것을 보면 이곳은 왕도 사비지역을 방어하기 위한 수륙의 요충지였음을 알 수 있다.
41) 『삼국사기』 권26, 백제본기 4, 동성왕 23년 11월.
42) 서정석, 앞의 책(2002), 100~101쪽.
43) 사현성은 현재 공주시 정안면 廣亭里山城에 비정된다(井上秀雄, 「朝鮮城郭一覽」 『朝鮮學報』104, 1982).

근한 것이 그 단서가 된 것 같다.[44] 그동안 신라와 대가야와의 관계는 〈광개토왕릉비문〉에 나타난 400년 경자년 작전, 가야를 경유하여 일어난 왜의 빈번한 침입, 그리고 가야의 전통적인 친백제정책 등으로 인하여 서로 적대적이거나 또는 소원한 편이었다. 이런 면에서 496년의 신라와 대가야의 교섭은 매우 이례적인 현상이라 할 수 있다. 이러한 대가야의 대외정책상 변화 계기는 백제 동성왕대의 친신라정책 추진과 깊은 관련이 있는 것으로 파악된다. 동성왕 즉위 초의 백제가 신라와의 동맹관계를 기조로 하여 대가야와 왜와도 긴밀한 우호 관계를 유지하였다.

백제와 신라 두 나라가 결혼관계와 군사동맹관계를 통해 제라동맹체제를 더욱 공고히 해 나가자 대가야는 백제의 친신라정책을 견제할 필요에서 496년 신라에 화호를 요청한 것으로 볼 수 있다. 이러한 신라와 대가야의 화호 요청에 대하여 백제는 민감한 반응을 보인 것이다. 496년과 497년에 고구려가 신라의 牛山城을 공격하여 이를 함락시켰을 때 종전과는 달리 백제의 신라 구원이 이루어지지 않았다.[45] 이러한 신라의 태도 변화에 대응하여 백제는 그 동쪽 변경지역의 요충인 沙井城[46]·炭峴[47]에 각각 성책을 설치하고 여기에 扞率 毗陁와 같은 신진세력을 배치하여[48] 신라에 대비하도록

---

44) 『삼국사기』 권3, 신라본기 3, 소지마립간 18년 2월.

45) 『삼국사기』 권3, 신라본기 3, 소지마립간 18년 7월·19년 8월.

46) 사정성은 현재 대전시 사정동에 비정된다(성주탁, 「대전부근 고대성지고」 『백제연구』5, 1974, 16쪽).

47) 탄현의 위치에 대해서는 여러 견해가 있다. ①충청남도 금산군 금산면 천내리와 충청북도 영동군 양산면 가선리설(大原利武, 「百濟要害地炭峴に就いて」 『朝鮮史講座·朝鮮歷史地理』, 1922, 88~90쪽), ②완주군 운주면 삼거리와 서평리와의 사이에 있는 炭峙설(小田省吾, 「上世史」 『朝鮮史大系』, 1927, 194쪽), ③부여 석성면 正覺里 숯고개설(今西龍, 『百濟史硏究』, 吉川弘文舘, 1934, 266쪽), ④대전 동구와 옥천 군북면 경계의 식장산 마도령설(이병도, 『역주 삼국사기』, 1977, 401쪽), ⑤완주군 운주면 薪伏里와 三巨里 사이의 쑥고개설(홍사준, 「탄현고 -계백의 삼영의 김유신의 삼도-」 『역사학보』35·36, 1967, 55~81쪽 ; 전영래, 「탄현에 관한 연구」 『전북유적조사보고』13, 1982, 276~289쪽), ⑥금산군 珍山面 校村里의 숯고개설(성주탁, 「금산지방성지 조사보고서」 『논문집』 제4권 제3호, 충남대학교 인문과학연구소, 1977, 29쪽) 등이 있다.

한 것이다.

　이어 498년에는 동성왕이 백제에 貢賦를 바치지 않는 耽羅를 정벌하기 위해 武珍州(광주)에 출정한 일[49]이 일어났다. 이때 백제군이 무진주에까지 이르는 루트는 지금의 공주에서 출발하여 부여에서 금강을 건너 익산 - 전주 - 광주에 이른 것으로 추정된다. 동성왕은 탐라 원정을 통해 금강유역을 안정적으로 확보할 필요성을 느끼고 그 교두보로서 사비지역의 전략적 중요성에 주목하였을 것이다. 수륙의 요충으로 사비지역을 공제할 수 있는 지금의 임천에 가림성을 쌓아 영산강유역으로 통하는 루트를 안정적으로 확보하려 하였다. 이런 면에서 볼 때 가림성은 백제의 영산강유역에 대한 안정적 지배를 관철시키기 위해 그 교두보로서 축성된 것으로 볼 수 있다.

　동성왕 말년인 501년에는 측근세력인 위사좌평 백가를 가림성주로 파견하였고, 동성왕 자신이 사비지역에 2차례나 연달아 사냥을 실시한 점이 이를 뒷받침해 준다. 동성왕이 그만큼 사비지역의 전략적 가치에 대해 큰 관심을 갖고 있었음을 보여주는 것이다. 그러면서도 동성왕은 병관좌평 연돌을 중용하는 대신 위사좌평 백가를 가림성에 파견하는 등 신진세력에 대한 개편을 단행하려는 의도를 갖고 있었다. 동성왕의 이러한 의도와는 달리 백가는 중앙의 요직인 위사좌평직과 자신의 세력기반인 웅진지역을 모두 버리고 가림성에 파견되는 것은 자칫하면 정치적 기반을 한꺼번에 잃게 될지 모른다는 우려를 갖게 되었다. 이에 백가는 병을 핑계로 사임하였으나 동성왕의 강권으로 어쩔 수 없이 부임지로 떠나가야만 했다. 고뇌에 빠진 백가는 왕의 측근이면서도 결국 자객을 보내 동성왕을 살해하게 되는데 이것이 동성왕 23년의 거사이다.

　그런데 동성왕이 가림성 축조와 사냥 실시를 통해 사비천도를 준비하였다면 백가의 서사는 이해되지 않는 부분이 생긴다. 백가가 가림성 성주로

---

48) 『삼국사기』 권26, 백제본기 4, 동성왕 20년 7월 및 23년 7월.
49) 『삼국사기』 권26, 백제본기 4, 동성왕 20년 8월.

파견된 것은 동성왕이 추진하고 있는 사비천도를 주도할 위치를 부여받았음을 뜻한다. 백가는 사비천도를 주도함으로써 장차 중흥공신으로서 뚜렷한 위상을 갖게 될 절호의 기회를 얻게 되는 셈이다. 그럼에도 불구하고 백가가 도리어 반기를 들고 동성왕을 살해한 점은 어쩌면 사비천도와는 관련이 없다는 것을 반증하는 것이 아닐까 한다. 그리고 동성왕대는 경제 상태의 악화로 인하여 사비천도를 추진할만한 충분한 경제적 여건이 되지 못했던 점을 고려해야 한다.

동성왕대에는 홍수와 가뭄과 같은 자연재해가 기승을 부릴 정도로 경제적 기반이 불안정하였다. 대규모 유민의 발생으로 인해 국가의 조세 수취나 역역 동원에 큰 영향을 미쳐 왕정의 인적 물적 기반이 크게 약화된 상태였다. 빈번한 자연재해와 농민들의 과중한 역역부담에 대해 별다른 대책을 마련하지 못한 채 농민들의 유리 현상만 더욱 조장되었고 국가는 국가대로 재정의 낭비를 초래하였던 것이다. 이에 따라 왕권의 지배력에 이탈하는 현상이 생겨났는데 동성왕 13년과 21년에는 극심한 가뭄으로 많은 유민들이 발생하여 신라와 고구려로 각각 도망해 간 일이 있었다.[50] 따라서 동성왕대에 경제적 뒷받침 없이 사비 천도를 추진하는 것은 현실적으로 어려웠을 것이다.

이와 같이 동성왕대에는 웅진과 그 주변에 성책을 축조하여 웅진도성의 방어체제를 구축하였으며, 나아가 대내외적 정세 변화에 따라 신라에 대한 대비책 마련과 영산강유역에 대한 지배력을 공고히 하려는 의도에서 사비지역에 대한 큰 관심을 가졌던 것으로 이해하였다. 이런 배경과 의도에서 가림성이 축조되었으며 이곳에 위사좌평 백가의 파견은 신진세력의 개편 차원에서 단행된 것으로 사비천도 추진과는 관련이 없음을 밝혔다.

그러나 동성왕대의 사비지역에 대한 빈번한 사냥 실시와 가림성 축조는 당시 미개발지역이었던 사비지역의 신도시 조영과 위상 확립에 큰 영향을 주어 후에 성왕이 적합한 천도 대상지로 결정하는데 토대를 마련하였다는

---

50) 『삼국사기』 권26, 백제본기 4, 동성왕 13년 7월 및 21년 여름.

점에 큰 의미를 찾을 수 있다.

2) 武寧王代의 사비지역

동성왕에 이어 武寧王代(501~523)에는 사비지역에 어떠한 관심을 갖고 있었는가에 대해서 관련 사료의 부족으로 분명히 밝혀져 있지 않다. 다만 무령왕대는 대외적으로 고구려와 치열한 전투를 벌이고 있을 정도로 한성 고토 수복에 큰 관심을 보이고 있는 반면 사비지역에 대한 관심은 상대적으로 석었을 것으로 생각된다. 무령왕대는 대고구려 공세 강화를 통해 불안정하지만 한강하류 유역을 확보할 수 있었고, 또한 '游食者 歸農' 조치를 통해[51] 경제적 기반을 확충한 시기였다. 이러한 무령왕대의 정치적 안정을 근거로 사비천도를 준비한 것으로 보는 견해가 대두되었다. 즉 무령왕이 양에 보낸 국서를 통해 "다시 강한 나라가 되었다[更爲强國]"는 기사를[52] 근거로 하여 무령왕 21년(521) 이후부터 사비천도를 준비한 것으로 상정하는 견해가 그것이다.[53] 무령왕은 고구려에 대한 국력의 자신감 고양을 기반으로 사비천도를 모색하였다는 것이다.

그러나 523년에 무령왕이 한성에 행차하여 한강 이북의 요충인 雙峴城[54]을 축조하는 등 여전히 한성지역에 대한 깊은 관심을 나타내 주고 있어서 사비천도를 추진할 수 있는 상황은 아니었을 것으로 생각된다. 또한 무령왕 재위 중에 지금의 공주 송산리고분에다가 자신의 壽陵을 만들기 시작한 점[55]도 고려할 필요가 있다. 무령왕릉의 연도 입구를 막은 벽돌 중에서 '□士壬

---

51) 『삼국사기』 권26, 백제본기 4, 무령왕 10년 정월.

52) 『梁書』 권54, 열전 48, 백제.

53) 서정석, 앞의 책(2002), 131쪽 ; 이도학, 앞의 글(2003), 41~42쪽.

54) 쌍현성은 장단 북쪽 望海山의 쌍령 부근으로 추정된다(문안식, 『백제의 흥망과 전쟁』, 혜안, 2006, 194~195쪽). 이곳은 개성[靑木嶺]과 연천 방면에서 공격하는 고구려군을 견제할 수 있는 군사적 요충이다.

55) 국립공주박물관, 『국립공주박물관 도록』, 2004, 78쪽 ; 권오영, 『무령왕릉』, 돌베개, 2005, 96쪽.

辰年作'이라는 명문이 발견되었는데 여기서 壬辰年은 무령왕 12년(512)에 해당한다. 무령왕이 재위 중에 이미 자신의 수릉을 조영한 것으로 보면 굳이 사비천도를 추진했을 가능성은 없어 보인다.

위와 관련하여 부여 능산리에서 출토된 목간에 나오는 '六部五方'이란 구절을 통해 무령왕대의 사비지역이 웅진 왕도조직의 別部로서 편입된 것으로 보는 견해가 있다.[56] 여기서 별부란 왕도의 5부 이외에 특별히 설치된 행정구역이라는 것이다.[57] 이 견해는 무령왕대에 왕도의 행정구역 편입을 통해 사비천도를 단계화하여 파악하고 있는 점에서 주목된다. 이 목간의 '六部五方'은 불교에 관한 현실적 성격이 강한 誓事的 지배이념을 담고 있는 것으로 파악하고 있다.[58]

그러나 백제는 음양오행사상에 따라 '五帝之神,'[59] '5부 5방제'와 같은 '5'와 관련된 제도를 선호하고 있어 6부의 존재를 입증해 주는 사실은 아직 확인되지 않는다. 그리고 『國語』「周語」下에 의하면 '六部五方'의 6은 하늘을, 5는 땅을 가르키는 수의 법칙과 관련이 있는 것[60]으로 볼 때 세계를 상징하는 용어임을 알 수 있다. 따라서 '六部五方'이란 구절은 불교의 불국토 영역관을 빌어 백제의 영역을 관념적으로 표현한 것으로 백제 웅진 도성의 행정구조를 그대로 반영하는 것으로는 받아들일 수는 없다. 또한 무령왕의 대외관계를 고려해 볼 때 한성고토에 대한 강한 의지가 엿보이기 때문에 사비천도를 추진할 상황이 아니었던 것으로 생각된다.

이처럼 무령왕대에는 사비천도를 추진할 만한 정치적인 배경이 충족되

---

56) 김수태, 「백제의 천도」『한국고대사연구』36, 2004, 46~49쪽.
57) 김주성, 「백제 사비시대의 익산」『한국고대사연구』21, 2001, 223~228쪽.
58) 近藤浩一, 「부여 능산리 나성축조 목간의 연구」『백제연구』39, 2004, 114~115쪽.
59) 『주서』권49, 열전 41, 이역상 백제.
60) 徐復觀, 「음양오행설과 관련 문헌의 연구」『음양오행설의 연구』(김홍경 편역), 신지서원, 1993, 75쪽. 김영심은 백제의 지방통치체제인 5부 5방제를 음양오행사상의 영향으로 보고 있다(「백제의 사비도성 체제정비의 사상적 기반」『백제 사비시대문화의 재조명』, 춘추각, 2006, 40쪽).

어 있지는 못하였지만, 단편적으로 사비지역에 대한 관심을 알려주는 고고학 자료가 있어 주목된다. 부여 정동리 A지구 가마터에서 출토된 전돌들과 부여 능산리 건물터에서 출토된 유리구슬 등이 그 근거가 된다. 부여 정동리 A지구 가마터에서 나온 전돌들 중에 연화문과 菱格文이 새겨진 문양전돌과 '大方', '中方'의 명문이 새겨진 문자전돌은 공주 송산리 6호분의 연도와 무령왕릉의 墓塼 등과 깊은 관련이 있는 것으로 판명되었다.[61] 그리고 공주 저석리 11·12·13호분의 전곽분에 사용된 無文塼은 공주 송산리 6호분의 시상면이나 대통사지 건물지에서 출토된 것과 같은 유형의 것으로 판명되었다.[62]

이러한 전돌들은 웅진도읍기 말기에 제작된 것으로 부여 정동리 A지구 가마터에서 생산 공급된 것으로 보고 있다. 또한 부여 능산리건물지에서 출토된 유리구슬들이 이곳 공방터에서 제작되어 공주의 무령왕릉의 부장품으로 공급되었을 것으로 추정되고 있다.[63] 이들 가마와 공방은 왕릉이나 사원 등에 그 생산품을 공급한 것으로 보아 국가에서 관리 운영하는 생산시설이었을 것이다.

그러면 무령왕대 사비지역에 왕실에서 관리하는 여러 생산시설이 들어서게 된 이유는 무엇일까? 부여지역은 그 입지조건으로 보아 가마나 공방과 같은 왕실의 주요 생산시설들이 설치될 수 적합한 조건을 갖춘 지역이었음이 밝혀졌다.[64] 부여지방은 구릉지대나 금강유역 주변에서 연료채취와 양질의 점토, 그리고 수운교통의 이점 등을 갖고 있어서 웅진지역의 배후생산기지로 활용할 충분한 가치를 지닌 곳이었다. 현재 백제의 기와가마터는 대

---

61) 강인구, 「부여 정동리출토의 墓用塼」『고고미술』110, 1971, 11~15쪽 ; 김성구, 「부여의 백제요지와 출토유물에 대하여『백제연구』21, 1990, 218~220쪽 및 『백제의 와전예술』, 주류성, 2004, 190~193쪽.
62) 부여문화재연구소, 『부여 저석리고분군』, 1992, 20~23쪽.
63) 김종만, 「부여지방출토 도가니」『고고학지』6, 1994, 115쪽.
64) 김성구, 「부여의 백제요지와 출토유물에 대하여」『백제연구』21, 1990, 231쪽.

부분 부여지방에 집중되어 있는 점이 이를 뒷받침해 준다. 부여지방의 백제시대 가마터는 정동리가마터를 비롯하여 정암리·현북리·쌍북리·동남리·정림사·용정리·신리 등이 분포하고 있으며 이곳에서 기와류 이외에 토기나 벼루, 그리고 토관 등이 함께 燔造된 와도겸업요의 특징을 가진 생산체제를 유지하였다.[65]

사비지역이 이처럼 왕실의 생산기반과 연결되면서 개발이 촉진되기 시작하였고 이를 계기로 하여 배후 생산기지로서의 중요한 위상을 차지하게 되었다.

이와 같이 사비지역은 6세기 초 무령왕대부터 기와, 토기, 전돌, 유리구슬 등을 생산하는 가마와 공방이 자리하고 있어서 웅진의 배후 산업기지로서 중요한 역할을 한 것으로 볼 수 있다.[66] 이는 무령왕대의 사비지역에 대한 관심과 위상을 반영해 주는 것으로서 동성왕대보다 한층 생산시설을 갖추고 개발되어 가고 있었음을 보여주는 것이다. 동성왕대의 사비지역은 미개발된 상태에서 사냥터나 또는 금강유역을 안정적으로 지배하기 위한 군사상의 거점 지역으로 기능을 하였다면 무령왕대에는 왕도에 필요한 여러 생산 물자를 생산 공급하는 배후 생산기지로서 한단계 발전된 위상을 보여 준다고 하겠다. 이러한 사비지역의 신도시 개발과 위상 확립은 성왕대의 사비천도 대상지 확정에 큰 바탕이 되었다고 할 수 있다.

3. 聖王의 사비천도와 그 추진세력

1) 聖王의 사비천도 단행

웅진시대에 사비지역에 대해 관심을 갖기 시작한 것은 동성왕대의 일이

---

65) 김성구, 『백제의 와전예술』, 주류성, 2004, 187~230쪽 참조.
66) 이병호, 「백제 사비도성의 조영과정」『한국사론』47, 2002, 106쪽 ; 김수태, 「백제의 천도」
  『한국고대사연구』36, 2004, 42쪽.

었다. 이때는 대내적으로 비대해진 신진세력에 대한 세력 개편의 필요성과, 그리고 대외적으로 신라에 대한 대비책 마련과 영산강유역에 대한 지배력을 공고히 하려는 의도에서 당시 미개발지역이었던 사비지역에 대해 큰 관심을 가졌다. 그러한 관심의 표현이 빈번한 사냥행사 실시와 가림성 축조를 통해 표출되었으나, 위사좌평 백가 등 신진귀족세력의 반발과 빈번한 자연재해 발생에 따른 경제 여건의 악화로 인하여 천도를 추진하는 단계에까지는 이르지 못하였다.

이어 무령왕대에는 어느 정도 경제적 안정을 회복하였지만, 대고구려전을 빈번히 실시하여 사비지역보다는 한성고토 회복에 보다 큰 관심을 가졌다. 이때의 사비지역은 왕실에서 필요한 기와, 토기, 전돌, 유리구슬 등을 생산 공급하는 웅진의 배후 산업기지로서 개발되면서 동성왕대보다 한층 발전된 위상을 보여주게 되었다.

이처럼 동성·무령왕대에 이어 사비지역을 본격적으로 개발하여 천도 대상지로 정도하게 된 것은 聖王代(523~554)의 일이었다. 성왕의 사비 천도 사실에 대해서는 『삼국사기』 백제본기에는 다음과 같이 단편적인 기사를 남기고 있다.

C 봄에 (성)왕은 서울을 泗沘[또는 所夫里라고도 하였음] 옮기고 국호를 南扶餘라고 불렀다. [성왕 16년]

위 기사에 의하면 성왕 16년(538)에 왕도를 웅진에서 사비로 옮기고 국호를 南扶餘라고 하였음을 알 수 있다. 성왕의 사비천도에 관한 기록이 너무 간략하여 그 배경과 목적, 그리고 추진과정 등에 대해서는 잘 알려져 있지 않다. 위에서 검토한 바와 같이 동성왕과 무령왕대는 사비지역에 대한 관심과 개발이 단계적으로 사비천도와는 관련 없이 진행되어 왔음이 밝혀졌다. 천도 문제는 그 입지조건 이외에 주도세력의 과단성 있는 추진력과 정치 국면 전환을 위한 적절한 시기 선택 등에 의해 결정될 정도로 지배세력들 간에 첨예한 이해관계가 얽혀 있어서 여러 대에 걸쳐 지속적으로 추진하기 어려운 점을 고려해야 한다. 이런 면에서 볼 때 사비천도는 성왕의 결단에 의해 계획적으로 추진된 것으로 한정해서 이해할 필요가 있다.

그러면 성왕이 사비천도를 추진한 목적과 배경에 대해 살펴보자. 성왕이 사비천도를 추진하게 된 배경에 대해서는 여러 측면에서 검토되어 왔다. 즉 사비 천도의 이유로는 사비지역이 갖고 있는 지리적인 이점, 웅진 천도 이후 일어난 일련의 정치적인 불안과 왕권의 쇠약, 잇달은 자연재해와 홍수 발생, 협소한 도성 기반 등이 지적되고 있다.[67] 이러한 웅진 도성의 한계를 극복하기 위해 재천도의 성격을 갖고 사비천도를 추진한 것으로 이해되고 있다. 그밖에 남방경영의 거점 마련이나[68] 유교와 불교, 그리고 영토관념이 어우러진 복합적인 이상세계의 구현이라는 측면에서[69] 천도의 이유나 배경에 접근하는 견해도 있다.

이러한 견해들은 사비천도 이유에 대한 일부 측면을 강조하였을 뿐, 보다 본질적인 측면에서의 검토를 필요로 한다. 무엇보다도 사비지역이 갖는 지리 경제적인 측면과 전제왕권을 확립하려는 정치적인 측면에서의 사비천도의 이유와 배경에 대한 접근이 필요하다.

먼저 당시 사비지역이 갖는 지리적 이점이 주목된다. 사비지역은 북쪽으로 부소산이 솟아있고 금강이 북·서·남쪽으로 둘러 흐르고 있기 때문에 외적 방어에 유리한 곳이었다. 아울러 금강을 통해 서해로 나아가 대중국, 대일본과 교류할 수 있는 교통상의 이점을 갖춘 곳이었다.

이러한 지리적 요인 이외에 사비지역이 당시 미개발지역이었다는 점도 천도의 주요 요인으로 꼽을 수 있다. 538년 성왕이 사비로 천도하기 이전에는 지금의 부여지역이 금강 범람원으로 인해 형성된 자연제방과 함께 배후 습지가 많은 미개발지였던 것으로 알려져 있다. 지금까지 실시된 고고학적 조사에 의하면 부여 부소산 일대, 궁남지 동서 도로 주변, 군수리일대, 가탑

---

67) 주) 2와 3 참조.
68) 田中俊明, 「왕도로서 사비성에 대한 예비적 고찰」 『백제연구』21, 1990, 165쪽.
69) 김영심, 앞의 글(2006), 29쪽.

리와 염창리를 비롯한 왕포천 상류일대, 화지산 일대 등을 제외하고는 현 부여시가지 일대에는 농사짓기에 불리한 저지대 늪지가 넓게 형성되어 있었음이 밝혀졌다.[70] 조사 결과 사비도성 내부의 比高가 높은 고지대에는 도로 구획과 함께 건물지가 배치되어 있었으며, 저지대에는 논과 같은 경작지가 분포하고 있었음이 드러났다. 경작지는 사비 천도 이후에 조성된 것으로서 대부분 저습지는 사비천도 이전에 거의 활용도가 높지 않은 미개발지로 남아있었다.[71]

이러한 자연조건으로 인해 사비지역은 인구가 적고 갈대가 무성한 저습지를 이룬 곳이 많았음을 알 수 있다. 이런 조건을 고려해 보면 사비 천도 이전에는 사비지역을 중심으로 큰 재지세력이 존재할 가능성은 적었을 것으로 추정된다. 웅진 천도 당시 웅진지역이 특별한 세력이 없는 지역이었다는 점[72]을 고려해 보면 미개발지역인 사비지역이 나름대로 천도 대상지로 적합한 조건을 가진 지역이었음을 시사해 준다. 이곳에는 왕실에서 관리하는 넓은 보유지가 존재하고 있어 특정한 재지세력과의 이해관계에서 벗어나 계획적으로 신도시를 조영할 수 있는 여건을 갖춘 셈이다.

다음으로 성왕 자신이 약화된 왕권을 강화하고 국가체제의 면모를 일신하고자 결단에 의해 추진되었다는 점이다. 사비천도를 단행하게 된 가장 큰 요인이 바로 이러한 정치적 목적일 것이다. 고대사회에서 도읍지는 지배자 공동체의 생활공간이면서 정치·경제·문화의 중심지로 기능하고 있기 때문에 천도는 바로 중심지의 이동을 뜻하는 것이었다. 신라 神文王(681~692)

---

70) 충남대학교 백제연구소, 『부여동나성·서나성 발굴조사 약보고』, 2000 및 『사비도성 -능산리 및 군수리지점 발굴조사조고서-』, 2003 ; 충청매장문화재연구원, 『부여가탑리·왕포리유적』, 2001, 현장설명회자료 ; 박순발, 「웅진 천도 배경과 사비천노 소성 과정」『백제도성의 변천과 연구상의 문제점』, 국립부여문화재연구소, 2002, 63쪽 ; 국립부여문화재연구소, 『화지산 일대 지표조사 보고서』, 학술연구총서 제19집, 1998.
71) 박순발, 앞의 글(2002), 63쪽.
72) 이남석, 「웅진지역 백제유적의 존재의미 -백제의 웅진천도와 관련하여-」『백제문화』26, 2001, 51쪽.

이 達句伐로 천도 추진 사례에서 나타났듯이[73) 지배세력 간의 이해관계가 얽혀 서로 대립과 갈등을 낳을 정도로 매우 어려운 과업이었다. 천도는 고구려 長壽王(413~491)의 평양천도 사례에서 보듯이[74) 귀족 중심의 정치운영을 견지하는 귀족세력들을 재편하고 왕권을 강화하기 위한 정치적 목적을 갖고 추진하였음을 알 수 있다.

성왕은 사비천도를 통해서 여러 분야에 걸친 혁신 정책을 추진해 나갔다. 그 개혁 내용은 16관등제와 22부사제 실시, 왕도 5부제와 方郡城制의 실시, 五帝神과 仇台廟 祭儀 실시, 시호제 정비와 무령왕계에 의한 왕위계승권 확립, 불교 장려, 그리고 대외관계의 강화 등이었는데 그 의도가 국왕 중심의 정치 운영을 도모하기 위한 것임이 밝혀졌다.[75)

또한 성왕이 즉위 초부터 추진한 율종의 정비와 대통사의 창건을 통해서도 이러한 사비천도의 의도와 배경을 찾을 수 있다.[76) 율종의 정비는 성왕 4년(526) 謙益의 귀국[77)을 계기로 이루어졌다. 「彌勒佛光寺事蹟」에 의하면 겸익이 中印度에서 5부율을 갖고 귀국하자 성왕이 그를 興輪寺에 안치시키고 고승 28인과 함께 梵語律部 72권을 번역케 하고 아울러 曇旭・惠仁 등이 지은 律疏 36권에 친히 서문을 썼다고 한다.[78) 겸익이 가져온 5부율의 내용이 전하지 않고, 또 「彌勒佛光寺事蹟」에 대한 사료적 신빙성에 다소 문제가 있지만 성왕대에 국가적인 차원에서 계율이 강조되고 있었다는 사실로 받아들여도 좋을 듯하다.

---

73) 『삼국사기』 권8, 신라본기 8, 신문왕 9년 9월 26일.

74) 『위서』 권100, 열전88, 백제

75) 양기석, 「백제 성왕대의 정치개혁과 그 성격 -전제왕권의 성립문제와 관련하여-」『한국고대사연구』4, 1991, 75~103쪽.

76) 조경철, 「백제 사택지적비에 나타난 불교신앙」『역사와 현실』52, 2004, 165쪽.

77) 채인환, 「겸익의 求律과 백제불교의 계율관」『동국사학』16, 1983, 54쪽 ; 김영태, 『백제불교사상연구』, 동국대출판부, 1985, 123쪽 ; 조경철, 「백제불교사의 전개와 정치변동」, 한국학중앙연구원박사학위논문, 2005, 100~101쪽.

78) 이능화, 『조선불교통사』상편, 보련각, 1918, 33~34쪽.

律이란 불신도들이 지켜야 할 행동 규범을 담은 도덕적 요소로서 불교교
단을 통제하고 나아가 사회 질서를 유지하는 사회적인 기능을 갖고 있었다.
백제의 계율은 법화신앙이나 열반신앙, 미륵신앙, 그리고 효사상과 깊은 관
련을 갖고 왕권의 관심과 지지 하에 수용되어 백제불교의 특성을 나타낸 것
으로 이해되어 왔다.[79] 성왕이 전륜성왕으로 자처하며 인도에서 귀국한 겸
익을 맞아 율부를 번역케 하였고, 또한 이렇게 만들어진 신율의 서문을 친
히 쓴 사실이 이를 입증해 준다.

이처럼 성왕은 계율의 장려를 통해 불교신앙의 사회적 기반을 확대시키
고 불교 교단조직에 대한 왕권의 통제력을 강화하며 나아가 국가적 기강을
확립하려는 데에 그 의도가 있었음을 알 수 있다.[80] 겸익이 귀국하여 율부
에 대한 역경사업을 전개하고 있을 무렵인 527년에 성왕은 현재 공주 반죽
동에 大通寺를 창건하였는데[81] 이는 무령왕계 소집단의 배타적인 聖族관
념을 확립시켜 왕권의 안정을 도모하려는 의도에서였다.[82]

이와 같이 성왕은 사비천도에 앞서 겸익을 통한 율종의 정비와 보급, 그
리고 대통사의 창건을 통해 그 이념적인 정당성 추구와 무령왕 소집단가계

---

79) 안계현,『한국불교사상사연구』, 동국대출판부, 1983 ; 김두진, 「백제의 미륵신앙과 계율」
　　『백제사의 비교연구』, 충남대 백제연구소, 1993 ; 近藤浩一, 「백제시기의 효사상 수용과
　　그 의의」『백제연구』42, 2005.
80) 노중국,『백제정치사연구』, 일조각, 1988, 172쪽.
81) 주) 36 참조. 반면 대통사의 기와에 대한 편년과 백제의 양 통교 사실에 근거하여 534년
　　전후에 창건된 것으로 보는 견해가 있다(淸水昭博, 「백제 「대통사식」수막새의 성립과 전
　　개 -중국 남조계 조와기술의 전파-」『백제연구』38, 2003, 65쪽). 대통사의 창건을『삼국유
　　사』권3, 興法3 原宗興法에 근거하여 백제 성왕이 양 무제의 효사상을 본받으려는 의도에
　　서 양무제를 위해 세운 것으로 보는 견해(近藤浩一, 앞의 글(2005), 125~126쪽)와, 大通을
　　『법화경』의 대통불과 관련시켜 보고 성왕이 이를 모방하여 대통사를 지은 것으로 보는
　　견해가 있다(문동석, 「백제 노귀족의 불심 -사택지적비-」『고대로부터의 통신』, 푸른역사,
　　2004, 263쪽). 반면 양의 영향설을 부정하고 대통을『법화경』의 化城喩品과 관련시켜 대
　　통불이 중생을 제도하기 위해 화성으로 인도하는 것으로 보는 견해도 있다(조경철, 앞의
　　글(2005), 87쪽).
82) 조경철, 앞의 글(2005), 77~88쪽.

에 의한 신성관념을 내세워 왕권의 전제화를 도모하려 하였음을 알 수 있
다. 이러한 노력은 사비천도 이후로 이어져 보다 넓은 세계관을 가지고 새
로운 백제의 통치이념을 마련하는 단계로 전개되었다. 성왕이 講禮博士 陸
詡를 통해 예학을 수용함으로써[83] 불교의 계와 유교의 예를 조화시켜 새로
운 백제의 통치이념을 정립하려 한 것이다. 이런 면에서 사비천도는 전제왕
권 확립과 새로운 백제국가의 웅비를 도모하려는 의지를 천명한 것으로 볼
수 있다.

다음으로 사비천도는 고구려의 군사적 공세에 대처하기 위한 방안으로
추진되었다는 점이다. 성왕은 즉위하자마자 고구려로부터 공격을 받았으나
左將 志忠을 보내 이를 격퇴하였다.[84] 이 일로 고구려의 군사적 압력이 절
박함을 느끼는 계기가 되었다. 그 대책의 하나로 525년에는 신라와 수교를
맺어[85] 한동안 소강상태에 있었던 백제와 신라 간의 군사적 공조관계를 부
활시켜 고구려의 군사적 공세에 공동 대처하는 방안을 모색하였다.

526년에는 웅진성을 수리하고 沙井柵(대전)을 축조하여[86] 왕도 웅진도
성의 방어체제의 강화를 통해 고구려와 신라의 침략에 대비케 하였다. 529
년에는 고구려가 북변의 穴城(강화도)을 함락시켜 백제를 압박해 오자 佐平
燕謨가 거느린 3만의 백제군이 五谷原(서흥[87])에서 고구려와 싸워 대패하
여 2천여 명의 사상자를 낼 정도로 참패하였다.[88] 이 전투에서는 백제군이
3만의 군사를 동원하였고 2천여 명의 사상자를 낼 정도의 큰 규모의 전투를
벌렸다. 백제는 이 전투의 패배로 인해 막대한 인적 물적인 피해를 입게 되
었다.

---

83)『삼국사기』권26, 백제본기 4, 성왕 19년 및『陳書』권33, 열전 27, 鄭灼 附 陸詡.
84)『삼국사기』권26, 백제본기 4, 성왕 즉위년 8월.
85) 앞의 책, 성왕 3년 2월.
86) 앞의 책, 성왕 4년 10월.
87) 이병도,『국역 삼국사기』, 을유문화사, 1977, 406쪽.
88)『삼국사기』권26, 백제본기 4, 성왕 7년 10월.

아울러 백제는 무령왕대에 일시 진출하였던 한강유역에서 물러나 차령 이남지역으로 퇴축하였을 것으로 판단된다.[89] 고구려가 아산만일대까지 공세를 전개함에 따라 그 인근에 있는 웅진도성은 고구려군의 직접적인 위협하에 놓이게 되었다. 이 전투의 패배로 인해 사비천도를 단행하는 하나의 계기로 보는 견해가 있다.[90] 사비천도 이후에도 고구려의 공세가 차령산맥 일대의 충청도지역에서 한동안 벌어지고 있었는데 548년의 獨山城 전투,[91] 그리고 550년 고구려의 道薩城과 백제의 金峴城 전투[92]가 이를 입증해 준다.

따라서 성왕은 상존하는 고구려의 군사적 위협에 대처하고 나아가 상실한 한성고토를 회복하는 일이 왕권의 안정은 물론 새로운 백제국가 건설을 위해 시급히 해결해야 할 중요 현안과제로 절감하였을 것이다. 사비도성 중 동나성과 북나성이 고구려 침입에 대비하여 이른 시기부터 축조된 점이 이를 입증해 준다.[93] 그리고 성왕이 사비천도와 함께 국호를 남부여로 고친 점에서도 이러한 국가 혁신 의도를 엿볼 수 있다. 이는 백제왕실이 기원하는 부여계승의식을 강조함으로써 무령왕 소가계집단의 우월성을 내세워 다른 귀족세력과의 차별화를 시도한 것으로 볼 수 있다.[94] 아울러 고구려에

---

89) 529년 백제의 대고구려전에 대해 두가지 측면에서 상반된 해석을 내리고 있다. 백제가 529년 전투 패배로 인해 한강유역을 다시 상실하게 되었다는 설(『조선전사』3, 1991, 158~159쪽)과 반대로 백제가 고구려 안장왕에게 고양시를 포함한 6군의 땅을 빼앗긴 깃으로 보고 이를 551년 성왕대에 다시 탈환한 것으로 보는 견해가 있다(김영관, 「백제의 웅진천도 배경과 한성 경영」『충북사학』11 · 12, 2000, 75~91쪽).

90) 『조선전사』3, 1991, 159쪽 ; 손영종, 『고구려사』, 과학백과사전종합출판사, 1990, 374쪽.

91) 548년의 獨山城 전투기사는 『일본서기』 권19, 흠명기 9년 4월조의 馬津城과 같은 곳으로 볼 수 있다. 백제 멸망 후 당이 설치한 주현명에 "馬津縣本孤山"이라 한 것으로 보면 '馬津'은 '孤山' 즉 '獨山'과 같은 명칭임을 알 수 있다. 전투 시기가 동일하고 명칭이 같은데 독산성은 현재 충남 예산에 비정된다.

92) 『삼국사기』 권26, 백제본기 4, 성왕 28년 정월 및 3월. 여기서 도살성은 충북 괴산군 증평의 尼聖山城과 진천군 초평면 영구리의 頭陀山城 일대이고(민덕식, 「고구려 도서현성고」 『사학연구』36, 1983, 9쪽), 금현성은 충남 연기군 전의의 金城山, 金伊山城說(이병도, 앞의 책, 57쪽)에 비정된다.

93) 충남대 백제연구소, 『부여 동나성 · 서나성 발굴조사약보고서』, 2000 : 『백제 사비나성』, 2000 : 『백제 사비나성』II, 2000 : 『백제 사비나성』III, 2002 참조.

대한 정통성을 내세워 한성고토의 회복의지를 천명하고, 이를 위해 왕권을 중심으로 힘을 결집시켜 대고구려전을 독려해 나가려는 의도를 나타낸 것이다. 그 결과 551년 북진을 통해 한강 하류유역의 6군의 땅을 회복함으로써 일시적이나마 한성고토회복의 염원을 실현할 수 있었다.

끝으로 사비천도의 추진과정에 대해 살펴보기로 하자. 성왕이 언제부터 어떠한 과정을 거쳐 사비천도를 단행하였는지에 대해서는 관련 기록이 없어 잘 알려져 있지 않다. 다만 사비도성의 축조시기에 대한 검토를 통해 그 추진 일면을 엿볼 수 있다. 사비천도 준비는 성왕이 즉위 초부터 곧바로 행해졌을 가능성이 높다. 성왕은 천도와 地利에 통달하고 또한 사리 판단이 분명하며 지혜와 식견을 두루 갖춘 인물로서[95] 사비천도와 같은 어려운 문제를 추진할 만한 결단력을 갖고 있었을 것으로 판단되기 때문이다. 그리고 무령왕대에 구축해 놓은 정치적 안정과 경제적 안정을 토대로 하여 새로운 백제국가 건설을 위해 사비천도를 적극 추진하려 하였을 것이다.

성왕 초에는 먼저 사비천도가 결정되고 이어 마련된 사비천도계획에 따라 신도읍지 건설에 착수하는 과정을 거쳤을 것이다. 사비천도에 앞서 신도읍지로서 필요한 여러 기본 시설들을 단계적으로 갖추어 나갔다. 사비도성에 해당하는 부소산성과 나성이 먼저 축조되기 시작하였고, 이어 왕궁·陵寺·사원·간선도로 등 도읍지의 기반시설들이 일정한 시간성을 두고 조영되었다.

사비 신도읍지에 필요한 기간시설로 먼저 조영이 된 것은 사비도성일 것이다. 사비도성의 건설은 사비천도 이전인 성왕대 초기부터 시작되었는데 부소산성과 나성의 축조가 중심을 이룬다. 부소산성은 1988~1991년의 추정 동문지 발굴조사[96]에서 출토된 '大通' 명 기와편과 함께 출토된 토기에 의

94) 강종원, 「사비천도의 단행과 왕권 중심의 지배체제 확립」 『백제문화사대계』5, 충남역사문화연구원, 2007, 28쪽.
95) 『일본서기』 권19, 흠명기 16년 춘 2월 및 『삼국사기』 권26, 백제본기 4, 성왕 즉위년.
96) 최맹식 외, 『부소산성발굴조사중간보고』, 국립부여문화재연구소, 1995, 264쪽.

해 그 축조시기가 밝혀졌다. 이와 동일한 명문기와는 공주 반죽동에 있는 大通寺址에서도 채집되었다.[97] 그런데 이 '大通'을 양무제 때 사용된 연호로 볼 때[98] 梁 大通 연간에 해당하는 527~528년 즉 성왕 5~6년 사이에 부소산성이 시축되었거나 또는 축조 중인 것으로 추정된다.[99]

다음으로 나성 축조는 부소산성 축조시기인 527~528년부터 동나성의 축조 하한인 〈창왕명석조사리감〉의 연대인 567년 사이인 것으로 추정된다.[100] 그 중 동나성과 북나성이 고구려 침입에 대비하여 사비천도 이전부터 축조된 것으로 알려지고 있다.[101] 이때에는 왕궁에 인접한 부소산과 금성산 일대의 비교적 높은 구릉지대에 대한 개발이 이루어지면서 사비도성의 중심부를 형성한 것으로 보고 있다.[102] 그밖에 도성 내의 기간 건물인 왕궁이나 관청, 사원 등은 천도 이후인 6세기 중엽부터 축조되면서 사비도성의 면모를 갖추게 되었다.

이와 같이 성왕의 사비천도 준비는 그 즉위 초부터 치밀한 준비계획을 마련해 사비 신도읍지를 조영해 나갔음을 알 수 있다. 이에 따라 527~528년부터 기간시설인 부소산성이 먼저 축조되었고 이어 동나성과 북나성이 고구려의 침입에 대비하여 축조되면서 사비도성의 면모가 갖추어지게 된 것으로 파악하였다.

2) 사비천도의 추진세력

성왕이 538년 사비천도를 추진하게 된 이유와 배경은 무엇보다도 왕권

---

97) 이남석, 「백세 내동사지와 그 출토유물」 『호서고고학』 6·7합집, 2002.
98) 『三國遺事』 권3, 興法3 原宗興法, "大通元年丁未 爲梁帝創寺於熊川州 名大通寺."
99) 박순발, 「사비도성의 구조에 대하여」 『백제연구』 31, 2000, 106쪽 ; 조원창, 「기와로 본 백제 웅진기 사비 경영」 『선사와 고대』 23, 2005, 213쪽.
100) 이병호, 「백제 사비도성의 조영과정」 『한국사론』 47, 2002, 110쪽.
101) 주) 91 참조.
102) 이병호, 앞의 글(2002), 98쪽.

중심의 정치운영과 백제국가의 이상세계를 구현하려는 정치적 목적에 있었다. 사비천도는 성왕이 적극 주도하였지만 이를 뒷받침해 온 추진세력의 역할을 간과해서는 안된다. 관련사료의 부족으로 그 추진세력의 실체를 파악할 수는 없지만, 성왕대의 지배세력이 구성관계를 통해 그 일면을 살펴 볼 수 있다. 이들은 정치적 실권을 장악하기 위한 계기로 삼기 위해 성왕의 사비천도에 적극 참여하였다.

먼저 사비천도 추진의 핵심세력으로 성왕의 노선을 지지하는 왕족을 들 수 있다. 왕족들 중에 특히 무령왕 소가계집단에 속하는 근친왕족들이 이에 해당한다. 여창은 성왕의 아들로 554년 관산성 전투에서 죽은 성왕에 이어 왕위에 오른 인물이다. 여창은 551년 북진 때에 선봉에 서서 고구려군을 百合野塞[103]에서 싸워 이를 격퇴시킨 일이 있었고,[104] 이어 한성고토를 신라에 다시 빼앗긴 후 이에 대한 대응조치를 마련하는 과정에서는 신라와의 싸움을 막으려고 간언하던 '耆老'들을 질책하면서 신라와의 전쟁을 적극 독려한 바 있었다. 554년 관산성 전투 때에는 선봉으로 출전하여 최전방 久陀牟羅塞에서 신라군과 대치하고 있었던 사실[105]로 미루어 보아 여창은 성왕을 도와 551년 고구려 정벌과 554년 신라 정벌을 앞장서서 주도한 주전론자이었음을 알 수 있다. 성왕의 元子라는 왕위계승권상의 조건 이외에 대외전쟁의 실전 경험을 통해서 확실한 왕위 계승권자로서의 정치 사회적인 위상과 권위를 확립하고자 하였을 것이다.

다음 성왕의 동생 惠의 역할이다. 혜는 성왕의 둘째아들로 여창의 동생인데 555년 2월 蓋鹵王代의 昆支처럼[106] 성왕의 패사를 알리고 신라에 대한 보복을 하기 위해 청병외교의 중요한 임무를 띠고 왜에 파견된 것으로

---

103) 百合野塞는 황해도 황주 蒜山 지역으로, 東聖山은 평양 동북쪽의 大聖山에 비정되기도 한다.
104) 『일본서기』 권19, 흠명기 14년 10월.
105) 『일본서기』 권19, 흠명기 15년 동 12월.
106) 『일본서기』 권14 웅략기 14년 5년 하4월 · 추7월.

보아[107] 성왕과 위덕왕대 권력기반 형성에 있어서 핵심적 역할을 한 인물이었음을 알려준다. 이러한 혜의 역할과 세력기반이 후에 위덕왕이 여러 왕자를 제치고 왕위에 오를 수 있는 배경이 되었던 것이다.

그밖에 성왕을 위해 능사에 사리를 봉안한 〈창왕명석조사리감〉의 공주를 비롯한 성왕계 왕족들[108]이 성왕을 도와 사비천도를 적극 추진한 것으로 볼 수 있다. 이들 성왕계 왕족들은 배타적인 성족관념을 내세워 다른 귀족들과의 차별성을 통해 왕위계승권을 확립하고자 하였다.

다음으로 성왕을 도와 사비천도를 추진한 유력한 정치세력으로 사씨와 목씨세력 등을 들 수 있다. 이와 관련하여 사비천도 직후인 543년의 좌평급 인물에 관한 기사가 참고가 된다.[109] 이에 의하면 543년 당시 上佐平은 沙宅己婁, 中佐平은 木刕麻那, 下佐平은 木尹貴가 각각 기용된 것으로 나타난다. 사씨세력인 沙宅己婁가 상좌평에 있었고 목씨세력이 중·하좌평을 차지한 것으로 드러났다. 이들은 최고위인 좌평급에 보임된 것을 고려해 보면 성왕을 도와 사비천도를 추진하는데 큰 역할을 한 인물들로 생각된다. 이들 세력은 서로 어떤 관계에 있었는지에 대해서는 알 수 없지만 각자의 이해관계에 따라 성왕의 사비천도에 적극 협조하였을 것이다.

사씨세력은 성왕대 뿐만 아니라 백제 말기까지 大佐平[110]을 차지할 정도로 큰 성세를 나타냈던 실세귀족의 위치에 있었다. 사씨세력은 근초고왕대 가야경영에 참여한 이래 4세기 말 阿莘王代(392~405)에는 沙豆가 左將에 임명되어 대고구려전을 수행한 적이 있었다. 그 후 사씨세력이 중앙정계에서 유력한 세력으로 대두한 시기는 웅진시대 동성왕대의 일이었다. 동성왕 6년(484) 內法佐平 沙若思가 남제에 파견된 백제 사절단장의 위치에 있

---

107) 『일본서기』 권19, 흠명기 16·17년.
108) 김수태, 「백제 위덕왕대 부여 능산리 사원의 창건」『백제문화』27, 1998, 38~46쪽.
109) 『일본서기』 권19, 흠명기 4년 12월.
110) 사씨세력으로 의자왕대의 대좌평에 보임된 인물은 沙宅智積(『일본서기』皇極紀 원년 2월)과 沙宅千福(『일본서기』齊明紀 6년 7월)이 있다.

었으며,[111] 495년에 남제로부터 行征虜將軍邁羅王에 임명된 沙法名[112]이 있다. 이처럼 사씨세력은 동성왕대부터 해상활동과 대외전쟁을 통해 좌평급 가문으로 성장하였음을 알 수 있다. 사씨세력의 근거지는 사비지역으로 보는 것[113]이 지배적이다.

그런데 앞에서 언급한 바와 같이 천도 당시에는 사비도성 안의 대부분 지역이 사람이 거주하여 농경생활을 영위하기 어려운 미개발지역인 배후습지나 소택지가 많았던 것으로 알려졌다.[114] 이런 면을 고려해 보면 사씨세력의 근거지는 사비도성 지역에 존재하지 않았음을 시사해 준다. 사씨세력의 근거지는 동성왕대 사법명이 제수된 邁羅王을 부여 궁남지에서 출토된 목간의 邁羅城과 관련이 있는 것으로 생각된다.[115] 매라는 부여와의 접근성과 해상활동에 유리한 입지조건 등을 고려해 볼 때 현재 충남 보령 남포가 그 후보지의 하나로 비정될 수 있다.[116] 사씨세력은 금강을 통한 해상활동에서 일찍부터 사비지역의 재지세력들과는 일정한 관계를 맺고 친연성을 유지하고 있었을 것이다. 성왕의 사비천도에 적극 협조함으로써 동성왕대 이후 성장한 정치적 기반을 더욱 넓히려는 계기로 삼으려 하였을 것이다.

다음 목씨세력의 역할을 들 수 있다. 목씨세력의 근거지는 여러 견해가 제시되어 있는데,[117] 최근에는 공주 수촌리유적과 관련시켜 공주지역으로

---

111) 『삼국사기』 권26, 백제본기 4, 동성왕 6년 7월.
112) 『남제서』 권58, 열전39, 동남이 백제국 건무 2년.
113) 사씨세력의 근거지에 대해서는 ①부여설(홍사준, 「백제 사택지적비에 대하여」 『역사학보』6, 1954, 256쪽), ②임천 성흥산성설(유원재, 「백제 가림성연구」 『백제논총』5, 1996, 83~86쪽), ③부여 부근설(서정석, 앞의 책(2002), 118쪽), ④유성설(이도학, 앞의 글(2003), 45~46쪽), ⑤서천설(강종원, 「백제 사씨세력의 중앙귀족화와 재지기반」 『백제연구』45, 2007, 32~33쪽) 등이 있다.
114) 주) 70 참조.
115) 서정석, 앞의 책(2002), 118쪽.
116) 매라의 위치에 대해서는 ①보령 남포설(이병도, 『한국고대사연구』, 박영사, 1976, 265쪽), ②전북 옥구설(천관우, 「마한제국의 위치시론」 『고조선사·삼한사연구』, 일조각, 1989, 381쪽) 등이 있다.

보기도 한다.[118] 이처럼 목씨세력이 공주지역의 대표적인 재지세력으로서 중앙귀족이 되어 활동을 보이기 시작한 것은 4세기 후반 근초고왕대의 일이다.[119] 이때 木羅斤資가 사씨세력과 함께 가야의 정벌과 경영에 참여함으로써 중앙귀족으로 성장하였으며, 이후 5세기 전반 구이신왕 때 木滿致가 권력을 장악하고 전횡을 일삼을 정도로 유력한 실세귀족의 위치에 있었다.

개로왕 4년(458) 개로왕 옹립의 공으로 송나라로부터 관작을 제수 받았던 龍驤將軍 沐衿과 웅진천도 때에 문주왕을 보필한 木刕滿致의 존재로 미루어 보아[120] 목씨세력은 친왕세력의 역할을 통해 중앙귀족으로서의 입지를 넓혀 간 것으로 알려졌다. 목씨세력은 성왕의 사비천도를 적극 협조함으로써 목협만치 이후 약화된 정치적 위상을 만회하려 하였을 것이다.

다음으로 사비천도를 추진하는데 일정한 역할을 한 귀족세력으로 연씨세력을 들 수 있다. 529년 고구려의 혈성 침공 때 오곡원에서 참패한 좌평 燕謨[121]와 540년 고구려의 牛山城을 공략하는데 역할을 한 장군 燕會[122]가 있다. 연씨세력의 근거지는 온양일대로 비정되는데[123] 웅진 천도 직후 인

---

117) 목씨세력의 세력 근거지에 대해서는 ①직산설(노중국, 앞의 책, 1988, 155~156쪽 및 「백제 귀족가문연구」『대구사학』48, 1994, 6~9쪽), ②가야계 귀화인설(정재윤, 「웅진시대 백제 정치사의 전개와 그 특징」서강대박사학위논문, 1999, 50·58쪽), ③직산·예산·홍성·천안 일대설(이현혜, 「3세기 마한과 백제국」『백제의 중앙과 지방』, 1997, 12~14쪽), ④공주설(김주성, 「백제 사비시대 정치사 연구」, 전남대박사학위논문, 1990, 41쪽 ; 김수태, 앞의 글(2004), 36쪽) 등이 있다.
118) 김수태, 앞의 글(2004), 36쪽.
119) 목씨세력의 근거지와 활동에 대해서는 노중국, 「백제 귀족가문의 연구」『대구사학』48, 1994, 25~26쪽을 참조할 것.
120) 『송서』권97, 열전57, 夷蠻 東夷 백제국 ;『삼국사기』권25, 백제본기 3, 개로왕 21년 추9월.
121) 『삼국사기』권26, 백제본기 4, 성왕 7년 10월.
122) 『삼국사기』권26, 백제본기 4, 성왕 18년 9월.
123) 연씨세력의 근거지에 대해서는 ①蕩井城說(이기백, 「웅진시대 백제의 귀족세력」『백제연구』9, 1978, 16~17쪽 및 유원재, 「백제 탕정성 연구」『백제논총』3, 1992, 72~80쪽), ②大豆城說(노중국, 「백제왕실의 남천과 지배세력의 변천」『한국사론』4, 1978, 102쪽), ③사비지역설(이종욱, 「백제의 좌평」『진단학보』45, 1978, 43쪽 및 정재윤, 앞의 글(1999), 106~107쪽) 등이 있다.

근 아산에 근거를 둔 해씨세력과의 세력 제휴를 통해 중앙정계에 진출한 신진세력이었다. 문주왕 때에는 병관좌평 해구와 함께 일으킨 반란 실패로 인해 세력이 약화되었으나, 동성왕 때 燕突이 달솔과 병관좌평이 되어[124] 실세귀족이 되었다. 이러한 성세가 성왕대에도 이어지는 것으로 보아 사비천도의 추진세력으로 역할을 한 것으로 생각된다. 연씨세력은 사씨나 목씨세력과 같은 정치적 위상을 갖지는 못하였지만, 성왕의 사비천도를 계기로 하여 실세귀족으로서의 위상을 유지하려 하였을 것이다.

다음으로 성왕대 근시관료의 역할을 들 수 있다. 양에서 건너와 예학을 전수하였던 講禮博士 陸詡와 근시 관료인 奈率 馬武 등은 국왕 중심의 측근정치를 지향해 나가는 핵심 인물이었던 점으로 미루어 보아 사비천도에 실무적인 핵심 역할을 한 것으로 생각된다. 이들 근시관료들은 학문적 식견을 바탕으로 국왕의 정치적 조언자 역할을 수행하여 성왕으로 하여금 전제왕권 확립을 위한 이념과 정치개혁을 지속적으로 추진하는데 큰 역할을 하였을 것이다.[125]

그밖에 성왕대에 활약한 鼻利氏·東城氏 등은 대성귀족 출신이 아닌 신진세력으로서 성왕을 도와 사비천도에 적극 협조한 세력으로 생각된다.

이와 같이 성왕의 사비천도를 추진하는데 큰 역할을 한 세력은 무령왕 소가계집단인 성왕계 왕족들, 사씨·목씨·연씨세력과 같은 대성귀족, 그리고 근시관료와 대성귀족 출신이 아닌 신진세력 등이 성왕을 도와 사비천도를 적극적으로 추진하는데 큰 역할을 수행했던 것으로 파악하였다.

---

124) 『삼국사기』 권26, 백제본기 4, 동성왕 12년 9월 및 19년 5월.
125) 양기석, 앞의 글(1991), 82~83쪽.

4. 맺음말

이상으로 사비천도와 관련하여 제기된 동성왕과 무령왕대의 사비천도 계획설이 성립될 수 없음을 밝히고 웅진시대 백제왕들이 갖고 있었던 사비지역에 대한 관심과 개발과정을 단계적으로 파악하여 성왕대의 사비천도 추진 배경과 목적, 그리고 그 추진과정과 추진세력을 살펴보았다. 이를 요약하면 다음과 같다.

먼저 동성왕대에 빈번한 사냥행사 실시를 근거로 하여 성립된 사비천도 계획설을 검토한 결과 성립되기 어려운 것으로 파악하였다. 동성왕대의 사비지역은 선주 취락이 크게 형성되어 있지 않은 아직 미개발지역으로 남아 있었고, 왕도 인근에서 국왕이 실시하는 주요 사냥터로서 기능하고 있었다. 동성왕이 사비지역에서 실시한 빈번한 사냥행사를 통해 왕권 강화 추진이라는 정국의 현안문제 해결책 모색과 誓事的 행위가 행해지는 신성한 祭場으로 높게 인식하고 있었던 것으로 파악하였다. 그리고 우두성은 부소산성보다 청양에 비정될 가능성이 높으며 그 축성 목적은 동성왕대에 웅진도성과 그 주변의 금강유역을 안정적으로 방어하기 위한 전략적 요충으로서 축성된 것으로 이해하였다.

또한 동성왕이 가림성을 축조하고 이곳에 위사좌평 백가를 파견하게 된 배경과 의도는 496년부터 야기된 대내외적 정세 변화에 따라 신라에 대한 대비책 마련과 영산강유역에 대한 지배력을 공고히 하려는 의도에서 사비지역에 대한 큰 관심을 가졌던 것으로 이해하였다. 그리고 이곳에 위사좌평 백가의 파견은 신진세력의 개편 차원에서 단행된 것으로 사비천도 추진과는 관련이 없음을 밝혔다. 그러나 동성왕대의 사비지역에 대한 빈번한 사냥 실시와 가림성 축조는 당시 미개발지역이었던 사비지역의 신도시 주영과 위상 확립에 큰 영향을 주어 후에 성왕이 적합한 천도 대상지로 결정하는데 토대를 마련하였다는 점에 큰 의미를 찾았다.

이어 무령왕대에는 사비지역에 기와, 토기, 전돌, 유리구슬 등을 생산하는 웅진도성의 배후 산업기지로서 중요한 역할을 하였다. 이는 무령왕대의 사비지역에 대한 관심과 위상을 반영해 주는 것으로서 동성왕대보다 한층 생산시설을 갖추고 개발되어 가고 있었음을 보여준다. 동성왕대의 사비지역은 미개발된 상태에서 사냥터나 또는 금강유역을 안정적으로 지배하기 위한 군사상의 거점 지역으로 기능을 하였다면 무령왕대에는 왕도에 필요한 여러 생산 물자를 생산 공급하는 배후 생산기지로서 한단계 발전된 위상을 보여준다고 하겠다. 이러한 사비지역의 신도시 개발과 위상 확립은 성왕대의 사비천도 대상지 확정에 큰 바탕이 되었다고 할 수 있다. 따라서 무령왕대 사비천도 준비설이나 웅진도성의 별부설은 성립될 수 없는 것으로 파악하였다.

사비천도는 성왕의 결단에 의해 추진되었으며, 그 천도의 배경과 이유로는 사비지역이 군사상 해상교통로상 뿐 아니라 특정세력이 없는 미개발지역이었다는 점, 성왕 자신이 약화된 왕권을 강화하고 국가체제의 면모를 일신하고자 결단에 의해 추진되었다는 점, 그리고 고구려의 빈번한 군사적 공세에 대처하기 위한 방안으로 추진되었다는 점을 들었다. 특히 성왕은 상존하는 고구려의 군사적 위협에 대처하고 나아가 상실한 한성고토를 회복하는 일이 왕권의 안정은 물론 새로운 백제국가 건설을 위해 시급히 해결해야 할 중요 현안과제로 절감하였음을 밝혔다.

성왕의 사비천도 준비는 그 즉위 초부터 치밀한 준비계획을 마련해 사비 신도읍지를 조영해 나간 것으로 파악하였다. 이에 따라 527~528년부터 기간시설인 부소산성을 먼저 축조하였고 이어 동나성과 북나성이 고구려의 침입에 대비하여 먼저 축조되면서 사비도성의 면모가 갖추어지게 된 것이라 하였다.

성왕이 사비천도를 추진하는데 큰 역할을 한 세력은 무령왕 소가계집단인 성왕계 왕족들, 사씨·목씨·연씨세력과 같은 대성귀족, 그리고 근시관료와 대성귀족 출신이 아닌 신진세력 등이 성왕을 도와 사비천도를 적극적으로 추진하는데 큰 역할을 수행했던 것으로 파악하였다.

『백제와 금강』, 백제사연구회, 2007

威德王의 즉위와 집권세력의 변화

1. 威德王의 즉위

554년 백제와 신라 간에 管山城(충북 옥천)에서 벌어진 전투는 단순히 나제 양국 간의 이해관계 속에서만 이루어진 것이 아니라 한반도를 포함한 동북아시아 전체의 역사적 상황과 관련하여 전개된 일대 사건이라 할 수 있다. 이 전쟁은 당사국인 백제와 신라 양국 이외에 고구려, 가야, 왜세력까지 직·간접적으로 참여하여 삼국의 항쟁과정에서의 주도권을 확보하려는 국제전의 양상을 띠고 전개된 것이었다. 관산성 전투는 신라가 553년 백제로부터 한강하류 유역을 탈취한 데에서 비롯되었으나 결국 백제의 일방적인 참패로 끝났으며, 반면 신라는 삼국의 항쟁과정에서의 우위를 점하며 장차 삼국 통일에 기반을 마련하는 계기가 되었다.

이 전투에서 백제의 聖王(523~554)은 신라군에 사로잡혀 전사하였고, 그의 아들 餘昌[威德王]은 신라군의 포위망을 간신히 빠져 나왔으며, 佐平 4명을 비롯한 3만에 가까운 백제 병사들이 참살을 당하였다. 이처럼 관산성 전투의 참패는 향후 백제의 정국 운영에 큰 파문과 충격을 던져주었다.

성왕이 관산성 전투에서 신라군에 사로잡혀 전사하자 그의 맏아들 여창이 왕위에 올랐는데 그가 바로 威德王(554~598)이다. 성왕 즉위 초에 태어난[1] 위덕왕은 성왕대에 어떠한 활동을 보였는지에 대해서는 잘 알려져 있지 않다. 다만 다음의 사료를 통해 고구려와 신라를 공격하는데 큰 역할을 한 사실이 찾아지고 있다.

> A 백제 왕자 餘昌[明王의 아들로 위덕왕이다]은 나라 안의 모든 군대를 내어 고구려국을 향했는데, 百合野塞에 보루를 쌓고 군사들 속에서 함께 먹고 잤다. 이 날 저녁 바라보니 커다란 들은 비옥하고 평원은 끝이 없는데, 사람의 자취는 드물고 개소리는 들리지 않는다. (중략) 여창이 "성은 同姓이고 관위는 扞率이며 나이는 29세이다"라고 대답하였다. 백제편에서 반문하니 또한 앞의 법식대로 대답하였다. 드디어 표를 세우고 싸우기 시작하였다. 이때 백제는 고구려의 용사를 창으로 찔러 말에서 떨어뜨려 머리를 베었다. 그리고 머리를 창끝에 꽂아 들고 돌아와 군사들에게 보였다. 고구려군 장수들의 분노가 더욱 심하였다. 이때 백제군이 환호하는 소리에 천지가 찢어질 듯하였다. 다시 副將이 북을 치며 달려 나아가 고구려왕을 東聖山 위까지 쫓아가 물리쳤다. [『일본서기』 권19 흠명기 14년 10월]

위 사료 A는 여창이 29살이 되던 해에 백제군을 거느리고 고구려군을 쳐서 승리하는 모습을 적은 기사이다. 여기서 百合野塞는 황해도 황주 蒜山 지역으로, 東聖山은 평양 동북쪽의.大聖山에 비정되기도 한다. 전투 지점으로 보아 백제와 고구려군이 전투를 벌인 지점은 예성강을 넘어 황해도와 평양 일대임을 알 수 있다. 『일본서기』 흠명기 14년조에는 553년으로 되어 있으나 전투 지점으로 보아 신라, 가야군과 함께 북진하여 한강유역의 백제고토를 수복할 때인 551년의 상황으로 보는 것이 보다 합리적이다.[2]

이 기사에 의거해 보면 여창은 성왕을 도와 고구려군을 한강유역 이북으

---

1) 『일본서기』 권19 흠명기 14년 10월조에 餘昌이 고구려군과 百合野塞에서 전투를 벌였을 때 나이가 29살이었던 점을 감안해 보면 그는 523~525경에 출생하였음을 알 수 있다.
2) 김주성, 「성왕의 한강유역 점령과 상실」 『백제사상의 전쟁』, 서경문화사, 2000, 304쪽.

로 구축하여 한강유역의 백제고토를 수복하는데 선봉적인 역할을 하였음을 알 수 있다. 근초고왕 때 태자 근구수가 백제군을 거느리고 평양성 전투에서 고구려의 고국원왕을 전사시킬 정도의 큰 역할을[3] 연상케 해준다. 이후 553년 신라에 의해 한강하류지역을 상실하자 여창은 신라에 대한 주전론을 견지하면서 다음의 554년 관산성 전투 때에는 신라 공격의 최선봉에 나서서 두드러진 활약을 보인 것으로 드러났다.

B-① (앞부분 생략) 餘昌이 신라를 정벌할 것을 계획하자 耆老가 "하늘이 함께 하지 않으니 화가 미칠까 두렵습니다."라고 간언하였다. 여창이 "늙었구려. 어찌 겁내시오. 우리는 대국을 섬기고 있으니 어찌 겁낼 것이 있겠소."라 하고, 드디어 신라국에 들어가 久陀牟羅에 보루를 쌓았다. 그 아버지 明王은 여창이 행군에 오랫동안 고통을 겪고 한참 동안 잠자고 먹지 못했음을 걱정하였다. 아버지의 자애로움에 부족함이 많으면 아들의 효도가 이루어지기 어렵다 생각하고 스스로 가서 위로하였다. 신라는 명왕이 직접 왔음을 듣고 나라안의 모든 군사를 내어 길을 끊고 격파하였다.

② 이때 신라에서는 佐知村의 말을 먹이는 종 苦都[다른 이름은 谷智라고도 함]에 "고도는 천한 종놈이요, 명왕은 이름 있는 왕이다. 지금 천한 종으로써 군왕을 죽이게 하여, 후세에 전하여 져서 사람의 입에서 잊지 않게 되기를 바라고자 한다."라고 말했다. 얼마 후 고도가 명왕을 붙잡아 재배하고, "왕의 머리를 베도록 하여 주소서."라고 말하였다. 명왕이, "왕의 머리는 종의 손에 맡길 수 없다."라고 대답하였다. 고도가 "우리나라 법에는 맹서한 것을 어기면 국왕이라 하더라도 마땅히 종의 손에 죽습니다."라고 말했다[어느 한 책에는 "명왕이 의자에 걸터 앉아 차고 있던 칼을 풀어 곡지에게 주어 베도록 하였다"고 하였다]. 명왕이 하늘을 우러러 보고 탄식하며 눈물을 흘리면서 허락하여 말하기를, "과인은 매양 생각해 보건데 뼈에 사무치는 고통을 참고 살아왔지만, 돌아보건데 구차하게 살고 싶지 않다."라고 하고 머리를 늘여 베임을 당하였다. 고도는 참수하여 죽인 후에 구덩이를 파고 묻었다[어느 한 책에는 "신라가 명왕의 두골은 수습하여 남겨 두고, 나머지 뼈

---

3) 『삼국사기』 권24 백제본기 2 근초고왕 26년 및 근구수왕 즉위년.

를 예를 갖춰 백제에 보냈다. 지금 신라왕이 명왕의 뼈를 북쪽에 있는 관청의 계단 아래에 묻었는데 이 관청을 都堂이라 한다.”고 하였다]. [이상, 『일본서기』 권19 흠명기 15년(554) 동 12월]

위 사료 B-①은 백제 조정 내에서 신라 정벌에 대한 和戰 양면을 놓고 갈등을 벌이는 기사이다. 553년 신라가 고구려로부터 수복한 백제의 한강 하류유역을 불시에 탈취하자 고구려와 신라에 대한 대처 방안을 놓고 백제의 지배세력들 간에 대립과 갈등이 벌어졌던 사실을 보여주고 있다. 전제 권력기반을 강화하려는 성왕과 그 지지세력, 그리고 이에 맞서 귀족 중심의 정치운영을 고수하려는 일부 귀족세력들 간에 내재되어 있던 대립과 갈등이 그 대처방안을 모색하는 과정에서 표출된 것이다.

고구려 특히 신라에 대한 강경한 대응자세를 주장하고 있었던 주전파로는 성왕을 비롯하여 왕자인 餘昌, 그리고 대성귀족 중에는 木氏, 眞氏勢力 등, 그밖에 馬武[4] 등과 같은 근시관료 등을 들 수 있다.[5] 성왕은 이 전쟁의 승리를 통해 국왕 중심의 내정 개혁에 불만을 가진 반대세력을 제거하는 동시에 전제 권력기반을 다져 국왕으로서의 권위와 지배력을 공고히 하려는 계기로 삼으려 하였을 것이다. 그리고 그의 아들 여창은 성왕의 元子라는 왕위계승권상의 조건 이외에 대외전쟁의 실전 경험을 통해서 확실한 왕위계승권자로서의 정치 사회적인 위상과 권위를 확립하고자 하였을 것이다.

이에 앞서 여창은 551년 북진 때에 고구려군을 百合野塞에서 싸워 이를 격퇴시킨 일이 있었고(A), 이어 신라에 대한 대응조치를 마련하는 과정에서는 신라와의 싸움을 막으려고 간언하던 ‘耆老’들을 질책하면서 신라와의 전쟁을 적극 독려한 바 있었다. 554년 관산성 전투 때에는 선봉으로 출전하

---

4) 奈率 馬武는 『일본서기』 권19 흠명기 11년 춘2월에, “왕(성왕)의 股肱의 신하로서 위에 아뢰고 아래에 전하는 것이 왕의 마음과 몹시 맞아서 왕의 보필이 되고 있다”라고 하였듯이 성왕대에 국왕 중심의 측근정치의 중추적인 역할을 담당했던 대표적 인물임을 알 수 있다.
5) 양기석, 「백제 위덕왕대 왕권의 존재형태와 성격」 『백제연구』 21, 1990, 39~42쪽.

여 최전방 久陀牟羅塞에서 신라군과 대치하고 있었던 사실로 미루어 보아 여창은 성왕을 도와 신라 정벌을 앞장서서 주도한 주전론자이었음을 알 수 있다.

　반면 '耆老'로 표현된 세력은 '老而賢者'로서[6] 당시 국왕의 자문 역할을 담당했던 원로를 뜻한다. '기로'들 중에서 신라와의 전쟁보다는 주화론을 주장한 대성귀족들로는 沙氏와 燕氏세력 등을 상정해 볼 수 있다.[7] 이들은 7세기 초 武王代(600~641)의 대성팔족 중에서 비교적 상위를 점하고 있기 때문이다. 이들은 귀족 중심의 정치운영을 내세워 왕권의 전제 권력화 추진을 견제해 보려는 입장을 견지했을 것이다. 특히 사씨세력의 경우 성왕을 도와 사비천도를 단행하는데 있어서 중추적인 역할을 수행하였지만,[8] 점차 성왕의 전제 권력기반이 강화되면서 기득권 향유에 잠재적인 위협을 느꼈을 것이다. 그리고 이들 세력은 대외관계에 있어서 고구려와 신라의 두 나라에 대하여 동시에 맞설 수 없다는 현실론을 바탕으로 하여 주화론을 내세웠을 것으로 생각된다.

　결국 주전파에 의해 강행된 관산성 전투는 참패로 끝났다. 사료 B-②는 성왕이 신라 三年山郡 소속 高干 苦都에 의해 사로잡혀 처형되는 모습을 기록한 부분이다. 위 기사에서는 신라가 성왕을 사로잡은 후 처형을 한 다음 그 유해 처리에 대해 두 가지 설을 제시하고 있다. 하나는 성왕을 사로잡은 高干 苦都가 신라의 국법에 따라 성왕을 일단 처형한 후 그 시신을 바로 매장하였다는 설이고, 또 하나는 신라가 성왕을 처형한 후 두골만은 신라에

---

6) 노중국, 『백제정치사연구』, 일조각, 1988, 180~181쪽.

7) '耆老'에 대해서는 사씨·국씨·목씨·연씨 등 대성팔족의 귀족세력으로 보는 견해가 있지만(김주성, 「사비시대 백제정치사연구」, 전남대대학원 박사학위논문, 1991, 119쪽), 왕권과 대성팔족을 이원화시켜 대립적인 측면으로만 볼 경우 너무 평면적이고 도식적인 이해 범주를 벗어나기 어렵다. 대성귀족들 중에는 이해관계 여하에 따라 왕권에 적극 협조할 수 있는 정치세력이 존재하기 때문이다(김수태, 「백제 위덕왕의 정치와 외교」 『한국인물사연구』2, 한국인물사연구소, 2004, 152~153쪽).

8) 노중국, 앞의 책(1988), 166쪽.

남겨두고 남은 뼈를 수습하여 백제에 보냈다는 설이다. 전자의 경우 일국의 국왕을 처형하고 나서 그 시신을 백제에 돌려주지 않고 신라땅에 묻었다는 것은 향후 백제와의 관계가 더욱 악화될 수 있다는 점에서 기사 그대로 받아들일 수는 없을 것이다. 343년 고구려가 前燕이 탈취해 간 美川王의 시신을 돌려받기 위해 일시나마 전연에 臣屬한 사례[9]에서 보듯이 국가 간의 유해 송환문제는 중대한 사안이 되고 있기 때문이다.

신라는 사로잡혀 처형된 성왕의 유해 처리에 대해서 앞으로의 백제와의 관계 개선을 위해서라도 신중히 처리할 필요가 있었다. 성왕과 신라 眞興王(540~576)은 한때 제라동맹을 통해 우호 관계를 유지해 왔고, 또 신라가 성왕의 유해를 송환하지 않을 경우 앞으로 두 나라 간의 관계 악화는 물론 백제로부터 큰 보복이 있을 것이 우려되었기 때문이다. 따라서 신라는 백제와의 성왕 유해 송환 교섭을 벌린 다음 후자의 경우처럼 예를 갖추어 전승의 상징인 두골만을 제외하고 성왕의 나머지 유해를 백제에 송환하는 방법을 선택하였을 것이다.

다음 사료 C는 위덕왕이 왕위에 즉위하는 과정을 기록한 내용이다. 위덕왕은 『삼국사기』에 의하면 성왕이 관산성 전투에서 전사하자 곧바로 즉위한 것으로 되어 있다. 이와는 달리 『日本書紀』에는 성왕이 전사한 지 3년 후인 557년에 가서야 비로소 왕위에 오른 것으로 되어 있어(C-①, ②) 이에 대한 진위 여부에 대해 논란이 제기되고 있다. 여하튼 관산성 패전과 부왕의 패사라는 국가적 큰 위기 상황에 직면한 여창의 즉위가 결코 순탄치 못했음을 보여주고 있다. 『日本書紀』에는 백제가 신라 정벌을 앞두고 벌어진 백제 조정 내에서의 동향과 관산성 전투과정, 그리고 위덕왕이 즉위하기까지의 일련의 과정이 상세히 서술되어 있는데 그 중에서 위덕왕의 즉위와 관련된 기사를 제시하면 다음과 같다.

---

9) 『삼국사기』 권18 고구려본기 6 고국원왕 13년 2월.

C-① 백제 餘昌이 여러 신하들에게 "소자는 이제 돌아가신 부왕을 받들기 위하여 出家하여 修道하고자 한다."라고 말하였다. 여러 신하와 백성들이 "임금[君王]께서 출가하여 수도하고자 하신다면 우선 왕명을 받들겠습니다. 슬프도다. 전의 생각이 바르지 못하여 후에 큰 근심을 가지게 되었으니 누구의 잘못입니까? 백제의 나라는 고구려와 신라가 다투어서 멸망시키려 하는 바입니다. 처음 나라를 세운 이후 이 나라의 종묘의 제사를 어떤 나라에 시키려는 것입니까? 모름지기 도리는 왕명을 따르는 것이 분명합니다. 만약 耆老의 말을 들었다면 어찌 여기에 이르렀겠습니까? 바라건대 앞의 잘못을 뉘우치고 속세를 떠나는 수고로움은 하지 마십시오. 원하시는 것을 굳이 하고 싶으시다면 니리 백성들을 출가시키는 것이 마땅합니다."라고 하였다. 여창이 "좋다."고 대답하고는 곧 나아가 신하들에게 도모하도록 하였다. 신하들은 마침내 상의하여 100명을 출가시키고 幡蓋를 많이 만들어 여러 가지 공덕을 행하도록 하였다고 한다. [『일본서기』 권19 흠명기 16년(555) 8월]

② 백제 왕자 여창이 왕위를 이었는데, 이가 위덕왕이다. [앞의 책, 흠명기 18년(557) 춘 3월]

위 C-① 기사는 여창이 관산성 전투의 패전 직후 부왕인 성왕에 대한 참담한 비보를 접하고서 부왕의 명복을 빌기 위해 '出家修道'를 하겠다는 결심을 밝히자 이에 '耆老'를 포함한 제신과 백성들이 관산성 전투의 패전에 대해 통렬히 책망한 '기로'들의 말을 떠올리면서 여창의 출가를 포기하도록 간곡히 만류하는 내용으로 되어 있다. 이에 여창은 제신과 백성들의 만류에 따라 출가를 포기하는 대신 100명의 백성들을 출가시키고 여러 功德齋를 베풀었다고 한다.

여창은 이런 과정을 거치고 난 다음에 왕위에 올랐다고 하였는데(C-②) 이때가 성왕이 관산성 전투에서 패사한지 3년째 되던 557년에 해당한다. 이는 『삼국사기』의 위덕왕 즉위 기사보다 3년이 늦은 셈이다. 이에 대해 『일본서기』의 관련 기록이 관산성 전투를 전후로 한 백제의 사정을 비교적 상세히 전하고 있어서 관산성 패전과 위덕왕의 즉위에 따른 지배세력 간의 심각한 대립과 갈등이 있었던 것으로 보고 위덕왕의 즉위에는 3년간의 空位가 있었던 것으로 받아들이는 견해가 지배적이었다.[10]

최근에는 이 견해를 보다 구체화하여 새로운 견해를 제시하였는데 백제의 최고 귀족회의체인 政事巖회의에서 위덕왕의 관산성 전투 패전에 따른 책임 문제를 거론하여 위덕왕의 즉위 승인을 부결하였다가 위덕왕의 공식 사과를 받은 557년 3월에 가서야 공식적으로 왕위에 즉위할 수 있게 되었다는 것이다.[11] 이와는 달리 위덕왕의 '출가수도' 문제를 성왕의 유해가 신라로부터 송환되어 능산리 묘역에 안치되기까지의 성왕의 장례 기간과 관련 있는 것으로 보고 이때부터 위덕왕이 실질적인 왕위계승을 한 것으로 보는 견해[12]가 있다.

그 가운데 『일본서기』 관련 기사를 신뢰하여 3년간의 공위설을 주장하는 견해는 1995년 부여 능산리사지에서 출토된 〈百濟昌王銘石造舍利龕〉 명문에 의거해 볼 때 사실이 아닌 것으로 판명되었다. 이 사리감명문에는 "百濟昌王十三季太歲在丁亥 妹兄公主供養舍利"라고 하여 위덕왕 13년 丁亥年에 그의 여동생이 사리를 공양한 사실을 알려주고 있다. 여기서 정해년은 위덕왕 14년(567)이고 위덕왕 13년은 정해년이 아니라 丙戌年 566년에 해당한다. 위덕왕의 즉위년은 사리감명문에 의거해 볼 때 『삼국사기』의 554년과는 1년 차이가 나는 555년에 해당한다.

이처럼 위덕왕 즉위년에 대해 기록마다 서로 다르게 되어 있어 혼란을 주고 있지만, 『삼국사기』에 위덕왕의 즉위를 踰年稱元法에 의해 기록한 것으로 볼 경우 사리감명문의 기년과 동일해져서 『일본서기』의 3년 공위설은 결코 성립될 수 없음을 알 수 있다. 사리감명문의 555년 즉위설은 『일본서기』에 기록된 관산성 전투 시기인 554년 12월[13]을 받아들일 경우에는 성립될 수도 있다. 이는 『삼국사기』 신라본기에 기록된 554년 7월 기사[14]와는

---

10) 노중국, 앞의 책(1988), 181쪽 ; 김주성, 「사비시대 백제정치사연구」 전남대대학원 박사학위논문, 1991, 65쪽.
11) 김주성, 앞의 글(2000), 315~316쪽.
12) 김수태, 앞의 글(2004), 167쪽.
13) 『일본서기』 권19 흠명기 15년 12월.
14) 『삼국사기』 권4 신라본기 4 진흥왕 15년 7월 및 권26 백제본기 4 성왕 32년 추7월.

차이를 보여주고 있어 이에 대한 면밀한 검토가 필요하다. 그리고 C-①기사에서 여러 신하와 백성들이 여창을 가리켜 '君王'으로 표현하고 있는 점도 위덕왕 자신이 '출가수도' 문제를 논의하고 있을 무렵에 이미 국왕으로 존재하고 있었던 사실을 단적으로 보여주고 있다.[15]

그러면 위 기사에서 보듯이 위덕왕이 국왕으로 있으면서 굳이 '出家修道'를 결행하려는 배경과 의도는 과연 무엇일까? 이에 대해 위덕왕은 성왕의 사후 신라 정벌을 반대했던 '기로'들의 책임 추궁을 받아 이로 인해 정치적 곤경에 빠지게 되자 이를 모면하기 위한 방책으로서 결국 출가를 결심하게 된 것으로 이해하고 있다. 이를 통해 위덕왕대에는 왕권의 위상이 약화되고 그 반면 귀족세력들의 정치적 발언권이 증내되어 귀족 중심의 정치 운영으로 바뀔 정도의 집권세력 변화가 있는 것으로 파악하였다.[16]

그런데 위덕왕이 '기로'들의 책임 추궁으로 궁지에 처해진 상태에서 '출가수도'를 결심한 것이 아니라 '기로'들을 포함한 제신과 백성들에 앞서 본인 스스로가 결심을 표명하고 있는 점에 주목해야 한다. 그리고 위덕왕이 출가하려는 목적이 그가 밝혔듯이 부왕인 성왕의 명복을 빌기 위해서였다고 하였다. 다시 말해서 위덕왕은 신라 정벌을 앞장서서 추진하였던 자신의 과오 때문에 일어난 父 성왕의 불행한 죽음에 대하여 죄를 씻기 위해 출가 수도를 결심한 것으로 되어 있다. 여기에 위덕왕의 '출가수도'에 대한 중요한 의도가 담거져 있는 것이다. 위덕왕이 자신에게 처해진 불리한 정국을 돌파하기 위한 하나의 수단으로 국왕직을 걸고 '출가수도' 문제를 던져보는 측면에서 접근해 볼 필요가 있다.

그가 왕위를 버리고 굳이 출가를 하겠다는 것은 어떤 의미에서 왕권을 수호해야 하겠다는 결연한 의지가 담겨 있는 것으로 볼 수가 있기 때문이

---

15) 김수태, 앞의 글(2004), 161~164쪽.
16) 노중국, 앞의 책(1988), 183쪽 ; 김주성, 앞의 글(1991), 64~65쪽 ; 김병남, 「백제 위덕왕대의 정치 상황과 대외 관계」『한국상고사학보』43, 2004, 65쪽.

다.[17] 그가 출가할 경우 위덕왕이 당시 백제인들이 추앙하고 있던 성왕에 대한 지극한 효행을 불교를 통해 몸소 실천함으로써 전쟁에 대한 책임을 모면할 수 있어 어느 면에서는 그의 정치 사회적 입지를 강화시키는 측면이 생길 수도 있다. 또한 이로 인해 백제의 정국이 관산성 전투의 패전과 성왕의 패사에다가 설상가상으로 왕위계승상의 혼란마저 야기될 것이 분명하다. 그 동안 신라와의 전쟁을 반대해 왔던 '기로' 들을 포함한 제신들은 더 이상의 정국의 혼란을 원치 않았기 때문에 위덕왕에 대해 공식적인 사과를 이끌어내서 왕권을 어느 정도 견제하는데 목적이 있었지 '출가수도' 와 같은 극한 상황은 피하고 싶었을 것이다.

결국 위덕왕도 한발짝 양보하여 '출가수도' 와 같은 극단적인 방법을 철회하였고, '기로' 를 포함한 諸臣과 백성들 역시 위덕왕의 '출가수도' 를 만류하는 대신 100명의 백성들을 度僧하고 많은 공덕을 베푸는 선에서는 일정한 타협이 이루어졌다. 위덕왕이나 '기로' 들 역시 극한적 대립보다는 타협을 통한 상생의 길을 마련하여 즉위 초에 벌어진 일련의 정국의 혼미상을 극복해 나간 것이었다. 정국이 혼미한 상태에서 국왕과 제신 간에 타협이 쉽게 이루어질 수 있었던 것은 무엇보다도 성왕에 대한 추념을 국왕과 제신 모두가 공유하고 있었기 때문일 것이다. 당시 성왕은 백제인들로부터 영매한 군주로 추앙받는 인물이었다. 관산성 전투에서 뜻밖에 전사한 성왕에 대해서 백제인들 모두 참담한 심정을 갖고 있었다. 위덕왕의 출가를 만류한 제신 중에는 왕권 중심의 전제개혁을 지지하는 성왕대의 측근 세력과 불교를 옹호한 세력들이 중심이 되어 타협을 이루어낸 것으로 판단된다.

위덕왕과 제신들이 모여 서로 성왕에 대한 효도를 맹세하고 이를 도승과 같은 불사를 통해 한층 정당화시키려 하였던 것이다.[18] 여기서 度僧은 국왕의 허락 하에 출가하는 것을 말하는데 이때 도승된 승려들은 국가에서 공인

---

17) 길기태, 『백제 사비시대의 불교신앙 연구』, 서경, 2006, 73쪽.
18) 近藤浩一, 「백제 시기의 효사상 수용과 그 의의」 『백제연구』42, 2005, 130~131쪽.

한 승려가 되는 것을 의미한다.[19] 도승제는 호국적인 불교의 성격을 가진 것으로 왕권 강화의 의미를 갖고 있다.[20] 이런 면에서 위덕왕이 불교적인 도승 행사를 통해서 제신과의 타협을 이루어 낸 것은 당시 왕권 약화의 조짐을 보여주는 것이 아니라 위덕왕이 '기로'를 포함한 제신들과의 타협과 조화를 통해 실추된 왕권과 혼란해진 정국을 수습하는 계기를 마련해 준 것으로 볼 수 있다.

2. 집권 초기의 정국 운영

威德王代(554~598)는 백제 사비시대 정치사 전개과정에서 매우 중요한 위치를 점한다. 그 앞선 시기의 중흥의 영주 聖王代(523~554)와, 뒤이어 전개되는 武王(600~641)과 義慈王代(641~660)의 전제 권력기반 형성 문제를 밝혀주는 연결 고리가 되는 시기이기 때문이다. 위덕왕은 재위 기간이 45년에 달할 정도로 비교적 오랜 기간 동안 재위하였다.

그럼에도 불구하고 그가 관산성 패전과 성왕의 패사 이후 야기된 왕권의 약화와 정국의 혼란을 극복하기 위해 어떠한 노력을 기울여 국가적 위기를 수습해 나갔는가에 대해서는 관련 사료의 부족으로 잘 알려져 있지 않다. 위덕왕대의 사실을 전해주는 관련 사료들이 대부분 전쟁이나 대외관계 기사로 구성되어 있어서 이 시기의 중요한 정치세력의 동향이나 내정에 관한 주요 시책을 살펴 볼 수 없는 한계를 가지고 있다. 즉『三國史記』백제본기의 위덕왕대 기사에는 일부 천문 관련 기사를 제외하고 거의 전쟁 기사나 중국 왕조인 陳, 北齊, 北周, 隋와 활발한 외교교섭을 전개한 사실이 기록되어 있을 뿐이다. 그리고『日本書紀』에는 백제가 왜에 불교를 비롯한 선진문

---

19) 위덕왕대의 도승에 대해서는 길기태, 앞의 책(2006), 72~79쪽을 참조할 것.
20) 이기백,『신라사상사연구』, 일조각, 1986, 28~29쪽.

물들을 정례적으로 전해주는 기사가 단편적으로 남아 있을 정도다.

이에 따라 위덕왕대에 대한 연구는 크게 두 가지 상반된 관점에서 진행되어 왔다. 하나는 관산성 패전 이후 성왕대 신장되었던 국왕 중심의 정치 운영이 쇠퇴하고 대신 귀족 중심의 정치 운영이 한동안 지속되다가 무왕대에 이르러 왕권 강화가 이루어진 것으로 보는 견해[21]가 있다. 반면 위덕왕 집권 초기에는 패전의 충격으로 일시 왕권이 약화되었으나, 성왕대의 정책을 계승하고 또한 전쟁과 대외 관계의 강화를 통해 왕권 강화를 이룬 것으로 보는 견해[22]가 있다.

위덕왕대의 정치 상황을 올바르게 이해하기 위해서는 그의 재위기간 45년을 그 정치와 외교 관계의 변화에 따라 세 시기로 나누어 파악해 볼 수 있다. 제1기는 위덕왕 즉위년부터 13년까지로서 관산성 전투의 패전의 충격에 따른 왕권의 약화와 점차 성왕대의 정치를 지향하는 가운데 왕권 강화를 모색하는 준비기에 해당한다. 제2기는 위덕왕 14년부터 23년까지로서 중국 왕조인 진, 북제와의 대외교섭을 전개하면서 정치적 발전이나 왕권 신장을 꾀하던 시기로 볼 수 있다. 제3기는 위덕왕 24년부터 45년까지로 대내적 지배체제를 정비하고 중국 왕조와 왜를 대상으로 대외관계를 다변화하면서 한반도 정세에 탄력적으로 대응하는 시기이다.

위덕왕은 554년 관산성 패전으로 패사한 聖王의 뒤를 이어 왕위에 올랐지만 시급히 해결해야 할 과제는 우선 관산성 전투에서 성왕이 패사한 데에 따른 백제국가의 큰 위기를 어떻게 수습해야 하며, 그리고 자신이 '기로' 들의 반대에도 불구하고 강행 주도한 대신라전에서의 참패에 대한 책임 추구를 어떻게 모면하느냐의 대처 방안을 강구할 필요성이 대두된 것이다. 자칫

---

21) 노중국, 앞의 책(1988) ; 김주성, 앞의 글(1991) ; 김병남, 앞의 글(2004).
22) 양기석, 「백제 위덕왕대 왕권의 존재형태와 성격」『백제연구』21, 1990 및 「백제 위덕왕대의 대외관계 -대중관계를 중심으로-」『선사와 고대』19, 2003 ; 신형식, 『백제사』, 이화여대 출판부1992 ; 김수태, 「백제 위덕왕대 부여 능산리 사원의 창건」『백제문화』27, 공주대 백제문화연구소, 1998 ; 앞의 글(2004).

잘못하면 그의 국정 운영이 순탄치 못한 국면으로 전화될 수도 있다. 아울러 패전으로 인해 야기된 정정의 혼란을 수습하고 정치적 안정을 되찾는 일이고, 밖으로는 실추된 백제국가의 위상을 되찾는 일이었다. 위덕왕의 사태 수습 여하가 이후 백제 국가의 존립은 물론 이후 정치사의 전개에 큰 관건이 되기 때문이다.

위덕왕을 비롯한 주전파에 의해 강행된 관산성 전투는 참패로 끝났다. 이 전투에서 성왕은 물론 좌평 5명 중 4명,[23] 그리고 3만에 가까운 사졸들이 패사하였으니 가히 치명적이라 할 수 있다. 이 전쟁을 주도한 주전파는 불론 '기로' 세력이 중심이 된 주화파 모두 일시에 타격을 받게 되었으며, 위덕왕이 즉위 초에 '출가수도' 의 결행을 선언할 정도로 향후 정국 운영에 큰 파문과 충격을 던져주었다.

이로 인해 위덕왕 즉위 초의 정치 상황은 '기로' 로 지칭되는 주화파 귀족세력에 의해 정국 운영이 주도되는 결과가 되었다. 주화파 귀족세력들이 '기로' 들의 발언을 상기시키면서 위덕왕에 대해 패전에 대한 책임 소재를 다시 한번 추궁했던 사실(C-①)에서 지배체제 내에서의 정치적 입지와 발언권이 크게 강화되었음을 알 수 있다. 이를 계기로 성왕대 이래 추진되고 있었던 국왕 중심의 정치 운영에 대한 재검토 요구도 거론되었을 것이다. 새로 즉위한 위덕왕은 주전파의 앞장을 섰던 관계로 그 자신의 정치 사회적 권위 확립에 큰 손상을 입었을 뿐 아니라 사료 C-①에서 보듯이 '출가수도' 의 결단을 밝힐 정도로 그의 권력기반도 크게 동요되고 있었음을 시사해 주고 있다.

위덕왕 즉위 초의 지배세력은 성왕대의 지배세력 구성 관계와 신라 정벌 문제를 통해서 다음과 같이 상정해 볼 수 있다. 그의 동생 惠를 포함한 이른바 성왕계 왕족들,[24] 馬武[25]와 講禮博士 陸詡[26]와 같이 성왕대 전제왕권

---

23) 『周書』 권49 열전 41, 백제.
24) 김수태, 앞의 글(1998), 38~46쪽.

구축에 주도적인 역할을 한 측근세력들, 대성귀족들 중에는 신라 정벌에 대한 주전파인 진씨, 목씨세력 등과 주화파의 입장을 견지한 것으로 보이는 사씨, 연씨 세력 등이 있었으며,[27] 그밖에 일반귀족들로 구성되어 있었다. 그 중에서 위덕왕을 지지하거나 또는 친연세력으로 분류될 수 있는 세력은 왕족과 성왕대의 측근세력, 그리고 주전파 대성귀족과 일반귀족을 들 수 있다.

따라서 그가 앞으로 취해 나가야 할 수습 방안은 기존의 정치세력들을 새롭게 재편성하는 문제를 포함하여 새로운 정국 운영 방안을 모색하는 일이었다. 이는 관산성 패전과 성왕의 패사로 야기된 국력을 국왕 중심으로 결집시키고 왕권의 기반을 강화시키는 일이었다. 이를 위해 먼저 주화파인 '기로' 세력의 요구를 부분적으로 받아들여 세력 개편을 통한 기존의 정국 운영 방식을 재검토하는 일에 착수하였을 것이다. 예컨대 주전파인 진씨와 목씨세력 등에 대해 패전의 책임을 물어 교체시키는 일 등이 이에 해당한다. 그리하여 위덕왕 즉위 초에는 한동안 '기로' 세력 중심의 정치 운영이 불가피하였다.

그러나 '기로' 세력들 역시 관산성 전투에서 주전파와 마찬가지로 많은 타격을 받은 데다가 성왕이 다져놓은 권력기반 등을 고려할 때 그들 세력이 실세귀족 중심으로 운영되었던 웅진시대와는 달리 정국운영을 독주하는 데에는 일정한 제약을 받았을 것으로 여겨진다. 사료 C-①에서 보듯이 위덕왕이 '출가수도'를 선언하였을 때 나타난 바와 같이 위덕왕이 제신들이 일정한 타협을 통해 상생을 도모하는 방향에서 정국운영의 방향을 모색한 것으로 볼 수 있다.

---

25) 『일본서기』 권19 흠명기 11년 춘2월.

26) 육후는 어려서 예학으로 이름 높던 崔靈恩에게 『三禮義宗』을 배웠는데, 541년 백제 성왕이 毛詩博士와 涅槃 등의 經義에 밝은 자의 파견을 요청하자 백제에 건너왔다(『陳書』 권33 열전27 유림 鄭灼傳附 陸詡). 그가 백제에 건너온 시기에 대해서는 논란이 있지만 540년대에서 550년대 전반기로 추정된다(이기동, 『백제사연구』, 일조각, 1996, 177쪽).

27) 양기석, 앞의 글(1990), 40~41쪽.

이처럼 관산성 전투의 패전으로 인해 야기된 위덕왕 즉위 초의 정정 불안 속에서 위덕왕은 왕권 강화의 활로를 모색하려는 시도를 행하였다. 위덕왕은 즉위 초의 정치적 위기를 타개하기 위해 성왕의 패사에 대한 대신라 보복과 성왕의 유해를 신라로부터 송환받는 일이었다. 이를 위해 위덕왕은 즉위 초의 어려운 여건에도 불구하고 신라에 대한 대대적인 보복전을 전개한 사실은 다음과 같이 나타나고 있다.

D-① 承聖 3년[554] 9월에 백제 군사가 珍城을 침범해 와서 남녀 3만 9천명과 말 8천 필을 빼앗아 갔다. 이에 앞서 백제가 신라와 군사를 합쳐 고구려를 치려고 했는데, 진흥왕이 말하기를, (중략) 이에 이 말이 고구려에 전해지니 고구려는 그 말에 감복하여 신라와 우호를 맺었다. 그러나 백제는 이를 원망하였으므로 [신라를] 침범하였다. [『삼국유사』 권1, 기이2 진흥왕]

② 10월에 고구려가 크게 군사를 일으켜 熊川城을 침공하였으나 아군에게 패하여 돌아갔다. [『삼국사기』 권27, 백제본기 위덕왕 원년, 554]

③ 16년[555] 봄 2월 백제 왕자 여창이 왕자 惠[왕자 惠는 위덕왕의 아우이다]를 보내어 "聖明王이 적에게 죽임을 당했습니다"라고 아뢰었다. … 惠가 "천황의 덕을 기대고 의지하여 돌아가신 부왕의 원수를 갚고자 합니다. 만약 불쌍하고 가련하게 여기셔서 병기를 많이 주신다면 치욕을 씻고 원수를 갚는 것이 저의 바람입니다.…" 라고 대답하였다. (중략) 蘇我卿이 "…무릇 나라를 세운 신[建邦之神]이란 하늘과 땅이 나뉘어 구분되고 풀과 나무가 말을 할 때 하늘에서 내려와 나라를 세운 신입니다. 지난번에 그대 나라에서는 돌보지 않고 제사를 지내지 않는다고 들었습니다. 지금이라도 앞의 잘못을 뉘우치고 신궁을 수리하여 신령을 만들어 제사지내면 나라가 크게 번성할 것입니다. 그대는 나의 말을 절대 잊지 마십시오."라고 하였다. [『일본서기』 권19, 흠명기 16년]

④ 17년[556] 봄 정월 백제의 왕자 惠가 돌아가기를 청하였다. 이에 병기와 좋은 말을 매우 많이 주었다. 또한 빈번히 상으로 물품을 내려주었다. 여러 사람들이 부러워하고 찬탄하는 바가 되었다. 이에 阿倍臣·佐伯連·播磨直을 보내어 筑紫國의 수군을 이끌고 그 나라에 도착할 때까지 호위하여 보내주었다. 별도로 筑紫火君을 보내어 용감한 군사 1,000명을 이끌고 彌弓까지 호위하였다. 이에 뱃길의 요충지를 지키게 하였다. [『일본서기』 권19, 흠명기 17년]

⑤ 7월에 왕이 군사를 파견하여 신라의 변경을 침공하였으나 신라가 군사를
    내어 역격함으로 패하여 죽은 자가 1천여 명이었다. [『삼국사기』 권27, 백제
    본기 위덕왕 8년, 561]

위의 기사는 위덕왕 즉위 초에 백제가 대신라, 대고구려와의 전쟁과 왜에 대한 청병외교를 벌이는 내용이다. 그 중 사료 D-①은 554년 7월 관산성 전투 직후인 9월에 백제가 신라의 珍城[28]을 공격하여 큰 전과를 올렸다는 것인데 전투 시점으로 보아 성왕의 패사를 대대적으로 보복하기 위해 벌린 전투라 할 수 있다.

그런데 이 전투에 대해 관산성에서 대패 당한 백제가 2개월여 만에 국력이 회복되어 대규모의 보복전을 감행할 수 있었는지에 대해 의문을 품고 552년 9월이나 또는 553년 9월에 발생한 전투로 수정하여 이해하는 견해가 있다.[29] 이 전투의 원인이 고구려와 신라가 통호한 데에 있다고 한 점에 주목하여 553년 7월 한강하류유역을 빼앗긴 백제의 신라에 대한 보복전투일 가능성이 높다는 것이다. 이 견해를 따를 경우 관산성 전투를 554년 7월로 기록한 『삼국사기』 관련 기사보다 554년 12월에 발생한 것으로 기록한 『일본서기』 관련 기사의 신빙성 문제가 종합적으로 검토되어야 한다. 관산성 전투나 진성전투 모두 신라의 한강하류유역 탈취사건에서 비롯된 것인 만큼 진성 전투를 굳이 553년으로 올려볼 근거 또한 부족한 편이다.

관산성 전투에서 백제군은 많은 병력 손실이 있었지만 최소한의 국세를 유지할 만큼의 군사력을 유지한 것으로 보인다.[30] 진성전투 기사를 신뢰하여 이를 성왕의 유해 수습문제와 관련시켜 보는 견해[31]가 어떤 면에서는 시사점을 주고 있다. 즉 이에 의하면 백제가 성왕의 유해를 돌려받기 위해 협상을 벌이는 과정에서 하나의 압력 수단으로 신라의 진성을 침공하였다는

---

28) 珍城은 충남 진산으로 비정된다(三品彰英 遺撰, 『三國遺事考證』上, 塙書房, 1975, 565쪽 ;
    강인구 외, 『역주 삼국유사』 I , 한국정신문화연구원편, 이회문화사, 2003, 299쪽).
29) 김주성, 앞의 글(2000), 306쪽.

것이다. 사료 D-④에서 보듯이 당시 백제에서는 성왕의 패사를 참담하게 여기면서 신라에 대한 적개심 내지 복수심을 널리 갖고 있었음이 확인된다. 따라서 554년 9월의 진성전투는 백제측에서의 전과를 부풀리는 등 다소의 과장은 있었겠지만 신라에 대한 보복전의 성격을 가진 것으로 보아도 좋을 듯하다.

다음 사료 D-②는 진성전투가 벌어진 한달 후에 고구려가 백제의 熊川城을 공격한 일을 보여주고 있다. 그런데 이 기사에 대해 당시 신라와 고구려의 상황을 고려하여 다소 신빙성의 문제를 제기하는 견해가 있다. 즉 당시 한상 하류유역은 신라가 영유한 상태였기 때문에 고구려가 백제를 공격하려면 신라의 영토를 관통해야 한다. 그렇다고 고구려가 신라의 일정한 양해를 받아 백제를 공격한 것으로 보기에는 어색한 점이 있다.

이 전투가 성립되려면 해로를 통해 이루어져야 가능할 것이다.[32] 더구나 당시 고구려가 북제나 돌궐과의 일련의 긴장관계에 있었기 때문에 대군을 동원해서 백제를 공격하는 일은 상황에 잘 맞지 않는다. 그러나 이 기사는 백제본기 기사가 원전이 되어 고구려본기에 끼워 들어간 것으로 이해되기 때문에[33] 사료의 신빙성은 높다. 그리고 백제는 이미 554년 9월에 진성전투를 벌려 신라에 대한 공세를 펴서 보복전을 벌린 일이 있을 정도의 군사적 능력이 있는 것으로 보아 이 기사 자체를 부정할 필요는 없는 것 같다.

이처럼 위 두 기사에서 볼 때 위덕왕 초기에 백제는 신라와 고구려로부

---

30) 관산성 전투 때에 백제가 신라에 의해 멸망당할 정도로 큰 피해를 입지 않은 것으로 보는 견해가 있다(김태식, 『가야연맹사』, 일조각, 1993, 302~303쪽 ; 이희진, 『가야정치사연구』, 학연문화사, 1998, 188~201쪽). 그에 의하면 관산성 전투에서 신라군에 의해 전사한 3만 명을 백제군 만 명, 왜병 천 명, 가야군 18,600명 이상으로 산성하였다. 그러나 백제군이 왜 · 가야 연합군보다 주축을 이루고 있었다는 점, 관산성 전투에서 성왕은 물론 좌평 5명 중 4명이 전사한 점 등을 미루어 보면 백제군도 많은 사상자를 낸 것으로 보인다.
31) 김수태, 앞의 글(2004), 166~167쪽.
32) 김주성, 앞의 글(2000), 306쪽.
33) 이강래, 『삼국사기전거론』, 민족사, 1996, 88쪽.

터 협공을 받는 위기적 상황에 놓여있었음을 알 수 있다. 당시 백제는 성왕의 패사에 대한 책임 소재를 놓고 위덕왕에 대한 정통성 문제가 제기되어 정정 불안에 휩싸이고 있었다. 위덕왕은 왕위에 오른 후 무엇보다도 먼저 부왕의 유해 송환을 위해 신라와 협상하는 일을 추진하면서 신라에 대한 보복을 준비하였을 것이다. 부왕의 유해 송환은 아들이 아버지를 위한 孝를 실천하는데 국한된 것이 아니라 백제 왕실은 물론 위덕왕 자신의 왕위계승상의 정통성 확보를 위해서도 해결해야 할 중대한 문제가 아닐 수 없다.

따라서 위덕왕은 관산성 패전으로 위축된 백제군을 정비하여 신라의 진성을 공격한 것이다. 이 전투는 성왕의 패사에 대한 보복전의 성격을 가졌으며, 왕위 즉위에 따른 정정 불안을 대외적으로 표출하기 위해서였다. 그리고 이 전투가 백제에 의해서 단기간에 제한적으로 이루어진 점에서 성왕의 유해를 조속히 해결하려는 일종의 압력 수단으로 활용한 측면도 엿볼 수 있다.[34] 진성전투가 일어난 지 한달 후인 554년 10월에 고구려의 공격을 받는 일이 생겼다. 고구려의 熊川城 공격은 위덕왕의 즉위 초에 야기된 백제의 정정 불안을 틈타 단행되었지만 백제군의 반격으로 패퇴되었다. 이 전투는 554년 9월 백제의 진성 공격에 대한 신라의 보복으로 고구려를 이용했을 가능성도 있다.

이어 555년 2월 위덕왕은 동생 惠를 왜에 보내 성왕의 패사를 알리고 신라에 대한 보복을 하기 위해 청병외교를 전개하였다(D-③). 그 결과 혜는 556년 정월에 임무를 마치고 왜로부터 1,000명의 호위병과 병기와 군마 등을 지원받고 귀국하였다(D-④). 혜는 고구려 광개토왕의 남정 때 백제 아신왕의 태자 腆支의 파견(397)에서 보듯이[35] 왜에 청병을 하기 위한 목적에서 파견된 청병사 역할을 한 것이다. 이에 왜가 백제에 지원한 내용을 보면 광개토왕 남정 때 출정 때와는 달리 위덕왕의 기대만큼 이루어지지 못하였음

---

34) 김수태, 앞의 글(2004), 167쪽.
35) 『삼국사기』 권25 백제본기 3 아신왕 6년 5월.

을 알 수 있다.

여기서 주목할 것은 위덕왕 즉위 초에 혜의 정치적인 역할이다. 혜는 위덕왕의 동생으로서 蓋鹵王代의 昆支처럼[36] 청병의 중요한 임무를 띠고 왜에 파견된 것으로 보아 위덕왕대 권력기반 형성에 있어서 핵심적 역할을 한 인물이었음을 알려준다. 이러한 혜의 역할과 세력기반이 후에 위덕왕이 여러 왕자를 제치고 왕위에 오를 수 있는 배경이 되었던 것이다.

그 후 위덕왕은 즉위 초의 정통성 시비 문제가 일단락되고 성왕의 유해가 송환된 이후 561년 7월 다시 신라에 대한 보복전에 나섰다(D-⑤). 이 기사는 신라본기에는 562년 7월로 되어 있어[37] 백제본기와는 1년 차이를 보여준다. 신라본기에는 이 기사에 이어 9월에 대가야를 복속시키는 기사로 이어지고 있는 것으로 보아 가야 구원과 관련하여 일으킨 전쟁으로 보인다.[38] 당시 신라는 가야지역에 적극 진출하여 대가야를 압박하는 형세를 유지하는 가운데 대가야는 백제와 왜와 연합하여 신라를 견제하고 독립을 유지하려 하였다. 이에 562년 7월 대가야 구원에 나선 백제는 신라의 변경을 공격하였으나 천여 명의 사상자를 내고 패퇴하였으며(D-⑤), 왜도 紀男麻呂宿禰를 가야에 파견하였으나[39] 성과가 없이 562년 9월 결국 신라의 대가야 멸망으로 귀착되었다.[40]

이처럼 위덕왕은 554년 9월의 진성전투와 562년 7월 두 차례에 걸쳐 신라에 대한 보복전을 벌였으나 위덕왕이 의도한대로 큰 성과를 이루지 못하고 패퇴하였다. 위덕왕이 신라에 대한 보복전을 벌여 승리할 경우 관산성

---

36) 『일본서기』 권14 웅략기 14년 5년 하4월 · 추7월.
37) 『삼국사기』 권4 신라본기 4 진흥왕 23년 7월.
38) 김현구, 『임나일본부연구』, 일조각, 1993, 144~147쪽.
39) 『일본서기』 권19 흠명기 23년 추7월. 이 기사를 백제가 신라를 침공한 사실을 모델로 왜의 한반도 남부지배라는 『일본서기』의 사관에 맞춰서 개작된 것으로 보는 견해가 있다(김현구 외, 『일본서기 한국관계기사 연구(II)』, 일지사, 2003, 305~306쪽).
40) 562년 7월 백제와 신라에 대한 관계에 대해서는 김병남, 앞의 글(2004), 67~68쪽)을 참조할 것.

패전과 성왕의 패사를 분풀이할 수 있게 되고 또한 위덕왕 자신의 권위와 지배력을 공고히하는 수단으로 삼으로 하였던 것이다. 그러나 집권 1기 왕권의 기반이 아직 확립되어 있지 않은 상태에서 대신라전을 무리하게 강행하는 것은 또 한차례 '기로'를 포함한 귀족세력들의 반발을 살 우려가 있었기 때문에 한계를 갖는 것이었다.

이러한 상황 아래 위덕왕은 즉위 초의 정정 불안을 수습하기 위해서 대신라 보복전을 전개하고 있는 동시에 대내적 체제를 정비하여 국력을 결집시키고 왕권의 기반을 강화시킬 필요가 있었다. 이를 추진하기 위한 기본 방향은 부왕인 성왕의 업적을 계승하여 실추된 왕권기반을 재구축하려고 도모한 것이다. 그가 성왕을 개혁 모델로 삼은 것은 당시 성왕이 백제인들에게 아주 각별한 존재로 부각되고 있었던 점에서였다. 당시 성왕에 대한 평가를 엿볼 수 있는 다음 기록이 참고가 된다.

E. 聖王은 하늘의 道와 땅의 이치에 통달하였고 명성은 四方八方에 퍼졌다.[41]

위와 같이 성왕은 당대에 백제인들에게는 그의 이름에 '聖'자를 붙일 정도의 영매한 군주로 높은 추앙을 받고 있었던 존재였음을 알 수 있다. 〈牟頭婁墓誌〉에서 보듯이 고구려인들이 광개토왕을 '好太聖王', '聖王'으로 존숭하여 불렀던 사례를 들 수 있다. 불교식으로 보면 轉輪聖王에 비견되는 존재이다. 일본의 善光寺의 연기설화를 통해 볼 때 성왕은 천축국의 月蓋長者로 환생하여 불국토인 백제를 다스리는 존재로 인식되었다.[42] 성왕은 사비천도를 비롯하여 시호제 정비와 무령왕계의 왕위계승권의 확립, 22부사의 운영, 불교교단 정비, 한강고토수복 등을 통해 국왕 중심의 정치개혁을 이룬 백제 중흥의 군왕으로서[43] 백제인들에게는 오래 추념되는 각별한 존

---

41) 『일본서기』 권19 흠명기 16년 춘 2월.
42) 김영태, 「청관음경신앙과 그 일본 전파」 『백제불교사상연구』, 동국대출판부, 1982, 164~173쪽.

재였다.

  그런데 관산성 전투에서 성왕이 전사하면서 백제의 전제왕권을 위한 여러 개혁은 무위로 끝났던 것이다. 위덕왕 자신이 성왕을 도와 고구려와 신라전에 선봉에 나설 정도의 비중 있는 역할을 수행해 왔다. 따라서 위덕왕은 부왕인 성왕이 이루어 놓은 권위와 성과를 현창하고 이를 계승해 나가는 것이 그의 권력기반 강화에 큰 도움이 될 것으로 판단하였을 것이다.

  위덕왕은 왕위에 오른 후 먼저 신라에서 송환된 부왕의 유해를 빈소에 안치하고 부왕의 명복을 빌기 위한 장례의식을 준비해 나갔을 것이다. 부왕의 유해 송환은 위덕왕 자신의 왕위계승상의 정동성 확보를 위해서도 해결해야 할 중대한 문제가 아닐 수 없다. 그리고 그가 원하던 성왕의 후광을 이용하여 성왕의 업적을 계승하기 위해서는 유해 송환이 더욱 절실해진 것이다. 관련 사료의 부족으로 유해 송환을 위한 교섭이 어떻게 진행되었는지에 대해서는 알 수 없지만, D-④에서 위덕왕의 동생 혜와 왜의 蘇我臣과의 문답 중에서 "어찌 하루 아침에 멀리 승하하시어 물처럼 돌아올 수 없게 되어 묘실에 안치되리라고는 생각이나 했겠습니까?"라는 언급한 것을 미루어 보면 555년 2월 이전 어느 시기에 성왕의 유해가 백제에 송환되어 묘실에 안치된 것으로 짐작된다.

  신라가 이렇게 성왕의 유해를 조속히 송환한 것은 554년 9월 진성전투에서 겪었듯이 유해 송환을 계기로 백제와의 적대적 관계를 다소나마 해소하려는 의도가 반영된 것이 아닐까 한다. 이렇게 유해가 신라로부터 송환된 후 공주 정지산유적에서 보듯이 殯所를 설치하고 부여 능산리 일대에 왕릉 묘역을 조성하여 유해를 이곳에 안치하였다.

  다음으로 위덕왕이 추진한 일은 부왕인 성왕의 위업을 기리고 追福을 위해 부여 능산리 왕릉 묘역에 국가적인 대규모사업인 능사를 창간[44]하는 일에 나섰다. 이곳에서 발견된 〈창왕명석조사리감〉 명문에 의하면 성왕의 딸

<hr>

43) 양기석, 「백제 성왕대의 정치개혁과 그 성격」『한국고대사연구』4, 1991, 77~103쪽.

인 공주의 발원에 의해 이루어진 것으로 밝혀졌다. 그러나 대규모의 능사가 조성되는 데에는 많은 인력과 물력이 소요되었음을 고려해 보면 공주 한 개인에 의해 건립되기는 어려운 일이다. 이 공역에는 위덕왕 자신은 물론 혜왕을 비롯한 성왕계 왕족들이 부왕인 성왕의 명복을 빌고 효를 실천하기 위해 능사 건립에 주도적인 역할을 한 것으로 볼 수 있다.[45]

이곳에 백제 왕권의 상징물인 백제금동대향로와 사리장치를 공양하는 작업이 완료된 것은 위덕왕 14년(567)이었다. 王興寺가 法王(599~600) 2년(600)에 착공되어 무왕 35년(634)에 준공될 때까지 무려 35년이 소요된 사례를 들 수 있다. 이 능산리사지의 낙성은 성왕의 패사 이후 성왕의 권위와 위업을 계승하고 위덕왕 집권 1기의 혼란했던 지배질서를 극복하였다는 사실을 보여주는 것이다. 아울러 성왕의 위업을 추모하여 성왕의 중흥 사업을 계승한다는 위덕왕의 의지를 대내적으로 천명하는 백제 왕권의 상징물로 이해된다.

이상으로 위덕왕은 집권 초기에 주화파인 '기로' 세력과의 정치적 타협을 통해 관산성 패전에 따른 정치적 혼란을 수습하고 왕권의 권력기반을 재구축하기 위한 준비작업을 펴나간 것으로 보았다. 이를 위해 신라에 대한 보복전의 전개, 그리고 성왕의 유해 송환과 장례의식 준비, 성왕을 추복하기 위한 국가적인 대규모의 능사의 창건 등 성왕의 권위와 위업을 기리는 현창사업을 추진한 것으로 볼 수 있다.

---

44) 능산리사지의 창건과 백제금동대향로 및 사리감장치 등에 관한 주요 연구업적은 다음과 같다. 최병헌, 「백제금동향로」『한국사시민강좌』23, 1998, 일조각 ; 김수태, 앞의 글 (1998) ; 국립부여박물관 편, 『백제금동대향로』(백제금동대향로 발굴 10주년 기념 연구논문자료집), 2003 및 『백제금동대향로와 고대동아세아』(백제금동대향로 발굴 10주년 기념 국제학술심포지움).
45) 김수태, 앞의 글(1998), 40쪽.

3. 대외관계의 강화

1) 陳·北齊와의 교섭

위덕왕 14년 이후 백제의 대외관계가 중요한 과제로 대두하게 된 것은 대내적으로 집권 1기에 추진되어 왔던 지배체제 정비 작업과 관련이 있으며, 대외적으로는 6세기 후반 변화무쌍하게 전개되어 왔던 동아시아의 국제정세와 깊은 관련이 있다. 위덕왕 14년 이후에는 거의 큰 전쟁이 일어나지 않았고 즉위 초 위덕왕의 '출가수도' 발언 이후 귀족세력과의 합의를 통해 대내적인 체제정비에 전념할 수 있었다.

이 시기에 주요한 정치세력의 동향이나 내정에 관한 구체적인 사료가 절대 부족하여 그 개혁 내용에 대해서는 알 수는 없지만 지금까지의 연구를 통해 그 개략적인 내용을 살펴 볼 수 있다. 즉 위덕왕은 집권 2기부터 불교이념을 통한 배타적인 왕족의식의 고양, 국왕의 권력 기반인 22부사제의 강화, 「百濟本紀」와 같은 역사편찬으로 왕실의 권위를 정당화시키려는 이념의 수립 등을 통해 점차 왕권기반의 구축작업을 본격적으로 추진해 나갔음이 밝혀졌다.[46] 이와 함께 위덕왕대의 대외관계도 그의 체제 정비에 큰 비중을 차지하고 있어 그 전개과정과 배경을 면밀히 살펴볼 필요가 있다.

위덕왕 14년(567)부터는 『삼국사기』에 거의 대외관계에 관한 기사가 집중적으로 나타나고 있어서 집권 전반기와는 다른 양상을 보여주고 있어 주목된다. 집권 전반기에는 대신라 보복전의 전개와 성왕의 추복사업을 통해 어느 정도 정치적 안정을 되찾기 위한 토대를 마련하였다면 위덕왕 14년 이후인 집권 후반기부터는 백제국가의 존립과 국제적 위상을 높이는데 진력하고 있는 모습을 보여주고 있다.

이 시기 백제는 중국왕조인 陳, 北齊, 北周, 隋를 대상으로 하여 백제사

---

46) 양기석, 앞의 글(1990), 43~48쪽.

상 가장 많은 대외교섭 횟수를 가진 것으로 나타난다. 위덕왕대의 대중관계의 중요성을 반영해 준다.[47] 위덕왕 14년 이후를 대외관계의 전개 양상을 고려하여 두 시기로 세분하면 1기는 위덕왕 14년부터 23년까지로서 남북조 국가인 陳, 北齊와의 대외교섭을 전개하는 시기이고, 2기는 위덕왕 24년부터 45년까지로 중국왕조나 왜와 다변적인 대외관계를 전개하는 시기로 볼 수 있다.

6세기 중반 이후 동아시아 국제정세는 큰 변화를 맞게 된다. 5세기 이래 중국의 남북조, 동북아시아의 고구려, 몽골고원의 柔然, 그리고 土谷渾이 각각 중심이 된 다원적인 세력균형을 이루고 있었다.[48] 北魏가 525년 漢化政策과 胡漢體制의 갈등에서 빚어진 6鎭의 난을 거쳐 高歡이 세운 東魏(534~550)와 宇文泰의 西魏(535~556)로 양분되면서 기존의 남북관계에서 새로이 동서 간의 대립이 야기되는 복잡하고 다원적인 형세가 전개되었다.

이러한 형세는 6세기 중반에 이르러 다시 동위와 서위가 北齊(550~577)와 北周(556~581)로 교체되고 남조는 梁을 대신하여 陳覇先에 의해 陳(557~589)으로 이어지며, 또 556년 몽골고원에서는 突厥이 柔然을 멸하고 (552) 새로운 강자로 부상함에 따라 581년 隋가 등장하여 남북조를 통일할 때까지 동아시아 국제정세는 새로운 국면을 맞게 되었다. 이러한 중국 내의 큰 세력 변화는 모두 위덕왕 재위 기간에 일어난 것이다.

한편 한반도에서의 삼국 간의 항쟁 양상은 554년 관산성 전투 이후 큰 역관계의 변화가 일어났다. 신라가 한강유역을 차지하고 이어 562년 대가야마저 병합함으로써 삼국 항쟁에 있어서 우위를 확보하게 되었다. 이후 신

---

47) 위덕왕대의 대외관계를 다룬 주요 연구는 다음과 같다. 양기석, 앞의 글(1990), 43~48쪽 및 「백제 위덕왕대의 대외관계 -대중관계를 중심으로-」『선사와 고대』19, 2003, 227・254쪽 ; 김수태, 앞의 글(2004), 184쪽 ; 박윤선, 「위덕왕대 백제와 남북조의 관계」『역사와 현실』61, 2006, 87~116쪽.
48) 5~6세기 동아시아 국제정세에 대한 분석은 노태돈, 『고구려사 연구』, 사계절, 1999, 346~355쪽과 김종완, 「남조와 고구려의 관계」『고구려연구』14((사)고구려연구회), 학연문화사, 2002, 341~365쪽을 참고할 것.

라는 중국 왕조에 독자적으로 사신을 파견하여 대중외교의 자주권을 확립하게 됨에 따라 삼국 간에 중국을 무대로 한 치열한 외교전이 전개된 것이다. 이로서 종래 고구려의 남진에 대항하기 위해 유지되었던 제라동맹 체제가 사실상 와해되었고, 신라의 세력 신장이 두드러지게 나타나는 형세가 되었다.

이 무렵 동아시아 세력의 한 축이었던 고구려는 서변지역에서 돌궐의 등장에 따른 일련의 군사적 긴장이 고조되었고, 대내적으로는 왕위계승을 둘러싼 외척세력인 麤群과 細群세력이 서로 항쟁을 벌이는[49] 가운데 551년 제라동맹군에 의해 한강유역을 상실하게 되었다.

이후 고구려는 신라와 화평을 맺고 고조되어 가던 서변의 위협에 대처하기 위해 대중관계와 군사활동을 적절히 구사해 나가면서 대외적 위기를 수습하려 하였다. 이에 반해 백제는 고구려와 신라 모두에게 적대관계를 형성하게 되었고 그 동맹세력인 가야까지 멸망하여 고립무원의 상태에 빠졌다. 따라서 백제 위덕왕대에는 고구려와의 직접적인 대결을 자제한 채 신라에 대한 보복 공격에 진력하면서 이에 유리한 국제적 환경을 만들기 위한 대외정책을 구사해 나갔다.[50]

이와 같이 6세기 중반 이후 동아시아의 국제관계는 북위의 분열과 동서세력의 분열 대립, 유목민족 돌궐의 대두, 그리고 한반도에서의 신라의 약진 등 새로운 변화요인이 나타났으나, 전체적으로 어느 한 나라가 절대적 우위를 차지하지 못하는 양상이 전개됨에 따라[51] 장기간 안정을 유지하는 형세가 되었다. 삼국도 6세기 말까지는 간헐적인 국지전 이외에 큰 전쟁 없이 소강상태를 유지하는 가운데 삼국 간에 외교적 우위를 점하려는 대중외

---

49) 노태돈, 「고구려 한강유역 상실의 원인에 대하여」 『한국사연구』 13, 1976.

50) 박윤선, 앞의 글(2006), 91쪽.

51) 노태돈은 어느 한 나라의 움직임에 따라 다른 나라들이 연쇄적으로 반응을 나타내는 현상을 5~6세기 남북조시대 국제관계의 특징적인 현상으로 이해하였다(앞의 책(1999), 346~355쪽).

교가 활발히 진행되고 있던 점이 이 시기의 특징이라 할 수 있겠다.

이러한 대외 환경의 변화에 따라 백제는 위덕왕 14년(567)을 기점으로 하여 기존의 왜와의 관계보다는 중국 남북조와의 활발한 외교관계를 가졌던 것으로 나타난다. 반면 위덕왕대에는 삼국 간에 큰 전쟁이 줄어들어 상대적으로 왜에 대한 청병과 외교상의 비중이 현저하게 줄어들었다. 백제는 일본 繼體紀(507~531)부터 550년대까지 왜와 활발한 외교관계를 전개하였으나 관산성 패전 직후인 555년 왕자 惠를 왜에 파견한 것(D-③, ④)을 끝으로 570년대 국교 재개 때까지 20여 년간 거의 교섭을 중단하게 되었다.

이처럼 백제와 왜 간에 교섭이 단절하게 된 배경에는 성왕대의 왜관계를 추진했던 세력이 관산성 전투 이후 쇠퇴하였을 가능성과, 또한 신라에 의해 대왜 교통로가 단절되었을 것으로 보고 있다.[52] 무엇보다도 관산성 전투와 같은 백제의 위기 때 왜가 큰 도움이 되지 않았다는 점과 삼국 간에 전쟁이 소강상태에 들어감에 따라 왜의 군사적 비중이 상대적으로 저하되었다는 백제의 현실적인 인식이 작용한 것으로 볼 수 있다.

반면 이 시기에 신라와 고구려는 보다 빈번한 교섭을 가진 것으로 나타난다. 고구려는 왜와 5차례 교섭을 가졌고 신라는 11차례에 이를 정도로 삼국 중 가장 접촉을 많이 한 나라임이 밝혀졌다. 관산성 전투 이후 신라가 왜에 교섭을 벌인 시기는 560년의 일이었다. 신라가 奈末(11위) 彌至己知를 왜에 보내 교섭을 한 것으로 되어 있다.[53] 이듬해 561년에는 신라가 두 차례에 걸쳐서 及伐干(9위) 久禮叱와 大舍(12위) 奴를 각각 파견하였고[54] 이후에도 여러 차례 왜와 교섭을 가졌다.

이처럼 신라가 왜에 교섭을 중단한 백제보다 빈번한 교섭을 벌이게 된 것은 한강유역 점령과 가야 정벌을 위한 사전 무마용 외교 포석의 일환으로

---

52) 김은숙, 「6세기 후반 신라와 왜국의 국교성립과정」 『신라의 대외관계사 연구』, 신라문화제학술발표회논문집15, 1994, 187쪽.
53) 『일본서기』 권19 흠명기 21년 추9월.
54) 『일본서기』 권19 흠명기 22년 · 是歲.

취해진 조처로 여겨진다. 이에 대해 왜의 입장은 신라보다 백제를 보다 우
위에 두는 입장을 견지했던 것으로 나타난다. 561년에 왜가 難波 大郡에서
여러 나라의 사절들의 서열을 매겼을 때 신라 사신을 백제보다 아래 좌석에
배치한 사례를 들 수 있다.[55]

이처럼 위덕왕대 백제와 왜 간의 관계가 한동안 소강상태에 접어들게 된
반면 위덕왕 24년(577)부터는 오히려 중국 남조 陳의 교섭을 개시로 하여
대중외교를 활발하게 벌이는 계기가 된다. 백제사상 한 왕대에 가장 많은
중국과의 교섭횟수를 가질 정도로 위덕왕의 치세 중에 대외관계의 중요성
을 엿볼 수 있게 해준다. 위덕왕대의 내중관계를 살펴보면 남조인 진과 5차
례, 북조인 북제와는 4차례, 북제를 병합한 북주와는 2차례, 그리고 남북조
를 통일한 수와는 4차례 모두 15차례에 걸쳐 교섭을 가진 것으로 나타난다.
그 교섭의 성격은 교빙 9회, 책봉 4회, 進賀 1회, 군사청구 1회인 것으로 나
타난다. 교섭의 목적이 주로 교빙과 책봉 등 정치적 관계에 있었음을 알 수
있다. 위덕왕대 백제의 대중국관계를 정리하면 위 〈표 1〉과 같다.

백제가 중국왕조와 첫 교섭을 가진 중국 왕조는 남조 陳이었다. 그 동안
백제는 372년 근초고왕대에 東晉과 처음으로 교섭을 벌려 ‘鎭東將軍領樂浪
太守’로 책봉을 받은[56] 이래 개로왕 18년(472) 고구려 정벌을 요청하기 위
해 이례적으로 북위에 청병한 사례[57]를 제외하고는 거의 東晉·宋·南
齊·梁과 같은 남조국가 일변도의 제한된 외교교섭을 전개하여 왔다. 梁[58]
을 이은 陳과 교섭을 가진 것은 이러한 남조 일변도의 외교정책과 궤를 같

---

55) 『일본서기』 권19 흠명기 22년 · 是歲.
56) 『晉書』 권9 제기9 簡文帝 咸安 2년.
57) 『위서』 권100 열전88 백제 延興 2년.
58) 백제는 502년 양으로부터 새왕조 수립을 기념하기 위해 遣使없이 征東大將軍에 책봉을
   받은 이래 512년, 521년, 522년, 524년, 534년, 541년, 549년에 걸쳐 책봉을 받거나 또는
   빈번한 교섭관계를 가졌다. 그 중 521년에는 백제 무령왕은 寧東大將軍으로, 524년에는
   성왕을 綏東將軍에 책봉된 바 있다. 549년에는 백제 사신이 侯景의 난을 만나 난군에 체
   포되어 투옥되었다가 귀환하기도 하였다.

표 1 威德王代의 대중교섭

번호	중국연호	서기	교섭목적	교섭내용	출전
1	陳(天嘉3年)	562	책봉	백제왕 餘明을 撫東大將軍으로 삼음	『陳書』3 본기3 世祖 윤2월 己酉
2	陳(光大元年)	567	교빙	遣使獻方物	『진서』4 본기4 廢帝 9월 丙辰
3	北齊(天統3年)	567	교빙	遣使朝貢	『北齊書』8 帝紀8 동10월
4	北齊(武平元年)	570	책봉	餘昌을 使持節侍中驃騎大將軍帶方郡公으로 삼음	『북제서』8 제기8 2월 癸亥
5	北齊(武平2年)	571	책봉	餘昌을 使持節都督東靑州刺史으로 삼음	『북제서』8 제기8 춘정월 戊寅
6	北齊(武平3年)	572	교빙	遣使朝貢	『북제서』8 제기8 12월
7	陳(太建9年)	577	교빙	遣使獻方物	『진서』5 본기5 宣帝 추7월 己卯
8	北周(建德6년)	577	교빙	遣使獻方物	『周書』6 제기6 武帝下 11월 庚午
9	北周(宣政元年)	578	교빙	遣使獻方物	『주서』7 제기7 宣帝 10월 戊子
10	隋(開皇元年)	581	교빙, 책봉	扶餘昌이 遣使來賀, 上開府儀同三司帶方郡公으로 삼음	『隋書』1 제기1 高祖上 동10월 乙酉
11	隋(開皇2年)	582	교빙	遣使貢方物	앞의 책, 正月 辛未
12	陳(至德2年)	584	교빙	遣使獻方物	『진서』6 본기6 後主 11월 戊寅
13	陳(至德4年)	586	교빙	遣使獻方物	앞의 책, 後主 추9월 丁未
14	隋(開皇9年)	589	進賀	백제, 隋가 陳을 멸망시킴을 축하함	『수서』81 열전46 동이 백제
15	隋(開皇18年)	598	교빙 군사 청구	長史 王辯那를 보내 방물을 바침. 수가 고구려를 정벌할 때 軍導가 되기를 청함	〃

이 하는 것이다.

백제가 진과 첫 교섭을 가지게 된 계기는 진으로부터 처음으로 책봉을 받은 562년의 일에서 비롯된다(〈표〉1의 2). 『陳書』에 의하면 진의 世祖가 백제왕 餘明을 撫東大將軍으로 책봉한 사실을 다음과 같이 적고 있다.

F〔天嘉三年〕閏二月己酉 以百濟王餘明爲撫東大將軍 高句麗王高湯爲寧東將軍[59]

위 기사에 의하면 백제왕 餘明과 고구려왕 高湯이 陳으로부터 撫東大將

軍과 寧東將軍에 각각 책봉된 사실을 전해주고 있다. 이때의 책봉은 백제의
遣使에 의해 이루어진 것이 아니고 陳이 신왕조 수립을 기념하기 위해서 주
변제국의 군왕들에게 관작을 수여한 것이다.[60] 백제왕 여명은 무동대장군
으로, 고구려왕 高湯은 영동장군에 각각 책봉되었다. 여기서 餘明은 백제
聖王의 이름인 '明穠',[61] '明王'을 지칭하는 것으로 성왕은 554년 관산성
전투에서 이미 신라군에 사로잡혀 참살된 바 있다.

진은 성왕이 사거하고 위덕왕이 그 뒤를 이어 왕이 된 사실을 알지 못하
고서 이미 사거한 성왕을 무동대장군으로 책봉한 것이다. 진은 기존의 백제
와 양과의 전통적 교섭관계를 고려하여 백제의 견사와 관계없이 책봉한 것
으로 볼 수 있다. 성왕이 524년 梁으로부터 持節都督百濟諸軍事綏東將軍百
濟王으로 책봉된 이후[62] 綏東將軍[63]에서 무동대장군으로 進號한 것이다.
그럼에도 불구하고 후에 진은 위덕왕대에 백제와 교섭을 벌이고 있으면서
도 위덕왕을 책봉하지 않았다. 이는 중국 왕조가 進號 등과 같은 특별한 경
우를 제외하고 같은 왕을 두 번 책봉하지 않았기 때문으로 풀이된다.[64]

반면 고구려 平原王은 548년 고구려 陽原王이 梁으로부터 받았던 寧東
將軍에 그대로 책봉되었는데 이는 백제보다 낮은 관품이었다. 당시 남조는
전통적으로 교섭관계를 가진 백제를 북조 중심의 외교관계를 전개해 왔던

<hr>

59) 『陳書』권3 본기3 世祖 天嘉 3年.
60) 坂元義種, 『百濟史の硏究』, 塙書房, 1978, 192쪽. 이 기사는 『삼국사기』에는 기록되어 있
    지 않다. 562년은 위덕왕 9년에 해당되고, 또 餘明을 성왕으로 보았기 때문에 모순이 생
    겨 이 기사를 싣지 않은 것으로 보인다.
61) 『삼국사기』권26 백제본기4 성왕 즉위년.
62) 『梁書』권54 열전48 동이 백제.
63) 綏東將軍은 『隋書』百官志 上에 의하면 20班으로 국내의 제3품 平東將軍에 상당하는 것이
    라 한다. 撫東大將軍은 23班으로 제2품 四征大將軍에 해당하는 것으로 백제왕이 받았던
    鎭東大將軍보다 높았다. 반면 고구려 평원왕이 받은 寧東將軍은 22班으로 제3품 국내의
    鎭東將軍에 해당하는 것으로 平東將軍보다는 상위에 있었다. 남북조시대 장군호에 대해
    서는 坂元義種, 『古代東アジアの日本と朝鮮』, 吉川弘文館, 1978, 25쪽 및 『百濟史の硏究』,
    塙書房, 1978, 187~191쪽 ; 金鍾完, 『中國南北朝史硏究 -朝貢·交聘關係를 중심으로-』, 일
    조각, 1995, 122~124쪽을 참조할 것.

고구려보다 더 높이 평가하고 있었음을 알 수 있다. 이 책봉이 있기 전에 고구려는 561년 양에 이어 진에 백제보다 먼저 교섭을 가졌다. 그리고 북제와도 교섭을 벌려 550년에는 使持節侍中驃騎大將軍領護東夷校尉遼東郡開國公高句麗王에 책봉을 받은 이래[65] 진과 함께 남북조외교를 전개해 왔다. 고구려는 북제를 견제하기 위해 남조 진과는 모두 6차례 교섭을 가진 반면[66] 북제와는 7차례 교섭[67]을 가질 정도로 남북조와의 다변외교를 전개한 것이다. 북제는 고구려에게 제1품 驃騎大將軍의 높은 관작을 수여하고 있는 데 반해 남조국가인 양과 진은 백제보다 낮은 관작을 수여하여 대조를 이룬다. 이는 어디까지나 동아시아에서 차지하고 있었던 고구려의 현실적인 위상보다도 백제를 보다 중시하는 남조측의 입장이 반영된 것으로 볼 수 있다.

562년 백제와의 교섭 없이 진에 의해 일방적으로 이루어진 책봉은 국가적 혼란을 겪고 있었던 진의 내부 사정과 관련이 있다. 560년 진정권 출범시 난제였던 王琳세력을 제거하면서 정치적 안정을 되찾게 되자 국내 안정에 대한 자신감의 표현으로 책봉이 이루어진 것이다. 이때 진이 주변 제국 가운데 백제를 먼저 책봉한 점은 진 왕조에게 국제관계상 백제의 의미가 매우 크다는 사실을 반영한 것으로 이해된다.[68]

백제가 처음으로 진에 사절을 보내 교섭을 가진 것은 567년의 9월의 일이었다(〈표〉1의 2). 이는 백제에 앞서 고구려와 특히 신라가 진에 사절을 보내 교섭을 벌린 일과 관련이 있어 보인다. 신라는 한강유역을 차지한 후 565년 북제로부터 使持節東夷校尉樂浪郡公新羅王으로 책봉[69]된 이후 이듬해

---

64) 김종완, 앞의 책(1995), 126쪽.

65) 『北齊書』 권4 帝紀4 文宣 天保 元年 9월 癸丑.

66) 진과 고구려간의 교섭은 561년 처음 교섭을 가진 이래 562년 寧東將軍 책봉, 566년, 570년, 571년, 574년 모두 6회의 교섭이 있었다.

67) 고구려는 北齊에 550년에 처음 책봉된 이래 551년, 555년, 560년, 564년, 565년, 573년 모두 7회에 걸쳐 교섭을 가진 바 있다.

68) 박윤선, 앞의 글(2006), 108쪽.

69) 『북제서』 권7 제기5 武成 河淸 4년 2월 甲寅.

고구려에 이어 진과 처음으로 교섭을 가진 것이다. 중국 왕조와의 교섭에 신라가 독자적으로 참여한 것은 이번이 처음이었다. 신라는 564년 북제와 교섭으로 남북조 외교를 개시하였으나 570년대 초까지는 거의 진과 교섭을 유지해 왔다. 신라가 주로 진과의 교섭에 매달린 이유는 구법승의 파견과 불교문물의 수용 등 불교문화적 측면에 대한 욕구가 있었기 때문이다.[70]

이에 자극을 받은 백제는 567년 9월 진에 사신을 파견하여 진과의 관계 개선을 도모한 것으로 볼 수 있다. 당시 진의 대외관계는 미약한 것으로 나타난다. 진에 견사한 나라는 12국 정도에 불과하였고, 그 빈도수도 30여 회에 불과한 것으로 드러났다.[71] 당시 진은 서위와 북제에게 영토를 빼앗겨 송과 양에 비해 長江을 경계로 축소된 영역을 갖고 있었다. 진과 통교한 12개국 중에서 고구려와 신라는 각각 6회, 백제는 4회의 교섭을 가졌는데 삼국이 다른 나라에 비해 많은 빈도수를 나타낸다. 당시 삼국이 취약한 진과 빈번한 교섭을 벌린 것은 삼국 항쟁의 우위를 점하려는 삼국 내부의 필요성에 의해 이루어진 사실을 반영해 주고 있다.

한편 백제가 북조국가인 北齊와 교섭을 시작한 것은 567년의 일이다. 백제는 567년 9월에 남조인 陳에 처음으로 견사한 직후 567년 10월에 북제와 교섭을 벌린 것이다(〈표〉1의 3). 백제가 남북조를 대상으로 동시에 교섭을 벌린 것은 백제사상 처음 있는 일로 주목된다. 거의 남조 일변도의 교섭을 벌려왔던 백제로서는 북제와의 교섭이 개로왕 18년(472) 북위에 이례적으로 청병외교를 전개한 이후 두 번째 일이기도 하다. 그 배경으로는 북제가 지리적으로 북주에 의해 서쪽 경계가 막혀 그 주변 국가와 교류하는데 불리한 조건을 갖고 있었다. 북제는 북주와 진 사이에서 국력의 열세에 처해 있

---

70) 신라는 565년에 진과 수교하면서 사신 劉思와 승려 明觀이 불경 1,700여권을 신라에 전해 준 사례(『삼국사기』 권4 신라본기4 진흥왕 26년 9월)와, 고승 智明이 진에 건너가 불법을 구한 사례(앞의 책, 진평왕 7년 7월) 등에 비추어 보면 불교문화와 같은 선진문물 수용에 대한 욕구가 강하였음을 알 수 있다.
71) 김종완, 「남조와 고구려의 관계」『고구려연구』14, (사)고구려연구회 편, 학연문화사, 2002, 360쪽.

었기 때문에 북제에 우호적인 나라는 勿吉과 동쪽의 삼국뿐이었다. 특히 563년과 564년 북주의 침입으로 큰 타격을 입은 북제는 때마침 사신을 파견한 고구려와 신라를 열렬히 환대하였을 것이다.[72]

아직 북제와 교섭을 갖고 있지 않은 백제는 이미 백제에 앞서 진과 북제와 교섭을 벌리고 있었던 고구려와 신라에 자극을 받아 북제와의 교섭에 나선 것이다. 당시 백제는 549년 양나라 말기에 사신을 보냈다가 侯景의 난을 맞아 소기의 성과를 거두지 못한데다가 554년 관산성 패전 이후 정치적 혼란을 수습하고 왕권의 권력기반을 재구축하기 위한 준비 작업이 추진되면서 대외관계에 전념할 겨를이 없었다. 이후 진이 건국한 초기에는 중국과의 교섭관계가 사실상 단절되어 있었다. 이미 서술한 바와 같이 562년 진이 먼저 백제왕을 무동대장군으로 책봉하여(F) 두 나라 관계의 단초를 열었지만 백제는 대내적 체제정비와 양·진 교체기의 불안한 중국정세로 인하여 교섭에 응하지 않고 있었다.

그러나 신라가 관산성 전투 이후 한강유역을 확보하여 중국외교에 적극 참여함에 따라 신라와 적대적인 관계에 있었던 백제는 이를 견제하기 위해 중국과의 교섭에 적극 나서게 되었다. 백제가 대중교섭을 재개하는 567년 전후로 한 시기에 삼국이 북제로부터 받았던 주요 책봉기사를 소개하면 다음과 같다.

G-① (天保元年) 九月癸丑 以散騎常侍車騎將軍領東夷校尉遼東郡開國公高麗王 成爲使持節侍中驃騎大將軍領護東夷校尉 王公如故[73]

② (乾明元年 二月 乙巳) 又以高句麗王世子湯爲使持節領東夷校尉遼東郡公高 麗王[74]

③ (河清四年) 二月甲寅 詔以新羅國王金眞興爲使持節東夷校尉樂浪郡公新羅 王[75]

---

④ (武平元年) 二月 癸亥 以百濟王餘昌爲使持節侍中驃騎大將軍帶方郡公 王如
  故[76)]

⑤ (武平二年 春正月) 戊寅 以百濟王餘昌爲使持節都督東青州刺史[77)]

위 기사는 북제가 고구려의 陽原王과 平原王, 신라의 眞興王, 그리고 백
제의 威德王에게 각각 책봉을 한 내용들이다. 고구려의 양원왕은 550년 車
騎將軍에서 驃騎大將軍으로 進號하였으며, 560년 평원왕은 領東夷校尉·
遼東郡公으로, 신라 진흥왕은 565년 고구려와 마찬가지로 東夷校尉·樂浪
郡公으로, 백제 위덕왕은 570년 驃騎大將軍·帶方郡公에서 571년에는 都
督·東靑州刺史에 책봉되었음을 알 수 있다. 여기서 주목해야 할 것은 신라
진흥왕의 책봉(G-③)과 백제 위덕왕이 받았던 책봉(G-④, ⑤)에 관한 사항
이다.

위의 진흥왕의 북제에 의한 책봉은 삼국 항쟁사에 있어서 획기적인 일이
었다. 신라는 진흥왕 25년(564) 백제에 앞서 북제와 처음으로 교섭에 나섰
고 이어 565년에는 북제로부터 위와 같은 책봉을 받은 것이다.[78)] 이는 신라
사상 처음 있는 일이고 또한 신라가 독자적 외교권을 확립하여 동아시아 국
제관계에 능동적으로 참여한 최초의 일이었다. 지금까지 신라의 대중교섭
은 거의 고구려와 백제의 도움에 의해 이루어졌는데,[79)] 이런 면에서 564년
신라의 북제 교섭은 삼국의 대중교섭에 있어서 큰 변화라 할 수 있다. 고구

---

75) 『북제서』 권7 제기7 武成帝 河淸 4年 2月 甲寅.
76) 『북제서』 권8 제기8 後主 武平 元年 2월 癸亥. 그런데 『삼국사기』 권27 백제본기 5 위덕
   왕 17년조에는 『북제서』의 驃騎大將軍을 車騎大將軍으로 되어 있어 차이가 난다. 이들
   모두는 북위 太和 17年令에 의하면 정1품下이지만 표기대장군이 거기대장군보다 서열이
   높다(박한제, 『中國中世胡漢體制硏究』, 일조각, 1988, 210~211쪽).
77) 『북제서』 권8 제기8 後主 武平 二年 春正月 戊寅. 그런데 『삼국사기』 권27 백제본기 5 위
   덕왕 18년조에 의하면 高齊後主又以王爲使持節都督東靑州諸軍事東靑州刺史로 되어 있
   는데, 이는 『삼국사기』 찬자가 『북제서』 제기 기사와 『북사』 백제전의 又以餘昌爲持節都
   督東靑州諸軍事東靑州刺史 기사를 참고하여 기록한 것으로 보인다.
78) 『북제서』 권7 제기7 武成帝 河淸 3년 12月, "是歲 高麗·靺鞨·新羅·遣使朝貢."

려는 북제와 일찍부터 교류를 시작해 왔으나 553년에는 북제의 文宣帝가 거란을 정벌하고 나서 영주에 이르러 고구려를 군사적으로 압박한 일이 있었다.[80)]

이처럼 신라가 564년 북제와 처음 교섭을 벌린 후 신라와 고구려는 남북조와 빈번한 교섭을 전개해 나갔다. 신라는 566년 2월과 567년 3월 남조 진에 두차례 사절을 보냈고, 고구려는 565년 12월 북제에, 566년 12월에 진에 사절을 보냈다. 그 동안 대내적 체제정비에 전념하고 있었던 백제는 이러한 고구려와 신라의 빈번한 대중교섭에 자극을 받아 대중관계를 재개하고 나섰던 것이다. 즉 567년 9월에는 남조 진에, 10월에는 북제에 잇달아 사절을 파견하였는데 이들 남북조와 직접 교섭을 벌린 것은 처음 있는 일이었다.

뒤늦게 백제가 대중외교에 가세함으로써 이제 삼국은 남북조를 대상으로 불꽃이 튀는 남북조 외교전을 벌리게 된 것이다. 백제는 567년에 북제와 교섭을 가진 이래 이 시기에는 570년, 571년, 572년에 걸쳐 3차례의 잇달은 교섭을 가졌다. 566년부터 572년까지 고구려와 신라의 북제 교섭은 한동안 중단된 데에 반해 백제는 북제와 집중적으로 교류하고 있어 대조를 이룬다.

그 중 위덕왕은 570년 북제 後主로부터 使持節侍中驃騎大將軍帶方郡公에(G-④), 571년에는 使持節都督東靑州刺史(G-⑤)에 각각 두 차례에 걸쳐 책봉된 것이다. 이는 백제가 북조로부터 받은 최초의 책봉이면서도 매우 이례적인 일이었다. 여기서 북제는 백제 위덕왕을 帶方郡公으로 책봉하였는데 564년 신라 진흥왕이 받은 樂浪郡公(G-③), 560년 고구려 평원왕이 받은 遼東郡公(G-②)과 대비된다. 그리고 571년에는 都督·東靑州刺史를 수여받고 있어 내관직인 侍中에 이어 州 장관인 刺史로 책봉을 받고 있었던 점도 장군호에 겸대하던 기존의 예와 차이가 있다.

---

79) 이에 앞서 신라가 중국왕조와 교섭을 가진 사례는 내물왕 22년(377)과 27년(382) 두차례에 걸쳐 고구려의 도움을 받아 전진에 사신을 파견한 적이 있었고, 그 뒤 법흥왕 8년(521)에 백제의 도움을 받아 남조 梁과 통교를 한 바 있다(『梁書』 권3 본기3 武帝下).
80) 『북제서』 권4 문선제 天保 4년 10월.

여기서 주목할 점은 북제가 백제 위덕왕을 고구려왕과 동등하게 驃騎大將軍으로 책봉한 점, 그리고 남북조국가가 주로 고구려왕에게 전통적으로 수여하였던 동이교위와 낙랑군공을 신라왕에게 수여한 점에서 고구려에 대한 인식이 변화하고 있었음을 엿볼 수 있다. 이처럼 북제는 고구려와 신라왕의 교섭이 중단된 상태에서 그 공백을 이용하여 접근해 오는 백제에 대하여 두 차례에 걸친 책봉을 하는 등 높이 환대를 하였을 것으로 여겨진다.[81]

이와 같이 백제는 집권 2기에 성왕의 업적을 계승하면서 대내적인 체제 정비작업에 박차를 가하였다. 아울러 기존의 왜 관계보다 중국 남북조국가와의 외교교섭을 강화해 나가면서 신라와 고구려에 대한 외교적 견제를 통해 백제 왕권은 물론 국제적 위상을 확립해 나간 것으로 볼 수 있다.

2) 北周·倭와의 교섭

위덕왕 24년(577)을 기점으로 백제의 대외관계는 동아시아의 정세 변화에 따라 북제를 멸한 북주와 그리고 왜와의 교섭을 벌려 대외관계의 다변화를 모색하였다.

백제는 570년대 초반 북제와 3차례 교섭을 벌린 후 577년(〈표〉1의 7), 584년(〈표〉1의 12), 586년(〈표〉1의 13)에 걸쳐 그 동안 소강상태에 있었던 남조 진에 사절을 보내 교섭을 재개하였다. 그 중 백제의 577년 9월 진과의 교섭은 신라 공격에 즈음한 신라의 반발에 대처하려는 외교적 포석이었다. 577년 10월 백제가 신라 서변 一善郡(선산) 북쪽을 공격하였는데 561년 신라에 대한 보복전을 전개한 이래 16년 만의 일이었다. 이 전투에서 백제는 伊湌 世宗이 이끄는 신라군의 역습을 받아 3,700명의 병력 손실을 가져올 정도로 대패하였다.[82]

이에 신라는 578년 진에 사신을 파견하여 백제의 군사적 외교적 공세를

---

81) 박윤선, 앞의 글(2006), 97~98쪽.
82) 『삼국사기』 권26 백제본기 5 위덕왕 24년 10월 및 권4 신라본기 4 진지왕 2년 10월.

견제하였고, 아울러 일선군 일대 변경의 요충에다가 관방시설을 구축하여 예상되는 백제의 침략에 대비하였다. 즉 신라는 內利西城을 축조하여 예상되는 백제의 재침을 막으려 대비하였고, 아울러 그 보복으로 백제의 闕也山城(익산 낭산)에까지 침입해 들어간 일이 있었다.[83]

백제도 서변 관방상의 요충인 熊峴城·松述城을 쌓아 신라 동쪽 변경의 內利西城과 그 주변의 요충인 蒜山城과 麻知峴城으로 통하는 길목을 차단하였다.[84] 이 전투는 집권 2기의 대내적 체제 정비와 대중관계의 강화를 통해 이루어 놓은 바탕위에서 위덕왕이 신라에 대한 보복전을 감행한 것이었다. 이 전투에서 신라에 대패한 백제는 577년 11월에 북제를 멸한 北周와 외교 교섭을 새로이 벌려 남북조 외교를 통한 대신라전에서의 패배를 외교적으로 만회하려 하였다.

백제가 신라와 전투를 개시하기 직전에 진과 교섭을 벌렸고, 이후 577년 11월에는 북제를 멸한 北周에 새로이 접근하여 사신을 파견하였다. 577년 백제의 북주에 사신 파견은 고구려와 함께 이루어졌는데, 이는 북주의 북제 평정을 축하해 주면서 북주의 동향을 탐색하기 위한 사행으로 보인다. 이때는 북주의 武帝가『周禮』의 6관제 채용을 통해 왕권강화를 위한 정치개혁을 추진하고 있었으며,[85] 이를 바탕으로 북제를 멸하여 화북지방을 통일한 시기였다. 당시 왕권기반을 공고히 하려는 백제 위덕왕의 입장에서는 북주의 정치적 경험과 선진 문물이 절실히 요청되었기 때문에 북주에 사신을 파견한 것이다.

북제에 대해 고구려는 단 1회의 교섭을 가졌고 신라는 북주와의 교섭을 갖지 않은 상태에서 백제는 577년과 578년에 두 번에 걸쳐 연이어 북주와

---

83)『삼국사기』권4 신라본기 4 진지왕 2년 10월 및 3년 7월. 신라의 알야산성 침공은 본문에 '與百濟闕也山城'으로 되어 있으나 의미가 통하지 않아 본문의 '與'를 '侵'으로 보고(이병도,『역주 삼국사기』, 을유문화사, 1977, 63쪽) 신라가 백제를 침공한 것으로 이해하였다.
84)『삼국사기』권4 신라본기 4 진지왕 4년 2월.
85) 宮崎市定,『九品官人法の研究』, 同朋社, 1956, 54~58쪽.

교섭을 벌려 대북주 외교에서의 우위를 보여주었다. 이처럼 백제가 왕조교체를 통해 큰 변화가 야기되고 있었던 남북조의 정세와 이에 대처한 고구려와 신라의 동향을 면밀히 주시하면서 기민하게 대처하고 있었던 사실에서 백제 위덕왕대의 세련되고 능숙한 대외교섭 능력을 높이 평가할 수 있다.

이와 같이 백제가 남조 외교에서 탈피하여 북조국가인 북제, 북주와 교섭을 벌리면서 단지 고구려와 신라를 견제하기 위한 정치 군사적인 목적을 충족시키는데 급급한 것은 아니었다. 백제는 이들 북조국가와의 교섭을 통해 국가 발전에 필요한 정치 이념·학문·사상·기술 등 다양한 선진 문물을 수용하였다. 고구려와 신라가 남조 진에 비해 북조국가인 북제와 북수외교에 상대적으로 소홀했던 반면 백제가 북조국가에 고구려와 신라보다 더욱 교섭의 비중을 강화해 나갔던 것은 이러한 북조계 선진문물 수용에 있었던 것이 아닐까 한다. 위덕왕이 성왕의 업적을 계승하여 국왕 중심의 정치 운영을 지향하기 위해 북제의 주례주의 이념을 채택한 점을 들 수 있다.[86]

위덕왕대에 북조 문물이 백제에 유입된 사례는 여러 면에서 찾아진다. 〈백제창왕명석조사리감〉 명문에서 '兄' 자의 별자는 북위와 북제에서 사용된 예가 있으며,[87] 부여 정림사지에서 북조계의 인물두상·공양인상·호법상 등 많은 양의 소조상이 출토되었다.[88] 그리고 능산리사지에서 출토된 소조보살상·僧像·호법상 등의 표현 기법이나 제작방법에서 낙양 소재 북위 永寧寺에서 출토된 불보살상·남녀공양상·호법상과 관련이 있는 것으로 파악되고 있다.[89] 그밖에 능산리사지에서 출토된 연화문와당과 長頸瓶 등도 북조계와 연관이 있는 것으로 알려지고 있다.[90] 이러한 북조계 문물이

---

86) 이기동, 「백제국의 정치이념에 대한 일고찰 -특히 주례주의적 정치이념과 관련하여-」『진단학보』69, 1990 및 『백제사연구』, 일조각, 1996, 161~193쪽.
87) 羅氏原 著, 北川博邦 編, 『石刻史料新編』六(新文豊丘版公司), 雄山閣 영인본 참조.
88) 충남대박물관·충청남도, 『정림사』, 1981.
89) 奈良國立文化財研究所, 『北魏洛陽永寧寺』, 1998 ; 신광섭, 「능산리사지 발굴조사와 가람의 특징」『백제 금동대향로와 고대 동아시아』(백제금동대향로발굴10주년기념 국제학술 심포지움 발표요지), 국립부여박물관, 2003, 55쪽.

부여지역에서 집중 출토되고 있는 것은 바로 위덕왕과 무왕대에 활발한 대북조관계를 반영해 주고 있다.

한편 577년 이후 위덕왕대의 대외교섭에서 주목해야 할 것은 중국 남북조와의 관계를 강화하는 동시에 왜와 교섭을 재개하고 있는 점이다. 관산성 패전 직후 555년 위덕왕은 동생 惠를 왜에 파견하여 성왕의 패사 소식을 전하고 신라를 보복하기 위한 청병외교를 벌린 일이 있었다(D-③). 이듬해 556년 정월에 혜는 축자국의 호송병 1,000명을 대동하고 병기와 군마를 얻어 귀국하였으나(D-④) 백제가 기대한 만큼의 군사적 지원이 이루어지지 못하였다.

그 이후 백제와 왜는 거의 교섭을 중단한 상태였으나 오히려 신라와의 교섭이 증가하면서 간헐적으로 고구려와의 교섭도 이루어지는 추세를 보였다. 신라가 대가야를 정복한 이후 한반도와 왜 간의 교통로를 장악하고 있었기 때문에 백제와 왜와는 별다른 교섭을 진전시킬 수가 없었다.[91] 그리고 백제의 입장에서는 유사시 왜의 군사적 지원에 대해 회의적으로 생각하고 있는데다가 위덕왕 집권 초기에는 대내적 체제 정비에 몰두하고 있었기 때문에 왜와 국교를 단절한 채 567년부터는 대남북조외교에 전념하게 되었다.

그러다가 570년 고구려가 사신을 보내 왜와 교섭을 청하게 되자 왜는 신라에 이어 백제와 교섭을 재개하였다. 이러한 배경 하에서 575년 2월 백제가 왜에 사신을 파견함으로써 두 나라 간에 국교를 재개한 것이다.[92] 이는 위덕왕의 동생 惠의 파견 이후 20년만의 일이었다. 이에 왜는 그 답례로 신라와 백제에 사신을 보냈으며, 이후 제라 양국으로부터 사신이 빈번하게 건

---

90) 신광섭, 앞의 책(2003), 49~56쪽 ; 김종만, 「부여 능산리사지 출토유물의 국제적 성격」, 앞의 책, 2003, 65~72쪽.
91) 6세기 후반 백제와 왜간의 교섭과정에 대해서는 김은숙, 「6세기 후반 신라와 왜국의 국교 성립과정」『신라의 대외관계사연구』(신라문화제학술발표회논문집 제15집), 신라문화선양회·경주시, 1994, 187~220쪽을 참조할 것.
92)『일본서기』 권20 敏達紀 4년 2월 乙丑.

너오게 되었다.[93]

그 후 577년부터 백제는 왜에 불교관련 문물과 기술자를 대거 파견함에
따라 두 나라 관계는 밀접한 교섭을 이루게 되었다. 이때 백제는 經論, 律師,
禪師, 呪噤師, 造佛工, 造寺工 등 주로 불교 문물에 관한 책과 인적 자원을
제공한 것으로 되어 있다.[94] 『일본서기』에 의하면 敏達紀(572~585)부터 推
古紀(592~628)에 이르는 시기에 백제와 왜의 교섭이 집중적으로 나타나는
데 그 교섭 내용은 다음과 같다. 즉 국교 재개(575), 불경과 불교관련 기술자
파견(577), 日羅의 파견과 왜 국정 자문(583), 受戒法의 왜 전수(587), 백제
사신과 승려 파견(588), 비구니 善信 등이 백제에서 귀환(590), 승려 慧聰의
파견(595), 왕자 阿佐 파견(597), 낙타·나귀·꿩·양의 제공(599) 등이 그
것이다.

이로서 백제는 577년 11월부터는 불경, 불상, 불사리 등을 비롯한 불교 문
물을 전수하고, 또한 승려 및 여러 부문에 걸친 전문 기술자를 왜에 보내[95]
백제의 선진 문물을 왜에 전수하면서 왜와의 긴밀한 관계가 복원되었다. 그
러한 가운데 597년에는 왕자 阿佐를 파견하여[96] 유사시에 대비케 하는 등
정치적 군사적 관계도 복원되었다.

이처럼 백제와 왜 간에 불교문화의 교류가 활발히 이루어진 것은 양국
모두가 불교를 통하여 새로운 정치적 변화를 도모한 데에서 기인한 것으로
볼 수 있다.[97] 당시 불교가 국가의 지배 이념으로서 국왕과 귀족의 타협을
통한 새로운 정치 질서 확립에 큰 영향을 주었기 때문이다. 백제는 이러한
선진 문물의 공급을 통해 왜와의 우호관계를 복원시킬 수 있었고, 반면 왜

---

93) 570년대 왜와 삼국간의 국교개시에 대해서는 김은숙, 앞의 글(1994), 204~220쪽을 참조
할 것.
94) 『일본서기』 권20 민달기 6년 동11월.
95) 위덕왕대 왜에 불교관련 문물과 기술자를 보낸 경위와 내용에 대해서는 김영태, 「위덕왕
당시의 불교」 『백제불교사상연구』, 동국대출판부, 1985, 70~83쪽을 참조할 것.
96) 『일본서기』 권22 推古紀 5년 하4월 丁丑.
97) 김수태, 앞의 글(2004), 177~178쪽.

는 중국과의 외교가 단절된 상태에서 백제를 통한 선진 문화요소를 수용하여 야마토 정권 중심의 새로운 정치질서를 창출하고자 하였을 것이다.

이와 같이 백제가 대내적 체제 정비와 함께 남북조국가에 대한 외교를 능동적으로 전개하면서 정치적으로 고구려와 신라를 외교적으로 견제하는 한편, 이를 통해 지배질서 확립에 필요한 선진 문물의 수용하는 등 새로운 대외관계의 양상을 보이게 된 것이다. 더구나 575년 이후부터는 왜와 교섭을 재개하여 중국 남북조와 왜를 대상으로 다변적인 외교활동을 전개하여 백제의 국제적 위상을 높였던 것이다. 이는 삼국 간의 항쟁에서의 우위를 점하고 대내적 체제정비에 필요한 선진 문물 수용을 통해 왕권을 강화·안정시켜려는 외교적 노력이었다고 할 수 있다.

3) 隋와의 關係

다음으로 580년대 이후 백제가 대중교섭을 전개한 양상을 살펴보기로 하자. 이 시기 隋제국의 등장에 따른 여파가 남북조 뿐 아니라 5세기 이래 동아시아의 다원적인 한 축을 형성하였던 남북조와 고구려·토욕혼·돌궐 등 주변제국들에까지 미쳐 급격한 정세 변동을 초래하였다. 즉 581년 북제가 외척인 楊堅에 의해 타도되고 새로이 隋 왕조가 등장하면서 돌궐의 분열과 복속, 진의 멸망(589)으로 이어졌다.

이러한 중국 정세의 변화에 따라 삼국의 대중외교는 변모와 진통을 겪게 되었다. 581년 수가 건국하자 백제가 먼저 사신을 보내 수의 건국을 축하하며 교섭을 청함에 따라 수 문제는 위덕왕을 上開府儀同三司帶方郡公에 책봉하였다.[98] 남조 진의 경우와는 다른 면이 찾아진다. 562년 진은 백제의 견사 없이 책봉한 이후에 5년이나 뒤늦게 진에 견사한 점과 대조된다. 백제가 이렇게 수에 대해 민첩하게 대처하고 있는 점은 백제외교의 적극성을 나

---

98) 『隋書』 권1 제기1 開皇 元年 동10월 乙酉.

타낸 것이고 세련된 외교 감각을 보여주는 것이다. 이에 고구려도 수에 견사하자 수문제는 평원왕을 大將軍遼東郡公에 임명하였다.[99] 백제가 받은 上開府儀同三司은 종3품이고 고구려가 받은 大將軍은 정3품이기 때문에 수는 남북조 때와 마찬가지로 고구려를 백제보다 높게 인식하고 있었음을 알 수 있다.

이후 백제는 581년의 견사에 이어 582년 수와 두 차례의 교섭을 가졌던 반면 고구려는 581년 12월부터 584년 4월까지 수에 무려 7차례나 견사[100] 할 정도로 빈번한 교섭을 가졌다. 고구려의 입장에서는 북제를 멸망시킨 수의 등장을 새로운 위협으로 받아들이고 있었기 때문에 국가 안보상 수에 밀도 있는 접근책이 필요했을 것이다. 그러면서도 584년부터는 백제와 고구려가 남조 진과도 교섭관계를 가졌다. 즉 백제는 584년과 586년에 남조 진에 견사한 반면 고구려도 585년에 진과 교섭을 벌린 것이다. 여제 양국은 비록 수와 빈번한 교섭을 가졌지만 수의 세력 확장에 점차 위협을 느끼면서 그 대응책의 하나로 남조 진과 교섭을 동시에 가진 것으로 이해된다.

그러나 589년 수가 진을 멸망시키자 백제와 고구려는 보다 큰 충격을 받게 되면서 다시 태도를 바꿔 수에 접근을 시도하게 되었다. 백제는 때마침 耽牟羅國에 표착해 온 한 戰船을 수에 송환하는 것을 계기로 하여 사신을 함께 보내 수가 진을 평정한 것을 축하하였다. 백제의 이러한 태도에 대하여 수의 입장은 다음과 같다.

> H 서로 떨어져 있는 것이 비록 멀다고는 하나 사정이 얼굴을 맞대고 말하는 것과 같으니 어찌 자주 사신을 보낼 필요가 있겠는가? 와서 상세히 알았으니 지금 이후부터는 매년 별도로 조공할 필요가 없으며 짐 또한 사신을 보내 가도록 하

---

99) 『隋書』권1 제기1 開皇 元年 동12월 壬寅.
100) 『수서』권1 제기1 高祖上에 의하면 고구려는 581년 12월, 582년 정월 · 11월, 583년 정월 · 4월 · 5월, 584년 4월에 모두 차례 교섭관계를 갖고 있다. 고구려는 수 건국기 수에 매년 조공하면서 583년에는 한 해에 무려 3차례 견사한 일도 있었다. 이를 통해 당시 고구려의 대수외교의 중요성을 엿볼 수 있다.

지 않을 것이니 왕은 마땅히 알지어다.[101]

위에서 보듯이 백제에 대한 수의 반응은 매우 소극적이었다. 백제는 매년 조공할 필요가 없으며 수도 백제에 사신을 자주 파견하지 않겠다는 것이다. 수의 이러한 소극적 태도로 인해 백제는 한동안 수의 동태를 관망하면서 교섭을 단절하게 되었다. 이같은 백제의 입장과는 달리 고구려는 수에 대해 크게 직접적인 위협을 느끼고 있었다.[102] 고구려는 진이 멸망당했다는 소식을 듣고 수를 크게 두려워하면서 군사를 정비하고 군량미를 비축하며 수에 대한 拒守策을 강구하였다. 이에 수문제는 이러한 고구려의 움직임에 대해 조서를 보내 고구려를 다음과 같이 질책하고 있다.

> I …왕은 해마다 사신을 보내어 매년 조공을 바치며 비록 蕃國이라 칭하지만 정성과 예절을 다하지 않고 있소. 왕이 남의 신하가 되었다면 모름지기 짐과 덕을 같이 베풀어야 할 터인데, 오히려 말갈을 못견디게 괴롭히고 契丹을 禁錮시켰소. 여러 번국이 머리를 조아려 나에게 신첩노릇을 하는게[무엇이 나쁘다고 그처럼] 착한 사람이 의리를 사모하는 것을 분개하여 끝까지 방해하려 하는가? (중략) 종종 기마병을 보내어 변경 사람을 살해하고, 여러 차례 간계를 부려 邪說을 지어냈으니, 신하로서의 마음가짐이 아니었소. (중략) 짐이 만약 왕을 포용하고 기르려는 생각을 가지지 않고, 이전의 잘못을 책망하려 한다면 한 장군에게 명하면 될 일인데, 어찌 많은 힘이 필요하겠는가? 간절히 깨우쳐 주어 改過遷善할 기회를 허락하노니, 마땅히 짐의 뜻을 알아서 스스로 많은 복을 구하기 바라오.[103]

위에서 보듯이 수문제는 고압적인 내용의 조서를 보내 고구려가 매년 수에 조공을 바치고는 있으나 신하로서의 절개를 다하지 못하고 있음을 책망

---

101) 『수서』 권81 열전46 동이 백제.
102) 고구려와 수의 관계에 대해서는 金子修一, 「고구려와 수의 관계」 『고구려연구』14, (사) 고구려연구회, 2002, 382~385쪽을 참조할 것.
103) 『수서』 권81 열전 46 동이 고려.

하고, 이어 고구려의 태도 여하에 언제든지 무력으로 응징할 수 있다는 것을 내비치기도 하였다. 이러한 수문제의 위협에 두려움을 느낀 고구려 평원왕은 곧 사과하였으나 수의 고구려에 대한 의구심을 불식시키지는 못한 것 같다.

이후 고구려와 수가 다시 교섭을 갖게 된 것은 590년 이후의 일이었다. 이때 고구려의 평원왕이 죽고 영양왕이 즉위하자 수문제는 사신을 고구려에 파견하여 왕을 上開府儀同三司遼東郡公으로 책봉하였다. 이것이 계기가 되어 591년 정월에는 고구려가 수에 사신을 보내 封王을 청함에 따라 수도 이를 받아들여 영양왕을 고구려왕으로 책봉되었다.[104] 고구려는 591년 정월·3월·5월의 3차례에 걸쳐 수와 교섭을 가진 이후 592년과 597년에 계속적인 교섭을 벌이고 있다.

한편 신라는 564년 북제에 견사한 이래 수가 진을 멸하고 남북조를 통일하기까지 북제와 3회의 교섭을 가진 반면 거의 남조 진과의 교섭으로 일관하고 있었던 점이 6세기 후반 신라 외교의 특징이라 할 수 있다. 그 교섭 목적은 주로 불교문화 수용과 관련 있어 보인다.[105] 585년에는 고승 智明이,[106] 589년에는 圓光이 진에 들어가 구법 활동을 벌린 일[107]이 있다. 신라의 安弘法師[108]와 曇育[109]이 수에 들어가 불법을 가져온 일도 있었다. 당시 신라 중대왕권이 추구한 왕권 강화에는 불교 이념이 중요한 수단이 되었기 때문이다. 585년 고승 智明이 求法을 위해 진에 건너간 이후 圓光 등 여러 승려들이 진과 수에서 불교 관련 문물을 수용하기 위해 구법승을 파견

---

104) 『삼국사기』 권20 고구려본기 8 영양왕 2년 정월·3월.
105) 김영하, 「신라 중고기의 중국인식」, 『고대한중관계사의 연구』, 한국사연구회편, 1987, 169~174쪽.
106) 『삼국사기』 권4 신라본기4 진평왕 7년 7월.
107) 『삼국사기』 권4 신라본기4 진평왕 11년 3월.
108) 안홍법사는 수에 불법을 구하려 입국하였다가 胡僧 毗摩羅 등과 함께 귀국하여 稜伽勝鬘經과 불사리를 가져왔다고 한다(『삼국사기』 권4 신라본기4 진흥왕 37년).
109) 『삼국사기』 권4 신라본기4 진평왕 18년 3월.

하는 사례가 보인다. 신라가 수에 처음 사신을 파견한 것은 594년의 일이다. 수문제는 신라 眞平王을 上開府樂浪郡公新羅王으로 책봉하였는데[110] 이는 종3품에 해당하는 것으로 수가 삼국 관계에 있어서 고구려를 우위에 두고 백제와 신라를 낮게 인식하고 있었음을 알 수 있다.

그러나 598년 수문제가 고구려 정벌에 나서자 백제는 長史 王辯那를 수에 보내 589년 이후 한동안 중단되었던 수와 교섭을 재개한 것이다. 백제 위덕왕은 수가 고구려 정벌을 단행하고 있었을 때 향도가 되기를 청하였다. 이에 대해 수문제는,

> J 왕년에 고구려가 공물을 바치지 아니하고 신하로서의 예가 없었기 때문에 장수에게 명하여 죄를 묻게 하였다. 高元[영양왕]의 군신들이 두려워하고 복종하며 죄를 청하기에 짐이 이미 용서하였으니 정벌을 할 수가 없다.[111]

라고 하였듯이 백제의 요청을 또 받아들이지 않았다. 고구려는 이 사실을 알고 백제에 보복전을 펴기도 하였다. 이 해에 위덕왕이 죽고 단명한 惠王과 法王代를 거쳐 武王 8년(607)에 들어와서 백제는 수와의 교섭을 재개하게 된다.

여기서 598년 수에 사신으로 파견된 長史 王辯那의 존재에 주목하고 싶다. 長史는 王府의 속관을 말하는데[112] 중국과의 외교업무에 종사하던 사절단장에 비견할 수 있다. 그리고 長史 王辯那는 중국계 관료 출신으로 중국관계에 종사하던 인물로 보이는데 무왕 8년 수에 파견된 佐平 王孝隣[113]과 같은 씨족으로 생각된다. 이들 왕씨 세력은 『수서』 권81 백제전에 나오는 이른바 대성 8족의 반열에는 들지 못하였으나 최고위인 좌평에 임명된

---

110) 『수서』 권81 열전46 동이 신라.
111) 『수서』 권81 열전46 동이 백제.
112) 김한규, 「남북조시대의 중국적 세계질서와 고대 한국의 막부제」 『한국고대의 국가와 사회』, 일조각, 1985, 142쪽.
113) 『삼국사기』 권27 백제본기5, 무왕 8년 3월.

것으로 보아 위덕왕과 무왕대에 대중관계의 중요성과 관련하여 급격히 성장한 세력으로 볼 수 있다. 이들 세력은 친왕세력으로서 중국어와 중국 사정에 정통하여 위덕왕을 도와 중국 정세의 변동에 민감하게 대처하는데 큰 역할을 하였을 것으로 판단된다.

이와 같이 백제 위덕왕대 수와의 관계를 살펴보면 여전히 중국 정세에 따라 적극적이고 민첩하게 대처하고 있음을 찾아볼 수 있다. 그 교섭 목적도 남북조와 같이 거의 교빙 차원의 교섭이 주를 이루는 가운데 수의 고구려 정벌시에는 향도가 되기를 청할 정도로 삼국 항쟁을 대중외교에 적극적으로 활용하고 있는 것으로 나타난다. 백제가 고립 상태를 유지한 가운데 수와의 교섭을 통해서 고구려를 견제하고, 아울러 신라에 대한 적극적인 공세를 전개하기 위한 것으로 볼 수 있다.

『사비도읍기의 백제』, 백제문화사대계 연구총서5, 2007

2편

백제의 통치체제

백제 초기의 部
사비시대의 佐平
백제의 지방통치체제

백제 초기의 部

1. 머리말

백제의 部는 지금까지 지방통치조직의 한 부분으로 백제 초기에서 말기까지 일정한 역할을 수행해 온 것으로 이해되어 왔다.[1] 그런데 『삼국사기』 백제본기의 部에 관한 기사는 거의 고이왕대 이전인 백제 초기에 집중되어 있는 반면, 그 이후에는 단지 3개의 관련 기사만을 남기고 있어서 대조를 이룬다. 그리고 부의 명칭도 건국기인 온조왕 때부터 사방을 나타내는 방위명을 붙이고 있다. 이에 대해 백제 초기의 부는 고구려나 신라의 경우처럼 고

---

1) 백제 한성시대의 부에 관한 주요 연구성과는 다음과 같다.
  今西龍,「百濟五方五部考」『百濟史硏究』, 國書刊行會, 1934 ; 노태돈,「삼국시대의 '부'에 관한 연구」『한국사론』2, 1975 ; 이종욱,「백제의 국가형성」『대구사학』11, 1976 ; 노중국, 『백제정치사연구』, 일조각, 1988 ; 박현숙,「백제초기의 지방통치체제 연구 - '부'의 성립과 변화과정을 중심으로-」『백제문화』20, 1990 ; 이우태,「백제의 부체제」『백제사의 비교연구』, 충남대백제연구소, 1993 ; 김기섭,「백제 전기의 부에 관한 시론」『백제의 지방통치』, 학연문화사, 1998 ; 주보돈,「백제 초기사에서의 전쟁과 귀족의 출현」, 제9회 백제연구 국제학술대회 발표요지, 1998.

유한 명칭을 붙인 족제적인 성격의 部가 지방 행정구획적인 방위명 부로 변화해 간 것으로 이해하고 있다. 그리고 『삼국사기』 초기기록의 분해론 입장에서[2] 고이왕대 이전의 部 관련 기사를 후대의 사실이 건국초인 온조왕대에 투영되었을 것으로 추정하고, 부의 성립시기를 3세기 중엽 고이왕대 이후로 보거나, 또는 웅진기 이후의 사실로 받아들이고 있는 것이[3] 요즈음의 전반적인 추세인 것 같다.

그 성립 배경에 대해서는 낙랑과 말갈 등의 간단없는 침입에 대처하기 위해 군사적인 필요성에서 성립되었을 것으로 보고 있다. 또한 부의 성격에 대해서도 일단 백제 후기의 부를 『주서』 및 『수서』 백제전의 기록과 부여 궁남지에서 출토된 목간의 기록[4] 등에 의거하여 왕도의 행정구획적인 성격을 가진 것으로 보는 데에는 대체로 견해를 같이 하고 있으나, 백제 초기 부의 성격에 대해서는 아직 통일된 견해를 도출하고 있지 못하다. 즉 백제 국가 발전 단계론의 입장에서 이를 단위정치체적인 성격으로 보아 중앙집권적 고대국가의 전 단계인 '부체제' 단계를 설정하기도 하고,[5] 또는 이를 담로

<hr>

2) 노태돈, 앞의 글, 15~16쪽 및 노중국, 앞의 책, 98~99쪽.
3) 백제 초기 부에 관한 기록을 후대의 조작으로 보고 후기의 5부의 성격을 행정구획으로 파악한 견해가 있고(今西龍, 앞의 글, 300쪽), 노태돈은 백제 초기의 부를 단위정치체로 파악하고 고이왕대에 성립되었을 것으로 추론하였으나, 다만 고이왕 이전의 부에 대해서는 사서 편찬시 웅진시대 이후의 지방행정 구획의 방위관념을 가지고 부명을 정했을 것으로 보았다(앞의 글, 15~19쪽), 노중국은 고이왕대에 5부체제가 성립되어 연맹단계에서 고대국가 단계로 넘어가는 과도기로 파악하였고(앞의 책, 94~99쪽), 주보돈은 3세기 후반 한군현의 압박과 그에 대한 저항을 계기로 백제국 중심의 연맹체가 결성되면서 부가 성립되었을 것으로 보고 이는 백제국의 발전과 짝하여 3부 → 5부 → 2부 체제로 순차적인 변화를 거쳤을 것으로 보았다(앞의 글, 65~86쪽). 김기섭은 이를 중앙에서 임의로 구획한 행정·군사적 단위체에 불과한 것으로 보고 그 성립시기를 4세기 중엽 근초고왕대로는 보고 있다(김기섭, 앞의 글, 79~81쪽). 한편 부의 성립시기를 3세기 중엽 고이왕대 이후로 보는 위의 견해와는 달리 박현숙은 백제 초기의 부에 관한 기록을 대체로 취신하는 입장에서 전국을 방위별로 지역구분한 지방통치구획으로 보고 있을 정도로(박현숙, 앞의 글, 23~27쪽) 다양한 견해들이 제시되어 있다.
4) 박현숙, 「궁남지 출토 백제 목간과 왕도 5부제」 『한국사연구』 92, 1~33쪽.
5) 대표적인 견해로는 노중국, 앞의 책, 94~107쪽이 참고된다.

체제에 앞선 지방통치조직으로 이해하면서 部 - 城 - 村制와 같은 백제 전기의 지방 행정구획으로 보려는 견해도[6] 대두되고 있다.

이와 같이 관련자료의 부족과 연구자 간의 시각 차이에도 불구하고 백제 지방통치조직의 성립과 변화 과정, 그리고 그 구조와 운영 실태 등에 대한 전반적인 이해가 가능하게 될 정도로 많은 성과를 축적해 가고 있다.[7] 그러나 기존의 대부분 연구들은 전반적으로 백제 초기의 부 관련기사를 고이왕대 이후의 사실로 수정하여 취신하고 있을 뿐 아니라 백제의 국가발전 단계상의 한 단계인 '부체제' 단계를 설정하여 그 의미를 다소 확대해서 받아들이고 있는 느낌을 주고 있다. 그런데 '부체제' 의 개념 정의와 성립시기 등에 대해서는 이미 다양한 견해가 제시되어 있고,[8] 또 그 구조와 운영 실태 및 다른 지방행정조직과의 관련성 등 아직도 해명되지 않는 부분이 많이 남아 있다.

보다 근본적인 문제는 고이왕대 이전의 백제 초기 部 관련기사를 불신하고 있는 점이다. 『삼국사기』 백제본기의 초기 기사 중 기년이나 왕실계보 및 통치영역 기사 등에는 한국 고대국가의 발전 과정을 감안해 볼 때 다소 불합리한 점이 발견되고는 있지만, 초기기록은 백제 국가의 발전과정이 순차적으로 응축하여 서술하고 있는 점을 감안해 볼 때 백제 초기 部의 존재 자체를 전적으로 불신할 필요는 없다고 본다. 국가 성립기 단계에서 집권력 강화를 위해 지방세력을 일정하게 통제할 필요에서 원초적인 형태의 제도적 장

---

6) 이도학, 『백제 고대국가의 연구』, 일지사, 1995, 317~329쪽 ; 유원재, 「백제 영역변화와 지방통치」『백제의 지방통치』, 학연문화사, 1998, 24~27쪽 ; 김기섭, 앞의 글, 72~83쪽.
7) 최근 백제의 지방통치제도에 관한 주요 전문적인 연구성과는 다음과 같다.
   박현숙, 「백제 지방통치체제 연구」, 고려대대학원 박사학위논문, 1996 ; 김영심, 「백제 지방통치체제 연구 -5~7세기를 중심으로-」, 서울대대학원 박사학위논문, 1997 ; 한국상고사학회, 『백제의 지방통치』, 학연문화사, 1998.
8) 최근 쟁점이 되고 있는 한국 고대의 부와 부체제에 대한 학술 세미나를 개최한 바 있는데, 이에 관해서는 한국고대사학회, 『한국 고대사회의 부와 부체제』, 제1회 한국고대사학회 하계 세미나 발표요지문, 1999을 참조할 것.

치를 갖춘 것이 부제의 채용으로 나타난 것이 아니었을까 한다. 백제 초기 부제의 존재를 인정하는 입장에서 部의 성립과정과 성격을 고찰하고, 이를 통해 백제의 국가발전 과정에서의 질적인 차이를 가늠해 보는 것이 한국 고대사회의 일면을 이해하는 데 한 척도가 될 것으로 여겨진다.

따라서 이 글에서는 『삼국사기』 고이왕대 이전의 백제 초기 기사를 재구성하면서 우선 백제 초기 부의 성립시기와 배경에 대하여 살펴보고, 이어 그 기능과 성격을 파악하여 백제 초기 지방 지배책의 특징을 살펴보면서 백제 초기 지방통치조직의 일면을 복원해 보고자 한다.

2. 部의 성립

1) 部의 성립과정

『삼국사기』 백제본기에 의하면 백제의 部制가 온조왕대에 처음 설치된 것으로 나타나는데 한성시대로 국한하여 이에 관한 『삼국사기』 백제본기의 기사를 정리하면 다음과 같다.

A-① 溫祚王 31년(13) 정월 국내의 民戶들을 나누어서 남부와 북부로 삼았다.
  ② 온조왕 33년(15) 8월에 동부와 서부의 2부를 더 설치하였다.
  ③ 온조왕 41년(23) 정월에 右輔 乙音이 죽자 북부의 解婁를 右輔로 삼았다. 해루는 본래 부여인으로 식견이 깊었고, 나이가 70세를 넘었으나 기력이 쇠하지 않았으므로 등용한 것이었다.
  ④ 多婁王 3년(30) 10월에 동부 屹于가 말갈과 馬首山 서쪽에서 싸워 이겼는데 죽이고 사로잡은 것이 매우 많았다. 왕이 기뻐하여 흘우에게 말 10필과 租 500섬을 상으로 주었다.
  ⑤ 다루왕 7년(34) 2월에 우보 해루가 죽으니 나이가 90세였다. 동부의 흘우를 우보로 삼았다.
  ⑥ 다루왕 10년(37) 10월에 우보 흘우를 左輔로 삼고, 북부의 眞會를 右輔로 삼았다.

⑦ 다루왕 11년(38) 10월에 동부·서부의 2부를 순행하여 위무하고, 가난해서
　제 힘으로 살아갈 수 없는 자에게 곡식을 1인당 2섬을 주었다.
⑧ 다루왕 29년(56) 2월에 왕이 동부에 명하여 牛谷城을 쌓아 말갈을 방비하게
　하였다.
⑨ 肖古王 45년(210) 2월에 赤峴·沙道의 2성을 쌓고 동부 民戶를 옮겼다.
⑩ 초고왕 48년(213) 7월에 서부인 茴會가 흰 사슴을 잡아 바쳤다. 왕은 상서롭
　다고 하여 곡식 100섬을 주었다.
⑪ 초고왕 49년(214) 9월에 왕은 북부 眞果에게 명하여 군사 1천 명을 거느리
　고 말갈의 석문성을 습격하여 빼앗았다.
⑫ 腆支王 13년(417) 7월에 동부와 북부의 2부인으로 나이 15세 이상을 징발하
　여 沙口城을 쌓았는데 兵官佐平 解丘로 하여금 공사를 감독하게 하였다.
⑬ 毗有王 2년(428)에 왕이 4부를 순행하여 위무하고, 가난한 자에게 곡식을
　차등있게 주었다.

위의 기사에는 온조왕 31년(13)부터 비유왕 2년(428)까지 방위명을 붙인
부에 관한 기사가 모두 13개가 나오고 있다. 그 가운데 초고왕 때까지는 인
명 앞에 부명이 집중적으로 나타나고 있는 반면 3세기 중엽 고이왕대 이후
부터는 한 동안 부명이 나타나지 않고 있다가 5세기 초반에 겨우 2기사만
보이고 있어 대조를 이룬다. 백제 초기에 방위명을 가진 부제가 출현하는
것은 처음에 족제적인 성격의 부제를 운영하였던 고구려와 신라의 경우와
판이한 역사발전 양상을 보이고 있어서 그 점이 의문을 더해주고 있다.
　그러면 먼저 백제의 부의 설치과정을 살펴보기로 하자. 위 기사에 의하
면 온조왕 31년(13)에 남북의 2개의 부가 먼저 설치되고, 이어 온조왕 33년
(15)에 동서의 2부가 추가로 설치된 것으로 되어 있어 동서남북의 방위명을
가진 4부가 일시에 성립된 것이 아님을 알 수 있다. 이에 대해 백제의 부를
4부체제로 이해하는 견해도 있으나[9] 국왕이 직할하는 중앙부를 감안하고
또 백제 건국세력의 출자와 관련 있는 부여의 四出道와 고구려의 5부제를

---

9) 이우태, 앞의 글, 92~93쪽.

참고해 본다면 5부로 보는 것이 순리일 것 같다. 온조왕 14년(기원전 5)에 '한강 서북쪽에 성을 쌓고 漢城의 백성을 나누어 살게 하였다' 는 기사에는[10] A-⑨의 사민 기사와는 달리 소속부의 이름이 나오지 않고 있는 점이 주목된다. 여기서 축성지역은 백제의 영역 안에 위치하고, 또한 그 도읍지인 한성인들을 사민시키고 있는 것으로 보아 이는 중부에 해당하는 것으로 이해해도 좋을 듯 싶다.

그런데 부의 설치연대는 백제 초기의 왕위계승 기사, 온조왕대 영역획정 기사와 마찬가지로 그대로 믿을 수는 없다. 다만 분해론의 입장에서 백제 초기의 기년을 재구성할 경우 사방 영역획정과 右輔·左輔의 임명기사 등은 백제 초기 부제의 성립과정을 반영해 주는 자료로 활용할 수 있다고 본다. 『삼국사기』 백제본기의 초기기록에서 부제의 성립과정을 시사해 주는 자료를 기사 순서대로 약술하면 다음과 같다.

> B-① 族父 乙音이 지식과 담력이 있음으로 右輔로 삼고 군사 업무를 맡김(온조왕 2년, 기원전 17)
> ② 강역을 획정하여 북쪽으로는 浿河에, 남쪽으로는 熊川을, 서쪽으로는 큰 바다에, 동쪽으로는 走壤에 이름(온조왕 13년, 기원전 6)
> ③ 하남위례성으로 천도(온조왕 14년, 기원전 5)
> ④ 마한 멸망(온조왕 27년, 9)
> ⑤ 남부와 북부의 설치(온조왕 31년, 13)
> ⑥ 동부와 서부의 설치(온조왕 33, 15)
> ⑦ 우보 乙音의 사망으로 북부의 解婁를 右輔로 삼음(온조왕 41, 23)
> ⑧ 동부의 屹于가 말갈과 馬首山 서쪽에서 싸워 이긴 전공으로 포상을 받음(다루왕 3, 30)
> ⑨ 우보 해루가 사망으로 동부의 흘우가 우보로 승진함(다루왕 7년, 34)
> ⑩ 우보 흘우를 左輔로 삼고, 북부의 眞會를 우보로 임명함(다루왕 10, 37)

위에서 보면 백제의 부제 채용은 그 영역확대 과정과 밀접한 관련 하에서 이루어진 것임을 알 수 있다. 위례성의 伯濟國이 주변의 여러 소국들을 흡수 통합 또는 연맹관계를 통해 한강 하류유역에서 맹주국으로 부상하던 시기에 그 세력 범위를 포괄적으로 나타낸 것이 바로 B-②의 기사다. 백제 초기의 세력 범위는 북으로는 浿河(임진강), 남으로는 熊川(안성천), 서로는 大海(서해), 동으로는 走壤(춘천)에 이르렀다고 하였는데, 이를 3세기경의 사실로 보는 견해가 제기될 정도로[11] 기년상의 문제가 있는 부분이다.

어쨌든 곧바로 하남위례성으로 천도가 단행되었는데 이는 백제가 당면하고 있었던 대내외적인 문제를 극복하려는 차원에서 이루어진 조치로 이해된다. 즉 천도를 통해 국초부터 백제국의 안보에 지대한 위협을 가하던 북방의 한군현 낙랑과 말갈 세력에 대비하면서 남방의 마한 세력을 제압하기 위한 의지를 천명하고, 또 국가의 기틀을 공고히 하여 대내적인 안정을 기하려는 의도를 엿볼 수 있다. 다음 천도 직후 2단계로 목지국 중심의 마한 세력을 병탄하여(B-④) 천안-청주 이남지역 즉 차령과 금강 이북의 땅을 확보하게 되었다.[12] 이를 계기로 하여 남부와 북부(B-⑤), 동부와 서부(B-⑥)가 각각 설치되면서 백제국은 중앙을 포함하여 5부체제를 갖추게 된 것이다.

부제가 설치 운영되면서 각 부의 유력한 족단들이 백제국의 중요 관직인 우보와 좌보직에 임명되어 백제국이 영도하는 연맹체의 지배세력으로 활동을 하게 된다. 원래 우보와 좌보직은 漢代의 三輔職에서 연유한 관직이었는

---

11) 온조왕 13년조의 영역확대 기사를 3세기 중엽 고이왕대의 사실로 받아들이는 것이 통설이지만(이병도, 『한국고대사연구』, 박영사, 1976, 476~477쪽 및 최몽룡·권오영, 「고고학 자료를 통해 본 백제초기의 영역고찰」 『천관우선생환력기념한국사학논총』, 1984, 102~104쪽), 고이왕대 이전 백제 초기 기사의 경우 온조왕대와 그 이후의 기사를 다시 구별하여 생각할 볼 필요가 있다. 후에 사서편찬 때 건국시조인 온조왕의 업적을 부각시키기 위해 후대의 사실을 선택적으로 온조왕대에 부회하여 일괄 소급시켜 정리하였을 가능성도 있기 때문이다. 따라서 온조왕 13년조 기사가 고이왕대의 사실을 반영한 것이라 하더라도 그 이후의 부 관련 기사와는 다르게 서술되었을 가능성도 있다.
12) 권오영, 「백제의 성립과 발전」 『한국사』6, 1995, 23~24쪽 ; 유원재, 「백제영역의 변화와 지방통치」 『백제의 지방통치』, 학연문화사, 1998, 14~19쪽.

데[13] 고구려의 좌·우보, 신라의 大輔職에서도 나타나듯이 삼국 초기에 국무와 군사 업무를 관장하던 최고의 중앙관직으로서 여기에 임명된 인물들은 왕족이거나 또는 소국을 통치한 유력한 지방 세력가였음이 밝혀지고 있다.[14]

백제는 부제가 설치되기 이전에 우보직이 처음 설치되었는데 좌평제가 신설되는 고이왕 27년 1월 이전까지 존속하였다. 처음 단계에는 왕족 출신 乙音이 우보에 임명되었다(B-①). 을음은 왕의 族父로서[15] 종신의 임기를 가진 우보직을 맡았는데 그가 임명된 이유는 지식과 담력을 소유한 인물이었기 때문이었다. 이후 백제국의 성장과 발전에 따른 정무 분화로 인하여 종래의 우보에 이어 左輔가 신설되었다. 우보 을음이 죽은 이후부터 고이왕 이전까지 좌·우보에 임명된 인물들을 살펴보면 다음과 같다. 왕족 을음이 죽은 후 북부 출신 해루가(B-⑦), 동부 출신 흘우(B-⑨)가 차례로 우보에 임명되었다. 곧이어 좌보직이 신설된 이후에는 동부의 흘우가 우보에서 상위직인 좌보로 전보되었고,[16] 우보에는 북부의 진회가 임명되었다(B-⑩).

이 시기에 우보와 좌보에는 왕족을 제외한 부의 세력있는 족단 출신들이 골고루 임명되고 있는데 왕족 중심의 백제국이 보다 넓은 지배층으로 구성되어 중앙 집권력을 확대해 나가고 있었음을 반영해 준다. 그리고 그 임명의 조건도 종래와는 달리 전공이나 탁월한 군사 지휘능력을 참작하고 있는 것으로 보아 대외 전쟁의 극복문제가 백제가 당면한 큰 과제였음을 시사해 주고 있다.

---

13) 三輔官은 漢代 長安 이동을 京兆尹(京輔), 長陵 이북을 左馮翊(左輔), 渭城 이서를 右扶風(右輔)이라 하였는데 그 장관은 京師인 장안성을 다스렸다가 후에 경기지역도 통치하였다(민두기, 「전한의 경기통치책」 『동양사학연구』 3, 10~14쪽 및 諸橋轍次, 『大漢和辭典』 권1, 大修館書店, 182쪽).

14) 이종욱, 「백제의 좌평」 『진단학보』 45, 1978, 24~30쪽.

15) 族父는 父의 從祖兄弟나 또는 從堂伯叔에 해당한다(이기백, 「백제왕위계승고」 『역사학보』 11, 1959, 25쪽).

16) 백제에서 우보와 좌보간의 관계는 분명치 않으나, 말갈 격퇴로 큰 전공을 세워 백제국 중심의 연맹체에서 비중을 점하고 있던 우보 흘우의 좌보 임명은 단순한 전보로 보기보다는 승진으로 보는 것이 합리적일 것으로 보인다.

방위명 부 세력 중에서 북부 출신이 먼저 우보를 통해 중앙에 진출하고 있다. 북부 출신으로는 解婁, 眞會, 眞果(A-⑪)가 보이는데 해씨와 진씨세력이 같은 부에 소속되어 있는 것이 주목된다. 북부의 해루(B-⑦)와 진회(B-⑩)가 우보에 임명되었다. 해루는 부여인으로 표기된 것으로 보아 백제 왕실과 같이 남하해 온 북방 유이민 계통으로 볼 수 있다. 진회와 진과 등 진씨세력의 출자는 밝혀지지 않았지만, 진씨세력이 한강유역으로 이주하기 전에는 한때 한군현 낙랑에 거주했던 것으로 추정된다. 평양 정백동 19호분에서 출토된 耳杯의 「眞氏牢」라는 명문이 참고된다.[17] 여기서 진씨는 제작자의 성씨를 나타내는 것인데, 기술직에 종사한 것으로 보아 漢人과 구별되는 토착세력인 것으로 추정된다.

眞果의 경우에서 보듯이 진씨세력은 해씨에 이어 말갈과의 전투를 통해 정치적 기반을 넓혀 간 것으로 보인다. 후에 해씨와 진씨세력은 백제사에서 왕비족 뿐만 아니라 대성귀족의 반열에 드는 유력한 족단세력으로 성장하였음은 주지의 사실이다. 이들 세력이 건국초부터 백제 지배층에 참여할 수 있었던 것은 해씨세력의 경우 백제국의 건국세력과 종족적·문화적으로 친연성을 갖고 있는 데다가 철기문화에 익숙한 유이민을 이용하여 낙랑과 말갈 등의 침입을 막으려는 의도와[18] 관련있어 보인다.

동부세력으로는 흘우와 高木城의 昆優[19] 등이 있는데 말갈과의 전투에서 공을 세운 인물들이다. 특히 흘우는 馬首山 전투에서 말갈족을 격퇴시킨 공로로 해루에 이어 우보직에 올랐던 인물인데 동부세력도 북부세력과 함께 이른 시기에 백제국 중심의 연맹체에 참여했을 것으로 보인다. 이들 북부와 동부세력들은 한강과 임진강 유역에 고립 분산적으로 분포하고 있는

---

17) 평양 정백동 19호분은 부부 합장을 한 목곽분인데 長生宜子內花文鏡 1점과 약간의 칠기 및 은제품이 출토되었다. 耳杯의 안바닥 중앙에는 「眞氏牢」라는 명문이, 그리고 漆盤의 겉면 하단부에는 「田氏牢」라는 명문이 있다(조선총독부, 『昭和9年度古蹟調査槪報』, 1934, 9~14쪽 및 한국고대사회연구소, 『역주 한국고대금석문』 제1권, 1992, 229~230쪽).
18) 이종욱, 「백제의 국가형성」 『대구사학』 11, 1976, 10~11쪽.
19) 『삼국사기』 백제본기 다루왕 4년 추 8월.

적석묘의 존재와[20) 관련 있어 보인다. 이들 세력이 소속부의 명칭을 표방하고 있는 것은 백제 초기에 부의 정치적 의미가 컸음을 반영해 주고 있다. 이들 북부와 동부세력은 백제국이 주도하는 연맹체의 우보와 좌보 등의 중요 관직을 통해 중추적인 역할을 보인 지방의 세력가들로 믿어진다. 따라서 동부의 흘우(B-⑧)와 북부의 眞果(A-⑪)가 말갈과의 전투에서 동원한 군사력은 지방 세력가가 지휘하는 사병적 성격의 부병이었을 것으로 여겨진다.

한편 북부와 함께 설치된 남부에 관한 기사(A-①)는 전혀 보이지 않고 있다. 이에 대해 온조집단을 남부세력으로 보는 견해도 있지만,[21) 온조집단은 위에서 보듯이 중부 소속이기 때문에 이를 받아들이기 어렵다. 남부에 소속된 세력은 일단 복속된 마한 세력으로 생각된다(B-④). 이들은 분묘문화에 있어서 목관묘나 적석묘를 쓰는 한강유역과는 달리 周溝 달린 목관묘나 목곽묘를 축조할 정도로 문화적인 차이를 보이고 있다.[22) 따라서 낙랑과 말갈 세력의 끊임없는 침입에 대비해야 하는 백제국으로서는 後顧를 덜기 위해 문화적인 차이가 있는 남부지역에 일정한 자치권을 주고 대신 공납을 받는 간접지배 방식을 취하는 편이[23) 보다 효과적이었을 것이다.

---

20) 춘천 중도, 양평 문호리, 제천 양평리 · 도화리 · 청풍 신담 등 남한강과 북한강 유역에는 2~3세기 경에 해당되는 무기단식 적석묘가 고립 분산적으로 분포되어 있고, 서울 석촌동 일대에도 3세기 중반에서 5세기 전반에 해당하는 기단식 적석묘가 있다(이에 대한 정리는 최몽룡 · 권오영, 앞의 글, 102~104쪽 및 권오영, 「백제의 성립과 발전」『한국사』6, 국사편찬위원회, 1995, 19~20쪽을 참조). 최근 임진강 유역인 연천군 선곡리 · 학곡리 · 삼곶리 등지에서도 적석묘가 발굴 조사되었다(김성범, 「군사보호구역내 문화유적 지표조사보고」『문화재』25, 1992, 238쪽 및 윤근일 · 김성태, 『연천 삼곶리 백제적석총 발굴조사보고서』, 문화재연구소, 1994 참조).

21) 이우태, 앞의 글, 93쪽.

22) 권오영, 「중서부지방 백제토광묘에 대한 시론적 검토」『백제연구』22, 1991 및 앞의 글, 24쪽.

23) 백제가 이미 편입된 남부의 지방세력들에 대한 통제를 강화한 시기는 한군현인 낙랑과 대방군의 세력이 소멸되는 4세기대로 보인다. 이때 백제는 천안 화성리, 전 청주시 출토품과 신봉동, 서울 몽촌토성과 풍납리토성 등에서 출토한 중국제 청자와 초두 등의 희귀품을 이들 지방세력에 하사함으로써 이탈을 방지하는 동시에 신라에 대비케 하였다는 권오영의 글(「4세기 백제의 지방통제 방식의 일예」『한국사론』18, 서울대 국사학과, 1988)이 참고된다.

서부세력은 미추홀의 비류세력과 白鹿을 바친 苩回(A-⑩) 등이 나오는
데 백제국의 대외 교섭력 확보문제와 관련있어 보인다. 따라서 서부 세력은
비류 건국설화에서 보듯이 일찍부터 백제국에 흡수되어 한강하류 유역을
통한 긴밀한 경제관계를 맺어 다른 부와는 달리 백제국과 안정적인 관계를
유지한 것으로 보인다. 요컨대 북부와 동부가 계기적으로 설치될 때 상대적
으로 군사적인 중요성이 비교적 적은 남부와 서부를 북부와 동부에 대응하
여 각각 설치한 것이 아닐까 한다.

이상으로 백제는 초기부터 남·북부와 동·서부를 순차적으로 설치하
여 중앙을 포함한 5부체제를 구성하였다. 5부제는 하남위례성으로의 전도
와 마한 멸망에 따른 세로운 영역의 확보 등의 새로운 여건 변화에 대응하
기 위해 부제를 채용한 것으로 밝혀졌다. 백제 초기에는 중앙을 제외한 4부
중에서 특히 북부와 동부의 중앙 진출이 먼저 이루어졌다. 이들 세력은 중
앙의 중요관제인 우보와 좌보직을 독점하였으며, 그 배경에는 낙랑과 말갈
세력 등의 침입을 격퇴하면서 백제국 중심의 연맹체에서 왕족인 부여씨와
함께 유력한 정치세력으로서 정치적 기반을 넓혀 나갔다.

2) 部의 성립시기와 배경

백제에 부제가 처음 채용된 시기를『삼국사기』백제본기에는 온조왕대
라 하였으나(A-①, ②), 온조왕 13년조의 강역획정 기사(B-②)와 관련시켜
대부분의 연구자들이 3세기 중엽 고이왕대 이후로 수정하여 받아들이고 있
다. 그리고 이 문제와 함께 백제 초기부터 나타나는 방위명 부의 존재를 대
부분 부정하고 있다. 백제도 고구려와 신라의 부제처럼 처음에는 고유 명칭
을 가진 족제적인 성격의 부를 운영하다가 점차 중앙 집권력의 강화와 함께
왕도의 행정구획적인 성격의 방위명 부로 변화한 것으로 이해하고 있다.[24]

---

24) 주) 3 참조.

그러나 고이왕 이전의 초기기록에는 원초적인 형태의 지방지배 방식을 묘사하고 있는 것으로 생각되기 때문에 부의 존재 자체를 부정할 필요는 없다고 본다. 백제 초기사에 접할 때 우선 그 기사 자체를 인정하고 다만 문제가 제기될 경우에 그 기사가 생성된 배경과 한계, 그리고 역사적 의미를 찾아 이를 재구성할 필요가 있다고 본다. 부의 성립시기를 3세기 중엽 고이왕대 이후로 볼 경우 그 이전의 역사가 단절되거나 또는 간과되기 쉽다. 예컨대 좌·우보체제는 백제 중심의 연맹체 단계의 중요 관직인데 이를 고이왕대로 설정할 경우 좌·우보체제에 이어 설치되는 좌평제와 상충되는 모순이 생긴다. 이 점을 고려하여 백제 초기 부의 설치시기는 일단 좌평제가 설치되는 고이왕대 이전에서 찾는 것이 보다 합리적일 것이다.

그러면 백제의 부제가 어느 시기에 성립되었을까? 물론 이를 입증할 만한 직접적인 자료를 제시하기는 어렵지만, 우선 부의 설치가 제도정비나 영역확대 등 백제국의 성장과 관련하여 이루어지는 점을 감안해야 한다. 백제의 부제 채용과 관련하여 온조왕 13년조에 나타난 영역획정 기사(B-②)에 주목하고 싶다. 즉 강역을 북으로는 浿河(임진강), 남으로는 熊川(안성천),[25] 서로는 大海(서해), 동으로는 走壤(춘천)으로까지 확장하여 사방을 구획하였다고 한다. 이 기사는 기년의 신빙성 문제가 있지만, 이 기사에서 당시 백제인들이 갖고 있던 사방에 대한 영역관념을 엿볼 수 있다. 이러한 백제인들의 영역관념은 이주하기 전의 부여의 四出道와 같은 역사적 경험에 적지않은 영향을 받았을 것으로 여겨진다. 백제에 방위명 부가 출현하게 된 것도 일단 이러한 사방에 대한 영역관념에서 비롯되었을 것으로 여겨진다.[26]

---

25) 웅천의 위치에 대하여 안성의 안성천설(이병도, 『한국고대사연구』, 박영사, 1976, 247~248쪽)과 공주의 금강설(천관우, 「삼한의 국가형성(하)」『한국학보』3, 일지사, 1976, 130쪽)이 있다.

26) 백제의 방위명 부의 구획을 사방 관념에서 발로된 것으로 보는 다음의 견해가 참고된다. 이도학, 「방위명 부여국의 성립에 관한 검토」『백산학보』38, 1991, 12쪽 ; 이기동, 『백제사연구』, 일조각, 1996, 169~171쪽 ; 강종원, 「백제 좌장의 정치적 성격」『백제연구』29, 1999, 31쪽.

그런데 백제가 부제를 채용하게 된 직접적인 계기는 사방의 영역을 획정한(B-②) 이후 전개된 새로운 여건 변화에서 찾을 수 있다. 즉 하남위례성의 천도(B-③)와 마한의 복속(B-④)이 이루어지면서 새 왕도의 건설과 함께 새로운 영역확보에 따라 지방구획의 정비가 요청되었기 때문이 아닐까 한다.

그런데 백제가 부제를 채용할 때 상기한 부여의 사방관념에 직접적인 영향을 받았을 수도 있다. 그러나 무엇보다도 소수의 북방 유이민 계통에 의해 건국된 백제로서는 부여와는 판이한 조건 하에서 전통적인 부여의 사방관념을 그대로 관철시키는 데에는 많은 제약이 있었을 것 같다. 백제가 초기부터 방위명 부를 채용한 것은 이미 숙지하고 있던 부여의 사방 영역의식을 부분적으로 참고하였겠지만, 그보다도 오히려 당시 방위명 부제를 채용하고 있었던 한군현 낙랑군의 것을 모델로 하였을 가능성이 높다.[27] 즉 낙랑군이 채용한 동부도위와 남부도위 운영방식을 참고하였을 것이다. 기원전 75년 고구려 등 토착 세력의 완강한 저항을 받아 한군현인 현토군이 설치된지 얼마 안되어 渾河 상류인 興京·老城 부근으로 이동하자, 이후 어느 시기에 낙랑군은 현토군의 퇴축으로 확대된 영역을 효과적으로 통치하기 위하여 東部都尉와 南部都尉를 설치하였던 것이다.

낙랑군은 單單大嶺 동쪽의 夫租縣(옥저, 함흥으로 비정) 등 7현이 그 지리적인 위치 때문에 직접 통제가 어렵다고 판단하여 하급관서로서 동부도위를 두어 不而(耐)縣을 그 치소로 삼아 이 지역을 관할케 하였으며, 또한 자비령 이남지역에도 昭明縣(信川) 등 7현을 분리시켜 남부도위를 두어 昭明縣을 그 치소로 삼아 해당 지역을 관할케 하였다. 이로써 낙랑군은 郡太守가 통치하는 군 직할지역과 都尉가 통치하는 동부·남부의 3개 행정구역으로 나누어 통치하게 되었다.[28] 임둔고지에 설치된 낙랑의 동부도위는 후

---

27) 백제 초기 방위명 부의 기원을 낙랑의 부제에서 찾는 견해는 이미 김기섭에 의해 제시된 바 있다(앞의 글, 87~90쪽). 다만 그는 부의 성립 시기를 4세기 중엽 근초고왕대로 설정하고 있어서 이 견해 역시 고이왕 이전의 백제 초기사를 부정하는 입장과 궤를 같이 하고 있는데 이 점 보다 신중한 검토를 요한다.

한 광무제 建武 6년(30)에 철폐되었는데 이 시기가 백제 초기에 해당한다.

그런데 백제가 낙랑의 부제를 채용했을 가능성은 여러 측면에서 검토될 수 있다. 하나는 백제의 건국세력이나 전란을 피해 이주한 낙랑군 주민들에게서,[29] 또는 건국 후 낙랑과의 교류[30] 등을 통해서 낙랑의 부제 운용에 대한 상세한 지식과 정보를 습득하였으리라 여겨진다. 그리고 백제는 고구려나 신라와는 달리 정치제도, 유학, 야철기술 등의 부문에서 중국 문화를 일찍부터 수용하였으며, 근초고왕대의 高興, 王仁,[31] 개로왕대에 북위에 사절로 파견된 張茂[32] 등 한군현계로 추정되는 관료들의 활동도 찾아진다.

다음으로 부의 성립시기에 대하여 알아보자. 이와 관련하여 다음의 기사가 주목된다.

> C 桓帝·靈帝 말기에는 韓과 濊가 강성하여 군현이 제대로 통제하지 못하니, (군현의) 많은 백성들이 韓으로 유입되었다. [『삼국지』 위서 한전]

위 기사는 후한의 환제(147~167)와 영제(168~188) 말기인 2세기 후반경[33] 중국 군현에서도 통제할 수 없을 정도로 韓濊의 세력이 크게 성장하였음을 알려주고 있다. 여기서 韓濊는 〈광개토왕릉비〉에 의거해 볼 때 한강유역의 백제주민을 지칭하는 것으로 이해된다. 낙랑군에서 내란이 발생하거나[34] 또는 韓濊와의 전쟁[35] 등이 발생하였을 때 백제지역으로 유망해 오는 주민

---

28) 낙랑군의 동부도위와 남부도위 설치에 대한 연구는 권오중, 『낙랑군연구』, 일조각, 1992를 참조할 것.
29) 백제의 건국설화에 온조와 비류가 浿水(예성강)와 帶水(임진강)를 건너 왔다는 기사와 중국 군현 내부의 전란 등 여러 요인으로 낙랑계 유민들이 백제에 이주하는 일이 많았는데 사료 C-①이 참고된다.
30) 백제 온조왕 4년(기원전 15)~동 8년(기원전 11)에 걸쳐 백제와 낙랑이 잠시 우호관계를 맺은 일이 있다(『삼국사기』 백제본기 온조왕 4년 추 8월 및 동 8년 추 7월).
31) 『日本書紀』 권10, 應神紀 15·16년.
32) 『위서』 권100, 열전88, 백제.
33) 『후한서』 동이열전 한조에는 靈帝 말기로 표기하고 있어서 2세기 후반의 일로 생각된다.

들이 많았음을 알 수 있다. 백제로 유망해 온 낙랑계 주민들은 진씨세력의 경우처럼[36] 주로 백제국의 변경지역인 한강유역 북부나 또는 동부지역에 집단적으로 거주하였을 것으로 보인다. 이곳에는 시간의 차이를 두고 유입해 온 백제 건국세력을 비롯한 북방 유이민인 부여·고구려계 주민들도 한강유역 일대에 선주하고 있었다.

2세기 후반 낙랑군의 퇴조와 함께 낙랑계 주민이 대거 백제로 유입해 오자(C) 백제는 인구증가와 함께 정치제도 및 학문과 기술부문, 그리고 선진문물에 접한 바 있는 한군현계 주민들을 확보하여 국가발전에 적극 활용할 수 있게 되었다. 그리고 성장된 국력을 배경으로 한강유역 일대에 분포하고 있는 독립적인 여러 소국세력을 백제국 중심의 연맹체에 적극적으로 흡수·통합해 나갔을 것으로 짐작된다.

이러한 정황에 의거하여 C 단계에 이르면 백제는 이미 부제를 채용하였을 가능성이 높다. 따라서 백제가 부제를 채용한 시기를 2세기 후반 이전으로 상정해도 무리는 없을 것 같다.

그러면 백제에서 방위명 부제를 채용하게 된 배경은 무엇일까? 이를 주로 대외 군사적인 요인으로 이해하는 견해가 지배적이다.[37] 위의 A-④, ⑪에서 보듯이 방위명 부에 소속된 북부와 동부의 인물들이 중앙관제인 우보와 좌보에 임명될 수 있었던 것은 바로 말갈과의 전투에서 지대한 전공을 세웠기 때문이었다. 이런 면에서 백제의 부제는 낙랑과 말갈 등의 끊임없는 침입에 대처하기 위한 군사적 목적에서 성립된 것임을 알 수 있다.

그러나 보다 궁극적인 목적은 백제국 중심의 연맹체에 흡수되었거나 또는 연합관계를 맺은 세력들을 지역 단위로 결속시켜 중앙의 지배력을 공고

---

34) 25년 낙랑의 토착세력인 王調가 난을 일으켜 낙랑태수를 죽이고 5년여에 걸쳐 독자적인 세력을 형성한 일이 있었다.
35) 고이왕 13년(246)에 백제가 左將 眞忠을 보내어 낙랑 변방을 습격하여 주민을 약취한 바 있다(『삼국사기』 백제본기, 고이왕 13년).
36) 주) 17에서 보듯이 진씨 세력이 한때 낙랑에 거주한 것으로 추정된다.
37) 박현숙, 앞의 글, 27쪽.

히 하기 위한 차원에서 검토가 되어야 할 것이다. 방위명 부를 갖고 중앙 관제인 우보와 좌보에 임명되었던 동부와 북부의 유력한 세력들의 존재를 통해 백제 초기에 소속부의 중요성이 강조되는 현상을 발견할 수 있다. 부제는 백제에 흡수·통합된 세력 간의 차이가 있는 여러 소국세력들을 중앙에 편제시키는 데에는 유효한 방식으로 인식되었을 것이다. 이와 관련하여 낙랑군이 동부도위와 남부도위와 같은 부제를 채용하게 된 다음의 목적이 참고된다.[38] 우선 광활한 지역을 분할하여 통치하려는 데 있었고, 또한 해당 지역 주민들에 대해 군현보다 군역과 租賦의 부담을 경감시켜 다소 완화된 지배를 도모하려는 목적이 있었다.

그러나 위와 같은 낙랑의 부제 설치목적은 백제에 그대로 적용될 수는 없었다. 낙랑은 동부와 남부의 2부만 설치되어 토착 주민들에게 완화된 지배를 베풀기 위해서 운영[39]되었던 반면 백제는 이를 부여의 전통적인 사방 관념에 접목시켜 취약한 지방 지배력을 보완하려고 한 점에서 차이를 발견할 수 있다.[40] 당시 낙랑은 복속된 동예, 옥저 등 동이족에게 군현체제와는 다른 토착적 국읍체제를 적용하여 효율적인 지배방식을 이원적으로 운영하였다.[41] 낙랑과 백제가 모두 부제를 실시하려는 공통적인 목적이 지방지배의 효율성을 높이려는 데 있었던 만큼 당시 연맹체 단계에 있었던 백제국으로서는 국력 성장을 바탕으로 중앙의 집권력을 높이기 위한 지방제도로서 중국의 부제에 주목하였을 것이다.

이상으로 백제의 방위명 부제는 부여의 전통적인 사방관념을 바탕으로 한군현인 낙랑군에서 실시한 부제를 가미하여 성립하였음을 살펴보았고, 또 그 성립시기는 백제국이 한군현 세력을 크게 위협할 정도로 국력이 성장

---

38) 권오중, 앞의 책, 41 및 147쪽.
39) 권오중, 앞의 책, 41쪽.
40) 김기섭은 낙랑군의 부가 현상 유지의 차원에서 설치된 반면 백제의 부는 지방세력의 중앙 편입을 목적으로 하였다고 차이를 밝히고 있다(앞의 글, 90쪽).
41) 권오중, 앞의 책, 59쪽.

하는 2세기 후반 이전이었음을 추론하였다. 그리고 그 설치 배경은 낙랑과 말갈 등의 침입에 대비하려는 군사적 목적과 함께 백제국 중심의 연맹체 단계에서 중앙의 집권력을 강화하려는 목적에서 비롯된 것으로 파악하였다.

3. 部의 기능과 성격

먼저 백제 초기 부의 기능에 대하여 알아보자. 사료 A 중에서 백제 초기 부명이 표기된 11개 기사 중 部설치 관련기사 2건을 제외한 9건의 기사를 기능별로 분류해 보면 부세력이 군사력을 동원하여 말갈과 전투를 벌려 전공을 세운 군사 관련기사 2건(④, ⑪), 축성이나 사민과 관련한 기사 2건(⑧, ⑨), 우보와 좌보의 관직 임명기사 2건(③, ⑤), 국왕이 진휼을 위해 순무하는 기사 1건(⑦), 상서로운 공물을 진상하는 기사 1건(⑩)으로 각각 나타난다. 그런데 축성과 사민에 관련한 기사 2건은 낙랑과 말갈세력의 끊임없는 침입에 대비하기 위해 역역동원이 이루어진 것인 만큼 이를 군사 관련기사로 포함시켜야 한다.

그렇다면 군사 관련기사는 9건 중 4건을 차지하는 셈인데, 이를 통해 백제 초기 부의 주된 역할이 군사적 활동과 밀접한 관련을 갖고 있었음을 알수 있다. 이 점은 백제가 參用한 중국의 부제를 통해서도 확인된다. 즉 漢代에는 장군 휘하의 중앙군이 營, 部, 曲, 屯의 단위로 편제되어 있었는데 營은 將軍, 部는 校尉 또는 軍司馬, 曲은 軍候, 屯은 屯長이 각각 지휘관의 역할을 수행하였다.[42] 따라서 중국의 부제가 군사적 편제에서 유래한 점은 백제 부제의 기능을 이해하는데 참고가 될 것이다. 백제 초기의 부가 주로 군사동원이나 축성을 위한 역역동원 및 사민의 기본 편제단위로 기능하였는데 이

---

42) 漢代의 군사편제에 대해서는 이주현, 「후한말 삼국시대의 參軍」『위진수당사연구』1, 1994, 사상사, 15쪽을 참조할 것.

점은 백제 초기의 부제가 일종의 군관구적인 성격을 띤 지방구획임을 시사하고 있다.

그밖에 백제 초기의 부는 소속부의 중요성에 따라 중요 관직인 우보와 좌보 임명에 직접적인 영향을 주었으며, 때로는 국왕이 진휼을 위해 순무하거나 또는 상서로운 공물을 진상하는 복속의례적인 행정단위가 되기도 하였다.

이러한 백제 초기의 방위명 부가 고이왕대 전후에 이르면 변화를 맞게 된다. 인명 앞에 표시한 방위명 부가 3세기 중엽 고이왕대부터 4세기 말 아신왕대까지는 모습을 감춘 것이다. 단지 전지왕 13년의 沙口城 축성기사(A-⑫)와 비유왕 2년의 4부 순무기사(A-⑬)가 나타날 뿐이다. A-⑫에서는 백제 초기와 같이 부 단위로 축성을 위한 역역동원을 하고 있지만, 감독관이 종래는 지방 세력가였지만 이 시기에는 중앙관직인 병관좌평에 의해서 이루어지고 있는 점이 다르다. 이 때 부는 축성을 위한 역역동원의 기능에 국한되었을 뿐 아니라 복속의례적인 순무활동과 같은 군사와 행정의 제한된 기능밖에는 역할하지 못할 정도로 그 의미와 역할이 축소된 것이다.

관직임명에 있어서 해당 인물의 출신 소속부보다는 중앙의 관등이나 관직소유가 더 중요한 의미를 갖는 단계로 변화된 것이다. 부의 중요성이 그만큼 약화되었고 중앙의 지배력이 보다 강화되었음을 뜻한다. 이는 고이왕대 이후 좌평제, 관등제, 율령제 등과 같은 중앙 관료체제의 정비와 담로제와 같은 지방행정구역의 정비에 따른 중앙 집권력의 강화추세와 깊은 관련이 있다. 특히 고이왕대에 신설된 좌장제와 좌평제가 부제 변화에 계기를 만들어 준 것 같다. 종래 우보가 갖고 있던 병마권을 분리하여 군사 운용권은 좌장에 귀속시키고 역역동원을 비롯한 일반 군사업무는 병관좌평에 이관시킨 결과[43] 종래 부의 주된 기능이었던 군사업무가 이들 중앙관직에게 이관된 것이다.

---

43) 좌장의 시기별 변화와 성격에 대해서는 강종원, 「백제 좌장의 정치적 성격」『백제연구』 29, 충남대 백제연구소, 1999를 참조할 것.

이상으로 백제 초기의 부는 주로 군사적 임무를 수행하기 위한 지방구획의 성격을 가졌기 때문에 일종에 군관구적 성격을 띠게 되었다. 그밖에 행정적인 측면에서 관직 임명이나 순무활동 및 공물진상 등과 같은 복속의례적인 정치행위를 통해서 불철저한 지방지배를 보완하기 위한 기능도 가졌던 것으로 이해하였다. 그러나 고이왕대 이후 종래 부가 갖고 있었던 군사관련 기능이 신설된 좌장과 좌평에 이관되면서 부의 중요성이 그만큼 약화되는 현상이 나타나게 되었던 것으로 파악하였다.

다음으로 부의 성격에 대하여 살펴보자. 부의 성격을 이해하기 위해서는 백제 초기 부의 설정 범위와 구조 및 운영체계, 그리고 부에 속해 있는 유력한 족단의 존재양태 등이 종합적으로 검토되어야 한다.

백제 초기의 부는 백제의 통치력이 미치는 전체영역에 방위명을 붙여 설정한 군사적 행적적 기능을 가진 통치구획이었다. 백제 초기 말갈세력과 교전을 벌린 지역 중 부명이 표기된 곳 가운데 馬首山(A-④), 牛谷城(A-⑧) 등이 있는데, 다소 이견은 있지만 대체로 포천 군내면[44]과 파주 金谷[45]으로 비정되고 있어 왕도였던 서울지역을 벗어나고 있다. 따라서 초기의 부를 서울 부근에 국한된 중앙의 행정구역으로 보는 견해는[46] 성립될 수 없다.

또한 초기의 부는 部-城-村으로 연결되는 질서정연한 통치조직이 아니라는 점이다. 백제 초기의 지방행정 구조는 관련사료의 부족으로 잘 알려져 있지 않다. 다만 A-⑧에는 部, 城이 나오고, 또 후대의 사료지만 〈광개토왕비문〉에 백제의 지방행정 단위로 城, 村이 나오는 것을 보면 백제 초기에 지방을 편제하는 행정단위로 部, 城, 村이 존재하고 있었음을 알 수 있다. 城은 대략 12개 정도의 자연촌으로 구성되어 있었던 것 같으며,[47] 部 안에는 말

---

44) 金化說(이병도, 『국역 삼국사기』, 을유문화사, 1977), 抱川說(酒井改藏, 「三國史記の地名考」『朝鮮學報』54, 1970)이 있는데 고구려의 馬忽郡 즉 포천군 군내면으로 비정된다.
45) 酒井改藏, 「三國史記の地名考」『朝鮮學報』54, 1970 참조.
46) 조한필, 「초기백제의 국가적 성격」, 고려대대학원 석사학위논문, 1984, 42쪽.
47) 노중국, 「한성시대 백제의 담로제 실시와 편제기준」『계명사학』2, 1991, 373쪽.

갈과의 전투기사에서 볼 때 여러 성이 존재한 것으로 나타난다. 따라서 백제 초기의 지방통제는 외관상으로 질서정연한 部-城-村의 체계를[48] 유지했던 것으로 보인다.

그런데 여러 성들은 部의 직접 통속을 받았던 것은 아니었다. 성은 일차적으로 소국의 재지 수장층이 관할하지만, A-④, ⑧, ⑨, ⑪의 사례에서 보듯이 대외 전쟁이나 새로이 축성과 사민이 행해졌을 경우 部의 유력한 족단들을 통해 城의 지배가 이루어지고 있었음을 알 수 있다. 각 부에는 세력의 차이가 있는 여러 족단들이 병립해 있었다. 북부에는 유력한 족단으로 해씨와 진씨가 있었는데. 후에 왕비족과 대성귀족에 반열하면서 정권을 다투게 된다. 동부에는 말갈을 격퇴한 흘우(A-④)와 高木城의 昆優의 존재가 주목된다. 중앙관직인 우보와 좌보에 오른 흘우는 동부의 유력한 족단으로 발돋움하지만, 곤우는 고목성[49]을 포함한 주변 지역을 통치하던 소국의 재지 수장층에 불과한 존재로[50] 보인다. 그밖에 부에는 진한의 염사치의 경우처럼[51] 백제 중앙세력에 반발하거나 또는 비협조적인 소국의 재지 수장층들도 있었을 것이다.

이와 같이 『삼국지』 동이전 한조의 기사에서 보듯이 부 안의 소국들 간에 세력의 차이가 있었을 뿐 아니라[52] 소국의 지배질서를 고수하려는 재지

---

48) 부 - 성 - 촌제를 담로제의 선행하는 지방제도로 보는 견해는 주) 6이 참고된다. 다만 논자들간의 약간의 차이는 있으나, 공통적으로 고이왕대나 근초고왕대 이후에 부-성-촌제가 실시된 것으로 본 점에 차이가 있다.

49) 경기도 연천읍에 비정된다(이병도, 『국역 삼국사기』, 을유문화사, 1977, 356쪽 및 천관우, 앞의 글, 120쪽).

50) 곤우는 소속부를 칭하고 있지 않기 때문에 어느 부에도 소속하지 않은 것으로 보는 견해가 있다(이우태, 앞의 글, 96~97쪽). 그러나 부를 생략한 사료상의 문제일 뿐이지 결국 고목성을 연천으로 비정할 경우 동부 소속으로 보는 것이 합리적이다.

51) 『삼국지』 동이전 한조.

52) "세력이 큰 사람은 臣智라 하고, 그 다음에는 險側이 있고, 다음에는 樊濊가 있고, 다음에는 殺奚가 있고, 다음에는 邑借가 있다. … 대국은 4~5천가이고 소국은 6~7백가로 총 4~5만호이다."(『삼국지』 동이전 한조 변진)

수장층들도 있었을 것이다. 따라서 백제는 지방관을 파견하여 일원적으로 지배를 관철시킬 수 없는 상황에서 백제에 적극 협조하는 해씨, 진씨, 홀씨 등 부 안에 병립해 있던 유력한 족단들을 매개로 하여 부의 일정 지역을 통할케 하는 간접지배 방식을 취하였던 것이다. 즉 백제국-지역단위의 유력한 족단세력-소국으로 연결되는 중층 지배구조를 통해 지방지배를 관철시킬 수밖에 없었던 것이다. 따라서 백제는 해당 소국들에게 일정한 자치권을 허용해 주는 대신에 공납을 부담케 하는 간접적인 지방지배를 꾀하였던 것이다.

이런 점에서 초기의 부는 일정지역의 민호를 대상으로 구분한 것이 아니라[53] 중앙의 지배세력이 지방을 관할하기 위해 전국을 크게 방위별로 넷으로 나눈 지방 구획적인 성격을 지닌 것으로 볼 수 있다. 그 기능은 위에서 살펴 본대로 주로 군사적 목적을 위해 설치된 군관구적인 성격의 지방구획이지만, 궁극적으로는 백제국 중심의 연맹체 단계에서 중앙의 지배력을 관철시켜 나가려는 데 근본 의도가 있었다. 이에 따라 백제 초기의 부는 족단별로 고유명칭을 가진 부로 나누어 운영한 고구려와 다른 성격을 갖게 된 것이다.

이상으로 백제 초기의 부는 전체 영역을 대상으로 구획한 것이며, 그 구조는 외관상 부 - 성 - 촌의 체계를 이룬 것처럼 보이지만, 실제 부 안에 병립해 있던 유력한 족단들을 매개로 하여 부를 통할케 하는 간접지배 방식을 취하였던 것으로 파악하였다. 아울러 백제 초기의 부는 취약한 지방 지배력을 보완하기 위해 족제적인 성격의 고구려와는 달리 단순한 지방구획적인 성격을 지닌 것으로 이해하였다.

---

53) 만약 민호를 대상으로 부를 설정하였다면(주보돈, 「백제초기사에서의 전쟁과 귀족의 출현 -부제를 중심으로-」『백제사상의 전쟁』(제9회 백제연구 국제학술대회), 충남대백제연구소, 1998, 70쪽), 북부처럼 해씨·진씨와 같은 유력한 족단들을 병치해 놓는 것보다는 다른 부로 분산 배치하는 것이 통치에 효과적이었을 것이다.

4. 맺음말

지금까지 고이왕 이전『삼국사기』백제 초기 기사를 재구성하면서 백제 초기 부의 성립시기와 배경에 대하여 살펴보았고, 이어 그 기능과 성격을 파악하기 위하여 부의 설정 범위와 구조 및 운영실태, 그리고 지방세력가의 존재 형태를 통한 지방 지배방식의 특징을 살펴보면서 백제 초기 지방통치 조직의 일면을 고찰하였다. 그 결과를 요약하면 다음과 같다.

백제는 초기부터 남·북부와 동·서부를 순차적으로 설치하여 중앙을 포함한 5부체제를 구성하였다. 5부제는 하남위례성으로의 천도와 마한 멸망에 따른 새로운 영역의 확보 등의 새로운 여건 변화에 대응하기 위해 부제를 채용한 것으로 밝혀졌다. 백제 초기에는 중앙을 제외한 4부 중에서 특히 북부와 동부의 중앙 진출이 두드러졌다. 이들 세력은 중앙의 중요관제인 우보와 좌보직을 독점하였으며, 그 배경에는 낙랑과 말갈세력 등의 침입을 격퇴하면서 백제국 중심의 연맹체 내에서 왕족인 부여씨와 함께 유력한 정치세력으로 정치적 기반을 넓혀 나갔던 것으로 파악하였다.

백제의 방위명 부제는 부여의 전통적인 사방관념을 바탕으로 한군현인 낙랑군에서 실시한 부제를 가미하여 성립한 것으로 파악하였고, 또 그 성립시기는 백제가 한군현 세력을 크게 위협할 정도로 국력이 성장하는 2세기 후반 이전이었음을 추론하였다. 그리고 그 설치 배경은 낙랑과 말갈 등의 침입에 대비하려는 군사적 목적과 함께 백제국 중심의 연맹체 단계에서 중앙의 집권력을 강화하려는 데 목적이 있는 것으로 이해하였다.

백제 초기의 부는 주로 군사적 임무를 수행하기 위한 군관구적인 지방구획의 성격을 가졌으며, 그밖에 행정적인 측면에서 관직 임명이나 순무활동 및 공물진상 등과 같은 복속의례적인 정치행위를 통해서 불철저한 지방지배를 보완하기 위한 기능도 가졌던 것으로 파악하였다. 그러나 고이왕대 이후 종래 부가 갖고 있었던 군사관련 기능이 신설된 좌장과 좌평에 이관되면서 부의 중요성이 그만큼 약화되는 현상이 나타나게 되었는데, 이는 중앙집권력의 성장을 뜻하는 것으로 볼 수 있다.

　　백제 초기의 부는 전체 영역을 대상으로 구획한 것이며, 그 구조는 외관상 部-城-村의 체계를 이룬 것처럼 보이지만, 실제 部 안에 병립해 있던 유력한 족단들을 매개로 하여 부를 통할케 하는 간접지배 방식을 취하였던 것으로 이해하였다. 아울러 백제 초기의 부는 취약한 지방 지배력을 보완하기 위해서 족제적인 성격의 부를 운영한 고구려와는 달리 지방을 방위별로 나눈 군관구적인 지방구획의 성격을 지닌 것으로 파악하였다.

『한국고대사연구』17, 한국고대사학회, 2000

사비시대의 佐平

1. 머리말

佐平은 백제 최고의 관등이자 관직으로서 백제 정치사에 차지하는 비중은 실로 크다. 지금까지의 좌평에 대한 연구를 통해 5~6명으로 구성된 좌평이 주로 왕족이나 유력한 대성귀족 출신으로 임명되었고, 또한 합의체를 구성하여 왕권과 오랫동안 길항관계를 유지했음이 밝혀졌다. 따라서 좌평제의 실체 해명은 단순히 백제 정치조직의 실상을 밝히는 문제에만 국한된 것이 아니라 백제의 권력구조와 정치운영 및 지배세력의 변천과정을 체계적으로 밝히는 데에 큰 관건이 되고 있다.

지금까지 이루어진 백제 좌평제에 대한 연구는 크게 『삼국사기』 백제본기를 토대로 한 연구와 좌평의 모습을 단편적으로 전하고 있는 외국 사료를 통해 『삼국사기』 좌평 관련기사를 보정하여 좌평제의 실상에 접근하는 연구로 대별할 수 있다. 전자에 속하는 것으로 李鍾旭의 업적이 대표적이다.[1]

---

1) 이종욱, 「백제의 좌평」 『진단학보』 45, 1978, 22~58쪽.

그는 『삼국사기』 백제본기에 보이는 좌평 기사를 대체로 신뢰하는 입장에서 좌평제의 변화를 근거로 하여 백제의 정치제도를 네 시기로 구분하고 각 시기마다의 좌평의 자격·임무·임명·설치 이유 및 정치조직의 성격 등에 대해 상세히 검토하였다. 즉 백제의 좌평제는 古爾王 27년(260)에 처음 설치된 이래 6좌평의 정무 분담체제를 유지하다가 웅진시대인 武寧王代부터는 좌평의 숫적인 증가와 함께 직책 표시가 없는 좌평이 등장할 정도로 기존의 좌평제는 명예직화한 것으로 보았다. 이는 22관부의 분화, 왕족의 축소, 일반 귀족세력의 확대 현상과 함께 백제가 점차 행정적인 전제 관료국가로 지향해 나가는 것임을 의미한다고 하였다.

반면에 『삼국사기』 백제본기의 좌평 기사를 비판적으로 수용하고 있는 후자의 연구로는 다음과 같은 것들이 있다. 鬼頭淸明은 4~5세기에 6좌평제가 형성되고 6세기 후반 북주의 영향을 받아 22부사제가 갖추어 지면서 백제의 중앙관료기구가 완성을 보게 되었다는 것이다. 그리고 6좌평을 정책결정기관으로, 22부사를 그 밑의 실무 행정기관으로 보았다.[2] 武田幸男은 6세기 경부터 정무를 분담한 5~6명의 좌평이 22부사 가운데 몇몇 중요한 부서의 장관의 역할을 맡았는데, 백제는 6좌평제와 22부사제를 축으로 관료제적 정치조직을 지향해 나갔다고 하였다.[3] 黑田達也는 백제의 6좌평제와 22관사제는 『周禮』 관제를 채용한 北周 관제의 영향을 받은 것이며, 이것이 백제와 밀접한 관계를 가졌던 일본 고대 孝德朝(645~654) 이전의 大臣-マヘ ツキミ制의 원류가 되는 것으로 이해하였다.[4] 倉本一宏도 일본 고대 율령 관제의 연원을 고찰하면서 삼국의 일원적인 권력구조의 변천과정을 고찰하

<hr>

2) 鬼頭淸明,「日本の律令官制の成立と百濟の官制」『日本古代の社會と經濟(上)』, 吉川弘文館, 1978, 180~221쪽.

3) 武田幸男,「六世紀における朝鮮三國の國家體制」『朝鮮三國と倭國』(東アジア世界における日本古代史講座 第4卷), 學生社, 1980, 33~61쪽.

4) 黑田達也,「百濟の中央官制についての一試論」『社會科學硏究』10, 1985, 39~40쪽 및「大臣-マヘツキミ制の源流についての一試論」『社會科學硏究』12, 1986, 12~26쪽.

였는데, 백제의 경우 6세기 이전에는 여러 관위 위에 좌평이라는 관위가 설치되었고, 6세기 전반 이후 좌평이 신분적인 호칭으로 변화되면서 그 중 이루는 합의체를 총괄하는 三佐平과 官司를 총괄하는 6좌평이 존재하였다고 하였다.[5]

그밖에 坂元義種·盧重國·金周成 등은 사비시대 정치사의 전개과정을 지배세력의 추이와 관련하여 좌평 문제를 다룬 바 있다.[6] 이들의 연구는 다소 개괄적이지만 사비시대 좌평제의 변화과정을 제시하였던 점에서 주목된다. 한편 李基東은 정치사상적 측면에서 좌평이란 명칭과 6좌평이 『주례』에서 연원하였음을 밝히고 이를 통해 백제는 성왕대나 아니면 웅진시대부터 주례적인 정치이념을 표방한 것으로 보았다.[7] 金起燮은 새로운 관점에서 한성시대 좌평 기사의 문제점과 서술배경을 검토하여 6좌평제를 사비시대의 사실로 이해하기도 하였다.[8]

이와 같이 좌평제에 대한 서로 상반된 견해가 제기되고 있음을 알 수 있다. 이는 무엇보다도 좌평제의 실상을 전하고 있는 관련 사서의 서술상의 문제점과 사료 부족에서 기인하는 것으로 볼 수 있다. 예컨대 이에 관한 기본적인 사료라 할 수 있는 『삼국사기』 백제본기 고이왕 27년조의 6좌평과 16관등제의 기사가 백제 사비시대의 실상을 전하고 있는 『주서』 및 『구당서』 백제전의 기사를 부회하여 채록한 것임이 이미 밝혀졌기 때문이다. 그리고 『일본서기』에서도 사비시대 전반에 上·中·下의 三佐平과 太(大)佐平 등 좌평제의 세분화된 면모가 나타나고 있어서 『삼국사기』 기사와는 대

---

5) 倉本一宏,「古代朝鮮三國における權力集中」『關東學院大學文學部紀要』58(山中裕先生退職記念論集』, 1990, 91~111쪽.
6) 坂元義種,「五世紀の'百濟大王'とその王·侯」『古代東アジアの日本と朝鮮』, 吉川弘文館, 1978, 65~119쪽 ; 노중국,『백제정치사연구』, 일조각, 1988, 218~230쪽 ; 김주성,『백제 사비시대 백제사연구』, 전남대박사학위논문, 1990, 48~78쪽.
7) 이기동,「백제국의 정치이념에 대한 일고찰」『진단학보』69, 1990, 1~15쪽.
8) 김기섭,『백제 한성시대 통치체제 연구』, 한국정신문화연구원 한국학대학원 박사학위논문, 1997, 86~119쪽.

조를 보이고 있다.

이런 점에서 『삼국사기』의 좌평 관련기사는 일단 문제점이 있는 것으로 생각된다. 따라서 이들 외국 사서의 기사는 제한적이지만 특정 시기의 사실을 어느 정도 반영하고 있는 것으로 볼 수 있기 때문에 이들 기사를 비판적으로 종합할 경우 오히려 사비시대 좌평제의 실체에 보다 접근할 수 있으리라 생각된다.

그런데 사비 천도의 단행을 계기로 전개된 백제의 사비시대(538~660)는 관산성 패전(554)의 후유증을 겪었던 威德王代(554~598) 초기와 단명한 惠王(598~599)과 法王代(599~600)를 제외하면 대체적으로 왕권의 전제화를 위해 노력한 시기로 볼 수 있다. 이에 따라 좌평제를 포함한 중앙관제노 큰 변화를 겪으면서 점차 관료제적인 정치조직으로 변모해 나가는 추세를 보이게 된다. 좌평제도 三佐平을 포함한 5좌평 체제에서 사비시대 후기(600~660)에는 관직적인 성격의 6좌평제로의 전환을 보게 된다.

따라서 이 글에서는 사비시대를 왕권의 전제화가 적극 추진된 무왕대를 기점으로 전·후기의 두 시기로 나누어 보고 각 시기마다의 좌평제의 실상을 면밀히 검토하여 백제 중앙 권력구조의 내용과 성격상의 변화를 체계적으로 파악하고자 하였다. 이를 위해 먼저 사비시대 전기의 좌평제의 존재형태와 22부사제와의 관계, 그리고 권력구조상에 나타난 좌평제의 특질을 살펴보고, 이어서 6좌평제의 설치와 이에 따른 좌평 신분의 지위 변화를 통해 무왕과 의자왕대의 권력구조를 살펴볼 것이다.

2. 사비시대 전기 佐平의 존재형태와 역할

『삼국사기』 백제본기에는 고이왕대부터 6좌평이 존재한 것으로 기록되어 있는 반면 무령왕대 이후부터는 직책 표시가 없는 좌평이 등장하고 있어 대조를 이루고 있다. 그런데 사비시대 전기에 들어와서는 좌평 기사가 전혀 나타나지 않고 있기 때문에 이 시기의 좌평의 존재양태를 살피는 데에는 『주서』 백제전이나 『日本書紀』 좌평 기사가 널리 참고된다.

『주서』백제전에는 백제의 16관등제를 기술한 기사가 다음과 같이 소개되어 있다.

A 관품은 16등급이 있다. 좌평은 5명으로 1품이고, 達率은 30인으로 2품이고, 恩率은 3품, 德率은 4품, 扞率은 5품, 奈率은 6품인데 6품 이상은 冠에 은으로 된 장식을 한다. 將德은 7품으로 紫帶를 하고, 施德은 8품으로 皂帶를, 固德은 9품으로 赤帶를, 季德은 10품으로 靑帶를, 對德은 11품이고, 文督은 12품으로 이들 모두 黃帶를 한다. 武督은 13품이고, 佐軍은 14품이고, 振武는 15품이고, 克虞는 16품으로 이들 모두 白帶를 한다. 은솔 이하는 일정한 정원이 없다.

위의 기록에서는 16관등의 명칭과 내용 및 정원, 그리고 각 관품에 따른 帶色을 소개하고 있는데 이에 관한 원초적이고 독자적인 기사로 주목되고 있다. 『주서』백제전은 唐 貞觀 10년(636) 令孤德棻 등에 의해 편찬된 최초의 관찬 사서로 唐代에 편찬된 다른 중국 사서들 중에서 가장 신빙성 있는 기록으로 평가되고 있다.[9] 그 내용은 위덕왕대의 백제와 北齊(550~577), 北周(556~581) 간에 이루어진 외교관계[10]를 통해 인지된 사실을 바탕으로 한 것으로서 대략 사비시대 전기의 사실을 전하고 있는 것으로 이해된다.

이 기사는 『北史』백제전에 그대로 전재되어 있으며, 『隋書』백제전 역시 약간의 표현상의 차이를 제외하고는 거의 같은 내용을 전하고 있다. 『삼국사기』백제본기 고이왕 27년조의 16관등 기사도 『주서』백제전의 내용을 거의 그대로 채록하고 있다. 이러한 면에서 『주서』백제전의 16관등제를 포함한 관제 기사는 원초적인 사실을 전하고 있으며, 또한 사료가치도 높은 것으로 이해된다.

위의 기사를 통해서 다음과 같은 사실을 알 수 있다. 먼저 좌평의 여러 명칭을 통해 좌평제의 기원을 살펴보자. 여러 사서에는 위의 '左平' 이란 명

---

9) 유원재, 『중국정사 백제전 연구』, 학연문화사, 1995, 330~331쪽.
10) 위덕왕대의 백제는 남조인 陳과는 4회(567, 577, 584, 586), 북조인 북제와 3회(567, 570, 572), 북주와는 2회(577, 578), 隋와는 4회(581, 582, 589, 598) 교섭을 가진 바 있다.

칭 이외에 '佐平', 또는 '左率'로 표기되어 있다.[11] 그런데 좌평의 명칭을 『周禮』 夏官 司馬의 직장인 '以佐王 平邦國'에서 취한 것으로 보는 견해가 제시되고 있다.[12] 그리고 政事巖(天政臺)의 고사나 『일본서기』 欽明紀 16 년조에 보이는 '建邦之神'이란 표현 등을 근거로 제시하여 백제가 웅진 천도 이후부터 6세기 중반의 어느 시기에 주례주의의 정치이념을 채용하였음을 밝히고 있다.

이는 다분히 『삼국사기』 고이왕 27년조 기사를 부인하는 시각에서 나온 것인데, 이를 따를 경우 좌평이 사비시대 전후에 들어와서 비로소 설치된 것으로 잘못 이해되기 쉽다.[13] 그리고 좌평이란 명칭이 『주례』 6관 중에서 하필이면 하관 사마에서 취하게 된 것이냐에 대한 설명이 제시되어야 할 것이다. 더구나 좌평은 1품관이고, 또한 고이왕대의 좌평이 전대의 최고 관직인 左·右輔를 개편하여 설치된 점을 감안해 보면 『주례』 6관 중 하관 사마보다 天官 冢宰에 비의하는 것이 오히려 그 취지에 더 적합한 것이 아닐까 한다. 좌평이란 말은 총재 또는 宰相과 같은 최고 집정관이란 의미에서 비롯한 것이 아닐까 한다. 예컨대 唐代의 三公인 太尉·司徒·司空은 비록 실권은 없었지만 형식상 최고집정관의 위치에 있었는데, 그 직장을 '以佐天子理陰陽 平邦國'이라 한 점[14]이 참고가 된다. 『주서』 백제전의 '左平'과 『구당서』 백제전의 '佐平'은 이러한 의미를 내포하는 관직 명칭이 아닐까 한다.

위의 좌평에 관한 여러 명칭 중에서 『通典』 백제전의 '左率'은 率系 관등의 명칭을 띠고 있는 점에서 좌평이 솔계 관등에서 분화되었음을 시사해

---

11) 『주서』·『북사』·『翰苑』 백제조 및 『册府元龜』 권962는 '左平', 『삼국사기』 백제본기·『구당서』·『신당서』 백제국전 및 『일본서기』는 '佐平', 『通典』 권185는 '左率'로 기록하고 있다.

12) 이기동, 앞의 글, 4쪽.

13) 『삼국사기』 백제본기 고이왕 27년조의 6좌평과 16관등 설치 기사는 『구당서』와 『주서』 백제전 기사를 거의 그대로 채록했다고 해서 고이왕대에 좌평이 처음 설치된 사실 자체를 부정할 필요는 없을 것 같다. 6좌평은 후대의 사실이 소급된 것이지만, 여하튼 좌평 임명 기사가 있고 또 전지왕 4년에 상좌평이 설치되고 있기 때문이다.

14) 『구당서』 권43, 지23 직관2.

주고 있다. 좌평이 2품인 달솔부터 6품인 나솔까지의 솔계 관등처럼 銀花冠
飾과 紫帶를 착용한 점, 그리고 백제 멸망시 항복한 좌평이 달솔과 같이 신
라의 7등급인 一吉湌을 수여받은 점[15] 등이 이를 뒷받침해 준다. 이러한 측
면에서 볼 때 좌솔은 좌평제가 처음 설치되었던 시기의 원초적인 명칭이었
을 가능성이 있다. 그것이 후에 漢化的인 표현으로 '左平' 또는 '佐平' 으로
불려졌던 것 같다.

따라서 좌평제 실시를 사비시대 주례주의적 정치이념의 채용과 관련하
여 보는 것보다는 마한시대 이래 한군현이 소국 수장층에게 사여한 '率善'
관적 관직에 기원을 찾는 것[16]이 보다 설득력 있어 보인다. 이와 같이 좌평
의 관직적 성격은 솔계 관등의 연원인 족장적 성격에서 기원하는 것으로 백
제가 마한 소국의 수장층을 흡수 통합하면서 종래의 좌·우보를 개편한 데
에서 비롯된 것임을 알 수 있다.

다음 사비시대 전기에는 최고위급 관등인 좌평과 달솔에만 정원제가 설
정되어 있었다는 점이다. 위 기사에 의하면 제1품 좌평의 정원은 5명이고 제
2품 달솔은 30명이며 제3품 은솔 이하의 관등에는 정원이 정해져 있지 않았
던 것으로 되어 있다. 이와 같이 백제 사비시대 전기 최고위급 관등에 정원
제를 적용한 것은 유력한 귀족세력들의 요직 안배를 통해 관직독점을 제한
할 수 있고, 또한 유력한 귀족세력의 수의 증가를 통제하여 국왕을 중심으로
한 위계질서를 확립하려는 의도에서 취해진 것으로 볼 수 있다. 이는 성왕과
위덕왕대 중반 이후에 추진한 일련의 왕권강화책과 관련 있어 보인다.[17]

어쨌든 이 시기 좌평의 정원은 위의 기록에 따르면 5명으로 되어 있다.
관산성 전투(554)에서 신라군의 기습에 의해 참살된 3만에 가까운 백제군

---

15) 신라는 백제를 멸한 후 항복한 백제의 좌평과 달솔 관등 소유자를 경위 7등급인 一吉湌을
　　수여하였고, 은솔은 10등급인 大奈麻를 수여한 사례가 참고 된다(『삼국사기』 신라본기,
　　태종 무열왕 7년 11월 22일).
16) 좌평의 기원을 보는 관점은 다르지만, 백제의 솔계 관등을 마한시대 지역 수장층에게 수
　　여한 '率善' 관적 관직에 해당하는 것으로 보는 이기동의 견해(「백제사회의 지역 공동체
　　와 국가권력」『백제사연구』, 일조각, 1996, 188~193쪽)는 타당한 것으로 보인다.

중에서 좌평 4명이 포함된 사실[18]이 이를 뒷받침해 준다. 그런데 이와는 달리 『일본서기』 欽明紀에는 백제 성왕대(523~553)에 3명의 좌평이 있었던 사실을 전해 주고 있다.

> B-① 聖明王은 "옛적에 우리 선조 速古王·貴首王 때에 安羅·加羅·卓淳의 旱岐 등이 처음으로 사신을 보내고 서로 통교하여 친교를 두터이 맺어 자제의 나라로 여기고 더불어 융성하기를 바랐다. 그런데 지금 신라에게 속임을 당하여 천황을 노엽게 하고 임나를 한에 사무치게 한 것은 과인의 잘못이다. 나는 깊이 뉘우쳐 下部 中佐平 麻鹵, 城方 甲背昧奴 등을 보내어 가라에 나아가 임나일본부에 모여 서로 맹세하게 하였다." [欽明紀 2년(541) 하 4월]
>
> ② 이 날 성명왕이 조칙을 듣기를 마치고 三佐平과 內頭 및 여러 신하에게, "조칙이 이와 같으니 또한 어떻게 해야 하겠는가?"라고 말하였다. 三佐平이, "下韓에 있는 우리 郡令과 城主 등은 나오게 할 수 없습니다. 나라를 세우는 일은 빨리 조칙을 따르는 것이 마땅합니다."라고 대답하였다. [흠명기 4년(543) 동 11월]
>
> ③ 백제의 성명왕이 다시 앞서의 조서를 군신들에게 널리 보이며, "천황의 조칙이 이와 같으니 어떻게 해야 하겠는가?"라고 말하였다. 上佐平 沙宅己婁, 중좌평 木劦麻那, 하좌평 木尹貴, 덕솔 鼻利莫古, 덕솔 東城道天, 덕솔 木劦昧淳, 덕솔 國雖多, 나솔 燕比善那 등이 함께 의논하여, …성명왕이, "군신이 의논한 바가 심히 과인의 마음에 맞았다."고 말하였다. [흠명기 4년(543) 12월]
>
> ④ 日羅가 대답하기를, "…유능한 사람을 백제에 보내어 그 국왕을 부르되 만일 오지 않으면 太佐平·왕자 등을 부르십시오…." [敏達紀 12년(583)]

위의 B-①·②·③은 성왕의 사비천도 직후에 소위 任那復興會議와 관련하여 나오는 기사이다. 임나부흥회의는 欽明 2년(541) 4월에서 동 5년(544) 11월까지 백제 성왕의 주도로 전개된 임나부흥에 관한 논의를 말하

---

17) 양기석, 「백제 위덕왕대 왕권의 존재형태와 성격」 『백제연구』21, 1990, 37~53쪽 및 「백제 성왕대의 정치개혁과 그 성격」 『한국고대사연구』4, 지식산업사, 1991, 75~103쪽.
18) 『삼국사기』 신라본기 진흥왕 15년 7월.

다. 그런데 『일본서기』의 繼體·欽明紀는 당시 실상과 거리가 먼 임나일본
부를 허구로 설정한 점을 제외하고는 『백제본기』를 저본으로 하여 주로 성
왕대 백제와 가야 제국 및 왜와의 관계기사를 상세히 전하고 있기 때문에
기사 내용에 대해서는 상당히 신빙성이 높은 것으로 보는 것이 일반적인 시
각이다.[19] 이 기사는 백제 성왕이 安羅·卓淳 등 남부 가야지역에 대한 신
라의 진출을 견제하고 나아가 이 지역에 대한 백제의 영향력을 증대시키는
과정에서 생긴 산물로 이해된다.

위의 기사에서 사비천도 직후 성왕대에는 상·중·하의 세 명의 좌평이
있었고, 이어 위덕왕 30년(583)에는 太佐平이 존재하였음을 알려 주고 있
다. 삼좌평에는 사비천도를 주도한 것으로 보이는 沙氏와 木氏 세력과 같은
유력한 대성귀족 출신이 임명되었음을 알 수 있다. 상·중·하의 삼좌평과
태(대)좌평은 모두 종래의 상좌평에서 분화한 것으로 이를 직능적인 구분이
아니라 신분적인 좌평의 분화 차원에서 이해하고 있다.[20]

상좌평은 腆支王 즉위 초의 왕위계승 분쟁을 극복한 후 왕서제인 餘信에
게 군국정사를 위임한 데서 비롯된 것이며, 주로 왕족과 왕비족 출신이 임
명되는 요직임이 밝혀졌다. 상좌평은 고려시대의 '冢宰'로 표현되었듯이
어떤 특정한 정무를 담당한 것이 아니라 최고신분인 좌평들을 통할하는 위
치에 있었던 것으로 보인다. 따라서 상좌평은 최고 신분을 나타내는 신분적
속성을 바탕으로 하면서 외형상 총재관이라는 직능적 성격을 지니는 존재
로 파악할 수 있다.

한성시대 후기에는 왕권의 대귀족 통제라는 측면에서 권력구조상 중추
적인 역할을 하였으나, 병관좌평 解仇의 사례에서 보듯이 실세귀족 중심의
정치운영이 이루어지는 웅진시대의 상좌평은 유명무실한 존재가 되었던 것

---

19) 笠井倭人,「日本文獻に見える初期百濟史料」『日本古代史講座3』, 1981. 한편『백제본기』
에 관한 여러 학설을 정리한 것으로는 이근우,「백제본기와 임나문제」『가라문화』8, 1990
; 김은숙,「『일본서기』의 백제관계 기사의 기초적 검토」『백제연구』21, 1990 참조.
20) 武田幸男, 앞의 책, 61쪽.

같다. 사비시대 초인 성왕은 사비천도를 계기로 冢宰官에 비의되는 상좌평을 확대 개편함으로써 왕권강화에 적극 협조하는 유력한 대성귀족인 사씨와 목씨 세력의 적의 안배를 통해 왕권 중심의 정치운영을 도모해 나갔다.[21] 이러한 의도에서 상좌평은 상·중·하의 삼좌평으로 분화된 것 같다.

그 후 위덕왕은 상좌평 위에 非常位의 최상위 신분인 태(대)좌평을 신설하여 외형상 삼좌평을 포함한 좌평 신분들을 통할케 하였는데 여기에는 당시 대성귀족 출신의 원훈대신을 임명한 듯하다. 의자왕대에 대좌평을 역임한 沙宅智積, 沙宅千福, 國辯成의 존재(D-③)가 이를 뒷받침해 준다. 대좌평은 B-④의 국왕 - 태좌평 - 왕자의 서열에서 보듯이 국왕 나음의 서열에 위치하고 있을 정도로 그 위상은 높은 것으로 나타난다.[22] 상·중·하의 삼좌평은 정무를 셋으로 나누어 처리한 것이 아니라 사료 B-②·③에서 보듯이 귀족회의의 최고위 구성원으로서 역할을 수행한 것으로 드러나고 있다.

이런 측면에서 삼좌평은 정무를 분담하여 집행하는 관직이 아니라 좌평 신분 3명이 합의체를 구성하여 주요 정책에 대한 심의 결정을 내리는 역할을 한 것으로 보인다. 이와 같이 삼좌평이 국가의 주요 정책을 합의제로 심의 결정한 점은 종래의 귀족 합의제의 전통을 따르면서도 왕권강화의 측면에서 볼 때 직능의 분화와 권력 분산에 따른 상호 견제의 의미를 가진 것으로도 볼 수 있다.

다음으로 사비시대 전기 6좌평의 계통 및 좌평의 존재형태와 역할에 대하여 알아보자.

───────────

21) 노중국, 앞의 책, 166쪽 ; 김주성, 앞의 글, 28쪽 ; 양기석, 앞의 글, 1991, 79~80쪽.

22) 신라의 김유신에게 수여한 관등인 각간이 대각간, 태대각간으로 분화되었듯이 특별한 공훈을 세운 원훈대신에게 주는 관위인 점에 비추어 백제의 태(대)좌평도 같은 성격의 것으로 보인다. 위 사료의 소위 임나부흥회의에는 태(대)좌평이 보이지 않는 것으로 보아 아마 성왕대에는 설치되지 않았을 가능성이 높다. 위덕왕대 이후 왕권강화의 추세 속에 좌평이 점차 관료화되면서 삼좌평을 비롯한 좌평 신분과 22부사를 총괄할 필요성에서 태(대)좌평이 설치되고 그 기능도 점차 최고 집정관으로서의 위상을 갖추어 나간 것으로 이해하고 싶다.

성왕 21년(543 : B-②) 당시 귀족회의에 참여한 '三佐平과 內頭 및 諸臣'의 기사를 통해 당시 신료들의 구성관계를 엿볼 수 있다. 먼저 6좌평과 관련한 관직에 대하여 알아보자. B-②의 內頭를 내두좌평으로 이해하여 당시 6좌평이 존재한 것으로 보는 견해가 일반적이다.[23] 顯宗紀 3년(487)의 '領君 古爾解와 內頭 莫古解'라는 기사에도 내두라는 관직명이 나온다.[24] 여기서 領軍은 남북조시대의 관명에서 유래된 것으로[25] 그 속성이 금위군을 통솔한 관직인 점을 감안해 보면 후에 6좌평 중 숙위병사를 담당한 衛士佐平의 연원이 되는 관직으로 이해된다. 내두는 6좌평의 직장에서 '庫藏事' 즉 재정을 담당하는 관직인데, 좀 부자연스럽지만 영군과 함께 군사적 역할을 보이고 있다.[26]

그런데 위의 諸臣은 B-③에 의거해 볼 때 덕솔 4명, 나솔 1명에 해당한다. 그렇다면 내두는 삼좌평보다 하위에 있고 덕솔보다 상위에 있으면서 군사권을 행사할 수 있는 관등인 달솔에 해당하는 관직으로 여겨진다.[27] 따라서 B-②의 내두는 좌평으로 보기는 어렵고 달솔과 같은 솔계 관등이 임명되는 관직일 가능성이 높다. 또한 6좌평과 관련한 內臣이란 관직도 성왕 때 '股肱之臣'으로 불렸던 나솔 馬武의 존재[28]와 欽明紀 14년(553)의 '內臣德

<hr>

23) 『日本書紀』下(日本古典文學大系 68), 岩波書店, 1979, 77쪽 ; 鬼頭淸明, 앞의 글, 196쪽.

24) 이 기사는 왜의 紀生磐宿禰 씨족 계통의 전승을 토대로 한 것으로 여겨지며, 또 莫古解란 인물이 『삼국사기』 근초고왕대에 나오고 있기 때문에 그 편년이나 표현을 그대로 취신하기는 어렵지만, 대략 동성왕대의 사실로 이해하고 있다(김태식, 『가야연맹사』, 일조각, 1993, 242~249쪽).

25) 領軍은 曹魏가 처음 설치한 것으로 남북조시대에 금위군을 통솔한 관직이었는데(兪鹿年 編, 『中國官制大辭典』, 黑龍江人民出版社, 1992, 997~998쪽), 이를 백제가 채용한 것으로 보고 있다(김영심, 『백제지방통치체제연구』, 서울대박사학위논문, 1997, 87쪽). 백제에서의 영군의 실체는 밝혀져 있지 않지만 중국의 사례에 비추어 볼 때 숙위병 업무를 담당했을 것으로 추정된다.

26) 백제가 紀生磐宿禰를 帶山城에서 공략하는 기사에서 領軍 古爾解와 內頭 莫古解가 백제의 장군으로 출정하고 있다. 관직이 아직 미분화된 단계이고, 또 사안의 중요성을 감안하여 숙위병 업무를 담당했을 것으로 보이는 영군과 재정을 담당했을 것으로 보이는 내두와 같은 측근 인사를 대산성 전투에 파견했다고 보는 것은 꼭 부자연스러운 것만은 아닐 것이다.

率次酒' 라는 기사[29]에 나오고 있다. 이에 의하면 내신은 역시 좌평급이 아니고 덕솔이나 내솔과 같은 솔계 관등이 임명되는 관직임을 알 수 있다.

결국 숙위 업무의 영군, 재정 업무의 내두, 왕명출납의 내시은 이미 웅진시대부터 존재한 관직명으로 주로 달솔에서 내솔에 이르는 솔계 관등이 임명되는 관직이었으며, 백제 말기에는 권력구조의 변동에 따라 1품인 좌평급이 임명됨으로써 6좌평의 연원이 되는 관직이 되는 셈이다. 이들 관직 모두 국왕과 밀접한 관련을 갖는 근시관료의 성격을 가진 것으로 왕권강화의 측면에서 그 역할을 엿볼 수 있다.

그런데 B-②·③은 아마 성왕 19년과 21년 낭시 귀족회의 석상에서 발언한 신료들을 중심으로 기록한 것에 지나지 않을 것이다. 양자의 기록을 비교해 보면 B-②의 내두가 B-③에는 나오지 않고 있다. 또한 欽明 4년(543) 12월 이전 어느 시기에 중좌평은 麻鹵(B-①)에서 麻那(B-③)로 교체된 것이 확인된다. 『삼국사기』 성왕 7년(529)에는 좌평 燕謨가 나온다. 결국 B-②의 삼좌평은 당시 모든 좌평을 지칭하는 것은 아닐 것이다. 당시 성왕대에 태좌평이 있었는지에 대한 여부는 알 수 없지만, 위의 기록상에 나타난 三佐平, 마로, 연모의 존재로 미루어 보아도 좌평의 수는 5명에 달하고 있다. 이들 좌평 중 중좌평 마로의 성씨는 알 수 없지만, 나머지 4명의 좌평은 사씨 1명, 목씨 2

---

27) 백제 사비시대의 솔계 관등 중에서 군사권을 지휘하는 관등은 2품 달솔과 4품 덕솔에 한하고 있다. 『주서』 백제전에 의하면 5방의 方領은 달솔이, 군의 郡將 3인은 덕솔이 각각 임명되었다(『한원』 백제조 단계에는 군장에 은솔이 임명되고 있다). 이는 문무 구별의식에서 비롯된 것이 아닐까 한다. 백제가 중국에 보낸 국서 가운데 "文武良輔"(『송서』 권97, 열전57 백제), "文武列顯"(『남제서』 권58, 열전39 백제)의 문구가 보이고, 또 16관등에도 文督과 武督이 있어 이를 뒷받침해 준다.

28) 『일본서기』 권19, 흠명기 11년 2월.

29) 여기서 내신을 股肱之臣이라는 의미를 가진 보통명사로 보고 있지만[『日本書紀』下(日本古典文學大系 68), 岩波書店, 1979, 105쪽], 위의 영군과 내두의 존재로 미루어 보아 왕명 출납을 담당하는 관직명으로 후에 6좌평 중 宣納事를 담당한 내신좌평의 연원이 되는 것으로 추정된다. 당시는 22부사가 설치되어 있었으므로 내신이 前內部 소속의 관리인지 아니면 별개의 존재인지의 여부는 확실치 않다.

명, 연씨 1명으로 나타나고 있어 모두 대성귀족 출신임을 알 수 있다.

5명의 좌평 신분이 위의 임나부흥회의와 같은 대외문제를 다루기 위한 귀족회의에 솔계 관등과 함께 핵심 구성원으로 참여하여(B-② · ③) 국왕의 자문에 응하거나 또는 대외전쟁과 외교문제 등 국가의 중대사를 결정하였다. 관산성 전투에서 성왕이 패사한 후 태자 餘昌(위덕왕)이 이에 충격을 받아 한때 출가 수도를 결심하는 과정에서[30] 좌평 신분들이 왕위계승에도 일정한 역할을 하고 있었음이 확인된다. 때로는 발언권 행사를 통해 그들의 이익을 대변하여 국왕을 견제하기도 하였다.[31] 성왕 때 여창이 한강고토를 수복하기 위해 신라정벌을 계획할 때에는 耆老들로 표현된 일부 좌평 세력들이 이에 반대한 사례가 있다.[32]

그런데 5좌평 중 유력한 대성귀족으로 임명되는 상 · 중 · 하의 삼좌평은 국가의 중요한 정책을 합의제 방식으로 심의 결정하는 정책결정 기구로서의 역할을 수행한 것으로 보인다. 그밖에 좌평들은 사안에 따라서 특별한 정무를 수행하기도 하였는데, 성왕 7년 고구려가 북변의 穴城을 공함시키자 백제의 좌평 燕謨는 군사 3만 명을 거느리고 五谷原에서 고구려군과 전투를

---

30) 『일본서기』 권19, 欽明紀 16년 8월.

31) 백제 사비시대의 국왕은 좌평과 솔계 관등이 참여하는 귀족회의를 통해 군신들의 동의 하에 왕위계승 · 외교관계 · 대외전쟁 등 중요한 국사를 결정 · 집행하였음이 위의 소위 임나부흥회의, 성왕 때의 신라와의 전쟁(554), 나당 연합군이 백제를 침공하였을 때 개최된 군신회의(660) 등의 사례를 통해 확인된다. 한편 좌평을 포함한 관리들이 부여의 정사암에 모여 대좌평이나 상좌평과 같은 재상을 선출한 사례도 귀족합의체의 면모를 보여 주고 있다(『삼국유사』 권2, 기이 남부여 전백제). 고구려 귀족회의에는 5품 이상의 고관이 모여 "掌機密 謀政事 徵發兵 選授官爵(『한원』 所引 高麗記)"하였던 점이 참고된다. 위의 경우처럼 국왕이 중대한 사안일 경우 회의를 주재하는 경우도 있지만, 대부분은 상좌평이나 대좌평이 귀족회의의 의장이 되어 회의를 주재하였을 것이다. 백제의 경우와는 다소 차이가 있겠지만, 唐代의 宰相이 政事堂에서 회의를 개최할 때 의장의 역할을 맡았는데, 이를 執筆이라 하여 書記로서의 임무와 의사 결정권을 갖고 있었던 사례가 참고된다(金奎晧, 「당대 재상제도 연구」 『역사교육』20, 1976, 43쪽).

32) 『일본서기』 권19, 欽明紀 15년 동 12월. 여기서 백제의 신라원정을 반대한 耆老들 중에는 대성귀족 출신의 사씨와 연씨 세력 등이 상정된다(양기석, 앞의 글, 1990, 41쪽). 여하튼 기로로 표현된 세력들 중에는 대성귀족 출신의 일부 좌평이 포함되어 있었을 것이다.

벌인 사례[33]가 있다.

이와 같이 사비시대 전기의 좌평은 귀족회의를 통해 그들의 이익을 대변하고, 또한 삼좌평의 합좌제를 통해 정책결정 기구로서의 위상을 확립하는 등 점차 직능적 성격이 부가되는 방향으로 변화 발전되는 추세를 보이고 있지만, 아직 6좌평과 같이 정무를 분담할 정도의 관직적 성격을 제대로 갖추지 못하는 한계를 가진 것이었다.

다음으로 좌평과 22부사와의 관계를 알아보자. 사비시대에는 좌평과 함께 중요한 행정 실무기관으로서 22부사의 존재가 주목된다. 22부사에 관한 기록은 『주서』 백세전을 비롯하여 『북사』·『한원』에도 단편적으로 실려 있는데 『삼국사기』에는 『주서』 백제전의 기사를 전재하고 있다. 22부사는 사비시대 국왕 중심의 정치운영을 도모하려는 성왕의 정치개혁의 일환으로 설치된 것이다.[34] 22부사는 신라의 집사부와 같이 국왕의 명을 받아 시종·잡역·奉供 등의 왕실 업무를 담당하는 내관 12부와 군사·교육·외교 등 일반 행정업무를 담당하는 외관 10부로 구성되어 있는데, 그 명칭을 통해 각 부사의 직능을 단편적으로 파악하고 있을 뿐이다.[35]

그런데 좌평과 22부사를 상호 통속관계로 설정하여 6좌평을 22부사의 특정한 부사의 장관으로 보는 견해가 있다.[36] 즉 내신좌평은 前內部, 내두

---

33) 『삼국사기』 백제본기 성왕 7년 10월.

34) 22부사제는 주례의 6관제를 채용한 북주 관제의 영향을 받아 6세기 후반경 위덕왕대에 실시된 것으로 보는 견해가 있다(鬼頭淸明, 앞의 글, 198~199쪽). 그 근거로 『주서』 백제전에 관련 기사가 처음 나오고 있는 점, 백제가 북주와 두 차례(577, 578)에 걸쳐 외교교섭을 가진 점, 또 6좌평과 22부사의 직장이 북주의 것과 같이 주례 6관제를 바탕으로 하고 있는 점(黑田達也, 앞의 글, 1985, 198~199쪽)을 제시하고 있다. 그러나 『주서』 백제전에 기록이 있다고 해서 이때에 22부사제가 처음 설치된 것으로 볼 수는 없다. 주례 6관제는 중국관제의 기본 골격이기 때문에 북주와의 관련 없이도 자체적으로 채용할 가능성은 높다. 성왕이 단행한 사비천도와 같은 개혁적인 분위기를 감안하고, 또 梁의 講禮博士 陸詡가 6세기 중반 경 백제에 파견된 사례로 보아 일단 성왕대에 완비되었을 가능성은 높다.

35) 22부사의 설치 배경과 직장에 대한 연구로는 鬼頭淸明, 앞의 글, 192~193쪽 ; 武田幸男, 앞의 글, 59쪽 ; 노중국, 앞의 책, 228~229쪽 ; 양기석, 앞의 글, 1991, 85~87쪽 ; 김주성, 앞의 글, 53쪽 참조.

좌평은 內椋部, 내법좌평은 法部, 조정좌평은 司寇部, 위사좌평과 병관좌평
은 司軍部를 통할하는 것으로 이해하고 있다.

그러나 기본적으로 6세기 전후에 6좌평이 존재한 것으로 본 점이나, 또
6좌평을 22부사의 유독 특정한 부서의 장관으로 비정하는 점은 얼른 납득
이 가지 않는다. 그리고 22부사 외관의 장에 달솔 관등이, 내관의 장에는 3
품 이하의 솔계 관등을 가진 인물이 임명되었을 것으로 보는 견해[37]를 참고
해야 한다. 그런데 좌평제가 삼좌평의 설치 운영으로 다소 직능적 성격이
부가되고 있기는 하지만, 여전히 관등적 범주를 벗어나지 못하고 있는 반면
22부사 설치는 행정업무를 세분하여 담당하는 행정관사의 출현이라는 측면
에서 백제 관료제 발전과 관련시켜 볼 수 있다.

첫째, 관부의 직능상 분화가 세밀하게 나타나 있는 점을 들 수 있다. 근
시기구를 포함한 내정관부가 일반 행정관부인 외관보다 많은 관부를 설치
할 정도로 내정업무가 확대일로에 있었음을 반영해 주는 것으로 이를 왕권
강화 측면과 관련시켜 볼 수 있다. 그리고 군사권(司軍部)과 재정권(穀部,
內·外椋部, 點口部, 綢部) 및 행정권(外舍部, 法部, 司寇部 등)이 세밀하게
분화되어 있을 정도로 정무 분담체제를 이루고 있어 백제사회의 성장을 엿
볼 수 있게 해 준다. 둘째, 22부사의 장관 임명에 임기제를 적용하여 점차 관
료제로 나아가는 토대를 마련한 점이다. '長史'·'長吏' 또는 '將長'·'宰
官長'으로 불리는 22부사의 장관은 3년마다 한 번씩 교대되었다고 한다.[38]
종래 좌평의 임기는 거의 종신적인 경우가 많았으나, 22부사의 책임자 임명
에 임기제를 적용함으로써 국왕의 관리임용권 행사를 통한 왕권강화의 측
면을 엿볼 수 있다.

다음으로 22부사와 좌장, 내두, 영군, 내신 등의 관직과의 관계를 알아보

---

36) 武田幸男, 앞의 글, 60~61쪽.

37) 김주성, 앞의 글, 54쪽.

38) 『수서』와 『한원』 백제조에 따르면, 22부의 장관을 長史·長吏 또는 將長·宰官長으로 부
　　르고 3년 단위로 교체되었다고 한다.

자. 좌장은 의자왕대에 신라 石吐城 등 7성을 공략한 殷相의 존재로 미루어
보아[39] 백제 말기까지 존치하고 있었음에 틀림없다. 내신의 경우 22부사의
전내부와 성격이 유사하기 때문에 그에 통합되었는지에 대해서는 확언할
수 없다. 그러나 내두와 영군은 후에 6좌평의 관직명에 연결되는 것으로 보
아 22부사와는 별도로 존속한 것 같다.

이와 같이 사비시대 전기의 좌평제는 정원이 5명으로 최고훈신에게 수
여된 비상위의 태(대)좌평, 귀족회의의 핵심구성원인 동시에 합의방식에 의
한 정책심의 의결권을 가진 상·중·하의 삼좌평, 그리고 사안에 따라 특정
업무를 관장하는 일반 좌평 신분으로 구성되어 있었다. 유력한 대성귀족 줄
신으로 임명된 좌평은 귀족회의나 삼좌평 합의체 운영을 통해 그들의 이익
을 대변하였고, 때로는 그들의 이익에 배치되는 경우 왕권을 견제하는 역할
을 하기도 하였다.

그러나 삼좌평 합의체는 직능 분화와 권력 분산을 통한 상호견제의 의미
를 갖는 것이기 때문에 상좌평을 중심으로 한 종전의 좌평체제보다 위상 면
에서 다소 약화된 측면이 나타나고 있다. 한편 국왕 직속의 내정관부와 행
정관부로 구성된 22부사와 이와는 다른 계통의 관직인 좌장·내두·영군·
내신 등을 통해 국가 행정업무를 집행함으로써 왕권 중심의 정치운영을 유
지해 나간 것으로 볼 수 있다.

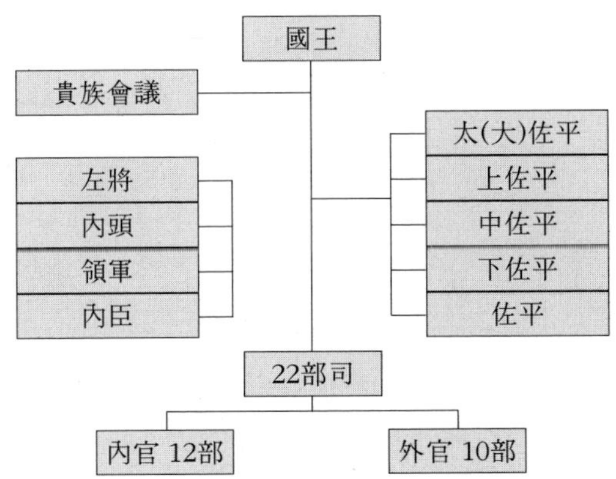

따라서 사비시대 전기의 권력구조는 국가정책의 심의 의결기구인 기존의 좌평제를 통해 유력한 대성귀족 세력을 결집시키는 대신 국왕 직속의 내정관부와 행정관부로 구성된 22부사를 중심으로 실질적인 국가 행정업무를 관장케 하여 왕권 중심의 정치운영을 도모해 나간 것으로 볼 수 있다. 사비시대 전기의 권력구조를 도시하면 위와 같다.

3. 사비시대 후기 좌평제의 변화

1) 6좌평제의 설치

『삼국사기』 백제본기에 의하면 6좌평제는 고이왕 27년(260)에 신설된 것으로 되어 있다. 이 해 3월에 왕제 優壽를 내신좌평에 처음 임명하였고, 이듬해 2월에는 나머지 5명의 좌평을 차례로 임명한 기록이 보이고 있다. 이에 의하면 고이왕 27년부터 웅진시대 동성왕대까지 6좌평의 정무 분담체제가 한동안 유지되다가 무령왕대부터는 좌평의 숫적인 증가와 함께 직책 표시가 없는 좌평이 등장할 정도로 기존의 6좌평제는 변화한 것으로 서술하고 있다.

그런데 이에 따를 경우 다음과 같은 문제점이 제기된다.[40] 즉 한성시대와 웅진시대에 존재한 6좌평제가 지나치게 세분화되어 있을 뿐 아니라 정무의 역할 분담도 잘 고려되어 있어서 백제의 사회발전 추세에 비추어 볼 때 얼른 납득할 수 없게 된다. 그리고 고구려와 신라의 경우 관등적인 성격에서 점차 관직적인 성격으로 지향해 나가는 것이 관료제 발전의 일반적인 추

<hr>

39) 『삼국사기』 백제본기 의자왕 9년 추 8월.
40) 무령왕 이전의 6좌평 기사가 생성된 배경에 대하여 백제본기 찬자가 각 좌평의 활동상을 염두에 두고 그들을 후대의 6좌평제에 맞추어 정리한 것으로 추론한 견해가 있다(김기섭, 앞의 글, 105~114쪽).

세임을 감안해 볼 때 관직적 성격을 가진 6좌평에서 관등적 성격의 좌평제로의 변화과정을 설정한 『삼국사기』 백제본기의 좌평 기사는 불합리한 것으로 판단된다.

또한 사비시대 전기의 사실을 전하고 있는 『주서』 백제전에는 백제의 좌평이 5명이었던 사실을 전해주고 있으며(A), 『구당서』 백제전에는 7세기경에 6좌평이 실재한 것으로 되어 있다(C). 『일본서기』에도 6세기 경에 상·중·하의 삼좌평과 태(대)좌평이 존재하고 있는 것으로(B-②·③) 나타나고 있어서 『삼국사기』 백제본기와는 대조를 이루고 있다.

이들 외국사서에 나타난 좌평 기사는 당시 백제와의 교섭을 통해 얻은 정보와 지식이 반영된 기록으로서 사료가치도 상당히 높은 것임이 밝혀지고 있다. 그리고 고이왕 27년조의 6좌평 기사 자체도 『구당서』 백제전의 것을, 16관등 기사는 『주서』 백제전의 관련기사를 거의 그대로 전재하였음이 밝혀지고 있다. 따라서 사비시대 후기(600~660)의 좌평제의 실상에 접근하기 위해서는 다음의 『구당서』 백제전의 6좌평 기사에 주목해야 한다.

> C 설치된 내관으로 內臣佐平이 있어 왕명 출납을 맡아 보고, 內頭佐平은 국고를 관리하는 일을, 內法佐平은 예의에 관한 일을, 衛士佐平은 숙위군의 일을, 朝廷佐平은 형옥에 관한 일을, 兵官佐平은 외방의 병마에 관한 일을 맡아 본다. 또 외관으로는 6帶方을 두어 10군을 총관케 하였다. [『舊唐書』 백제전]

『구당서』 백제전은 五代 後晋의 劉昫 등이 945년에 편찬한 唐代 일대의 관찬 사서로 주로 백제 말기의 역사적 상황과 멸망 이후의 부흥운동에 관한 내용이 실려 있다. 武王 22년(621)에 당과 처음으로 교섭관계를 맺은 기사가 나오는 점으로 보아 『구당서』 백제전의 6좌평 기사는 대략 7세기 초 무왕대 이후의 사실이 반영된 것으로 판단된다. 위의 6좌평의 명칭과 분장 업무에 관한 내용은 중국 사서에 처음 기록된 것인데 당과의 교섭관계나, 또는 백제 멸망 후 당에 압송되어 간 백제 지배층으로부터 얻은 지견을 바탕으로 한 것이어서 사료 가치는 높다고 하겠다. 『삼국사기』는 이 기사를 고이왕 27년조 기사에 부회하여 그대로 채록하고 있으며, 고이왕부터 동성왕까지 6좌평제가 한동안 존속한 것으로 서술하고 있어 차이가 난다.

먼저 6좌평제의 연원에 대해 살펴보기로 하자. 6좌평의 분장 내용을 중국의 관제와 비교하면 다음과 같다.[41]

百濟		中國			비고
6좌평	분장내용	北魏·北齊·梁·陳	北周	唐	
내신좌평	왕명출납	侍中	天官府納言中大夫	內侍省 內侍	內臣
내두좌평	국고관리	太府卿	天官府太府中大夫	戶部尚書	內頭
내법좌평	예의사	祠部尙書· 太常卿	天官府宗師中大夫· 春官府大宗伯卿	禮部尙書	
위사좌평	숙위병사	衛尉卿	天官府宮伯中大夫	16衛 大將軍	領軍
조정좌평	형옥사	廷尉(大理)卿	秋官府大司寇卿	刑部尙書	
병관좌평	외병마사	五兵尙書	夏官府大司馬卿	兵部尙書	

위의 도표에서 백제의 6좌평제는 중서·문하·상서성의 3성을 중심으로 하는 북위·북주·양·진의 관제나 『주례』 6관을 바탕으로 한 북주의 관제 및 3성 6부를 바탕으로 한 당의 6전조직과는 직접적인 관련이 없는 것으로 나타나고 있다. 『주례』 6관제와의 관련성을 주장하는 논자[42]는 6좌평제를 남북조시대의 관제에 편의적으로 결부시키고 있는데다가 북조 관제의 경우 天官府가 6부 중 무려 4부나 차지하고 있어 백제가 유독 천관부의 관직을 선호한 이유를 설득력 있게 제시하지 못하고 있다. 그리고 6좌평은 당의 6부 중 4부와는 관련 있으나 당의 6전 조직처럼 吏部와 工部가 설치되어 있지 않을 뿐 아니라 명칭상으로도 차이가 있어 독자적인 특수성을 간직하고 있다.

이러한 차이에도 불구하고 백제가 6좌평제를 설치하여 정무를 여섯으로

---

41) 단, 6좌평과 당을 제외한 중국 관제와의 비교는 黑田達也, 「百濟の中國官制についての一試論」『社會科學研究』10, 1985, 33쪽의 도표를 참조하였음. 비고란은 백제 6좌평의 연원이 되는 관직명을 명기하였다.
42) 黑田達也, 앞의 글, 1985, 30~40쪽.

분담한 것 자체는 기본적으로 중국 정치제도의 바탕인 『주례』 6관 계통의 관직과 특히 당의 6전 조직에 대한 일정한 이해를 바탕으로 하였음을 보여주는 것이다. 그러나 6좌평의 명칭은 백제의 전통적인 관직인 내두·영군·내신에서 취하고 있음을 시사해 주고 있다.

이들 관직은 22부사의 설치로 업무 기능이 그에 일부 흡수되어 위상이 다소 약화되기는 하였으나, 6좌평의 존재로 미루어 보아 별도로 존재했을 가능성이 높다. 그 직장도 이미 앞 장에서 검토한 바와 같이 내두는 재정 업무를, 영군은 숙위병의 업무를, 내신은 왕명출납 업무를 각각 담당했으며, 이들 관직에는 달솔이나 덕솔과 같은 솔계 관등이 임명되었을 것으로 추정하였다. 사비시대 후기에 이르러 중국의 6전 체제를 바탕으로 이들 전통적인 관직을 백제 실정에 맞게 확대 개편함으로써 성립된 것이며, 그 책임자는 종래의 솔계 관등을 격상시켜 좌평급을 임명하였던 것이다.

이와 같이 6좌평제는 외형상 6전 체제를 갖추고 있지만, 백제의 전통적인 관직을 확대 정비한 데서 비롯한 것이며, 정무를 직능적으로 분담한 것은 일단 백제 정치제도의 진전을 보여주는 것이다.

다음으로 6좌평제의 개편 배경과 직능적 성격에 대하여 알아보자. 사비시대 전기의 권력구조는 앞 장에서 서술한 바와 같이 크게 합의체적 성격을 가진 5좌평제와 국왕 직속의 왕실과 행정실무를 담당한 22부사라는 두 기구를 축으로 왕권 중심의 정치운영을 도모해 나간 것으로 볼 수 있다. 그러나 5좌평제는 삼좌평에 의한 귀족합의체를 통해 정책결정 기구로서의 위상을 갖는 등 점차 직능적 성격을 갖추어 나갔지만, 왕권강화의 추세 속에서 좌평 신분의 분화와 권력분산의 측면이 나타나고 또 좌평의 정무를 분담하는 직능적 성격이 여전히 미약한 상태에 있었다.

그리고 22부사는 국왕의 권력적 기반에 직접 연결되고 있으나, 여러 관부가 병치되어 있어서 신라의 內省私臣이나 侍中과 같이[43] 여러 관부를 총

<hr>

43) 신형식, 「신라 권력구조의 특질」 『신라사』, 이화여대 출판부, 1985, 126~127쪽.

괄하는 집정관이 없어 관부 상호 간의 견제와 균형은 물론 총괄기능을 유지하기 어려운 점, 또한 신라의 司正府와 左右理方府와 같은 사정·감찰 기구가 설치되어 않아 귀족세력의 견제를 통한 왕권강화에 제약을 주고 있는 점, 무엇보다도 5좌평, 좌장·내두, 22부사 등 여러 정치기구가 다기하게 왕권에 집중되어 있는데다가 상하 통속관계나 업무분화가 미비한 상태여서 행정 능률의 효율성을 기하기 어려운 점 등이 문제점으로 드러났다.

한편 6좌평은 국정의 업무확대와 구체적인 정무분담을 통한 권력의 견제와 분산을 꾀한 점, 왕명출납을 맡은 내신좌평이 6좌평 중 수위를 차지하고 있는 점, 그리고 그 중 내신좌평·내두좌평·위사좌평이 직능상으로 볼 때 모두 왕권과 직결된 관직이라는 점에서 왕권강화의 측면을 찾아볼 수 있다.

또한 6좌평과 22부사와의 관계에서 볼 때 6좌평은 포괄적으로 정무를 분담하고 있는 반면 22부사[44]는 세밀하게 정무를 분담하는 체제를 이루고 있다. 그러면서도 양자는 업무상 서로 대응하고 있는 점을 찾을 수 있다.[45] 예컨대 내신좌평은 前內部, 내법좌평은 司徒部, 병관좌평은 司軍部, 내두좌평은 穀部, 內·外椋部, 點口部, 綢部 등 22부사의 여러 관사의 업무와 대응하고 있다. 22부사의 장관에는 솔계 관등 소지자가 임명되는 점에 미루어 보면 22부사는 왕권에 직결되어 있던 사비시대 전기의 양상과는 달리 6좌평의 통속을 받는 하위 행정실무 관사로서의 역할로 바뀌었을 가능성이 높다. 6좌평이 귀족 합의체의 성격을 가진 종래의 5좌평과는 달리 22부사와 함께 국왕의 통속을 받아 국정의 책임을 지는 행정관료로 편제되었음을 의미하는 것이다.

---

44) 『구당서』 백제전에는 6좌평 기사만 서술되어 있고 22부사에 관한 기사는 보이지 않는다. 무왕대 사실을 전하고 있는 『한원』 백제조 所引 括地志에는 이 시기에 22부사도 동시에 존재한 것으로 되어 있다. 다만 여기에는 내관이라 하여 18개의 관사만이 기록되어 있을 뿐이다. 6좌평제의 설치로 22부사는 부분적으로 개편되었을 가능성이 높다. 여기서는 관사의 수를 고려하지 않고 편의상 그 모체인 22부사의 명칭을 사용하겠다.
45) 武田幸男, 앞의 글, 60~61쪽 ; 김주성, 앞의 글, 75쪽. 그러나 6좌평은 22부사 중 일부 관사의 장관으로 보는 견해는 받아들일 수 없다.

6좌평을 '內官'으로 표현하였듯이(C) 6좌평은 국가정책을 여섯으로 분담하여 심의 결정하는 관직적 성격을 갖는 존재로 그 위상과 역할이 변화되었음을 뜻한다. 이를 통해 백제는 무왕과 의자왕대에 이르러 점차 관료제 국가로 발돋움하고 있음을 시사해 준다. 이러한 6좌평의 관료화 현상은 아무래도 왕권의 전제화 시책과 관련이 깊다.[46] 사비시대는 위덕왕 즉위 초와 단명한 혜왕·법왕대를 제외하면 왕권강화가 지속적으로 추진된 시기라 할 수 있다.[47] 6좌평제의 설치도 이러한 추세 속에서 이루어진 산물로 여겨진다.

이에 미루어 보아 6좌평의 설치 시기는 일단 武王代(600~641)로 상정해 볼 수 있다. 무왕대에는 익산 천도의 주진, 미륵사와 왕흥사의 건립, 신라 정벌, 대당 외교의 강화, 당의 국학에 입학 등의 시책을 통해 왕권의 전제화를 꾀하였음이 밝혀졌다.[48] 특히 무왕이 王興寺와 宮南池를 창건하고 이곳에 행차하는 장엄한 모습을 적은 기사[49]와 부여의 大王浦와 望海樓에서 좌우 신료들을 거느리고 대연회를 개최한 사례를 통해[50] 무왕의 전제화된 면모를 엿볼 수 있다. 이러한 분위기에 비추어 볼 때 6좌평의 설치 시기는 무왕이 왕성을 수리하고 義慈를 태자로 책봉하는 등 왕권의 위상을 확고히 다지는 무왕 30년대 전반으로 추정해 볼 수 있다.

---

46) 이종욱, 앞의 글, 50쪽 ; 武田幸男, 앞의 글, 59쪽 ; 김주성, 앞의 글, 75~76쪽 ; 김수태, 「백제 의자왕대의 정치변동」『한국고대사연구』5, 1992, 66쪽.

47) 이에 대해 성왕이 관산성 전투에서 패사한 이후 위덕왕·혜왕·법왕대에는 왕권이 약화되고 대성 8족을 중심으로 정치가 운영된 것으로 보는 견해(노중국, 앞의 책, 1988, 176~187쪽 ; 김주성, 앞의 글, 64~72쪽)와 성왕대 이후 사비시대에는 위덕왕 초기·혜왕·법왕대를 제외하고는 꾸준히 왕권강화가 이루어진 것으로 보는 견해(양기석, 앞의 글, 1990, 37~53쪽 ; 이도학, 「사비시대 백제의 四方界山과 호국사찰의 건립」『백제연구』20, 1989, 113~130쪽 ; 김수태, 앞의 글, 59~66쪽)가 있다.

48) 노중국, 앞의 책, 197~207쪽 ; 김주성, 앞의 글, 80~111쪽 ; 김수태, 앞의 글, 61쪽.

49) 무왕은 창건된 왕흥사에 행차할 때 늘 배를 타고 절에 들어가 향을 피웠다고 한다(『삼국사기』 백제본기 무왕 35년 2월). 동 3월에는 궁남지를 파서 사방 언덕에 버드나무를 심고 方丈仙山과 같은 섬을 만들기도 하였다.

50) 『삼국사기』 백제본기 무왕 37년 2월 · 8월.

2) 좌평의 지위 변화

먼저 사비시대 후기 좌평의 존재형태와 권력구조의 변화상에 대해 살펴
보자. 이 시기의 『삼국사기』 백제본기에는 직책 없는 형태의 좌평이 解讎·
仲常·殷相·成忠·常永·興首 등 12명에 달하고 있다. 더구나 의자왕 17
년에는 왕서자 41명이 무더기로 좌평에 임명되는 동시에 각각 식읍을 지급
받은 일도 있었다.[51] 그리고 단지 임명이 없고 신분표시만 되어 있는 좌평[52]
과 상좌평 기사도 나오고 있다(D-①·②). 이 중에서 왕족 41명을 제외하고
성씨가 확인되는 좌평은 무왕대의 解讎와 王孝隣의 두 명에 불과하고 의자
왕대의 좌평들은 전혀 성씨를 표기하고 있지 않다.[53]

『일본서기』에는 9명의 좌평[54] 중 대좌평과 내좌평이 존재한 것으로 되
어 있다. 여기서 (사택)智積[55]과 沙宅千福, 國辯成의 3명은 의자왕대에 대
좌평이었고, 內佐平 岐味[56]는 6좌평 중 내신·내두·내법좌평 중의 한 좌
평에 해당한다. 그 중에서 성씨가 확인되는 좌평은 대성귀족 출신인 沙氏 3
명(智積·사택천복·沙宅孫登)과 國氏 1명(국변성), 그 밖에 鬼室氏 1명(鬼
室集斯)에 불과하다.

두 기록을 종합할 경우 이 시기의 대성귀족 출신은 겨우 해씨 1명, 사씨
3명, 국씨 1명에 불과한 실정이다. 무왕대의 비대성귀족으로는 隋에 파견된
좌평 왕효린이 있고,[57] 의자왕대에는 비대성귀족 출신뿐 아니라 왕서자 41

---

51) 『삼국사기』 백제본기 의자왕 17년 정월.
52) 『삼국사기』 신라본기 태종무열왕 7년 7월 12일, 동 8월 2일.
53) 이를 의자왕대에 이르러 성씨의 중요성이 사라진 것으로 보기도 하고(이종욱, 앞의 글,
 50쪽), 대성 8족 세력이 약화된 것으로 보는 견해도 있다(김주성, 앞의 글, 140쪽).
54) 『일본서기』에는 좌평이 모두 11명이 나오고 있다. 그 중 鬼室福信과 餘自進은 모두 왕족
 으로 동 齊明紀 6년 9월조에는 각각 은솔과 달솔 관등을 가진 것으로 나오고 있는데 후에
 백제부흥운동을 주도하면서 좌평 신분을 자처한 것이 아닐까 한다. 이 두 사람을 제외하
 면 좌평은 9명이 된다.
55) 『일본서기』 皇極紀 원년 2월과 7월. 〈사택지적비〉에 의거하여 智積의 성씨는 8대성의 하
 나인 사씨임이 밝혀졌다.
56) 『일본서기』 皇極紀 원년 2월.

명이 대거 좌평에 임명될 정도로 왕족이 다수 점하는 현상도 생겨났다. 좌평 신분은 더 이상 대성귀족의 전유물이 아닌 셈이다. 이러한 현상은 좌평 왕효린처럼 무왕대부터 나타나고 있는 것이다. 종래 좌평 신분은 거의 대성귀족이 임명되는 것이 상례였는데 점차 대성귀족 출신이 아닌 귀족들이 좌평에 대거 임명되는 것이 보편화되고 있어 주목된다. 종래 좌평의 정원이 무너진 셈이다.

이러한 현상은 이미 무왕대 6좌평 설치부터 시작된 것으로 보아야 한다.[58] 『주서』 백제전의 단계인 사비시대 전기에 좌평의 정원이 5명이었는데, 6좌평제의 신설로 이미 좌평의 정원이 초과하고 있다. 무왕대부터 사실상 좌평의 정원이 철폐되었을 가능성이 높다. 이러한 좌평의 증가현상은 좌평 신분의 지위변화와 관련하여 주목된다. 이는 좌평 신분이 숫적 증가에 따라 정치적 지위가 하락한 것으로 풀이하고 있다.[59]

왕권의 전제화와 관련하여 왕족을 좌평 신분에 대거 임명하거나 또는 왕권에 협조하는 달솔 계층을 왕권의 세력 기반화함으로써 좌평의 정치적 지위 하락을 촉진하는 결과가 되었다. 좌평들 중에는 성충과 흥수처럼 국왕의 의사에 거스리는 경우 투옥당하거나 유배되는 존재로 변한 것이다.[60] 백제

---

57) 王孝隣은 위덕왕 45년에 隋에 사절로 파견된 長史 王辯那의 족속으로 보이는데, 한군현 출신의 후예로서 중국 사정에 정통한 인물로 여겨진다. 무왕대 對隋外交의 중요성을 고려하여 좌평에 임명되었을 것이다.

58) 무왕 때 탐라국왕 徒冬音律이 백제에 복속해 오자 좌평 신분을 준 사례가 있는데(『삼국사기』 신라본기 문무왕 2년), 좌평 신분이 복속민 우대책의 일환으로 수여되고 있음을 알 수 있다.

59) 좌평의 정원 철폐는 의자왕 17년을 계기로 이루어진 것으로 보는 견해도 있는데(김주성, 앞의 글, 130쪽), 의자왕 17년의 왕서자 41명 좌평 임명 기사는 직계 위주의 왕위계승권을 확립하려는 조치와 관련이 있어 보인다. 즉 방계 왕족들의 정치적(좌평)·경제적 보장(식읍)을 통해 왕위계승에 따른 개입을 방지하려는 조치로 여겨진다. 이는 좌평의 정치적 지위를 약화시키는 결과를 낳았으나(이기백, 「백제왕위계승고」『역사학보』11, 1959, 29쪽 ; 이종욱, 앞의 글, 51쪽 ; 김주성, 앞의 글, 130쪽 ; 김수태, 앞의 글, 68쪽), 앞의 달솔 餘自進과 은솔 鬼室福信이 부흥운동을 벌일 때 좌평 신분임을 자처한 사실에 비추어 보면(주) 54 참조) 좌평의 지위가 명예직화하거나 허직화한 것만은 아닐 것이다.

멸망 때 신라에 항복한 좌평들은 달솔과 같이 경위 7등급인 一吉湌에 편입된 사실[61]도 참고된다. 대성귀족들 중 사씨와 국씨 세력은 왕권에 협조하여 세력을 유지한 반면 다른 대성귀족들의 정치·사회적 지위는 왕권에 협조하는 비대성귀족의 현저한 진출로 인해 타격을 입었으며, 좌평 신분들 중에는 아무 직책도 맡지 못하는 무임소의 좌평도 다수 존재하게 되었다.

다음으로 일정한 직책을 가진 좌평에 대해서 알아보자. 사비시대 후기 좌평은 직책 없는 좌평 신분의 현저한 증가 속에서 정무를 담당한 6좌평, 상좌평, 대좌평이 존재한 것으로 나타나고 있다. 마치 신라의 대등 신분이 上大等, 典大等, 仕大等과 같은 관직을 맡는 것처럼 일반 좌평 신분 중에서 6좌평, 상좌평, 대좌평의 직책을 맡은 것이다.

먼저 대좌평은『일본서기』皇極紀의 대좌평 智積과〈당평백제비〉의 大首領 大佐平 사택천복과 국변성의 존재를(D-③) 통해서 확인된다. 대(태)좌평은 6세기 후반 위덕왕 때(B-④)에 처음 사료에 등장한 이래 의자왕 때에는 2명이 있었음을 알 수 있다. 대좌평에는 사씨, 국씨와 같은 유력한 대성귀족 출신의 원훈대신이 임명되어 있었다. 대좌평은 상좌평에서 분화된 최상위 신분을 나타내는 관등적 성격으로 추정되며, 위덕왕대에는 국왕 다음의 높은 서열을 유지한 것으로(B-④) 밝혀졌다.

그런데 사비시대 후기에는 대좌평의 지위와 역할에서 변화가 보이고 있다. 백제 멸망시 당에 압송되어 간 백제인들의 서열을 보면(D-③) 의자왕 - 태자 隆 - 13명의 왕자 - 대수령 대좌평 이하 700여 명의 신료의 순서로 되어 있다. 위덕왕 때 국왕-태좌평-왕자의 서열과(B-④) 비교해 보면 대좌평은 태자와 왕자보다 하위에 있을 정도로 지위가 다소 낮아진 것으로 되어 있다. 이는 의자왕 15년 이후 왕족을 중용하여 왕권의 전제권력 기반을 다지려는 시책과 관련 있어 보인다.[62] 대좌평은 '大首領'이라는 표현에서 보듯이 좌

---

60)『삼국사기』백제본기 의자왕 16년 3월, 6월.
61) 주 15 참조.

평을 포함한 전체 관료들을 대표하고 국정을 통할하는 최고집정관의 위치에 있었던 것이 아닐까 한다.

한편 상좌평은 다음의 기사에 의거해 볼 때 백제 멸망 때까지 존재하였음을 보여준다.

D-① 여우들이 떼를 지어 궁중으로 들어오고 한 마리의 흰 여우가 上佐平의 책상에 올라와 앉았다. [『삼국사기』 백제본기 의자왕 19년 2월]
　② 백제왕자는 上佐平으로 하여금 많은 음식을 갖추어 보냈으나 소정방은 이를 거절하여 물리쳤고, 또 왕의 서자가 몸소 좌평 6명과 더불어 앞으로 나와서 죄를 빌었으나 이를 또한 물리쳤다. [『삼국사기』 신라본기 태종무열왕 7년 7월 12일]
　③ 그 왕 扶餘義慈 및 太子 隆 外王 餘孝를 비롯한 13명, 아울러 大首領 大佐平 沙宅千福 · 國辯成 이하 7백여 인… [唐平百濟碑]

위의 사료에서 상좌평은 백제 멸망기에 대좌평(D-③)보다는 하위에 있고, 또 6좌평을 통솔하는 위치에 놓여 있었음(D-②)을 알 수 있다. 그런데 사비시대 후기에는 중좌평과 하좌평의 존재가 보이지 않는 대신에 6좌평이 새로이 등장하고 있다. 이에 미루어 보아 상좌평은 사비시대 전기에 상 · 중 · 하의 삼좌평에 의한 합의체를 구성하여 국가정책을 심의 의결하고 귀족회의의 의장 역할을 하는 신분이었으나, 점차 대좌평이 최상위 신분으로 분화되어 나가고 또 중 · 하좌평이 소멸하는 대신 관직적 성격의 6좌평이 설치되어 정무를 분담함에 따라 그 지위와 역할도 변화한 것으로 풀이된다.

상좌평은 D-②에서 보듯이 6좌평을 포함한 좌평 신분을 통할하는 수석 좌평의 위치에 있기 때문에 '冢宰'라는 표현이 가능한 것이 아닐까 한다. 이러한 점에서 대좌평과 상좌평은 재상에 비의될 수 있겠다.[63] 대좌평과 상좌평은 부여의 政事嚴 고사에서 보듯이[64] 귀족회의체를 통해 선출된 후 국왕으로부터 임명되는 형식상의 절차를 거쳤을 것으로 추정된다. 6좌평과

---

62) 김수태, 앞의 글, 67쪽, 71쪽.

일반 좌평들의 인사는 원칙적으로 대좌평과 상좌평과 같은 재상의 천거에 의해 이루어진 것 같으나, 의자왕 17년 왕서자 41명의 좌평 임명기사에 비추어 볼 때 대좌평이 D-③에서 보듯이 2명의 복수로 임명되고 있는 점은 정사암 고사와 함께 전통적인 귀족합의체 방식이 여전히 유지되고 있음을 반영하는 동시에 권력의 견제와 분산을 통한 왕권강화의 측면을 시사해 준다.

이와 같이 사비시대 후기에는 직책 없는 좌평 신분이 현저히 증가하는 추세 속에서 정무를 담당하는 관직적 성격의 대좌평, 상좌평, 6좌평이 국왕권력에 편제된 관료로서의 역할을 수행하고 있었음을 알 수 있다. 그러나 백제 멸망시 나당연합군의 침공에 대처하기 위해 열린 귀족회의[65]나 정사암 고사에 나타난 대좌평과 상좌평 선출기사에서 좌평의 지위는 종전보다는 약화되었지만, 발언권 행사를 통해 그들의 입장과 이익을 대변하기도 하였다. 그밖에 토지와 민호를 지배할 수 있는 식읍을 지급받음으로써[66] 경제적 기반을 넓히기도 하였고, 무왕 때 좌평 解讎의 경우처럼 대외전쟁에 출정하거나 좌평 王孝隣과 같이 외교사절로 활동하기도 하였다.[67]

따라서 사비시대 후기는 국정을 총괄하는 최고집정관으로서 재상의 역할을 수행하는 대좌평과 상좌평, 정무를 여섯으로 분담하여 국가정책을 심의 의결하는 정책 결정기관인 6좌평, 6좌평의 하위 행정 실무기구인 22부사를 한 축으로 하여 왕권의 전제화를 이룩한 시기라고 할 수 있다. 사비시대

---

63) 백제의 대좌평과 상좌평 권한을 이해하는 데는 중국의 재상제도가 참고된다. 국왕권과 재상권은 상호 역관계에 의해 결정되지만, 일반적으로 재상은 원래 국정의 중핵에 참여하며 관료의 최고지위에 있으면서 백관의 성적을 考査하여 관리들의 黜陟에 영향을 미치고 작은 일은 전결 처리하는 등 중앙 권력구조 속에서 樞要의 職으로서 관료귀족을 대표하는 존재였다. 재상은 백관을 총괄하고 제도의 개선, 관리선발의 직무가 있었다. 唐代 재상은 奏請權 · 議政權 · 核奏權 · 監督權 · 人事權 · 諫諍權 · 封駁權 · 被諮問權 · 出令權 · 施政權 등의 권한이 부여되어 있었다(김규호, 앞의 글, 35~46쪽).
64) 『삼국유사』 권2, 기이 남부여 전백제.
65) 『삼국사기』 백제본기, 의자왕 20년 6월.
66) 『삼국사기』 백제본기, 의자왕 17년 정월.
67) 『삼국사기』 백제본기, 무왕 3년 추 8월, 8년 춘 3월.

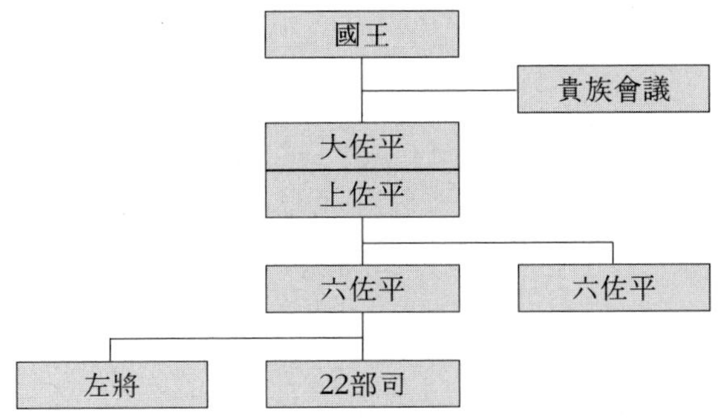

후기의 권력구조를 도시하면 위와 같다.

4. 맺음말

이상으로 사비시대를 좌평제의 변화상에 따라 전·후기의 두 시기로 나
누어 보고 각 시기마다의 좌평제의 실상을 검토하여 6좌평의 연원과 직능적
성격을 파악하고 나아가 백제 중앙 권력구조상에 나타난 좌평제의 위상과
특질을 체계적으로 살펴보았다. 이를 요약하면 다음과 같다.

먼저 좌평에 대한 여러 명칭을 검토한 결과 좌평의 명칭을 종래『주례』
夏官 司馬의 직장에서 취한 것으로 보았으나, 좌평은 1품관이고 백제 초기
의 최고관직인 左·右輔를 개편하여 설치된 점에 미루어 보아 오히려 총재
또는 재상의 직장을 뜻하는 '以佐天子理陰陽 平邦國'과 결부시키는 것이
보다 타당해 보인다. 그리고 좌평의 별칭인 '左率'이란 명칭을 통해 좌평이
솔계 관등에서 분화되었음을 시사해 주고 있기 때문에 좌평제의 기원을 사
비시대 주례주의 정치이념의 채용과 관련하여 보는 것보다는 솔계 관등의
연원인 족장적 성격의 '率善' 관적 관직에서 찾는 것이 설득력 있어 보인다.

사비시대 전기의 좌평은 정원이 5명이었는데 상좌평에서 분화된 태(대)
좌평과 상·중·하의 삼좌평, 그리고 일반 좌평으로 구성되어 있었다. 태
(대)좌평은 유력한 대성귀족 출신의 훈신에게 수여된 비상위의 최고 관등이

었고, 상·중·하의 삼좌평은 귀족회의의 핵심 구성원인 동시에 합의방식에 의한 정책심의 의결권을 행사하였으며, 일반 좌평은 사안에 따라 특정업무를 관장하는 1품의 신분이었다. 좌평의 거의 유력한 대성귀족 출신이 임명되었는데 귀족회의나 삼좌평 합의체 운영을 통해 그들의 이익을 대변하였고, 때로는 왕권을 견제하는 역할도 하였다. 삼좌평 합의체는 직능분화와 권력분산을 통한 상호 견제의 의미를 갖고 있다. 국왕 직속의 내정관부와 행정관부로 구성된 22부사와 이와는 다른 계통의 관직인 좌장, 내두, 영군, 내신 등을 통해 국가 행정업무를 집행함으로써 왕권 중심의 정치운영을 이루어 나갈 수 있었다.

한편 6좌평은 중국의 6전체제를 바탕으로 내두·영군·내신과 같은 백제의 전통적인 관직을 확대 개편하고, 이들 관직에 종래의 솔계 관등을 격상시켜 좌평급을 임명한 데에서 비롯한 것이었다. 정무를 직능적으로 분담한 6좌평 설치는 왕권강화와 관련이 있으며 백제 정치제도의 진전을 보여주는 것이다. 6좌평의 설치 시기와 좌평의 정원 철폐는 무왕이 왕성 수리와 태자 책봉 등의 시책을 통해 왕권의 위상을 확고히 하는 무왕 30년대 전반경으로 추정해 볼 수 있다. 무왕과 의자왕대에는 대성귀족 출신의 좌평이 증가하고 또 성씨의 중요성이 약화되는 가운데 좌평 신분의 현저한 숫적 증가 현상이 나타난다. 이에 따라 직책 없는 무임소의 좌평이 증가한 결과 좌평 신분의 지위하락을 초래하게 되었다.

이와 같이 사비시대 후기에는 직책 없는 좌평 신분이 현저히 증가할 정도로 정원이 철폐되는 추세 속에서 특정한 정무를 담당하는 관직적 성격의 대좌평, 상좌평, 6좌평이 있어 국왕권력에 편제된 관료로서 역할을 수행하고 있었다. 국정을 총괄하는 최고 집정관인 대좌평과 좌평 신분을 대표하는 상좌평은 재상의 역할을 수행하였고, 관료적 성격의 6좌평은 정무를 여섯으로 분담하여 국가정책을 심의 의결하는 정책 결정기관으로서 역할을 하였다. 그리고 6좌평의 하위 행정 실무기구인 22부사를 한 축으로 하여 왕권의 전제화를 이룩한 시기라고 할 수 있다.

『충북사학』9, 충북대학교 사학회, 1997

백제의 지방통치체제

1. 연구 현황

한국고대사에 있어서 중앙권력과 지방세력과의 관계를 유기적으로 파악하는 데에는 지방통치체제에 대한 이해가 필수적이다. 지방통치체제는 국가의 통치의지를 일정 지역에 관철시키는 중요한 요소로서 중앙집권력의 정도를 가늠해 주는 주요 관건이 되기 때문이다. 이를 통해 중앙의 지방지배책이나 경제제도의 해명 뿐 아니라 지방의 재지세력이나 민의 존재 형태를 다각적으로 규명하여 균형 잡힌 고대 사회의 실상을 복원하는데 중요한 단서를 찾을 수 있다.

백제의 지방통치체제에 관한 연구는 1980년대 중반 이후부터 활기를 띠게 되면서 백제사의 중요한 연구 주제의 하나로 대두되었다. 이에 대한 전문적인 연구로 이어져 박사학위 연구주제 뿐 아니라 단행본이 속속 출간되었고, 학술대회의 주요한 연구 테마로도 설정될 정도의 큰 관심을 불러일으키게 되었다. 이에 따라 백제사 연구의 질과 양 모두를 제고시키는데 기여할 정도로 적지 않은 성과를 올리게 된 것이다. 그 이전의 연구가 주로 그 세부 내용보다는 전체적인 틀을 제시하는 측면에서 단편적으로 이루어진 것에 비하면 가히 괄목할 만한 것이라 할 수 있다.

그 동안 진행되어 온 백제의 지방통치체제 연구는 문헌 연구 입장에서 이루어진 제도사적 연구와 고고학적 측면에서의 지역연구로 대별된다. 이에 따라 최근에는 성·촌제를 단위로 한 백제 지방통치체제의 구조와 제도상의 변화, 그리고 각 지역에 토착한 재지세력의 존재 양태와 성격 규명[1] 등 여러 측면에서의 다각적인 접근이 이루어지고 있다.

이처럼 백제 지역사에 대한 관심과 연구 성과가 쌓이게 된 배경은 고고학·인류학·미술사학 등 인접학문과의 긴밀한 교류를 통해 얻어진 연구방법론상의 진전과 특히 고고학 분야의 성과에 기인한 것으로 볼 수 있다. 1990년대 이후 지역 개발의 열기를 타고 각 지역에서 각종 발굴조사가 활기를 띠면서 문헌자료의 공백을 부분적으로 메워줄 수 있는 하나의 돌파구가 마련되었기 때문이다. 특히 천안 화성리유적을 비롯하여 용원리유적, 그리고 공주 하봉리와 수촌리유적, 익산 입점리유적, 원주 법천리유적 등지에서 출토된 새로운 고고학 자료들은 백제의 중앙과 지방세력과의 함수관계를 보여줄 뿐 아니라 각 지역의 재지세력들의 존재양태를 시사해 주는 중요한 자료로서 세간의 주목의 대상이 되어 왔다.

그러나 이러한 최근에 진전된 많은 성과에도 불구하고 아직 백제 지방통치의 변화 발전상의 다양한 모습을 체계적이고 동태적으로 밝혀내지 못하

---

1) 김주성, 「백제 지방통치조직의 변화와 지방사회의 재편」『국사관논총』35, 1992 및 「영산강유역 대형옹관묘 사회의 성장에 대한 시론」『백제연구』27, 1997 ; 김영심, 「百濟의 城, 村과 地方統治」『百濟研究』28, 충남대학교 백제연구소, 1998 ; 이현혜, 「4~5세기 영산강유역 토착세력의 성격」『역사학보』166, 2000 ; 田中俊明, 「영산강유역에서의 전방후원형고분의 성격 -조묘집단의 성격을 중심으로-」『지방사와 지방문화』3, 역사문화학회, 2000 ; 문안식, 「백제의 방군성제의 실시와 전남지역 토착사회의 변화」『전남사학』19, 2002 및 「영산강유역 토착사회의 성장과 연맹체 -신미국의 연맹체 형성과 대외관계의 변화를 중심으로-」『사학연구』68, 2002 ; 양기석 외, 『백제 지방세력의 존재양태 -청주 신봉동유적을 중심으로-』, 한국학중앙연구원, 2005 ; 강종원, 「한성말기 지방지배와 수촌리 백제고분군」『4~5세기 금강유역의 백제문화와 공주 수촌리 유적』, 2005 ; 김기범, 「천안 용원리유적 축조세력 연구」『백제연구』42, 2005.

고 있다. 관련 사료의 절대 부족과 관련 사료를 이해하는 관점, 국가 형성이
나 영역의 변화에 대한 인식, 그리고 백제 영역권에서의 다양한 재지세력의
존재 등에 대한 이해의 차이가 크기 때문에 아직 통일된 의견의 일치를 보
지 못한 채 논쟁을 거듭하고 있다. 백제의 시기별 영역의 변화, 지방통치조
직에 대한 구조 파악과 여러 제도의 변화, 지방관의 파견 시기와 성격, 성 -
촌제의 편성과 변화 문제를 중심으로 하여 여러 측면에서의 앞으로 해결해
야 할 과제가 산적해 있다.

지금까지 백제 지방통치체제의 전개와 변화 과정을 체계적으로 추구하
는 연구는 계기적 발전론의 형태로 이루어져 왔다. 이 방면의 선구적 업적
을 남긴 武田幸男은 백제 지방통치체제를 4세기 말의 성-촌체제, 5세기의
왕·후·태수제, 6세기의 담로체제, 6세기 중엽 이후의 방-군-성체제로 설
정하였다.[2] 이어 노중국은 근초고왕 이전의 5부체제, 그 이후부터 웅진도
읍기까지는 담로체제, 사비도읍기는 방-군-성체제로 설정하여 각 단계마다
의 변화과정을 제시하였다.[3] 이러한 견해들은 종래 웅진 및 사비시대에 한
정하여 단편적으로 입론된 백제의 지방통치체제를 백제사 전 시기에 걸쳐
체계적으로 파악하려 하였다는 점에서 의미있는 작업이라 할 수 있다.

이러한 선구적인 연구 성과를 토대로 하여 90년대 중반 이후부터는 이에
대한 전문적인 연구 성과와 논의들이 활발하게 나타났다. 그 중 박현숙은
백제 초기의 부제, 4세기 중반 이후의 담로제, 6세기 중반 이후의 5방체제를
설정하여 계기적인 과정을 거쳐 일원적인 통치체제로 발전해 온 것으로 파
악하였고,[4] 김영심은 백제 초기의 부체제, 5세기 중반 이후 담로제, 6세기
중반 이후 5방제로 백제의 지방통치체제의 구조와 변화 양상을 구조적 실증
적으로 이해하였다.[5] 그리고 이용빈은 5부제, 5부제·담로제의 병치기, 6

---

2) 武田幸男, 「六世紀における朝鮮三國の國家體制」 『東アジアにおける日本古代史講座』4,
　　學生社, 1980.
3) 노중국, 『백제정치사연구』, 일조각, 1988.
4) 박현숙, 『百濟 地方統治體制 研究』, 고려대박사학위논문, 1997.

세기 초 5방제로 변화한 것으로 파악하였다.[6]

이와 같이 백제의 지방통치체제의 전체적인 틀에 대해서는 단계별 제도 설정이나 시기별 선후 관계와 공존 관계 등 그 세부적인 면에서 논자들 간에 차이는 있지만 대체로 부제 → 담로제 → 5방체제의 순으로 계기적인 변화 발전해 온 것으로 이해하고 있음을 알 수 있다. 따라서 백제 지방통치체제의 전반적인 연구 성과를 초기 5부제, 담로제, 5방제의 각론을 중심으로 연구 현황을 검토하여 앞으로의 연구 방향을 가늠해 보기로 한다.

2. 部制에 대한 논의

백제 초기의 지방통치체제로 논의되고 있는 것이 部制이다. 『삼국사기』 백제본기에 의하면 온조왕 31년부터 비유왕 2년(428)까지 방위명을 붙인 부에 관한 기사가 모두 13개 나오는데 거의 고이왕대 이전에 집중 기록되어 있다. 이에 대해 백제 초기의 부는 고유한 명칭을 붙인 족제적인 성격의 부가 지방행정 구획적인 방위명 부로 변화해 간 고구려나 신라의 경우와 다른 모습을 보여주고 있어서 많은 의문과 논의의 대상이 되어 왔다. 논의의 초점은 백제 초기의 4부에 관한 기록 자체의 신빙성 문제와 부제의 성격에 관한 문제일 것이다.

부에 관한 연구가 본격화되기 이전에는 한동안 백제 초기의 부에 관한 기사를 후대의 조작으로 보고 그 실체를 인정하지 않았다. 그러나 1970년대 중반 이후 백제 초기의 기록 자체를 적극적으로 인정하는 분위기가 형성되면서 삼국 초기의 국가적 성격을 새롭게 접근하려는 움직임이 일어났다. 그 대안의 하나로 모색이 된 것이 '部體制論'이었는데 1975년 노태돈에 의해

---

5) 김영심, 『百濟 地方統治體制 硏究 : 5~7세기를 중심으로』, 서울대박사학위논문, 1997.
6) 이용빈, 『백제 지방통치제도 연구 -담로제를 중심으로-』, 서경, 2002.

처음으로 제기되었다.[7]

부체제론은 중앙집권적인 고대국가의 전 단계인 초기 고대국가의 국가 구조와 정치운영의 성격을 구조론적으로 접근하여 제시된 개념이다. 『삼국사기』 초기기록에 나오는 部는 단지 지방통치체제의 측면에 국한된 것이 아니라 삼국 초기의 전반적인 정치 구조를 상징적으로 나타내 주는 핵심적인 요소로서 주목을 받게 된 것이다. 부체제론은 초기 고대국가의 지배구조나 정치운영 형태에 대한 실태 파악은 물론 여러 정치집단들의 존재형태를 구조적으로 제시했다는 점, 그리고 한국 고대국가 발전의 단계를 부체제-군현제에 입각한 중앙집권체제로 분명히 제시하였다는 점 등에서 이 방면 연구상의 진전과 함께 많은 연구자들의 동의를 얻고 있다.

이어 1999년에는 한국고대사학계의 큰 쟁점 중의 하나인 부체제에 대한 그동안의 개별 연구성과를 종합 정리하고 이 방면 연구를 보다 심도 있게 진전시키기 위해 한국고대사학회에 의해 '한국 고대사회의 부'라는 주제를 놓고 세미나가 개최되었다. 이를 통해 삼국의 부제를 지방행정구역으로 보거나 또는 부체제를 국가발전의 한 단계로 설정하는 데에 따른 방법론과 논리상의 문제점이 지적되기도 하였으나, 고구려와 신라에 비해 상대적으로 미흡했던 백제의 부제 연구를 활성화시키게 되는 계기가 된 것은 큰 성과라 할 수 있다.

지금까지 백제 초기의 부제에 대한 논의는 여러 측면에 걸쳐 다양한 견해가 제시되어 왔다. 부체제에 관한 용어나 개념 정의 문제라든가, 부제의 성립 시기, 부의 편제 대상 지역, 그리고 부의 성격 문제 등에서 논자들 사이에서 상이한 견해차가 드러나고 있는 실정이다.

먼저 백제 초기 부제의 구성에 대해서는 대부분의 논자들이 5부제의 실재를 인정하고 있다. 이와는 달리 일부의 논자들은 4부체제로 이해하거

---

7) 노태돈, 「삼국시대 '부'에 관한 연구 -성립과 구조를 중심으로-」 『한국사론』2, 1975 및 「초기 고대국가의 국가구조와 정치운영 -부체제론을 중심으로-」 『한국고대사연구』17, 2000.

나,[8] 좌평제와 연결시켜 부제의 변화과정을 추구한 연구도 있다. 특히 주보돈은 백제 초기의 부체제가 중앙부, 북부, 동부의 3부체제로 운영되다가 고이왕대 5좌평 설치에서 보이는 것처럼 5부체제로, 다시 근초고왕대에는 중앙부와 북부의 2부 중심체제로 변화되면서 사실상 부체제가 소멸된 것으로 이해하였다.[9] 5부체제를 5좌평과 연결시켜 그 관할구역으로 본 점은 독특한 관점이라 할 수 있으나 관련 사실 여부에 대한 검증이 필요하다.

부의 명칭에 대해서는 고구려와 신라의 경우처럼 족제적인 부에서 방위명 부로 변화된 것으로 보는 견해와 처음부터 방위명 부가 실시된 것으로 보는 견해로 대별된다. 먼저 백제 초기의 부제를 부체제의 입장에서 접근하고 왕도의 부 성격을 가진 후대의 부와 성격상의 차이가 있는 것으로 파악하는 견해가 있다.[10] 이 견해는 고구려와 신라의 관련 연구 성과를 원용하여 상정된 것인데 대체로 단위정치체의 성격을 가진 족제적인 부명에서 행정적인 방위명 부로 변화된 것으로 보고 있다. 다만 그 변화 시기에 대해서는 고이왕대설,[11] 근초고왕대설,[12] 5세기 후반 웅진 천도 이후설[13]로 각각 다르게 보고 있다.

반면 온조왕대로 보는 긍정론 이외에 수정론의 입장에서 백제 초기부터 방위명 부가 성립된 것으로 보는 견해가 있다. 긍정론의 입장에서 백제 온조왕 대에 나타나는 4부 성립 기사를 적극적으로 인정하고 백제 초기의 부

---

8) 이우태, 「백제의 부체제 -신라와의 비교를 중심으로-」 『백제사의 비교연구』, 충남대 백제연구소, 1993.

9) 주보돈, 「백제 초기사에서의 전쟁과 귀족의 출현 -부체제를 중심으로-」 『백제사상의 전쟁』, 충남대 백제연구소, 1993.

10) 노중국, 『백제정치사연구』, 일조각, 1988 ; 노태돈, 「삼국시대 '부' 에 관한 연구 -성립과 구조를 중심으로-」 『한국사론』2, 1975 및 「초기 고대국가의 국가구조와 정치운영 -부체제론을 중심으로-」 『한국고대사연구』17, 2000.

11) 노중국, 『백제정치사연구』, 일조각, 1988 ; 김영심, 「百濟史에서의 部와 部體制」 『韓國古代史研究』17, 2000.

12) 김기섭, 『백제와 근초고왕』, 학연문화사, 2000.

13) 노태돈, 「삼국시대 '부' 에 관한 연구 -성립과 구조를 중심으로-」 『한국사론』2, 1975.

제를 지배자 집단의 단위 정치체라는 관점에서 그 편제 대상지역을 지배자 집단의 거주지인 왕도에 국한한 것으로 보는 견해와, 또는 전국을 단위로 한 지방통치구획으로서 부제가 성립된 것으로 보는 견해[14]가 있다. 이는『삼국사기』초기기록을 대체적으로 취신하는 입장에서 입론된 것이지만 후대 사실이 건국 시조인 온조왕대에 일괄 부회되어 서술된 측면도 있어 이를 그대로 수용하기는 어렵다고 본다. 반면 수정론 입장에서 백제 초기의 부에 관한 기록을 수정하여 받아들이고 백제 초기 영역의 변화에 따라 지방통치체제의 성격 변화가 있었던 것으로 보는 견해가 전반적인 추세라 할 수 있다.

이처럼 고구려나 신라와는 달리 백제 초기부터 방위명 부제가 채용된 배경을 백제국 중심의 연맹체 단계에서 중앙의 집권력을 강화하려는 내부적 요인과, 또 낙랑과 말갈 등의 외부 침입에 대비하려는 군사적 목적에서 연유한 것으로 보고 있다.[15] 그 기원은 부여의 전통적인 사방관념을 바탕으로 한군현인 낙랑에서 실시한 부제를 원용하여 성립한 것으로 보는 견해도 제기되었다.[16] 그 성립 시기에 대해서는 건국기인 온조왕대로 보는 견해 이외에 수정론 입장에서 백제가 한군현 세력을 크게 위협할 정도로 국력이 성장하는 2세기 후반이나[17] 3세기 중반 고이왕대,[18] 또는 백제의 영역이 크게 확대되는 4세기 중반 근초고왕대[19]로 보는 견해가 각각 제기되고 있다.

한편 백제 초기 부제의 성격에 대해서도 논자들 간에 여러 견해가 제기

---

14) 박현숙,「백제 초기의 지방통치체제의 연구 -「부」의 성립과 변화과정을 중심으로-」『백제문화』20, 1990 및『百濟 地方統治體制 硏究』, 고려대박사학위논문, 1997.
15) 박현숙,『百濟 地方統治體制 硏究』, 고려대박사학위논문, 1997 ; 양기석,「백제 초기의 부」『한국고대사연구』17, 2000.
16) 김기섭,「백제 전기의 부에 관한 시론」『백제의 지방통치』, 학연문화사, 1998 ; 양기석,「백제 초기의 부」『한국고대사연구』17, 2000.
17) 양기석,「백제 초기의 부」『한국고대사연구』17, 2000.
18) 노중국,『백제정치사연구』, 일조각, 1988 ; 김영심,『百濟 地方統治體制 연구 : 5~7세기를 중심으로』, 서울대박사학위논문, 1997.
19) 이도학,『백제 고대국가 연구』, 일지사, 1995 ; 김기섭,『백제와 근초고왕』, 학연문화사, 2000.

되어 쟁점이 되고 있다. 부체제로 볼 것인가 아니면 지방통치체제로 볼 것인지가 논쟁의 핵심이다. 부체제로 볼 경우 그 성격을 초기 고대국가라는 독립된 시기로 볼 것이냐 아니면 연맹 단계에서 고대국가로 넘어가는 과도기로 볼 것이냐에 대한 견해의 차이가 크다.

단위정치체인 부체제를 인정하는 바탕 위에서 백제 초기의 부제를 지방통치체제의 차원으로 이해하는 견해가 있다. 박현숙은 백제 초기의 부가 족제적 또는 부족적 성격이 약한 방위부로서 전국을 단위로 한 초보적인 지방통치구획이었으며 부에 소속되어 있던 재지세력들을 통한 간접통치가 관철된 것으로 보았다.[20] 김기섭은 4세기대에 이르러 部-城-村체제가 성립되었는데 이때의 부는 행정 편의를 위해 중앙에서 임의로 구획한 행정·군사적 단위로서 전국을 대상으로 편제한 방위명의 5부체제였다는 것이다.[21] 이도학 역시 4세기대에 행정적인 방위명 부로 개편한 것으로 보았으나 백제의 전체 영역에 대한 지방지배방식을 이원적으로 본 점이 다른 논자들과 구별되는 독특한 관점이다. 즉 금강 이북지역은 군관구적인 部-城-村체제를, 그리고 새로 획득한 금강 이남의 전라도 지역은 지방거점 통치방식인 담로체제를 구축한 것으로 보았다.[22]

반면 부체제론을 인정하지 않고 『삼국사기』 초기기록을 적극적으로 긍정하는 입장에서 부제를 지방행정구역으로 보는 견해가 있다. 이종욱은 초기의 부에 대해서 전국을 인위적으로 구획한 초보 단계의 지방통치조직으로 보고 여러 부를 통할하는 존재인 국왕을 단지 한 부의 장으로 보는 부체제론을 비판하였다.[23] 그리고 제가회의는 국왕의 통제 하에 구성된 군신회

20) 박현숙, 「백제 초기의 지방통치체제의 연구 -「부」의 성립과 변화과정을 중심으로-」『백제문화』20, 1990 및 『百濟 地方統治體制 硏究』, 고려대박사학위논문, 1997.
21) 김기섭, 「백제 전기의 부에 관한 시론」『백제의 지방통치』, 학연문화사, 1998.
22) 이우태, 「백제의 부체제 -신라와의 비교를 중심으로-」『백제사의 비교연구』, 충남대 백제연구소, 1993 ; 이도학, 『백제 고대국가 연구』, 일지사, 1995.
23) 이종욱, 「백제의 건국과 통치체제의 편성」『백제논총』4, 1994 및 「한국고대의 부와 그 성격」『한국고대사연구』17, 2000.

의체이며, 삼국의 부를 지방행정구역으로 파악하였다. 김영심은 부체제 단계의 설정을 회의적으로 보고 있지만 그 변화 시기와 성격면에서는 차이가 있다. 즉 고이왕대 이전에는 백제의 부가 단위체적 성격이 강했으나, 그 이후 근초고왕대까지는 지배체제의 정비에 따라 백제의 전역을 방위에 따라 구분한 단순한 지역구분으로서의 의미를 가진 부로 변화한 것으로 보았다.[24]

이와 같이 대부분 연구들은 전반적으로 백제 초기의 부 관련기사를 고이왕대 이후의 사실로 수정하여 취신하고 있을 뿐 아니라 백제의 국가발전 단계상의 한 단계인 부체제 단계를 설정하여 그 성격과 의미를 구조적으로 접근하고 있는 것이 요즈음의 추세이다. 그러나 부제세의 개념 정의와 성립시기, 성격 등에 대해서는 여전히 해결되지 못한 채 다양한 견해가 제시되어 있고, 또 그 구조와 운영 실태 및 다른 지방행정조직과의 관련성 등 아직도 해명되지 않는 부분이 많이 남아 있다.

보다 근본적인 문제는 고이왕대 이전의 백제 초기 部 관련기사를 불신하고 있는 점이다. 『삼국사기』 백제본기의 초기 기사 중 기년이나 왕실계보 및 통치영역 기사 등에는 한국 고대국가의 발전 과정을 감안해 볼 때 다소 불합리한 점이 발견되고는 있지만, 초기기록은 백제 국가의 발전과정이 순차적으로 응축하여 서술하고 있는 점을 감안해 볼 때 백제 초기 部의 존재 자체를 전적으로 불신할 필요는 없다고 본다.

국가 성립기 단계에서 집권력 강화와 대외 방어를 위한 군사적 목적을 위해 지방세력을 일정하게 통제할 필요에서 원초적인 형태의 제도적 장치를 갖춘 것이 부제의 채용으로 나타난 것이 아니었을까 한다. 백제 초기 부제의 존재를 인정하는 입장에서 部의 성립과정과 성격을 고찰하고, 이를 통해 백제의 국가발전 과정에서의 질적인 차이를 가늠해 보는 것이 한국 고대사회의 일면을 이해하는 데 한 척도가 될 것으로 여겨진다.

---

24) 김영심, 「百濟史에서의 部와 部體制」 『韓國古代史研究』17, 2000.

3. 檐魯制論

　백제의 지방통치체제를 논하는 데 있어서 큰 쟁점이 된 주제는 담로제에 관한 이해일 것이다. 담로제는『梁書』백제전에 전하는 지방제도의 기록으로서 6세기 초 무령왕대의 지방지배책의 일단을 시사해 준다는 점에서 비교적 활발한 연구가 진행되어 왔다. 지금까지 담로제에 대해서는 개념규정, 관련 사료에 대한 이해, 실시 배경과 시기, 왕·후제와의 관련성, 실시 대상 지역, 통치방식과 성격 등에 대해 합의점을 찾지 못한 채 논란이 많이 제기되고 있다.

　먼저 담로의 개념에 대해서는 일반적으로 '성읍', '대성'으로 파악하면서 지방의 치성으로 이해하고 있다.[25] 그리고 담로제의 실시 시기에 대해서는 백제의 건국 초기설, 근초고왕대설,[26] 개로왕대설,[27] 무령왕대설[28] 등 다양한 견해가 제시되어 있다. 그 중 담로제를 건국 초로 보는 견해는 담로가 마한 소국 - 국읍 질서의 토대를 두고 정비된 것으로 보는 입장이 반영된 것인데, 이를 따를 경우 백제 통치체제의 변화상을 너무 단순화시킨다는 문제점이 생긴다.

　반면 다른 견해들은 지역의 중심이 되는 거점성에 지방관을 파견하여 통치하는 체제로 보는 입장을 제시하고 있다. 후자의 경우『일본서기』인덕기 41년조 기사와『양서』백제전의 22개 담로 기사를 어떻게 이해하느냐에 따라 담로제 실시 시기에 대한 이해의 차이를 보여주고 있다. 관련 기록들을 사료

---

25) 유원재,「『梁書』〈百濟傳〉의 檐魯」『백제의 중앙과 지방』, 충남대백제연구소, 1997.
26) 노중국,「한성시대 백제의 지방통치체제 -담로체제를 중심으로」『변태섭박사화갑기념사학논총』, 1985 및「한성시대 백제의 담로제 실시와 편제기준」『계명사학』2, 1991 ; 이도학,「한성 후기의 백제 왕권과 지배체제의 정비」『백제논총』2, 1995 및『백제 고대국가 연구』, 일지사, 1995.
27) 김영심,『百濟 地方統治體制 연구 : 5~7세기를 중심으로』, 서울대박사학위논문, 1997 ; 김기섭,「백제 전기의 부에 관한 시론」『백제의 지방통치』, 학연문화사, 1998.
28) 정재윤,「웅진·사비시대 백제의 지방통치체제」『한국상고사학보』10, 1992.

비판을 거쳐 어떻게 재구성하느냐가 관건인데 현재 백제권역에서 출토되는 관련 고고학 자료를 폭넓게 활용하는 측면에서의 방법론적 접근이 필요하다.

담로의 실시 배경에 대해서는 대체로 백제의 영역 확대와 지방에 대한 중앙의 통제력 강화에 따라 간접지배 방식인 부체제의 미숙성을 극복하고자 지방관을 파견함으로써 일원적인 통치체제로 편제하려는 것으로 파악하고 있다. 담로제의 통치방식에 대해서는 백제 전역을 대상으로 한 일원적 지방통치체제로 파악하는 영역지배 방식으로 보느냐,[29] 아니면 제한 지역에만 실시한 이원적 지방통치체제인 거점지배 방식으로 보느냐의 관점의 차이가 있다.

후자의 경우 이도학은 근초고왕대에 새로이 복속한 금강 이북지역에는 5부체제를, 그 이남 전라도 지역의 거점성에 대해서는 담로제를 실시한 것으로 보고 있다.[30] 이용빈은 5부체제와 담로제가 같은 시기에 병존한 것으로 보는 데에는 견해를 같이 하고 있지만 그 실시 대상지역을 가야의 일부 지역에까지 확대 적용하고 있는 점이 다르다.[31] 이 견해는 근초고왕대 이후 영산강유역의 재지세력의 존재형태나 백제 중앙과의 관계 등이 해명되어야 하고, 또 당시 백제가 가야세력을 어떻게 지배했는가에 대한 다각적인 검토가 필요하다.

다음으로 담로제와 왕·후제와의 관련성 여부에 대한 연구성과를 검토할 차례이다. 왕·후제는『송서』와『남제서』백제전에 나오는 국가에 일정한 공로를 세운 유력한 귀족들에게 사여한 작호이다. 논의의 초점은 이러한 왕·후제를 담로제와 같이 지방통치체제로 관련시켜 보느냐의 여부이다. 왕·후제를 지방통치체제로 인정하는 경우 담로제와의 관계를 동일한 존재

---

29) 노중국,『백제정치사연구』, 일조각, 1988 ; 김영심,『百濟 地方統治體制 연구 : 5~7세기를 중심으로』, 서울대박사학위논문, 1997.
30) 이도학,「한성 후기의 백제 왕권과 지배체제의 정비」『백제논총』2, 1995 및『백제 고대국가 연구』, 일지사, 1995.
31) 이용빈,「백제의 담로제 연구」『명지사학』11·12, 2000 및『백제 담로제 연구』, 명지대박사학위논문, 2001 및『백제 지방통치제도 연구 -담로제를 중심으로-』, 서경, 2002.

로 보느냐와 별개의 것으로 보느냐에 따라 여러 견해가 제시되어 있다.

먼저 왕·후제를 담로제와 같은 지방통치체제로 보는 견해가 있다. 왕·후제는 왕족 및 고위 관료가 지방관에 임명되는 것이며, 각자의 분봉되는 지역을 가지고 있다는 점에서 『양서』 백제전의 담로제 기사에 보이는 '子弟宗族'을 같은 실체로 파악하고 있다.[32) 왕·후제와 담로제는 동일한 역사적 사실이 서술 방식의 차이에 따라 달리 기술된 것으로, 왕·후호를 소지한 자를 담로의 장으로 보았다. 담로의 장은 왕족만이 아니라 고관 및 토착세력도 포함되었으며, 이들은 지방관으로서 봉건제적 요소를 가미한 군현제적 지배질서의 성격을 가진 것이라 하였다. 그러나 왕·후호 수작자들 중에는 왕족 뿐 아니라 이성귀족들이 다수 포함되어 있는 점에 대한 세밀한 검토가 필요하다.

다음으로 왕·후제를 담로제와는 별개의 계기적 관계로 보고 담로제를 왕·후제의 진전된 지방통치체제로 보는 견해가 있다. 이 견해는 논자들 간에 다소 차이는 있지만 武田幸男,[33) 田中俊明,[34) 정재윤[35) 등에 의해 이어지고 있다. 그 실시 배경에 대해서는 백제가 전라도 지역을 정복을 통해 영유하는 과정에서 백제왕은 대왕적 존재로서 그 일족과 고관들을 일시적으로 왕·후로 임명하여 전라도 지역의 정복과정에서 아직 영유하지 못한 지역에서의 정당성을 주장하는 가운데서 나온 것으로 이해하였다.[36) 이 견해는 백제가 영산강유역을 영유한 시기를 근초고왕대로 보는 기존 견해와는 달리 6세기 초에 이르기까지 백제와는 전혀 별개의 정치체가 존재한 것으로

---

32) 김영심, 『百濟 地方統治體制 연구 : 5~7세기를 중심으로』, 서울대박사학위논문, 1997.

33) 武田幸男, 「六世紀における朝鮮三國の國家體制」『東アジアにおける日本古代史講座』4, 學生社, 1980.

34) 田中俊明, 「웅진시대 백제의 영역재편과 왕, 후제 -영산강유역 백제영역화 문제와 관련하여-」『백제의 중앙과 지방』, 충남대학교 백제연구소, 1997.

35) 정재윤, 「웅진·사비시대 백제의 지방통치체제」『한국상고사학보』10, 1992.

36) 田中俊明, 「웅진시대 백제의 영역재편과 왕, 후제 -영산강유역 백제영역화 문제와 관련하여-」『백제의 중앙과 지방』, 충남대학교 백제연구소, 1997.

보는 인식이 전제되어 있다.

다음으로 왕·후제를 지방통치체제로 볼 수 없다는 견해가 있다. 이들은 백제류의 천하관 형성이라는 차원에서 왕·후제를 작위적이고 의례적인 성격으로 파악하고 있으며,[37] 또는 국가에 큰 공로를 세운 왕족이나 귀족들에게 수여한 작호제 차원에서 파악하여 견해도 있다.[38] 백제의 왕·후제는 관련 기록은 물론 중국의 작호제 실태와의 비교를 통해 보다 면밀한 검토가 필요하며, 또 운용상에 있어서의 시기별 변화상도 규명되어야 할 것이다. 그리고 수작자들은 거의 왕족을 포함한 일급 귀족들인 점에서 과연 연고가 없는 영산강유역 일대에 파견된 지방관으로 볼 수 있겠는가에 대한 다각적 검토가 필요하다.

4. 5방제론

백제의 지방통치체제 가운데 가장 진전된 형태로 멸망기까지 존속하였던 제도는 5방제이다. 이에 관한 사료는 거의 중국사서인 『주서』, 『수서』, 『한원』 등의 기록에 근거를 두고 그 대체적인 윤곽만을 제시하고 있지만 부제나 담로제와는 달리 이견의 차이가 심하지 않다. 논의의 초점은 5방제의 성립 시기, 방-군-성 사이의 통속 관계, 군장과 도사와 같은 지방관의 성격 문제 등에서 아직 해명되지 않았거나 논란이 제기되고 있다. 이와 관련하여 왕도의 5부제 편제 문제도 함께 다루어져야 할 연구 과제로 대두되고 있다.

먼저 5방제의 실시 시기에 대해서는 담로제와 5방제의 계기적 관계로 설정해 보고 웅진시대설,[39] 사비천도 전후설,[40] 위덕왕대설[41] 등이 제기되고 있다. 그 중 대체적으로 사비천도를 전후로 한 시기에 형태를 갖추기 시작

---

37) 양기석, 「5세기 백제의 「왕」·「후」·「태수」제에 대하여」 『사학연구』 38, 1984.

38) 노중국, 「금강유역의 백제 영역화와 문화적 변화」 『충청학과 충청문화』 4, 충청남도역사문화원, 2005.

하여 사비시대에는 일관되게 시행된 것으로 보는 견해가 통설로 받아들여지고 있다. 그 성립 배경에 대해서는 16관등제·22부제·왕도 5부제 등의 중앙통치체제의 정비와 군사적 측면에서의 지방의 통제력 강화와 수취 기반의 확대를 도모하는 목적에서 상위의 행정구획으로 5방제를 설정한 것으로 보고 있다.

5방제의 통속관계에 대해서는 방-군-성 사이에 철저한 통속관계가 설정되어 있었다는 견해와,[42] 이를 이원화하여 군정 부문에는 비교적 철저한 통속관계가 이루어졌으나 민정부문에는 방과 군 사이에 직접적인 통속관계가 설정되어 있지 않았을 것으로 보는 견해[43]가 있다. 그리고 방-군-성의 통속관계에서 지방관으로 방령 - 군장(군령) - 성주(도사)를 설정하고 있는데 지방관의 성격에 대해서는 견해의 차이가 제기되고 있다.

논의의 초점은 관련 기사에 대한 해석을 둘러싸고 方佐의 정원, 郡長의 정원, 道使의 성격문제 등이 있다. 그 중 군장의 정원 3인의 역할에 대해서는 5방제 연구에서 큰 쟁점이 되고 있다. 이에 대한 해석으로는 군장이 모든 군에 파견된 것이 아니라 방에 소속된 6·7~10개의 군 가운데 중심이 되는 3개의 군에만 군장이 1인씩 존재하였고 나머지는 도사가 있었다는 견해와 각 군마다 군장 3인이 있었다는 견해[44]가 있다. 군장 3인의 역할에 대해서는 군정·민정·사법 등 고유한 업무를 분장하고 있었던 것으로 보고 있다. 도사의 성격에 대해서는 『한원』 백제조에 '郡縣治道使 亦名城主' 란 기록의

39) 김영심, 「6~7세기 백제의 지방통치체제 -지방관을 중심으로-」 『한국고대사연구』11, 1997.
40) 노중국, 『백제정치사연구』, 일조각, 1988 ; 김주성, 「백제 지방통치조직의 변화와 지방사회의 재편」 『국사관논총』35, 1992 ; 정재윤, 「웅진·사비시대 백제의 지방통치체제」 『한국상고사학보』10, 1992.
41) 박현숙, 「궁남지 출토 목간과 왕도 5부제」 『한국사연구』92, 1996.
42) 김주성, 「백제 지방통치조직의 변화와 지방사회의 재편」 『국사관논총』35, 1992.
43) 노중국, 『백제정치사연구』, 일조각, 1988 ; 김영심, 『百濟 地方統治體制 연구 : 5~7세기를 중심으로』, 서울대박사학위논문, 1997.
44) 김영심, 『百濟 地方統治體制 연구 : 5~7세기를 중심으로』, 서울대박사학위논문, 1997.

해석을 둘러싸고 논란이 제기되고 있다. 이에 대해 도사를 군이나 현 단위
에 파견된 지방관으로 보는 견해[45]와, 도사를 군과 현으로 분리해 파견된
것으로 보거나[46] 또는 군과 현의 성격을 함께 갖고 있는 군현에 도사가 파
견되었다가 점차 현으로 축소·분화되어간 것으로 보는 견해[47]가 있다.

　한편 왕도의 5부제 편제 문제는 전국에 대한 5방제에 대비한 왕도의 행
정편제로서 중앙통치체제 뿐 아니라 백제 지방통치체제 차원에서 검토해야
할 중요 과제이다. 지금까지 5부제에 대한 연구는 성립 시기와 사비도성 내
에 조방제와 같은 계획적인 공간구획 여부, 5부의 구체적인 위치비정, 부의
하부단위인 巷의 편성 문제 등이 여러 측면에서 다각적인 검토가 행해졌다.
그밖에 사비도성의 축조시기와 기법, 그 내부의 공간 구조 등의 문제도 고
고학 측면에서 논의가 있었다.[48]

　최근에 발견된 목간자료와 명문이 새겨진 인각와 등의 자료를 통해 사비
도성에는 部-巷체제를 갖춘 5부제가 실시되었으며,[49] 그 성립 시기에 대해
서는 웅진시대설[50]과 사비천도 이후설[51]로 나뉘어 논란이 제기되고 있다.
앞으로 왕도 5부제의 편제 문제는 사비시대 정치사의 전개와 관련하여 관련
자료의 면밀한 검토 뿐 아니라 고고학적 연구 성과와 금석문과 목간 등의
각종 명문자료를 종합적으로 검토하여 그 실체를 규명할 필요가 있다.

45) 武田幸男,「六世紀における朝鮮三國の國家體制」『東アジアにおける日本古代史講座』4,
　　學生社, 1980 ; 이근우,「백제의 방군성제 관련 사료에 대한 재검토」『한국 고대의 고고와
　　역사』, 학연문화사, 1997.
46) 김주성,「백제 지방통치조직의 변화와 지방사회의 재편」『국사관논총』35, 1992.
47) 김수태,「百濟의 地方統治와 道使」『백제의 중앙과 지방』, 충남대학교 백제연구소, 1997.
48) 국립부여문화재연구소,『사비도성과 백제의 성곽』, 서경문화사, 2000.
49) 박현숙,「궁남지 출토 목간과 왕도 5부제」『한국사연구』92, 1996.
50) 김영심,「사비도성의 행정구역 개편 -왕도 5부제의 시행-」『사비도성과 백제의 성곽』, 서
　　경문화사, 2000.
51) 박현숙,「궁남지 출토 목간과 왕도 5부제」『한국사연구』92, 1996.

5. 앞으로의 과제와 전망

지난 1980년대 중반 이후 백제 지방통치체제에 대한 연구는 백제 지방통치조직의 성립과 변화 과정, 그리고 그 구조와 운영 실태 등에 대한 개괄적인 이해가 가능하게 될 정도로 많은 성과를 축적해 가고 있다. 게다가 고고학적 발굴조사가 계속되어 새로운 자료가 증가되면서 백제권역에 다양한 지역사회의 모습을 재구성해 내는 계기를 만들어가고 있어 고무적이라 할 수 있다.

그러나 이러한 연구 성과의 진전에도 불구하고 아직도 해명해야 할 문제점들이 적지 않은 것으로 생각된다. 먼저 관련 사료 자체에 대한 세밀한 분석이 요구된다. 백제 지방통치체제의 일면을 전하고 있는 『삼국사기』와 『주서』, 『수서』 등의 중국사료, 『일본서기』의 관련기사에 대한 비교 검토를 통해 기사 생성 배경의 파악은 물론 사료 가치를 객관화하는 작업이 필요하다.

다음으로 백제의 시기별 지배영역의 변화와 관련하여 지방통치체제의 변화 양상을 파악해야 한다. 백제가 고대국가로 발전하는 과정에서 지방통치체제의 확립 과정은 그 영역의 확대와 축소에 의하여 변화할 수 있는 가능성이 있기 때문이다. 『삼국사기』 백제본기 초기기록에 나타난 백제의 영역관과는 달리 1단계 차령과 금강이북의 점령, 2단계 노령산맥 이북의 점령, 3단계 노령산맥 이남 영산강유역의 점령의 순으로 남부 영역을 확장해 온 사실이 드러나고 있는 점[52]이 참고된다.

다음으로 백제 지방통치체제의 전체적인 틀을 파악하는 것 못지않게 중요한 작업이 재지세력의 존재형태와 촌락과 같은 하부구조에 대한 실태 파악이 절실히 요망된다. 백제의 경우 지방통치의 하부구조인 자연촌의 단계별 성장 과정을 보여주는 관련 자료는 거의 부족하기 때문에 이 방면에 대한 연구는 미흡한 편이다. 한성시대 지방통치의 기본 단위인 지역단위의 성

---

52) 유원재, 「百濟의 領域變化와 地方統治」 『韓國上古史學報』 28, 1998.

(촌)에 지방관을 파견하여 담로제의 거점지역이 되는 것은 자연촌의 성장 과정과 밀접한 관련이 있는 것으로 드러났다.[53] 촌락의 실태 파악문제와 관련하여 지방 재지세력의 존재 형태에 대한 연구도 필요하다. 최근 신라의 촌락사회에 대한 연구를 원용하여 연산 표정리나 모촌리에 있는 백제의 자연촌이 지역단위의 성으로 성장한 사례연구[54]가 참고된다.

재지세력의 존재에 대한 연구는 부분적이지만 공주 수촌리유적,[55] 천안 용원리유적,[56] 청주 신봉동유적,[57] 영산강유역[58] 등을 대상으로 한 지역사 차원에서 이루어진 사례연구도 그러한 시도의 일환으로 평가된다. 이를 위해서는 관련 문헌자료 이외에 관련 유적과 유물 자체에 내한 세밀한 분석이 요구되고, 아울러 주거지를 비롯한 생활 유적 조사를 통한 자연촌의 성장과정을 실증적으로 입증해 내는 일, 그리고 각 재지세력간의 견제와 균형 속에 진행된 백제 중앙세력의 침투과정에 대한 실체적 파악, 역역동원체제와 조세제의 실상 파악, 그리고 시기마다 나타나는 사회경제적 배경의 변화를

---

53) 주보돈, 『신라 지방통치체제의 정비과정과 촌락』, 신서원, 1998 ; 김수태, 「청주 신봉동지역의 재지세력」『백제 지방세력의 존재양태 -청주 신봉동유적을 중심으로-』, 한국학중앙연구원, 2005.
54) 성정용, 「금강유역 4~5세기 분묘 및 토기의 양상과 변천」『백제연구』28, 충남대학교 백제연구소, 1998 및 「4~5세기 百濟의 地方支配」『韓國古代史硏究』24, 2001.
55) 이훈, 「공주 수촌리 유적」『백제문화』32, 2003 및 「묘제를 통해본 수촌리유적의 연대와 성격」『백제문화』33, 2004 ; 강종원, 「한성말기 지방지배와 수촌리 백제고분군」『4~5세기 금강유역의 백제문화와 공주 수촌리 유적』, 2005.
56) 서정석, 「청주 신봉동세력과 인접세력과의 관계」『백제 지방세력의 존재양태 -청주 신봉동유적을 중심으로-』, 한국학중앙연구원, 2005 ; 김기범, 「천안 용원리유적 축조세력 연구」『백제연구』42, 2005.
57) 양기석 외, 『백제 지방세력의 존재양태 -청주 신봉동유적을 중심으로-』, 한국학중앙연구원, 2005.
58) 이도학, 「海南 지역 馬韓세력의 성장과 백제로의 복속과정」『韓國學論集』26, 1995 ; 김주성, 「영산강유역 대형옹관묘 사회의 성장에 대한 시론」『백제연구』27, 1997 ; 김영심, 「榮山江流域 古代社會와 百濟」『영산강유역 고대사회의 새로운 조명』, 전라남도 역사문화학회, 2000 ; 이현혜, 「4~5세기 영산강유역 토착세력의 성격」『역사학보』166, 2000 ; 문안식·이대석, 『한국 고대의 지방사회 -영산강유역의 역사와 문화를 중심으로-』, 혜안, 2004.

포함한 여러 요인들을 입체적으로 해명해 내는 측면에서의 보다 심층적인
연구가 필요하다.

『한국고대사 연구의 새 동향』, 한국고대사학회, 2007

『한국고대사 연구의 새 동향』, 한국고대사학회, 2007

3편

백제의 왕권과 정치개혁

武寧王代의 自尊的 天下觀

1. 머리말

백제 武寧王代(501~523)는 웅진시대(475~538)에서 사비시대(538~660)로 넘어가는 전환기에 해당하며 백제 중흥의 발판을 마련한 시기로 볼 수 있다. 이런 면에서 무령왕이 추진한 왕권강화책의 해명은 뒤이어 전개되는 사비시대 초기 성왕대 정치개혁의 성격을 밝혀주는 고리가 될 뿐 아니라 백제의 고대 중앙집권국가 체제를 확립해 나가는 한 과정을 제시해 주고 있다는 점에서 우리들에게 더욱 큰 관심과 주목을 끌게 해주고 있다.

무령왕은 東城王(479~501)대 일련의 실정을 틈타 동성왕을 시해하고 정국의 주도권을 장악하려던 苩加 일파의 반란을 평정하고 40세라는 연만한 나이로 왕위에 올랐다. 이제까지 웅진천도와 이에 따른 정국의 혼란상을 직접 체험하면서 당시 백제가 당면한 큰 과제들을 하나씩 해결해 나가야 할 처지에 놓이게 되었다. 이에 대해 무령왕은 정치·사회·경제적인 개혁을 성공적으로 추진하여 국가 체제를 효율적으로 운영할 수 있는 여러 방안들을 모색하였다. 또한 종래 수세적이었던 고구려에 대한 공세를 강화하여 그 전장을 한강유역에까지 확대시켰으며, 아울러 적극적인 남진정책을 추진하여 섬진강유역의 대가야 세력권까지백제 영역을 넓혀 나갔다.

이러한 국력의 안정을 바탕으로 무령왕대에 백제는 크게 대왕의식, 신성 관념, 주변 세계에 대한 인식 등으로 구성된 자존적인 천하관을 표출하였 다. 백제 무령왕대 천하관의 단편적인 면모를 알려주는 사료가 무령왕릉 묘 지 및 매지권에 표기되어 있는 자존적인 표현들, 『梁職貢圖』에 열기되어 있 는 '旁小國'의 존재, 그리고 『梁書』 백제전에 나오는 '更爲强國' 등의 표현 등이 있다. 특히 『양서』 백제전에 나오는 '旁小國'은 백제가 이들 소국들을 실제적으로 지배하고 있다는 실제 상황과는 다른 당대 백제의 일정한 대외 관계상의 인식을 보여주는 예라 할 수 있다. 이는 무령왕대의 대외적 현실 을 그대로 반영한 것은 아니지만 적어도 백제가 중국에 한반도 중·남부 지 역을 대표하는 나라임을 강조하는 백제 중심의 자존적 천하관[1]이 표출된 것으로 파악된다.

그러면 백제 무령왕대에 이르러 실제 상황과 다른 신성족 관념이나 주변 세계에 대한 일방적 인식을 갖게 된 배경은 무엇이었을까? 그리고 무령왕릉 출토 묘지 및 매지권에 천자의 죽음을 뜻하는 '崩' 자를 표현한 의도는 무엇 이었을까? 그러면서도 왜 무령왕릉 묘지 및 매지권에는 중국 남조 양나라에 서 수여한 '寧東大將軍'이란 관작을 굳이 명기하게 된 의도는 무엇이었을 까? 또한 『양서』 백제전에는 백제가 고구려를 누차 격파하여 '다시 강국이 되었다[更爲强國]'고 대내외적으로 천명한 배경과 의도는 무엇이었을까? 이

---

1) 천하관은 자기 나라의 위치가 어떠하며, 나아가 인접집단과 비교해 자기 나라의 특성이 어 떠한가에 대한 현실 정치인식을 나타낸 것이다. 천하관은 왕권이 신장되고 국가체제가 정 비되는 과정에서 나타나는 자국 중심의 정치질서의식이며, 국가관 입장에서 나름의 세계 질서를 바라보는 인식이라 할 수 있다. 천하관은 원래 중국의 중화사상이나 화이사상에서 비롯된 중국 중심의 세계 인식에 사상적인 연원을 가진 것이지만, 주변 제국의 전통적인 신앙을 바탕으로 성립된 자존적 천하질서인식 면에서 볼 때 중국 중심의 화이관과 주변 제 국의 천하관은 구별되어져야 한다(시노하라 히로카타, 「고구려적 국제질서인식의 성립과 전개 -4~5세기를 중심으로-」, 고려대박사학위논문, 2005, 5쪽). 따라서 이 글에서는 백제 나름의 자존적 측면의 의미를 가진 천하관이라는 의미로 사용하였다.

러한 일련의 의문은 무령왕 당시 표출되었던 자존적 천하의식과 깊은 관련
이 있는 것으로 이해된다.

무령왕릉은 1971년 발굴 조사된 이래 많은 유물들과 묘지 및 매지권이
출토됨으로써 6세기 전반 백제사 연구에 획기적인 자료를 제공하여 큰 주목
을 받아왔던 중요한 유적이다. 이를 계기로 무령왕대를 중심으로 한 여러
측면에서의 개별 연구와 종합적인 연구가 행해지게 되었고, 아울러 백제사
에 대한 지대한 관심과 많은 연구 성과를 낳게 되었다.[2] 무령왕대에 대한
연구는 지금까지 무령왕의 출자 및 즉위 과정, 좌평제 개편, 지방통치조직
인 담로제 실시 등 주로 정치사 분야에서에서 다양한 성과가 이루어져 왔
다. 그리고 무령왕대의 천하관에 대해서는『양직공도』에 나오는 '방소국'
의 존재에 주목하여 무령왕대 당시 백제 중심의 천하관이 형성되어 있었음
이 밝혀졌고, 그 역사적 의미도 함께 검토되어 이 방면 연구에 지표가 된 것
은 이용현의 연구[3]이다.

그러나『양직공도』백제조의 분석만으로 무령왕대 당시의 천하관을 종
합적으로 파악하는 데에는 일정한 한계를 갖는다. 무령왕대에 실시한 대내
외적 시책들을 이러한 천하관과 관련시켜 파악할 때 무령왕대의 왕권강화
책을 보다 심층적으로 이해할 수 있을 것이다.

따라서 이 글에서는 무령왕대 자존적 천하관을 직접적으로 보여주는 자

---

2) 무령왕에 대한 주요연구 성과는 다음과 같다. 이홍직,「양 직공도 논고」『한국고대사의 연
　구』, 신구문화사, 1971 ; 이진희,「고대 조일관계사 연구와 무령왕릉」『백제연구』특집호,
　1982 ; 문화재관리국,『武寧王陵』, 동화출판사, 1983 ; 충청남도·공주대백제문화연구소
　편,『무령왕릉의 연구현황과 제문제』및『백제무령왕릉』, 1991 ; 노중국,「백제 무령왕대의
　집권력 강화와 경제기반의 확대」『백제문화』21, 1991 ; 이근우,「웅진시대 백제의 남진경
　역에 대하여」『백제연구』27, 1997 ; 권오영,『무령왕릉』, 돌배개, 2005 ; 국립공주박물관,
　『무령왕릉 학술대회』, 2006 ; 정재윤,「무령왕대의 정치적 안정과 국력회복」『웅진도읍기
　의 백제』, 충청남도역사문화연구원, 2007 ; 공주대학교 외,『백제의 국제성과 무령왕』, 무
　령왕릉 발굴 40주년 국제학술회의, 2011.
3) 李鎔賢,「「梁職貢圖」百濟國使條の「旁小國」」『朝鮮史研究會論文集』37, 綠蔭書房, 1999,
　171~195쪽.

료 이외에 대내적으로 왕권의 신성족 관념, '갱위강국'의 선언에서 나타난 고구려와의 대등한 인식, 그리고 한반도의 남부지역 여러 세력을 복속 개념인 '旁小國'의 주장을 하게 된 배경과 의도를 면밀히 분석할 것이다. 아울러 무령왕대에 추진된 여러 대내외적 시책들은 당시에 표출된 천하관과 어떤 관련이 있는지에 대해서도 검토할 예정이다.

이 방면에 대한 관련 사료가 절대 부족하지만 『삼국사기』와 『양서』 및 『양직공도』 등의 중국사서, 그리고 『일본서기』 등의 관련 기사와 무령왕릉 발굴조사 성과 등을 고려하여 무령왕대의 천하관의 내용과 특질을 검토할 예정이다. 이를 통해 이 방면의 기존 연구 성과를 토대로 하여 당시 무령왕이 추구하고자 하였던 자존적인 세계를 그려낼 것이다. 다만 자료상의 한계로 인해 논지 전개 과정에 다소 무리가 있을 수도 있는 점은 후일에 보정할 예정이다.

2. 大王號 사용과 神聖族 관념의 대두

1) 大王號와 자존적 용어의 사용

백제 무령왕대에 천하관이 어떻게 설정되어 있는지에 대해서는 관련 자료의 절대 부족으로 알 수는 없다. 다만 무령왕이 독자적인 천하관을 설정하고 있었다는 사실은 단편적으로 확인되고 있다. 이와 관련하여 무령왕대 왕권의 위상 변화로서 주목되는 것이 대왕호의 사용과 왕권의 신성성 문제일 것이다.

먼저 백제에서 왕호 사용에 대해 알아보자. 한 정치체에서의 왕호 사용은 정치발전 단계에서 중요한 요소가 되고 있기 때문이다. 백제의 군주호로 '百濟王'이라는 왕호가 일반적으로 사용되었던 것으로 나타난다. 처음에는 마한의 전통에 따라 臣智라는 호칭이 사용되었다가 지배체제가 정비되면서 점차 중국식으로 왕호를 사용하였다. 그런데 왕호 이외에 다른 호칭이 있었음이 『周書』 백제전에 나타나 있다. 즉 백제 지배층에서는 왕을 부여계의 칭호인 '於羅瑕'라 하였고 일반 백성들은 '鞬吉支'라 하여 신분별로 다른 호칭을 사용한 것으로 나타난다.

다음으로 왕호 이외에 최고 군주호인 대왕호를 사용한 사례는 여러 곳에서 발견된다. 대왕호가 腆支王(405~420)의 즉위과정에서 '대왕께서 돌아가시자[大王棄世]'라는 기록에 처음 나오고 있다. 전지왕의 아버지인 阿莘王(392~405)을 대왕으로 호칭하고 있었음을 알 수 있다. 聖王(523~554)도 가야제국에서 대왕으로 불리워졌음이 확인된다.[4] 금석문의 경우 부여 구아리에서 출토된 '一斤銘' 거푸집 뒷면에 새겨진 '大王天'이라는 명문[5]과 최근 익산 미륵사지서탑에서 출토된 〈사리봉안기〉의 '大王陛下' 등의 명문 기록에서 대왕호가 보이고 있다.

그밖에 『송서』 백제전이나 『남제서』 백제전에 나오는 左賢王·右賢王과 侯號 및 太守號의 존재를 통해 5세기 백제에서는 대왕호가 사용된 것으로 이해하고 있다.[6] 또한 백제 말기 의자왕대에 '小王 孝'의 기사[7]에서도 소왕 위에 군림하는 대왕의 존재를 엿볼 수 있다.

이처럼 백제에서는 최고 군주호인 대왕호가 언제부터 호칭되고 있었는지에 대해서는 알 수 없지만 백제 말기까지 대왕호가 사용되고 있었음을 알 수 있다. 무령왕은 묘지 및 매지권에는 '斯麻王'으로 표기되어 있는 것으로 보아 공식적인 왕호는 대왕호가 아니었음을 알 수 있다. 그렇지만 그의 묘지 및 매지권에는 유교적 예법에 따라 황제의 죽음에만 사용하는 '崩'자를 사용하였으며, 또한 중국 양나라의 연호를 쓰지 않고 단지 癸卯年, 乙巳年 등과 같은 간지만을 사용한 점에서 자존적인 주체의식을 엿볼 수 있다.

이러한 점에서 무령왕은 실질적으로 대왕의 위상을 가졌던 것임에는 틀

---

4) 『일본서기』 권19, 흠명기 2년.
5) 국립부여박물관, 『백제의 문자』, 2002, 22쪽.
6) 坂元義種, 「五世紀の〈百濟大王〉とその王·侯」 『古代東アジアの日本と朝鮮』, 吉川弘文館, 1978, 65~119쪽.

림이 없다. 그러면서도 무령왕릉 묘지 및 매지권에는 '寧東大將軍'이라는 장군호가 함께 '百濟斯麻王'이라는 왕호도 기재되어 있어 대왕의 위상과는 차이가 난다. '寧東大將軍'은 무령왕이 508년 梁 武帝로부터 새로 외국용으로 정해진 장군호를 수여받은 관작이었다. 이는 백제왕이 중국 왕조로부터 수여받은 2품관 鎭東大將軍과 같은 반열에 속하는 것이었다. 백제 무령왕은 외교전례상으로 볼 때 양으로부터 책봉을 받는 영동대장군으로서 장군부를 개설한 梁의 관료의 위치에 있었음을 뜻한다.

그렇지만 무령왕은 백제 대왕이든 양의 영동대장군이든 간에 중국 왕조를 크게 의식하지 않고 필요에 따라 군주호·장군호나 자존적 용어를 대내외적으로 사용한 것으로 보여진다.[8] 이러한 대왕호와 자존적인 용어 사용은 대내외적으로 백제국가의 신성성과 왕권의 정통성을 내세우려는 정치적 의도와 깊은 관련이 있는 것이다.

이러한 예는 백제의 다른 왕의 사례에서도 찾아진다. 성왕은 '明王'이나[9] '聖明王' 또는 '聖王'[10]과 같은 이름으로 불리워졌지만, 대왕으로 호칭된 경우[11]도 있었다. 익산 미륵사지서탑의 〈사리봉안기〉에는 武王을 '대왕폐하'로 표기하고 있다. 무왕이 술을 마시고 몹시 즐거워 북을 치고 거문고를 타며 놀았다는 大王浦의 명칭에서 미루어 보면[12] 무왕은 대왕으로 호칭했던 것으로 보인다. 위의 사례로 보면 백제왕들은 대왕이라는 호칭을 제도적으로 사용한 것이 아니라 상황 여하에 따라 왕을 높여서 부르는 미칭이나 존칭으로서 왕호나 대왕호, 어라하, 건길지 등으로 병칭하였음을 알 수 있다.

---

7) 『舊唐書』 권199 상 동이 백제국.

8) 이주현, 「위진남조의 장군제와 '영동대장군'」 『백제의 국제성과 무령왕』, 무령왕릉 발굴 40주년 기념 국제학술회의 발표요지, 2011, 165~167쪽 ; 노중국, 「무령왕대 백제의 동아시아에서의 위상」, 앞의 책, 20~23쪽.

9) 『일본서기』 권19 欽明紀 15년.

10) 『일본서기』 권19 欽明紀 16년.

11) 『일본서기』 권19, 흠명기 2년.

12) 『삼국사기』 백제본기 무왕 37년 3월.

이처럼 백제에서는 대왕호를 사용하기도 하였지만 칭제건원에 해당하는 연호는 사용하지 않은 것으로 나타난다. 『翰苑』 백제조와 그에 인용된 『括地志』에 의하면 백제는 송의 元嘉曆과 6갑을 사용하였다고 한다. 백제는 한 해를 표시할 때 60갑자의 줄인 말인 6갑을 간지로 사용한 것으로 보아 연호가 사용되지 않았음을 알 수 있다. 일본에 소장되어 있는 〈칠지도명문〉에 나오는 '泰和'를 백제의 逸年號로 보는 견해가 있지만[13] 東晉의 연호로 보는 견해도 많다. 〈창왕명석조사리감명문〉이나 〈사택지적비〉 등 백제의 금석문에는 간지명이 표기되는 경우가 있지만 연호가 사용된 예는 아직 찾아지지 않는다.

중국 5호16국시대의 왕호는 匈奴·氐·羯·鮮卑·羌 등의 胡族국가에서 '天王'이라는 독자적인 군주호를 사용한 예를 많이 찾아 볼 수 있다.[14] 천왕은 원래 주나라 때 사용되었다가 秦代에 황제호가 등장하면서 일단 사라졌다가 4세기 초에 다시 부활하게 된 것이다. 이는 주나라의 영향에 의한 것이 아니라 胡族들이 전통적으로 신봉하고 있었던 天의 관념에서 비롯된 것으로 보고 있다.[15] 고구려의 경우 4~5세기에 만들어진 〈광개토왕릉비〉 등 여러 금석문과 문헌기록을 통해 볼 때 왕실의 천손족 관념과 함께 대(태)왕호와 '永樂'이라는 연호를 사용한 것이 확인된다. 신라에서도 6세기 중반 진흥왕대에 '太王'호가 사용되었으며(〈창녕 신라 진흥왕 척경비〉), 신라 중고기인 법흥왕대부터는 建元, 開國, 大昌 등의 연호가 사용된 일이 있었다. 대가야에서는 6세기 경에 한때 대왕호를 사용한 예가 충남대박물관 소장 '大王'명 장경호의 명문에서 찾아진다.

이처럼 중국의 5호16국시대의 호족국가나 백제, 고구려, 신라 및 대가야

---

13) 이병도, 『한국고대사연구』, 박영사, 1976, 523~524쪽.
14) 谷川道雄, 『隋唐帝國形成史論』, 筑摩書房, 1971 ; 宮崎市定, 「天皇なる稱號の由來について」 『思想』646, 1978 ; 松下洋巳, 「五胡十六國の天王號について」 『調査研究報告』44, 學習院大, 1999.
15) 松下洋巳, 「五胡十六國の天王號について」 『調査研究報告』44, 學習院大, 1999.

에서는 각국이 처해진 대내적 조건에 따라 다소의 차이는 있지만 국가체제
의 정비과정에서 대왕호를 사용하면서 立國의 정당성과 군주 권력의 정통
성을 뒷받침하는 주요 근거로 강조하였음을 알 수 있다. 백제도 이러한 배
경 하에서 대왕호나 자존적인 용어를 사용한 것으로 이해된다.

2) 神聖族 관념의 대두

무령왕은 즉위와 관련하여 야기된 일련의 정치적 혼란을 수습하고 독자
적인 백제 중심의 세계를 구축할 수 있는 이데올로기를 마련하고자 하였다.
그 방안의 하나로 모색된 것이 무령왕계를 중심으로 한 배타적인 신성족 관
념을 고양시키는 일이었다. 이를 위해 백제 왕실내 소가계인 무령왕계 중심
의 '骨族意識'을 고양시키고 또한 왕실의 제의체계를 새로이 정비하여 왕
권의 이념적 기반을 공고히 하려고 하였다. 이는 무령왕의 변칙적인 왕위
계승에 따른 정통성을 확보하기 위한 의도에서였고, 아울러 무령왕의 혈통
상의 한계를 극복하려는 노력에서였다.

무령왕의 출자에 대해서는 『삼국사기』와 『일본서기』에 의거해 볼 때 동
성왕의 둘째 아들설,[16] 곤지의 아들설,[17] 개로왕의 아들설,[18] 그리고 개로
왕은 生父이며 곤지는 義父라는 설 등이 있다.[19] 그 중 동성왕 둘째 아들설
은 『삼국사기』에 전하고 있으며, 나머지는 모두 『일본서기』에 기록되어 있
다. 이 기록들을 무령왕릉 출토 지석 및 매지권에 보이는 그의 출생 연대와

---

16) 『삼국사기』 백제본기 무령왕 즉위년.
17) 이도학, 「한성말 웅진시대 백제왕계의 검토」 『한국사연구』45, 1984, 11~18쪽 ; 정재윤,
　　 「동성왕 23년 정변과 무령왕의 집권」 『한국사연구』99 · 100합집, 1997, 114~115쪽 ; 오계
　　 화, 「백제 무령왕의 출자와 왕위계승」 『한국고대사연구』32, 2004, 251~269쪽.
18) 『일본서기』 권14, 웅략기 5년.
19) 무령왕의 혈통에 대한 여러 학설 정리는 이도학, 앞의 글(1984), 8~24쪽 ; 양기석, 「백제
　　 웅진시대와 무령왕」 『백제무령왕릉』, 공주대백제문화연구소, 1991, 33~35쪽 ; 정재윤,
　　 「웅진시대 백제 정치사의 전개와 그 특성」, 서강대박사논문, 1999, 123~130쪽 등을 참조
　　 할 것.

관련시켜 종합해 보면 무령왕은 개로왕의 동생인 곤지를 아버지로 하는 동성왕의 이모형으로 보는 견해가 보다 설득력을 얻고 있다.[20]

어쨌든 무령왕의 출자에 대해 이렇게 여러 이견이 있다는 것은 그의 출자가 그만큼 단순치 않았음을 시사해 준다. 왜에 체류하고 있었던 동성왕이 국내에 체류하고 있었던 이모형 무령왕보다 먼저 삼근왕의 뒤를 이어 왕위에 오른 것을 보면 무령왕은 일단 적통이 아니었을 가능성이 높다.[21] 무령왕은 자신을 낳아준 생모의 신분에 문제가 있었을 것으로 이해된다.

무령왕이 이처럼 취약한 자신의 혈통을 어떻게 분식하여 자신의 권력기반을 확보하느냐의 문제가 제기된 것이다. 아울러 무령왕은 동성왕을 살해한 백가 세력을 제거하고 즉위하였기 때문에 즉위과정에서 야기된 일련의 지배세력 간의 대립과 갈등을 극복해야 하는 또하나의 과제를 안게 된 것이다. 이는 무령왕이 왕위계승에 대한 정통성과 합법성을 확보하는 일에 해당하는 중요 과제인 것이다.

먼저 무령왕의 취약한 혈통을 분식하여 왕권의 정통성을 이끌어내는 일에 착수하였다. 이와 관련하여 『일본서기』에 나오는 개로왕 아들설이 주목된다.

A-① 여름 4월에 백제의 加須利君[개로왕이다]은 池津媛을 태워 죽였다는 소식을 전해 듣고[適稽女郎이다] 협의하여 "옛적에 여인을 바쳐 采女로 하였다. 그런데 무례하여 우리나라 이름을 떨어뜨렸다. 이에 그의 아우 軍君[昆支이다]에게 "네가 일본에 가서 천황을 섬기는 것이 마땅하다"라고 말하였다. 군군이 "上君의 명은 삼가 어길 수 없습니다. 바라건대 임금님의 부인을 저에게 주신 다음에 삼가 떠나겠습니다."라고 대답하였다. 가수리군은 임신한 부인을 군군에게 시집보내주며 "나의 임신한 부인은 이미 해산할 달이 되었다. 만약 길을 가는 도중에 해산을 하게 되면 바라건대 1척의 배에 태워

---

20) 이도학, 앞의 글, 11~14쪽.
21) 이근우, 「『일본서기』에 인용된 백제삼서에 관한 연구」, 한국정신문화연구원 박사학위논문, 1994, 132~134쪽.

서 다다른 곳이 어디건 속히 나라로 되돌려 보내도록 하라"고 말하였다. 마침내 하직하고 삼가 조종에 파견되었다. 6월 병술 초하루에 임신한 부인이 과연 가수리군의 말처럼 筑紫의 各羅嶋에서 아이를 낳았다. 이로 인하여 이 아이의 이름을 嶋君이라 하였다. 이에 군군은 곧 한척의 배로 도군을 나라에 돌려보냈는데, 이가 무령왕이 되었고 백제 사람들은 이 섬을 부르기를 主嶋라 하였다. 가을 7월에 군군이 서울에 들어왔는데 이 때 이미 다섯 자식이 있었다[『百濟新撰』에 이르기를 "辛丑年에 개로왕이 아우 곤지군을 보내어 大倭에 가서 천왕을 모시게 함으로써 兄王의 우호를 닦았다"라고 하였다.]. [『日本書紀』권14, 雄略紀 5年]

② 이 해 백제 末多王이 無道하여 백성들에게 포학하였으므로 國人이 마침내 제거하여 嶋王을 세우니 이가 바로 무령왕이다[『백제신찬』에 이르기를 末多王이 무도하여 백성들에게 포학하였으므로 국인이 함께 제거하여 무령을 세웠다. 무령은 휘가 斯麻王이고 곤지왕자의 아들이니 말다왕의 異母兄이다. 곤지가 왜로 갈 때에 축자도에 이르러 사마왕을 낳아 섬으로부터 되돌려 보냈는데 서울에 이르지 못하고 섬에서 낳았기 때문에 이로 인하여 이와 같이 불렀다. 지금 각라의 바다 가운데 주도가 있는데 왕이 태어난 섬인 까닭에 백제인들이 주도라 부른다. 지금 살펴보건대 도왕은 개로왕의 아들이고 말다왕은 곤지왕의 아들이라는데 이를 이모형이라고 말한 것은 자세하지 않다.]. [『日本書紀』권16, 武烈紀 4年]

위 기사의 A-①은 무령왕의 출생담과 관련한 설화로서 개로왕을 그의 生父로, 곤지를 義父로 설정해 놓고 있다. 이러한 형제가 부인을 공유했다는 설화[兄弟共妻說話]는 너무 기괴하여 상식적으로 납득하기 어렵게 만든다. 무령왕이 어느 면에서는 개로왕이나 곤지와는 혈연적으로 큰 관련이 없는 것을 단적으로 시사해 주고 있다. 이 설화에서 무령왕을 굳이 개로왕의 직계 혈통으로 연결시키고 있는 것은 사실보다도 어떤 정치적 의도가 내재되어 있을 것으로 생각된다. 이에 대해 거듭된 방계 왕계의 즉위에 따른 왕실 계보의 취약성을 극복하고 한성시대 왕통과 직접 연결을 시켜 사비시대 무령왕계 왕실의 정통성을 확보하려는 의도가 있는 것으로 보는 견해가 있다.[22) 생모의 신분적 한계를 가진 무령왕은 무엇보다도 왕위계승에 대한 정통성과 합법성을 명분상으로나마 확보해야 할 필요가 있었다.

따라서 무령왕은 생모의 신분을 개로왕의 혈통에 연결시키기 위한 의도에서 A-①,②와 같은 개로왕 아들설이 생성된 것이 아닐까 한다. 이렇게 무령왕의 실제적인 아버지를 개로왕에 부회하게 되면 그의 생모도 자연히 개로왕의 왕비가 되어 왕위 계승의 정당성이 확보되는 효과가 생기는 것이다.

다음으로 무령왕은 권력기반을 공고히 하기 위해 무령왕 직계 중심의 骨族을 중시하였다. 무령왕은 한성시대의 직계 왕계로 연결시켜 자신의 취약한 가계를 보완한 다음에 자신의 가계를 신성시하려는 시책을 마련하였다. 그것이 무령왕계 중심의 骨族을 중시하는 시책으로 나타났다. 이른바 골족의식의 고양이었다. 이와 관련된 사료를 제시하면 다음과 같다.

> B-① 백제국이 麻那君을 보내 조공하였다. 천황은 백제가 해가 가도록 조공의 직무를 다하지 않는다고 생각하여 억류하고 풀어주지 않았다. [『日本書紀』권 16, 武烈紀 6年 冬10月]
> ② 백제왕이 斯我君을 보내어 조공을 하였다. 별도로 표를 올려 말하길 "전에 조공을 한 사신 麻那는 백제 임금의 骨族이 아닙니다. 그러므로 삼가 사아를 보내어 조정을 받들어 섬깁니다"라 하였다. 드디어 아들이 있어 法師君이라 하였는데, 이는 倭君의 선조이다. [『日本書紀』권16, 武烈紀 7年 夏4月]

위 사료는 무령왕대에 백제가 麻那君과 斯我君을 調를 바치기 위해 왜에 파견된 것으로 서술되어 있지만 『일본서기』의 번국관으로 분식된 기사 부분은 받아들일 수 없다. 이에 의하면 무령왕은 왜와의 우호관계를 위해 마나군을 먼저 파견하였으나, 그가 骨族이 아니라는 이유로 사아군과 교체한 것으로 되어 있다. 마나군과 사아군이 君號를 갖고 있는 점으로 보아 그들은 왕족일 가능성이 높다.[23] 골족은 왕족 중에서 무령왕과 혈연적으로 가까운 가계집단을 말한다. 왜에 파견될 대상 인물을 선정할 때 골족 여부가 중요한 기준이 되고 있었음을 보여준다. 이 기사에서 무령왕은 골족을 중시하

---

22) 이도학, 앞의 글, 16쪽.

고 있었음을 보여주고 있다.[24)]

　또한 무령왕대에는 골족이 지방의 거점통치에도 크게 역할을 하였음이 다음의 기사를 통해 알 수 있다.

> C (백제는) 도성을 固麻라 하고 읍을 檐魯라 하는데, 이는 중국의 군현과 같은 말이다. 그 나라에는 22개의 담로가 있는데, 모두 (왕)의 자제와 종족에게 나누어 웅거케 하였다. [『양서』 백제전]

　위 기사에서 보듯이 무령왕대에는 각 지방에 담로가 설치되어 있었는데 이곳에 왕의 자제종족을 파견하여 다스렸다고 한다. 담로제는 중국의 군현과 같다고 한 것으로 보아 중국식의 군현을 백제 이름으로 표현한 것임을 알 수 있다. 담로제는 일정 지역의 거점이 되는 곳에 지방관을 파견하여 통치하는 형태인데 일반적으로 각 지방에 수령을 파견하여 직접 지배하는 단계의 앞선 시기에 나타나는 지방통치방식이다. 무령왕대에는 담로제가 전국에 걸쳐 모두 22개가 설치되어 있었는데 여기에 왕족을 파견하여 지방에 대한 중앙 통제력을 강화한 것이다.

　여기서 담로의 통치 역할을 담당했던 ‘子弟宗族’은 골족을 포함한 근친왕족들이었다. 이처럼 담로주를 왕족 일색으로 임명한 것은 근친왕족을 중용하여 왕권의 집권력을 강화하기 위한 조치라 할 수 있다. 무령왕 즉위 초에 고구려군과 전투를 벌인 優永도 골족인지 여부를 알 수 없지만 왕족으로 보인다.[25)] 그렇다면 왕족들이 병권을 장악하고 있음을 보여준다.

---

23) 백제의 君號는 왕족만이 아니라 사회적으로 신분이 높은 貴人에 대한 하나의 존칭으로도 기능하고 있었다(김현구 외, 『일본서기 한국관계기사 연구(II)』, 일지사, 2003, 36~37쪽). 그런데 백제와 왜 간에 왕족이 주로 파견된 사실에 비추어 보아 마나군은 왕족일 가능성이 높다. 다만 마나군은 골족이 아닌 이유로 사아군과 교체된 것으로 보아 무령왕계가 아닌 일반 왕족으로 보인다.

24) 노중국, 앞의 글(1991), 18쪽.

25) 優氏를 우태 - 비류계의 왕족으로 보는 견해도 있다(천관우, 「삼한의 국가형성(하)」 『한국학보』3, 1976, 137쪽).

이처럼 무령왕대에는 골족들이 정치·군사·외교·지방행정 등에서 무령왕의 권력기반을 확립하는데 중추적인 역할을 수행한 것으로 볼 수 있다. 백제의 무령왕계 소가계집단이 신라의 성골제가 지증왕계에 속한 왕실의 소가계집단의 구성원들에 의해 성골신분이 유지된 것처럼[26] 배타적인 골족의식을 고양시킴으로써 왕권의 신성성을 표출하는 계기가 되었을 것이다. 물론 어떤 방법으로 골족의 신성성을 나타내려 하였는지에 대해서는 자료의 한계로 알 수는 없다. 성왕의 이름에 '聖' 자를 붙여 불교의 전륜성왕을 상징하였거나, 또는 천축국의 月蓋長子로 환생하여 불국토인 백제를 다스리게 되었다[27]는 불교식 신성 관념은 부친인 무령왕에게 영향을 받았을 것으로 생각된다.

또한 무령왕계 골족들이 그들의 祖先에 제례를 올리는 새로운 제의체계를 모색하여 다른 가계와 차별화하려는 노력을 하였다. 무령왕을 중심으로 하는 소가계집단이 다른 왕족과 구별됨으로써, 왕위 계승에 대한 정당성을 확보하고 나아가 왕위 계승을 독점하려는 의도가 있었던 것으로 생각된다.

이와 관련하여 사비시대에 백제 왕실에서 거행하던 시조 仇台廟 제사가 주목된다. 『주서』·『수서』·『한원』에는 시조 구태묘 제사에 대한 기록이 나와 있다. 이에 의하면 백제는 시조 구태묘를 세워 1년에 4번 四仲月에 해당하는 2월·5월·8월·11월에 제사를 지낸다고 하였다. 구태묘는 온조계 백제 왕실의 종묘에 해당하는 것으로 볼 수 있다. 이는 성왕대에 講禮博士 陸詡의 건의로 구태묘의 제례에 관한 예법과 격식이 정비되었을 것으로 생각되지만[28] 그 설립 기반은 무령왕대에 이루어졌을 것으로 추정된다.

백제 왕실에서 비중이 큰 제의가 동명묘의 배알의식이었다. 백제 왕권의 권능을 상징하는 동명묘 배알의식은 동성왕대를 끝으로[29] 더 이상 거행되

---

26) 이종욱, 『신라상대왕위계승연구』, 영남대출판부, 1980, 254~256쪽.
27) 김영태, 「청관음경신앙과 그 일본전파」『백제불교사상연구』, 동국대출판부, 1982, 164~173쪽.
28) 양기석, 「백제 성왕대의 정치개혁과 그 성격」『한국고대사연구』4, 1991, 91쪽.

지 않았다. 무령왕은 이에 대신하여 자신이 속해 있는 왕실 소가계집단 구성원들 간의 단결과 신성을 강조하는 새로운 제의가 필요하게 된 것이다. 구태묘 제의와 같은 종묘 설치는 아직 제례에 대한 예법과 격식이 정비되지는 않았지만 이것은 왕권을 배타적으로 독점하려는 소가계 집단의 우월 의식을 고양하는 계기가 되었을 것이다. 이와 관련하여 무령왕릉의 묘제가 중국 남조에서 유행하고 있던 전축분을 채용하고 있는 점은 무령왕계 소가계집단의 배타적인 골족의식과 깊은 관련을 가진 상징물이라 할 수 있다.

이러한 무령왕계 소가계집단의 우월한 골족의식의 고양은 사비시대 초 성왕대의 정치개혁으로 이어져 제도화의 길을 걷게 되었다. 성왕대에 시행한 시호제 정비와 무령왕계의 왕위계승권 확립, 仇台廟 祭儀 실시, 불교사상에 의거한 왕권의 신성족 관념 형성 등이 바로 무령왕대에 태동된 역사적 산물이었다.[30]

3. 주변 세계에 대한 인식

1) 고구려에 대한 인식

무령왕대에 백제가 고구려를 어떻게 인식하였는가에 대한 자료는 『삼국사기』 백제본기 동성왕대에서 성왕대에 이르는 시기에 나오는 백제의 한강 유역 영유에 관한 기사이다. 동성왕대에는 말갈의 漢山城 습격(482년 9월), 동성왕의 한산성 위무기사(483), 고구려의 雉壤城 공격(495), 한산의 수재민들의 고구려 유망(499) 기사가 있고,[31] 무령왕대에는 백제의 고구려 水谷城 공격(502), 말갈의 馬首柵과 高木城 침입(503), 말갈의 고목성 침입(506),

<hr>

29) 『삼국사기』 백제본기 동성왕 11년 10월.
30) 양기석, 앞의 글(1991), 92~93쪽.
31) 『삼국사기』 백제본기 동성왕 4년 9월, 5년 춘, 17년 8월, 21년 하 참조.

백제의 고목성과 長嶺城 축조(507), 고구려와 말갈이 橫岳 침입(507), 고구려의 加弗城·圓山城·葦川 공격(512), 무령왕의 한성 순행(523)이 있다.[32] 이어 성왕대에는 고구려의 穴城·五谷原 공격(529), 고구려의 牛山城 공격(540), 고구려의 獨山城 침입(548)과 같은 기사들이 빈번히 나타나고 있다.[33]

이 시기 백제와 고구려 간에 전쟁이 벌어진 지점을 일단 지명만으로 비정해 보면 동성왕대의 경우 한산성은 지금의 서울지역이고, 치양성은 근초고왕 24년(369)조에 고구려와의 전투지점인 황해도 白川에 각각 비정된다. 무령왕대의 전투지점을 살펴보면 지명 미상인 加弗城, 圓山城과 葦川을 제외하고 水谷城은 황해도 신계군 다율면으로, 馬首柵은 고구려의 馬忽郡으로 경기도 포천군 군내면으로,[34] 高木城과 長嶺城은 연천 일대로,[35] 漢城과 橫岳은 서울지역으로[36] 각각 비정된다. 성왕대에 보이는 전투지점을 살펴보면 혈성은 고구려 때는 穴口郡으로 현재 강화도에, 오곡원은 고구려때 五谷郡으로 현재 황해도 서흥군에,[37] 우산성은 고구려 때 牛岑縣으로 보아 현재 황해도 금천면 우봉면으로,[38] 독산성은 '漢北'으로 표기하고 있어서 한강 이북지역인 경기도 포천 성산산성에 각각 비정할 수 있다.[39]

그런데 위의 지명 비정에 문제가 있는 곳이 몇 군데 있다. 동성왕대의 한산(성)은 서울지역이 아니라 한성의 주민들이 천도 직후에 사민해 온 충남 직산 일대로 보는 것이 타당하다.[40] 480년대에 고구려가 주로 중부 내륙지

---

32) 『삼국사기』 백제본기 무령왕 2년 11월, 3년 9월, 6년 7월, 7년 5월·10월, 12년 9월, 23년 2월 참조.
33) 『삼국사기』 백제본기 성왕 7년 10월, 18년 9월, 26년 정월 참조.
34) 정구복 외, 『역주 삼국사기』3, 한국정신문화연구원, 1997, 710쪽.
35) 천관우, 「三韓의 國家形成」下, 『한국학보』3, 1976, 120쪽.
36) 김정호, 『大東地志』漢城府 山水.
37) 이병도, 『국역 삼국사기』, 을유문화사, 1977, 406쪽.
38) 김병남, 「백제 성왕대의 북방 영역 변화」 『한국사연구』120, 2003, 68쪽.
39) 김병남, 앞의 글, 70쪽.
40) 이기백, 「웅진시대 백제의 귀족세력」 『백제연구』9, 1978, 15쪽.

역인 살수원(청원 미원) - 견아성(보은) 일대에서 제라동맹군과 전투를 벌이고 있었던 점[41]을 들 수 있다. 성왕 때의 독산성은 孤山과 같은 지명으로서 현재의 충남 禮山郡 禮山邑에 비정된다.[42] 『日本書紀』권19 欽明紀 9년조에 고구려 군대가 백제군을 포위하고 있었다는 馬津城과 같은 지역으로 생각된다.[43] 이곳을 『삼국사기』에서는 '漢北'으로 표기하고 있어서 한강 이북지역인 경기도 포천 성산산성으로 비정하였으나, 성왕 26년 이후 제라동맹군이 고구려군의 침입에 대하여 차령산맥 일대 충청도 일원에서 공동 작전을 수행한 사실을 고려해 보면 독산성은 예산일 가능성이 높다. '漢北'으로 표기한 것은 어떤 정치적인 의도가 개재되어 있을 것으로 판단된다.

이처럼 남한지역으로 판단되는 한산이나 독산성 등을 제외하면 『삼국사기』는 거의 한강유역과 그 이북 지방인 임진강과 예성강 일대에서 백제와 고구려가 전투를 벌인 것으로 기록한 것이 된다. 더구나 523년에는 무령왕이 한성에 순행을 한 것으로 보면[44] 백제가 한성지역을 이미 확보한 것으로 되어 있다. 『삼국사기』 백제본기 동성왕과 무령왕대의 한강유역 영유설에 대하여 현재 부정론과 긍정론이 제기되어 있다. 부정론의 입장은 그 기사의 신빙성을 아예 부정하거나[45] 또는 지명 이동설,[46] 무령왕계 백제 왕실의 조작설[47] 등으로 수정해 보는 견해가 있는가 하면, 긍정론의 입장에서 백제의 한강유역 영유설,[48] 한강유역 일시 회복설[49] 등 여러 견해가 있어 큰 쟁점이 되고 있다.

그러나 최근 서울 아차산 일대에서 보루성유적이 발굴 조사됨에 따라 고

---

41) 양기석, 「신라의 청주지역 진출」 『신라 서원소경 연구』, 서경, 2001, 35쪽.
42) 『삼국사기』 권37 잡지 地理4의 都督府一十三縣條의 支尋州의 屬縣 중에 "馬津縣本孤山" 이라 한 기사와 金正浩, 『大東地志』 권5 禮山條에도 "本百濟孤山 一云烏山 唐改爲馬津" 이라 한 기사 및 『新增東國輿地勝覽』 권20 禮山縣條에 "禮山本百濟烏山 新羅改爲任城" 이라 한 기사가 참고된다.
43) 흠명 9년은 백제 성왕 26년(548)에 해당되는데 연대가 동일하고 명칭도 같기 때문에 이 기사는 『일본서기』의 마진성 전투기사와 동일한 것으로 볼 수 있다.
44) 『삼국사기』 백제본기 무령왕 23년 춘 2월.

구려가 한강유역 일대를 지배한 사실이 드러나게 되었다.[50] 다만 그 유적의
편년에 대해 여러 견해가 제기되고 있지만 발굴보고자는 몽촌토성이 거점

45) 小田省吾, 『朝鮮史大系』(上世史), 朝鮮史學會, 1928, 90쪽 ; 津田左右吉, 「長壽王征服地域
    考」『津田左右吉全集』11, 岩波書店, 1964, 69쪽 ; 이병도, 『한국사』고대편, 진단학회,
    1959, 428·440쪽 및 『국역 삼국사기』(하), 을유문화사, 1977, 57쪽 ; 노태돈, 「고구려의
    한성지역 병탄과 그 지배 양태」『향토서울』66, 2005, 175~189쪽 ; 최종택, 「고고학상으로
    본 고구려의 한강유역 진출과 백제」『백제연구』28, 1998, 135~136쪽 : 「몽촌토성 내 고구
    려유적 재고」『한국사학보』12, 2002, 9~40쪽 : 「아차산 고구려보루의 역사적 성격」『향토
    서울』64, 2004, 87~128쪽 : 「남한지역의 고구려 유직과 유물」『고구려의 역사와 문화유
    산』, 한국고대사학회·서울시정개발연구원, 2004, 467~495쪽 : 「남한지역 고구려 토기의
    편년연구」『선사와 고대』24, 2006, 283~299쪽.
46) 今西龍, 『百濟史研究』, 國書刊行會, 1934, 126쪽 ; 이기백, 「웅진시대 백제의 귀족세력」
    『백제연구』9, 1978, 6~7쪽.
47) 이도학, 「한성말 웅진시대 백제왕계의 검토」『한국사연구』45, 1984, 23~25쪽.
48) 임범식, 「5~6세기 한강유역사 재고 : 식민사학의 병폐와 관련하여」『한성사학』15, 2002,
    23~35쪽 ; 김병남, 「백제 웅진시대의 북방 영역」『백산학보』64, 2002, 131~156쪽 : 「백제
    동성왕대의 대외 진출과 영역의 확대」『한국사상과 문화』22, 2003, 217~243쪽 : 「백제 성
    왕대의 북방 영역 변화」『한국사연구』120, 2003, 59~84쪽 : 「백제 웅진천도 초기의 한강
    유역 상황」『한국사상과 문화』26, 2004, 109~132쪽 : 「백제 성왕대 북방영역 관련 지명 분
    석」『한국상고사학보』52, 2006, 5~23쪽.
49) 천관우, 「삼한의 국가형성(상)」『한국학보』2, 1976, 115쪽 ; 양기석, 「웅진시대의 백제지
    배층연구」『사학지』14, 1980, 22~23쪽 : 「5~6세기 백제의 북계 -475~551년 百濟의 漢江流
    域 領有問題를 중심으로-」『박물관기요』20, 단국대학교 석주선기념박물관, 2005, 23~51
    쪽 ; 성주탁·차용걸, 「백제의식고」『백제연구』12, 1981, 80쪽 ; 김영관, 「백제의 웅진천도
    의 배경과 한성경영」『충북사학』11·12합집, 2000, 75~91쪽 ; 김현숙, 「웅진시대 백제와
    고구려의 관계」『고대 동아세아와 백제』, 서경, 2003.
50) 고구려 주력부대가 일단 철수는 하였지만 이후 한성에는 그 잔류부대가 도성 중의 하나
    인 남성 몽촌토성에 주둔하고 있었다. 이를 입증해 주는 자료가 몽촌토성에서 출토된 고
    구려 토기와 유적이다. 한성에 잔류한 고구려 군대는 군사방어기능을 갖춘 몽촌토성에서
    일정 기간 동안 주둔하였음이 확인되었다. 몽촌토성에서 출토된 고구려토기는 廣口長頸
    四耳壺를 비롯한 모두 15개 기종 343개체에 달하며, 1989년 夢村土城 6차 조사에서는 확
    인된 3.1×3.7m 가량의 범위에서 ㄱ자형의 온돌 고래와 굴뚝시설, 그리고 적심건물지는
    고구려 후기 건축 유적인 集安 東大子遺蹟과 관련 있는 것으로 밝혀졌다. 이에 대한 연구
    성과는 김원용 외, 『몽촌토성 -동북지구발굴보고-』, 서울대박물관, 1987 : 『몽촌토성 -동
    남지구발굴조사보고-』, 서울대박물관, 1988 : 『몽촌토성 -서남지구발굴조사보고-』, 서울
    대박물관, 1989 ; 몽촌토성발굴조사단, 『정비·복원을 위한 몽촌토성발굴조사보고서』,
    1984 : 『몽촌토성발굴조사보고서』, 1985를 참조할 것.

성으로서의 기능이 다한 직후인 5세기 말이나 6세기 전반경으로 보고 있다.[51] 이를 통해 보았을 때 백제가 475년 이후 한강유역을 곧바로 수복하여 지배했다고 보기는 어렵다. 아차산 일대의 보루성유적이 단기간에 존속한 것으로 본 견해를 참조해 보면 고구려의 한강유역 지배기간은 비교적 짧았을 것으로 여겨지며, 전술적으로 경기병을 동원해 한강유역에까지 이르러 단기전을 치를 수 있다는 점 등으로 볼 때 무령왕대에는 적어도 한강유역에 재진출하여 백제가 이전에 고구려에게 빼앗긴 한강유역의 일부 지역을 수복하였음을 시사해 주는 것이 아닐까 한다.

여기서 무령왕대에 백제가 한강유역의 고구려군을 구축하고 그 일부 지역을 수복하였다면 『삼국사기』 백제본기 무령왕조에서는 실제로 있지도 않은 한강유역 이북지역에 진출한 사실을 과장해서 서술하였던 그 배경과 의도가 궁금해진다. 이러한 과장된 서술이 대고구려 관계 기사에 나오게 된 것은 당시 무령왕 소가계집단이 갖고 있었던 자존적인 영역관에서 기인한 것이 아닐까 한다. 무령왕 소가계집단들은 그들이 실현하고자 하였던 롤모델로 근초고왕를 설정하고 그가 이룩해 놓았던 영토국가로의 회귀를 도모하였음이 다음의 기사를 통해 엿볼 수 있다.

> D 聖明王이 "옛적에 우리 선조 速古王, 貴須王의 치세 때에 安羅, 加羅, 卓淳의
> 旱岐 등이 처음 사신을 보내고 상통하여 친밀하게 친교를 맺었었다. 子弟의 나
> 라가 되어 더불어 융성하기를 바랐다. [『일본서기』 권19, 흠명기 2년 하4월]

위 기사는 성왕이 근초고왕 때 가야와 상하관계를 맺었던 사실을 회고하는 내용이지만 성왕을 비롯한 무령왕 소가계집단에서 이러한 근초고왕대의 영역관이나 대외인식을 공유하고 있었음을 시사해 주고 있다. 근초고왕은 활발한 정복 활동을 전개하여 북쪽으로 예성강유역에서 남쪽으로 영산강유역과 낙동강유역의 가야에 이르는 지역에까지 영역을 크게 확대시킨 백

---

51) 최종택, 「남한지역 고구려 토기의 편년연구」 『선사와 고대』 24, 2006, 35쪽.

제의 걸출한 정복군주였다. 그들은 근초고왕대의 영광을 부각시켜 다시 한 번 백제의 영광을 부활시키려 하였던 것이다. 성왕이 이룩하고자 하였던 중흥의 목표는 바로 근초고왕대였다. 이러한 근초고왕대의 영역관을 실천에 옮긴 군주는 무령왕이었다.

무령왕은 백제의 중흥을 이루기 위해서는 최대의 걸림돌이 되는 강적 고구려를 극복하는 일이었다. 고구려를 이기기 위해서는 모든 수단을 다하지 않으면 않되었다. 그리기 위해서 무령왕은 대외관계에서 고구려를 가장 중시하였다. 백제는 근초고왕 때 평양성 전투에서 고국원왕을 패사시킬 정도로 고구려에 대해 대승을 거둔 이후 광개토왕대 이후부터는 힘의 열세에 놓여져 있었다. 475년 고구려가 한성을 급습하여 개로왕을 패사시키고 왕도 한성을 상실한 뼈아픈 과거를 경험하였다.

백제와 고구려 간에 대립 항쟁이 치열해질수록 두 나라는 적대관계를 유지하고 있었다. 고구려는 백제에 대한 멸칭으로 '百殘'(〈광개토왕릉비문〉)을 사용한 바 있다. 반면 472년 백제 개로왕에 북위에 보낸 표문에는 백제가 고구려에 대해 '승냥이와 이리[豺狼],' '추악한 무리들[醜類],' '더벅머리 아이[小豎]' 등과 같은 적대적인 표현을 사용하였다. 성왕은 "北敵은 강하고 우리는 약하다. 신라도 막을 수가 없다."고 언급한 대목에서[52] 고구려를 '북적'으로 표현하여 힘의 열세를 받아들이고 있었다.

무령왕은 즉위 초의 정변을 수습한 후 곧바로 고구려에 대해 선제공격을 감행하였다. 무령왕 2년(502) 11월 달솔 優永이 거느린 5천의 백제군이 고구려의 水谷城을 공격을 한 것이다. 백제가 고구려를 선제공격한 것은 개로왕 이후 처음 있는 일이었다. 이는 백제가 남천 이후 고구려에 대해 수세적이었던 입장에서 벗어나 공세적인 자세로 전환하였음을 의미한다. 그만큼 무령왕은 백제의 대외관계에서 고구려와의 관계를 최우선시하고 있었음을 보여준 것이다. 백제의 이러한 자세 변화는 무령왕이 고구려와의 전쟁을 통

---

52) 『일본서기』 권19, 흠명기 5년 11월.

해 한성고토에 대한 실지회복 의지를 분명하게 천명한 것이다.

백제에게서 한성지역은 475년 고구려에게 빼앗기기 이전에 한동안 백제의 고도였고, 또한 부여의 족조인 동명을 모신 東明廟가 있어 백제 왕권의 권능을 부여받은 신성지역으로 인식되었던 곳이었다. 이곳은 근초고왕대에 이룩해 놓은 영토국가로 회귀할 때 천하의 중심지로 인식되던 곳이기도 하다. 369년 치양성 전투에서 고구려군을 대파시켜 대승을 거둔 기념으로 대대적인 열병을 실시하여 황제를 상징하는 황색 깃발을 드날리던 영광의 장소였다.[53]

한성고토를 수복하는 일은 웅진으로 천도한 백제에게 부여된 역사적 당위성을 가진 지상과제였던 것이다. 다시 한번 고구려를 격파하여 찬란했던 근초고왕대의 영광을 실현하고자 하였다. 웅진천도 이후 백제는 왕권의 쇠약에 따른 일련의 정정 불안과 계속되는 고구려의 군사적 압력으로 내우외환의 어려움을 겪고 있었다. 무령왕이 즉위하면서 고구려에 대한 공세를 전개한 것은 강력한 왕권을 바탕으로 전성기 근초고왕대의 영광을 재현하려는 정치적인 의도가 반영된 것으로 이해된다. 무령왕이 475년 고구려에 의해 빼앗긴 한성고토를 회복함으로써 왕권의 정통성을 확보하고 나아가 권력기반을 공고히 하려는 의도를 가진 것으로 볼 수 있다. 551년 성왕대에 이룩한 한성고토회복은 무령왕이 구축한 대고구려 우위정책을 토대로 이룩한 성과로 평가된다.

그런데 무령왕대 백제의 대고구려전에는 종전과 다른 양상이 나타나고 있어 주목된다. 고구려에 선제공격을 가한 것도 이례적이지만, 대응방식도 차이가 있었다. 이전 동성왕대에는 제라동맹군이 공동 대응하는 방식으로 고구려의 남진을 저지해 왔다. 반면 무령왕대에는 고구려와의 전투에서 신라나 가야 및 왜군이 전혀 동원하지 않았고 백제 단독으로 대응하고 있는 점이 다르다. 그리고 양나라와의 외교관계를 강화하여 고구려를 외교적으

---

53) 『삼국사기』 백제본기 근초고왕 24년 11월.

로 대응하는 양상도 보이고 있다.

그동안 정정불안으로 인해 지배층 간의 대립과 갈등이 지속되었던 백제로서는 고구려에 단독으로 대응하는 데에는 분명 한계가 있었다. 그럼에도 불구하고 백제 단독으로 고구려전에 임하고 있다는 점에서 무령왕대의 지존적인 천하관을 엿볼 수 있다. 백제는 강적 고구려에 대응할 수 있는 유일한 나라라는 것을 대내외적으로 과시하고자 하였던 것이다. 종전과는 달리 신라나 가야 및 왜의 지원이 없어도 단독으로 고구려에 맞설 수 있다는 자신감을 표출한 것이다. 이는 백제 중심의 천하관을 표출한 것이다.

여하튼 무령왕은 고구려와의 몇 차례 전투를 통해 한성고토를 완전히 수복하지는 못하였지만 고구려의 기선을 제압하고 남진을 강력하게 저지할 수 있는 성과를 이룩하였다. 무령왕대 백제는 다시 강국이 되었음을 대내외적으로 선언하였다. 백제가 梁에 보낸 국서에서 "누차 고구려를 공파하였고 다시 강국에 되었다[更爲强國]"고 주장한 것은 바로 이러한 사실을 어느 정도 뒷받침해 주고 있다. 백제의 강국 선언은 고구려에 맞설 수 있다는 자신감의 표출이었다. 이러한 고구려와 전투에서의 승리는 무령왕 자신의 권위와 지배력을 공고히 하는 수단으로 활용할 수 있었다.

3) '旁小國'에 대한 인식

무령왕 때 백제가 고구려에 대해 대등한 관계로 인식하였듯이 신라나 가야와 같은 다른 남방지역 국가들에 대한 인식 정도를 보여주는 자료가 『梁職貢圖』百濟國使條에 나오는 '旁小國'의 존재이다. 이 자료는 521년에서 541년 사이에 작성된 것으로 추정되며, 521년 백제가 양나라에 사신을 파견하였을 때 백제 사신으로부터 수집한 정보를 토대로 작성된 것임이 밝혀졌다.[54] 그리고 이 자료는 『양서』 백제전의 저본자료가 되는 것으로 평가된

---

54) 이용현, 앞의 글, 178~179쪽.

다.[55] 여기에 언급되어 있는 백제의 '방소국'을 소개하면 다음과 같다.

E 旁小國 叛波・卓・多羅・前羅・斯羅・止迷・麻連・上己文・下枕羅等附之

『양직공도』 백제국사조에는 6세기 초 무령왕대 백제의 부용된 남방세력 9개국이 열거되어 있다. 여기에 열거된 나라들 중에는 『일본서기』 권9, 신공기 49년 춘3월조에도 나오고 있어 그 사실성이 높은 편이다. 369년 백제가 평정했다는 가라 7국 중에 啄國・多羅・前羅와 백제가 南蠻으로 폄칭하며 도륙하였다는 忱彌多禮는 『양직공도』의 '방소국'으로 나오는 卓・多羅・前羅・下枕羅와 일치하고 있다. 이들 '방소국'의 위치를 비정하는 견해는 구구하지만 기존의 연구 성과를 토대로 하여 정리하면 다음과 같이 비정할 수 있다.[56]

叛波는 『일본서기』에 나오는 加羅에 해당하며[57] 고령의 대가야로 비정된다. 卓은 대구・경산이나 창원에, 多羅는 합천에, 前羅는 安羅와 통한다고 보고 함안에, 斯羅는 신라에, 止迷는 『신찬성씨록』 神別左京下・止美連과 관련이 있는 것으로 보고 영산강유역에 비정[58]할 수 있다. 다음 麻連은 지미와 함께 영산강유역으로 비정하는 견해가 있지만[59] 미정이다. 上己文은 『일본서기』 계체기 7년조에 나오는 己文과 관련이 있는 것으로 보아 섬진강 상류인 임실・남원에 비정되며, 下枕羅는 『일본서기』 신공기 49년조 기사

---

55) 윤용구, 「현존 『양직공도』 백제국기 三例」 『백제의 국제성과 무령왕』, 무령왕릉 발굴 40주년 국제학술회의요록, 2011, 195~203쪽.
56) 『양직공도』 백제국사조의 '부용국'에 대한 지명 비정은 다음의 연구가 참고가 된다. 이홍직, 「양 직공도 논고」 『한국고대사의 연구』, 신구문화사, 1971, 409쪽 ; 김태식, 『가야연맹사』, 일조각, 1984, 106쪽 ; 이근우, 앞의 글(1997), 52~63쪽 ; 이용현, 앞의 글(1999), 179~182쪽 ; 연민수, 「6세기 전반 가야제국을 둘러싼 백제・신라의 동향」 『신라문화』7, 1990, 119쪽.
57) 『일본서기』 권17, 계체기 23년.
58) 이용현, 앞의 글, 180쪽.
59) 이용현, 앞의 글, 180쪽.

와 대응하는 것으로 보아 제주도나 강진에 비정된다. 여기에 나오는 지명들은 대체적으로 노령산맥 이남의 남원 임실 등 섬진강 상류와 남해안지역, 영산강유역, 그리고 경북 일대를 포함한 우리나라 남부지역 전역에 걸친 지역임을 알 수 있다.

그런데 '방소국' 중에서 신라에 해당하는 斯羅는 백제의 주장과는 달리 당시 백제에 부용된 국가는 아니었다. 〈광개토왕릉비문〉 영락 6년 기사에 백제와 신라가 옛적부터 고구려의 屬民이었다는 고구려의 일방적 주장과도 상통하는 대목이다. 이와 관련하여 고구려 文咨明王 때 涉羅가 고구려에 흰 珂를 공물로 바치다가 백제에 병합된 이후 공납을 받을 수 없었다는 기사가 있다.[60] 여기에 나오는 涉羅는 특산물 珂가 제주도에서 산출하는 것으로 보고 제주도로 비정하는 견해가 있지만,[61] 당시 고구려의 지배를 받은 적이 없기 때문에 성립되기 어렵다.

이는 고구려세력권에서 이탈하여 백제와 동맹관계를 맺고 있는 신라를 비하하여 인식한 데에서 나온 것으로 생각된다. 521년 백제가 신라와 함께 양나라를 방문하였을 때 실제와는 달리 중국과의 외교경험이 부족한 신라를 낮게 평가하고 백제의 부용국으로 주장하였을 가능성이 있다. 그리고 당시 백제와 길항관계에 있거나 또는 경쟁상대로 인식된 斯羅 · 叛波 · 止迷 등은 新羅 · 伴跛 · 止美와 같은 아화된 국명이 있었음에도 불구하고 의도적으로 비칭을 사용한 것도 백제 측의 어떤 정치적 의도가 내재되어 있는 것으로 생각된다.

백제는 남방지역에 있는 이들 '방소국' 들에 대해 화이관이 반영된 '南蠻' 으로 폄하하고 있었던 사실이 『일본서기』 권9, 신공기 49년 춘3월조의 '屠南蠻忱彌多禮' 라는 기사이다. 忱彌多禮를 제주도나 강진으로 보면 '남만' 으로 폄칭한 세력은 왜가 아니라 백제임을 알 수 있다. 이러한 인식은 6

---

60) 『삼국사기』 고구려본기 문자명왕 13년.
61) 이도학, 『새로 쓰는 백제사』, 푸른역사, 1997, 372쪽.

세기 초 무령왕대에도 인식상의 큰 차이가 없었음을 알 수 있다. 이는 4세기 후반 이래 백제 중심의 천하관이 성립되어 있었음을 보여준다.

다음 백제와 가야 제국에 대한 관계는 다음의 『일본서기』 기사가 참고가 된다.

> F-① [성]왕은 임나에, 옛적에 우리 선조 속고왕, 귀수왕이 당시 한기 등
> 과 화친을 맺고서 형제가 되었다. 이에 나는 그대를 자제로 알고,
> 그대는 나를 부형으로 알았다. [권19, 흠명기 2년 추7월]
> ② 성명왕이 임나의 나라는 우리 백제와 예부터 이제까지 자제가 되겠
> 다고 약속하였다. [권19, 흠명기 5년 11월]

위 기사는 사료 D와 함께 성왕의 회고담에서 나온 기사인데 4세기 후반 근초고왕과 근구수왕 당시 백제와 가야 제국의 관계를 보여주고 있다. 이에 의하면 근초고왕과 근구수왕 때 백제와 가야 제국은 '兄弟'나 '子弟'의 관계로 설정되어 있는 것으로 드러났다. 이를 통해 가야 제국은 4세기 후반 근초고왕대에 백제에 부용된 세력으로서 상하관계가 설정되어 있었음을 알 수 있다.

백제가 이처럼 신라와 가야 제국을 포함한 남방지역의 나라들을 '방소국'으로 규정하고 그의 부용국으로 주장하게 된 데에는 무령왕대에 이루어 놓은 대내외적 성과가 반영된 것으로서 백제국가의 우월성을 과시한 데에서 나온 것으로 보인다. 남방지역의 주변국들에 대한 백제의 이러한 우월의식은 바로 백제의 천하관을 보여주는 것이다.

4. 맺음말

이 글은 대내적으로 대왕호 사용과 왕권의 골족의식을 고양시킨 배타적인 신성족 관념, '更爲强國'의 선언에서 나타난 고구려와의 대등한 인식, 그

리고 한반도의 남부지역 여러 세력에 대한 복속 개념인 '旁小國'의 주장을 하게 된 배경과 의도에 대해 면밀히 분석을 하고, 이를 통해 무령왕대 당시에 표출된 천하관의 내용과 특질을 검토하였다. 그 결과를 요약하면 다음과 같다.

백제의 자존적인 천하관은 대내적으로 대왕의식과 골족의식의 고양으로 나타났고, 대외적으로는 주변 세계에 대한 차등의식을 통해 성립되었음을 밝혔다. 무령왕은 최고의 군주호인 대왕호를 공식적으로 사용하지는 않았지만 백제 대왕이든 양의 영동대장군이든 간에 중국 왕조를 크게 의식하지 않고 필요에 따라 군주호·상군호나 자존적 용어를 대내외적으로 사용하였다. 이러한 대왕호와 자존적인 용어 사용은 대내외적으로 백제국가의 신성성과 왕권의 정통성을 내세우려는 정치적 의도와 깊은 관련이 있음을 밝혔다.

무령왕은 자신의 취약한 신분적 한계를 극복하기 위해 왕위계승에 대한 정통성과 합법성을 명분상으로나마 확보하려고 하였다. 이러한 필요성에서 자신과 생모의 신분을 개로왕의 혈통에 직접 연결시키는 계보 조작을 하였다. 그리고 권력기반을 강화하기 위해 무령왕 소가계 중심의 골족을 중시하였다. 골족은 君號를 갖고 외교사절이나 지방의 통치 거점인 담로에 지방관으로 파견되었다. 배타적인 골족의식을 고양시킴으로써 왕권의 신성성을 표출하는 계기를 만들었다.

무령왕대의 천하관은 영토관념에서도 표출되었다. 무령왕 소가계집단이 설정하였던 천하 세계의 범위는 정복군주 근초고왕이 이룩한 영역국가로의 회귀였다. 그들은 근초고왕대의 영광을 부각시켜 백제의 영광을 재현하려 하였다. 이러한 의도에서 대고구려 관계에서는 실제와는 상관이 없이 백제의 한강유역 영유설을 주장하게 되었다. 무령왕은 이러한 근초고왕대의 영역관을 실천에 옮기기 위해 즉위 초의 정변을 수습한 후 곧바로 고구려에 대한 선제공격을 감행하였다. 이는 백제가 남천 이후 고구려에 대해 수세적이었던 입장에서 벗어나 공세적인 자세로 전환하였음을 의미한다.

백제의 이러한 자세 변화는 무령왕이 고구려와의 전쟁을 통해 한성고토에 대한 실지회복 의지를 분명하게 천명한 것으로 볼 수 있다. 그 목적은 백제는 강적 고구려에 대응할 수 있는 유일한 나라라는 것을 대내외적으로 과시하고자 하였던 것이다. 종전과는 달리 신라나 가야 및 왜의 지원이 없어도 단독으로 고구려에 맞설 수 있다는 자신감을 표출한 것이다. 이는 백제 중심의 천하관을 표출한 것이다. 여하튼 무령왕은 고구려와의 몇차례 전투를 통해 한성고토를 완전히 수복하지는 못하였지만 고구려의 기선을 제압하고 남진을 강력하게 저지할 수 있는 성과를 이룩하였다. 백제의 고구려에 대한 강국의 선언은 고구려에 맞설 수 있다는 자신감을 표출한 것이었다.

백제는 신라와 가야 제국을 포함한 남방지역의 나라들을 '방소국'으로 규정하고 그의 부용국으로 인식하였다. 이는 대등한 관계로 인식한 대고구려 인식과는 달리 백제국가의 우월성을 과시하는 바탕 위에서 상하의식이 표출된 것이다. 남방지역의 주변국들에 대한 백제의 이러한 우월의식은 바로 백제의 천하관을 보여주는 것이다.

『중원문화연구』16 · 17, 충북대학교 중원문화연구소, 2011

聖王代의 정치개혁과 그 성격
- 전제왕권의 성립문제와 관련하여 -

1. 머리말

백제 성왕대(523~554)는 백제사상 '중흥시대'로 널리 이해되어 왔다. 이 시기에는 泗沘遷都를 비롯하여 22부 설치, 漢城 고토의 수복 등 일련의 집권화 시책을 통하여 왕권이 극도로 쇠미해졌던 웅진기와는 다른 양상을 보일 정도로 국가체제가 크게 정비되고 국력이 크게 신장되는 모습을 나타 내주고 있기 때문이다. 이처럼 성왕대에 가시적인 정치개혁의 성과가 나타 날 수 있었던 것은 이미 전대의 東城王代(479~501)와 武寧王代(501~523)에 걸쳐 추진된 일련의 왕권 전제화 시책이 바탕을 이루었을 뿐 아니라[1] 성왕 자신이 왕권 중심의 정치운영을 이루기 위한 집요한 개혁 의지의 소산이라 할 수 있겠다. 이런 면에서 성왕대 추진된 정치개혁은 백제사에서 고대 중 앙집권국가를 확립한다는 의미 부여와 함께 한국 고대사상 고대 집권국가

---

1) 盧重國, 「泗沘時代 百濟支配體制의 變遷」 『韓㳓劤博士停年紀念史學論叢』, 지식산업사, 1981, 53~54쪽 및 『百濟政治史研究』, 일조각, 1988, 162~165쪽.

의 한 개혁모델을 제시해 주고 있다는 점에서 우리들에게 더욱 관심과 주목을 끌게 하고 있다.

그런데 성왕대 정치개혁에 관한 구체적인 내용과 실상을 알려주고 있는 관계 자료는 단편적이고 영성한 편이다. 『三國史記』 百濟本紀의 성왕대 기사는 대부분 대외전쟁이나 외교관계 기사로 구성되어 있어서, 그 구체적인 실상을 알기에는 거의 미흡한 편이다. 『梁書』, 『周書』, 『北史』 등과 같은 중국 사서의 백제전에서는 사비기 초의 정치제도·법제·풍속·신앙·외교관계 기사를 단편적으로 전해 주고 있다. 이 사서들은 특히 『삼국사기』 성왕대의 기사내용과는 달리 사비기 초의 중앙과 지방행정조직에 관한 귀중한 사료를 전해주고 있어서 성왕대 정치개혁의 실상을 밝혀주는 데 중요한 단서를 제공해 주고 있다. 반면, 『日本書紀』 繼體紀에서 欽明紀까지는 인명 위에 붙여진 관명과 소속 부명을 단편적으로 전해 주고 있을 뿐 거의 대부분 기사가 당시 역사적 실상과 거리가 먼 이른바 '임나부흥문제'를 둘러싸고 전개된 대외관계 기사로 점철되고 있어서 성왕대 정치개혁의 실상을 파악하는 데 일정한 한계를 주고 있다.

이러한 관계 사료의 제약성에도 불구하고 이 방면에 대한 연구 업적은 어느 정도 축적되어 왔다.[2] 그러나 이러한 연구 성과들은 백제 지배체제의 변화를 포괄적으로 추구하는 과정에서 이루어졌기 때문에 더욱 다각적이고 종합적으로 깊이 다루어 볼 측면이 있는 것으로 여겨진다. 또한 중앙집권적 고대국가체제의 확립을 의미하는 백제 전제왕권의 성립시기를 古爾王代(234~286)[3]나, 近肖古王代(346~375)[4]로 설정하고 있으면서도 그 지표가

---

2) 이 방면에 관한 대표적인 연구업적은 李鐘旭, 「百濟의 佐平」 『震檀學報』 45, 震檀學會, 1978 ; 盧重國, 「百濟王室의 南遷과 支配勢力의 變遷」 『韓國史論』 4, 서울대학교 국사학과, 1978 및 앞의 글과 책이 있다.
3) 李鐘旭, 「百濟王國의 成長 -統治體制의 强化와 專制王權의 成立-」 『大丘史學』 12·13합집, 대구사학회, 1977, 17~21쪽.
4) 盧重國, 앞의 책, 107~122쪽.

되는 통치조직의 정비문제를 사비기 초인 성왕대에 언급하고 있어서 논리상의 모순을 드러내고 있다.

따라서 이 글에서는 백제 전제왕권의 성립문제와 관련하여 성왕대에 추진된 정치개혁의 성과와 그 성격문제를 좀 더 면밀히 살펴보고자 한다. 이를 위하여 먼저 성왕대 정치개혁의 상징이라 할 수 있는 사비천도의 배경과 이를 추진한 정치세력에 대하여 살펴보고, 이어 성왕대에 실시한 왕권의 전제화를 위한 일련의 대내외적인 여러 시책들을 다각적이고도 종합적으로 검토하여 백제 전제왕권의 성립시기와 그 성격문제를 면밀히 살펴보고자 한다.

2. 사비천도와 정치세력의 재편

사비천도는 성왕이 정치개혁을 추진하는데 일대 전기를 만들어 주었다는 점에서 큰 의미를 갖는다. 고대사회에서 수도는 지배자공동체의 생활공간이면서 정치·경제·문화의 중심지로서의 기능을 갖고 있기 때문에 천도는 바로 중심지의 이동을 뜻하는 것이었다. 신라의 경우 神文王代(681~692)에 達丘伐로 천도를 계획하였다가 귀족세력들의 이해관계로 반대에 부딪혀 실행에 옮기지 못했던 사례에서 나타나듯이,[5] 천도문제는 정치적 생명과 관련이 있을 만큼 지난한 과업이었다. 백제의 蓋鹵王(455~475)은 고구려의 長壽王(413~491)이 단행한 평양천도 당시의 상황에 관하여 언급하기를,

> A 지금 璉(장수왕)은 죄가 있어 자기 나라를 결단내고 大臣强族들의 살육이 그치지 않으며 죄악이 차 쌓이고 백성들이 허물어져 이산되고 있다.[6]

라고 한 것을 보면, 천도를 계기로 왕권강화를 방해하는 귀속늘의 세력근거

---

5)『삼국사기』권8 신라본기8 신문왕 9년 9월 26일.
6)『위서』권100 열전88 백제조.

를 단절시켜 지배질서를 개편하고 있음을 알 수 있다. 성왕이 단행한 사비천도는 고구려의 한성 침공에 의해 어쩔 수 없이 이루어진 웅진천도와는 달리 성왕 자신이 왕권 및 중앙집권적 지배질서의 강화를 도모해 나가기 위해 이룩한 업적이라 할 수 있다.

사비지역이 천도의 대상지로 선정된 이유는 여러 측면에서 검토될 수 있다. 첫째, 부여지방이 갖고 있는 지리적 여건이 참작되었을 것이라는 점이다.[7] 사비도성이 자리 잡고 있는 부여지역은 백마강이 북으로부터 서쪽까지 반달처럼 휘감겨져 흐르고 있으며, 동쪽으로는 계룡산과 대둔산으로 이어져 있는 산맥이 자연적인 성벽을 이루고 있다. 또한 서쪽으로는 서해를 향해 흐르고 있는 금강을 통하여 중국이나 일본을 왕래할 수 있는 수로교통상의 요지로 알려져 왔다. 남으로는 곡창지대인 호남평야를 끼고 있어서 왕권강화와 대외전쟁을 수행하는 데 필요한 경제적 기반을 확보할 수 있는 곳이기도 하다.

둘째, '송국리문화'로 알려져 있듯이 부여지방이 청동기시대 이래로 오랜 문화적 전통과 역사성을 가진 곳이라는 점이다. 부여 송국리 일대에 대한 고고학적 발굴조사를 통하여 광역적으로 밀집 분포되어 있는 많은 주거지에서 이른바 '송국리형 민무늬토기'를 비롯하여 반달형 돌칼, 석검, 촉검 등 많은 청동기시대의 유물을 발견하였다.[8] 특히 송국리 54지구 1호 주거지에서는 탄화미가 출토되어,[9] 이 지역이 청동기시대 이래로 주요 농경생활지역임을 알 수 있게 해준다.

셋째, 무엇보다도 사비천도를 적극 유치함으로써 이를 계기로 정치적 실권을 장악하려는 특정한 정치세력의 배후 역할을 상정할 수 있다. 사비천도

---

7) 이러한 견해를 제시하고 있는 대표적인 글로는 成周鐸, 「百濟 泗沘都城 硏究」『百濟硏究』 13, 충남대학교 백제연구소, 1982, 16~22쪽이 참고 된다.

8) 國立中央博物館, 『松國里 I』(國立博物館 古蹟調査報告 11冊), 1978 및 『松國里 II』, 1986 및 『松國里 III』, 1987 참조.

9) 송국리 54지구 1호 주거지에서 출토된 탄화미는 기원전 5세기의 것으로 편년되고 있다(國立中央博物館, 앞의 책(1978), 137~140쪽).

는 성왕과 그 지지세력으로 총칭되는 정치세력에 의해 이루어진 업적이라
할 수 있겠으나, 관계 사료의 부족으로 천도를 추진한 핵심세력의 실체를
파악할 수는 없다.

　다만, 沙氏勢力이 바로 사비천도를 적극 유치한 주요 정치세력이 아니었
을까 여겨진다.[10] 그 근거로는 첫째, 사씨세력의 지역적 기반이 부여지방으
로 비정될 수 있기 때문이다. 사씨세력은 사서에 沙喙, 沙梁, 沙伐 등과 함께
복성으로 표기되는 경우도 있고, 泗沘와도 같은 뜻을 가진 것으로 풀이 되
고 있다.[11] 그리고 부여에서 발견된 〈사택지적비〉를 통해서도 부여 일대가
사씨의 세력기반이었음을 알려주고 있다.[12] 둘째, 사비천도 이후 사씨세력
들은 上佐平이나 大佐平 등과 같은 중요 관직을 차지하고 있어서 전시대와
는 달리 정치적 비중이 높은 세력으로 부각되고 있다는 점이다. 여러 사서
를 통하여 사씨세력을 정리하면 다음과 같다.

　　B-① 左將 沙豆 [『삼국사기』 阿莘王 7년 2월]
　　　② 內法佐平 沙若思 [東城王 6년 7월]
　　　③ 達率 沙烏 [武寧王 23년 2월]
　　　④ 將軍 沙乞 [武王 28년 7월]
　　　⑤ 行征虜將軍邁羅王 沙法名 [『南齊書』 百濟]
　　　⑥ 上佐平 沙宅己婁 [『日本書紀』 欽命 4년 12월]
　　　⑦ 大佐平 沙宅千福 [齊明 6년 7월]
　　　⑧ 大佐平 沙宅智積 [皇極 元年 2월]

　사씨세력이 백제의 지배세력으로 부상하게 된 시기는 4세기 말 阿莘王
代(392~405)에 沙豆가 병마적인 左將에 기용되는 데서 비롯된다.[13] 고구려

---

10) 사씨세력을 사비천도를 추진한 배후세력으로 보는 견해가 있다(盧重國, 앞의 책,
　　166~167쪽).
11) 李弘稙, 「百濟人名考」 『論文集』, 서울대학교, 1954, 339쪽.
12) 洪思俊, 「百濟 砂宅智積碑에 대하여」 『歷史學報』6, 역사학회, 1954, 256쪽.
13) 『삼국사기』 권25 백제본기3 아신왕 7년 봄 2월.

의 남침이 격화됨에 따라 이제까지 대고구려와의 전투를 주도적으로 이끌어왔던 眞氏세력이 잇따라 참패하였기 때문에 이를 보완하기 위한 조처로 사씨세력이 중앙정계에 참여하게 된 것으로 보인다. 이후 웅진기까지 좌평급이나 장군직에 임명된 것을 감안해 보면 사씨세력은 주로 전쟁이나 외교와 같은 대외관계 업무를 담당해 왔음을 알 수 있다.

그러나 사비기에 들어와서 이들의 성세가 더욱 두드러지게 나타나고 있음을 엿볼 수 있다. 사택기루는 사비천도 직후인 성왕 21년(543) 당시에 최고관직인 상좌평을 역임하고 있을 뿐 아니라 백제 말기에도 사씨세력이 대좌평을 계속 지낼 정도로 실세귀족으로서의 중요한 정치적 역할을 수행하였음이 확인된다. 『隋書』百濟傳에 나오는 백제의 八大姓 귀족들 가운데서도 서열이 제일 높았던 것으로 나타난다.

이와 같이 사비천도는 웅진기에 야기되었던 지배세력들 간의 대립과 갈등을 극복하고 왕권 중심의 정치운영을 모색하기 위하여 추진한 성왕 자신의 결단력과 사택기루로 대표되는 사씨세력의 이해관계가 서로 합치되어 이룩된 결과라 할 수 있겠다.

사비로의 천도계획은 이미 동성왕(479~501)부터 준비되었을 것으로 보인다. 동성왕 12년과 23년, 두 차례에 걸친 사비지역에서의 전렵행사를 실시하면서,[14] 천도 후보지로서의 사비지역을 주목하였을 것으로 여겨진다.[15] 물론 고대사회에서 전렵행사는 국왕의 고유한 통치권행사의 일환으로 실시된 통치규범으로서 군사훈련과 통수권의 확인 기능을 가지 것으로 이해되고 있다.[16] 그러나 동성왕대에 전렵행사를 빈번히 실시하게 된 의도는 전렵행사가 갖는 본래의 기능 이외에 당시 야기되고 있던 지배세력 간의 대립과 갈등이라는 현안문제를 타개하고 국가적인 결속을 강화하기 위한

---

14) 『삼국사기』 권26 백제본기4 동성왕 12년 9월 : 동왕 23년 겨울 10월, 11월.
15) 盧重國, 앞의 글(1978), 93~94쪽. 사비로의 천도계획이 동성왕대부터 추진되었을 것으로 보는 견해로는 주) 7이 참고 된다.
16) 金瑛河, 「三國時代 王의 統治形態 研究」, 고려대 박사논문, 1988, 57쪽.

수단이었으며,[17] 그 부차적인 기능으로서 천도 후보지를 물색하고자 했던
것으로 여겨진다.[18]

특히 동성왕 말년 경에는 '水陸之衝'의 요처로 알려진 林川의 加林城을
축조하여[19] 당시 실세귀족이었던 衛士佐平 苩加를 이곳으로 진수시키려 했
던 것을 감안해 보면 사비로의 천도계획은 어느 정도 가시화되었을 것으로
보인다. 결국 위사좌평 백가는 당시 실권을 장악하고 있었음에도 불구하고
혹시 사비천도로 인하여 자신의 정치적 기반을 상실당할 우려가 있기 때문에
이에 반발하여 난을 일으켜 동성왕을 시해하게 되었던 것으로 여겨진다. 백
가의 난을 단순히 동성왕대의 중앙세력에 대한 개편이라는 각도에서 이해할
것이 아니라,[20] 사비천도 계획의 맥락에서 재검토되어야 할 것이다. 이러한
우여곡절 끝에 성왕 16년(538)에는 성왕 자신의 결단력에 의해 사비천도가
단행되어 웅진기 이래로 야기되어 온 지배세력의 동요를 극복하려 하였다.

다음으로 사비천도 이후 성왕대 지배세력이 어떻게 구성되었는가에 대
하여 알아보자. 이를 위해 여러 단편적인 사료에 나오는 주요 인물들을 정
리하면 다음과 같다.

   C-① 聖王 18년(540) : 將軍 燕會
     ② 聖王 19년(541) : 前部 奈率 鼻利莫古, 奈率 (眞慕)宣文, 中部 奈率木劦眯淳,
       紀臣 奈率 彌麻沙
     ③ 聖王 21년(543) : 上佐平 沙宅己婁, 中佐平 木劦麻那, 下佐平 木尹貴, 德率

---

17) 梁起錫,「熊津時代의 百濟支配層研究」『史學志』14, 단국대학교 사학회, 1980, 10쪽.

18) 주) 15 참조.

19) 唐軍이 백제의 부흥군을 공격하기에 앞서 가진 전략회의에서 '加林城水陸之衝 合先擊
之'라 하였고, '加林嶮而固 攻則傷士 守則曠日'(『삼국사기』 백제본기 의자왕 唐 龍朔 2
년 7월)이라 표현하고 있는 것을 보면, 부여 남쪽 임천 聖興山城으로 비정되는 가림성은
수도 사비를 지키는 육·해로상의 요충이었음을 알 수 있다.

20) 盧重國은 동성왕의 신진세력에 대한 견제책으로 인해 백가의 반란이 있었던 것으로 이해
하였으며(앞의 글(1978), 76쪽), 李鍾旭은 그 난의 원인을 동성왕 말년에 단행한 정치적
개혁에 대한 반발에서 기인하는 것으로 보았다(앞의 글(1978), 47쪽).

鼻利莫古, 德率 東城道天, 德率 木刕眛淳, 德率 國雖多, 奈率 燕比善那
　④ 聖王 28년(550) : 奈率 馬武

　　위의 사료에 나오는 주요 인물들을 통해서 사비천도 직후 성왕대 지배세력의 구성상에 나타난 몇 가지 특징을 살펴보면, 첫째, 왕족의 정치적 비중이 현저하게 감소된 것으로 나타난다. 한성기에 왕족은 왕비족과 함께 상좌평이나 좌평직과 같은 주요 관직을 차지하였다.[21] 개로왕 4년(458) 그의 지배체제 확립에 기여한 인물들에게 작호제수를 요청하기 위해 劉宋에 보낸 외교문서[22]에 의하면, 수작 대상자 11명 가운데 왕족 餘氏가 무려 8명이나 차지했을 정도로 당시 왕족의 정치적 지위는 무척 높았음을 알려주고 있다.

　　그러나 웅진기에 들어와서는 왕권이 쇠미해지고 실세귀족 중심의 정치운영이 이루어지면서 왕족의 정치적 지위는 점차 낮아지게 되었다. 동성왕 12년(490)과 17년(495) 두 차례에 걸쳐 남제에 작호의 제수를 요청한 외교문서[23]에서는 수작 대상자 총 15명 가운데 왕족은 3명에 지나지 않는다. 이러한 왕족의 정치적 비중 감소현상은 사비천도 후에 더욱 두드러지게 나타나고 있는데, 위의 사료에서도 왕족은 거의 나타나지 않고 있다. 이는 동성왕대 이후 추진한 왕권의 전제화 시책에 따라 지배체제가 확대 정비되고, 또 천도에 따라 새로운 신진세력들이 다수 등용되어 지배층의 폭이 넓고 다양해진 데에서 비롯된 것으로 볼 수 있다.

　　둘째, 신·구 귀족세력들이 다양하게 분포되는 현상을 보이고 있다는 점이다. 한성기 이래의 구귀족세력인 진씨와 신진귀족세력인 사씨·목씨·연씨·국씨 등이 망라되어 있어, 이들 귀족세력들을 분산시켜 상대적으로 왕권강화를 꾀하려는 성왕의 의도를 엿보게 해준다. 사비천도 직후 지배세력들 간의 정치적 지위를 극명하게 나타내주는 것은 사료 C-③이다. 사택기루

---

21) 李基白, 「百濟王位繼承考」 『歷史學報』11, 역사학회, 1959, 24~41쪽.
22) 『위서』 권100 열전88 백제.
23) 『남제서』 권58 동남이열전39 백제.

가 상좌평에, 중좌평과 하좌평에는 木刕麻那와 木尹貴가 각각 기용되고 있는 것을 감안해 보면, 성왕대의 지배체제에서 이들 사씨와 목씨세력이 차지하는 비중이 상당히 높았음을 알려주고 있다. 이들 정치세력들은 아마 사비천도를 단행하는 데서 성왕을 적극 지지했던 것으로 여겨진다. 성왕이 이들 정치세력과 연관을 갖게 된 것은 적어도 웅진기 이래 발호하였던 기존의 실세귀족 중심의 정치운영을 극복하기 위한 배려에서 나온 것으로 풀이된다.

웅진기의 정치운영은 기존의 권력체계를 이용하기보다는 확실한 지배수단인 병권을 장악한 실세귀족의 향방에 따라 이루어져 왔다.[24] 해씨·진씨·백씨 세력이 실세귀족이 되어 권력을 농단하였던 것이다. 따라서 성왕은 사비천도와 지배체제를 왕권 중심으로 확립하기 위해 기존의 실세귀족보다는 이들 사씨와 목씨·비리씨·동성씨 세력 등과 같이 왕권확립에 적극 협조할 수 있는 정치세력들을 일차적으로 그 지지기반에 묶어두려 하였을 것이다. 웅진기의 실세귀족이었던 해씨와 백씨세력이 C-③에서는 제외되어 있고, 진씨세력의 경우 나솔 眞慕宣文 이외에는 두드러진 활동이 보이지 않고 있는 점이 이를 반증해 주고 있다.

셋째, 성왕 28년(550)을 전후한 시기부터는 성왕의 왕권전제화 시책이 본격화되면서 국정운영은 점차 국왕 중심의 측근정치를 지향해 나가고 있다는 점이다. 이러한 측근정치의 중추적인 역할을 담당했던 대표적 인물로는 사료 C-④에 나오는 奈率 馬武 등을 들 수 있다. 마무는 『일본서기』에,

> D 왕(성왕)의 고굉의 신하로서 위에 아뢰고 아래에 전하는 것이 왕의 마음과 몹시 맞아서 왕의 보필이 되고 있다.[25]

라고 그의 인물평을 전하고 있는 것을 보면, 성왕의 총애를 받는 측근세력이었음을 알 수 있다. 그밖에 梁의 講禮博士인 陸詡 같은 인물들의 역할노

---

24) 梁起錫, 「百濟專制王權成立過程研究」, 단국대 박사논문, 1990, 133·136쪽.
25) 『일본서기』 권19 흠명기 11년 봄 2월.

주목된다. 성왕 19년(541), 성왕이 양에 毛詩博士와 涅槃經義, 그리고 工匠과 畵師 등을 요청함에 따라,[26] 강례박사인 육후가 백제로 건너오게 되었다고 한다.[27] 마무와 육후 같은 근시관료들은 학문적 식견을 바탕으로 국왕의 정치적 조언자 역할을 수행하여 국왕으로 하여금 전제왕권의 확립을 위한 이념적 기반과 정치개혁을 지속적으로 추진하는 데 큰 역할을 하였을 것이다.

　이와 같이 사비천도를 계기로 기존의 정치세력을 개편하여 국왕 중심의 권력구조를 이루어나가게 되었다. 이에 따라 왕족의 직계를 제외한 여타 왕족의 정치적 비중이 감소하게 되었고, 웅진기 이래의 실세귀족들이 배제되는 대신 사씨와 목씨세력 등을 국왕의 지지기반으로 삼아 여러 다성 귀족의 분산 위에서 왕권강화를 꾀하게 되었다. 이러한 바탕 위에서 성왕 28년을 전후로 한 시기에는 측근정치를 실시하여 본격적인 왕권의 전제화를 위한 여러 시책을 펴나갔을 것으로 여겨진다.

3. 22부 중심의 정치운영

　사비천도 후 성왕대에 단행된 내정개혁은 종래 왕권의 쇠미현상에 따라 나타나는 실세귀족 중심의 정치운영에서 벗어나 왕권 중심의 정치운영으로 방향을 모색하기 위한 조치로 볼 수 있다. 왕권 중심의 정치운영이 이루어지기 위해서는 이를 뒷받침할 중앙집권적인 통치조직이 필요하게 되었다. 사비천도 후에 완성된 것으로 보이는 중앙관료제로는 16관등제와 22부를 들 수 있고, 지방통치조직으로서는 귀족들의 지역적 통제를 용이하게 하는 수도 5부제와 方 - 郡 - 城의 체계를 가진 군사조직망의 정비를 들 수 있다. 이들 중앙집권적인 통치조직은 이미 웅진기인 동성왕대부터 추진되기 시작

---

26) 『양서』 권54 동이열전 48 백제.
27) 『남사』 권71 열전61 鄭灼, 陸詡 少習崔靈恩 三禮義宗 梁時 百濟國表求講禮博士 詔令詡行.

하여 사비기 초인 성왕대에 와서 일단 완결된 것으로 여겨진다. 이들 통치조직의 구체적인 내용과 성격에 관한 것은 기왕의 연구에서 밝혀지고 있기 때문에[28] 여기서는 성왕대에 추진한 통치조직의 정비작업 가운데서 핵심이라 할 수 있는 22부를 중심으로 그 내정개혁의 성격을 살펴보기로 한다.

성왕대는 귀족 중심의 정치운영을 대변하였던 기존의 좌평제에 비중을 두기보다는 국왕의 입장을 대변하는 입장에 서 있는 22부를 중심으로 한 정치운영을 지향하여 왕권의 전제화를 확립하고자 하였다.

6세기 초 무령왕대와 특히 사비기에 들어와서는 기존의 좌평제에 큰 변화가 나타나고 있다. 이는 동성왕 말년부터 성왕대까지 추진된 일련의 내정개혁과 관련하여 나타나는 현상으로 볼 수 있다. '佐平 因友'라 하였듯이,[29] 직책이 표시되어 있지 않은 좌평이 나타나고 있으며, 또 좌평의 수도 현저하게 증가하고 있다. 의자왕 17년(657)에는 王庶子 41명을 좌평으로 삼고 식읍을 주는 현상이 나타나고 있다.[30] 또한 『일본서기』에는 상좌평·중좌평·하좌평 등의 세분화된 좌평의 명칭이 나타나고 있어 주목된다.[31] 이러한 좌평의 분화현상은 단지 행정업무의 세분화현상에 의한 것이라기보다는 오히려 지배귀족들의 신분서열을 나타내기 위한 것으로 생각된다.

이와 같이 좌평제는 6세기 이후 점차 최고 귀족회의로서의 성격을 유지하는 가운데 성왕대부터는 22부가 왕권 중심의 정치운영을 위한 실질적인 행정부서로 자리 잡게 되었을 것으로 여겨진다. 22부에 속해 있는 관료집단들은 국왕의 명을 받아 왕실업무를 담당하는 내정관리와 근시집단으로 구성되었는데, 이들은 국왕의 시종·잡역·奉供 등의 역할을 통해 왕권의 전

---

28) 盧重國, 앞의 책(1988), 167~168·224~233쪽.
29) 『삼국사기』 권26 백제본기4 무령왕 23년 봄 2월. 車勇杰도 직책 없는 좌평의 수가 증가하였음을 지적하였다(「百濟의 祭天祀地와 政治體制의 變化」 『韓國學報』11, 일지사, 1978, 71쪽).
30) 『삼국사기』 백제본기 의자왕 17년 정월.
31) 『일본서기』 권19 흠명기 4년 겨울 12월.

제화 작업에 적극 기여하였던 것이다.[32] 성왕의 고굉지신으로 알려져 있는 마무[33]는 바로 이러한 성격을 가진 관료였을 것으로 여겨진다.

　백제의 22부에 관한 내용은 6세기경 사비기의 사정을 전하고 있는『周書』百濟條에 실려 있다. 여기서는 각 부에 대한 구체적인 담당업무를 기록하지 않고 다만 내관 12부와 외관 10부로 구성되어 있는 22부의 명칭만을 전하고 있어서 그 실체와 권력구조상의 특질을 파악할 수 없는 한계성을 갖고 있다. 그리고 22부에 대해서는 "각기 部司가 있어 여러 행정업무를 나누어 맡았다"고 하여 총괄적인 기능에만 언급하고 있으나, 이 기사로 미루어보면 部 예하의 하부관서가 설치되었을 것으로 보인다. 각 부의 담당업무에 대해서는 다소 의견의 차이[34]는 있으나 그 명칭으로 미루어보아 다음과 같

백제의 22부

內官 12部	外官 10部
① 前內部 …… 국왕근시	① 司軍部 …… 군사
② 穀　部 …… 곡물조달	② 司徒部 …… 교육
③ 肉　部 …… 육류조달	③ 司空部 …… 토목·건축
④ 內椋部 …… 內倉관리	④ 司寇部 …… 형벌
⑤ 外椋部 …… 外倉관리	⑤ 點口部 …… 호구파악
⑥ 馬　部 …… 御馬관리	⑥ 客　部 …… 외교
⑦ 刀　部 …… 刀劍제작·관리	⑦ 外舍部 …… 인사
⑧ 功德部 …… 불교	⑧ 綢　部 …… 공물출납
⑨ 藥　部 …… 제약·의료	⑨ 日官部 …… 천문·점술
⑩ 木　部 …… 토목·건축	⑩ 都市部 …… 시장·교역
⑪ 法　部 …… 의례	
⑫ 後宮部 …… 후궁	

32) 李文基,「新羅中古의 國王近侍集團」『歷史敎育論集』5, 역사교육학회, 1983, 70~75쪽.

33) 주) 25 참조.

34) 白南雲,『朝鮮社會經濟史』, 改造社, 1933, 273쪽 ; 李丙燾,『韓國史 - 古代篇』, 진단학회·을유문화사, 1959, 543쪽 ; 鬼頭淸明,「日本の律令官制の成立と百濟の官制」『日本古代の社會と經濟』上, 吉川弘文館, 1978, 191쪽 ; 武田幸男,「6世紀における朝鮮三國の國家體制」『朝鮮三國と倭』, 學生社, 1980, 59쪽 ; 盧重國, 앞의 책(1988), 228~229쪽.

이 추정할 수 있겠다.

예를 들어 22부 가운데 재정을 담당한 부서는 내관의 穀部·內椋部·內椋部, 외관의 司寇部·綱部를 들 수 있는데, 그 구체적인 직능을 유추해 보면 다음과 같다.

곡부는 궁내부사 12개 가운데 서열이 전내부 다음으로 중요한 위치를 점하고 있는데, 그 직능은 御供에 관계되는 곡물의 조달과 전국에 산재하고 있는 御料地의 경작과 관리 등을 담당했을 것으로 여겨진다.

내·외량부는 '椋' 자가 다른 사서에서 '掠', '庌'으로 표기되어 있고,[35] 그 자의가 '廩', '庾', '囷', '倉' 자와 통하고 있기 때문에[36] 倉部나 司倉에 해당한다고 볼 수 있다. 창부는 신라의 경우,

> E 왕(文武王) 즉위 초에 南山長倉을 설치하였다. 길이가 50보, 넓이가 15보로 미곡과 병기를 보관하였는데, 이것을 右倉이라 하였고, 天恩寺의 서북쪽 산상에 左倉이 있었다.[37]

라고 하였듯이, 수취한 田賦의 곡물을 저장하였을 뿐만 아니라 병기도 보관하는 기능을 가졌을 것으로 생각한다. 그런데 백제의 경우 창부에 해당하는 경부가 내·외로 구분된 이유에 대해서는 구구한 견해가 제시되어 있으나,[38] 前田本『古語拾遺』에 보이는 三藏制가 백제계 이주민에 의해 운영되

---

35) 『주서』 백제조에서는 '椋', 『북사』 백제조에는 '掠', 『삼국사기』 직관지에는 '庌'으로 표기되어 있다.
36) 稻葉岩吉, 『釋椋』, 大阪屋號書店, 1936, 18쪽.
37) 『삼국유사』 권2 文武王 法敏.
38) 白南雲은 '掠' 자에 주목하여 포로 및 귀화민·노예를 통할하는 부서로 보고 내경부는 근접지방에서의 약취, 외경부는 외국으로부터의 약취를 담당하는 부서라 하였다(白南雲, 앞의 책(1933), 273쪽), 武田幸男은 외경부를 외관에 속해야 할 것으로 보았고(武田幸男, 앞의 글(1980), 59쪽), 한편 盧重國은 창고의 소재지에 따른 명칭을 가진 부서라 하였다(盧重國, 앞의 책(1988), 228쪽). 이를 御供과 정부재정에 관한 물건을 구별해서 저장한 것으로 보는 稻葉岩吉의 견해(稻葉岩吉, 앞의 책(1936), 12쪽)가 더 설득력 있어 보인다.

었음을 감안할 때,[39] 그 기능에 비추어 내경부는 御供物이나 祭具를 보관하였고, 외경부는 국가재용에 관한 衣料·食物을 저장하였을 것으로 추정된다.[40] 이와 같은 창고 업무 관리를 기능적으로 분치시킨 것은 세제가 사비기 초에 와서 체계적으로 완비되었음을 시사해 주고 있다.[41]

점구부는 호구를 향례적으로 파악하여 수취의 기본이 되는 計帳이나 호적을 작성하는 부서로 생각된다.[42] 토목공사에 15세 이상의 有役者를 징발했다는 기사나, 백제가 멸망시 '5부 37군 200성 76만 호'로 국세를 파악하고 있었던 점에서 백제는 호구를 향례적으로 파악하였음을 알 수 있다.

조부는 絹·絲·麻·布와 같은 의료직물을 제조·공급하는 부서로 알려지고 있다. 백제의 세제 가운데 調의 비중이 컸음에도 불구하고 22부 가운데서 이를 관리하는 전담부서가 설치되어 있지 않은 것이 의문이다. 견·마·사 등이 백제의 주요 공물세 대상품이었음을 감안하면, 주부는 단지 직물을 생산해 내는 기능부서가 아니라 공물의 출납을 담당하는 재정기구가아니었을까 한다.[43]

다음으로 22부가 설치되게 된 연원과 백제 권력구조상에 나타나는 특질에 대하여 살펴보자. 첫째, 22부 가운데 내관 10부는 『周官』6관제를 바탕으로 이루어졌다는 점이다. 이를 근거로 할 때 司軍部·司徒部·司空部·司寇部는 각기 군사·교육·토목·건축·형옥·법률 등의 행정업무를 담당

---

39) 三藏制란 齊藏·內藏·大藏을 말하는데, 각각 祭物과 御供 및 조정 재정의 재물을 관리하였다. 『古語拾遺』에 의하면 백제계 이주민인 阿智使主와 王仁에 의해서 藏部가 설치되었다고 하였다.
40) 稻葉岩吉, 앞의 책(1936), 11~12쪽.
41) 고대사회에서 창고에는 관리들의 녹봉 재원과 軍資·제향물·어공물을 저장하였다. 특히 군량미와 병기의 저장을 위한 창고의 설치는 전국적인 지방행정조직망을 전제로 가능한 것이기 때문에 전국적인 세제를 확립하는 계기가 되었을 것이다. 『주서』 백제조에 '賦稅以布絹絲麻及米等 量歲豊儉 差等輸之'라 한 것을 보면 사비기 초에 중앙집권화시책에 힘입어 전국적인 규모의 세제가 확립되었음을 뜻하는 것으로 볼 수 있다.
42) 이를 순라·경비업무를 관장하는 부서로 보는 견해가 있다(白南雲, 앞의 책(1933), 274쪽).
43) 李丙燾는 이를 포괄적인 의미로 해석하여 재정부라 하였다(앞의 책(1959), 543쪽).

하였을 것으로 여겨진다. 22부에 『주관』 6관제를 채용하게 된 것은 관제의 본질에 충실하여 귀족제에 동화될 위험을 예방하고 왕권강화를 꾀하기 위한 의도에서 나온 것으로 볼 수 있다. 이 제도를 관제개혁의 모델로 삼게 된 배경에는 양에서 백제로 건너온 강례박사 육후와 같은 성왕 측근 관료들의 영향에 의한 것으로 추정된다.[44)]

둘째, 관부의 직능상 분화가 세밀하게 나타나고 있다는 점이다. 먼저 크게 내관과 외관으로 구분되어 있는데, 내관 12부는 궁정업무를 담당하는 내정관부로서 근시기구의 성격을 가진 것으로 볼 수 있다. 근시기구를 포함한 내정관부 12부는 군사·교육·형률 등 행정관부로서의 성격을 가진 외관 10부와는 구별되고 있으며, 외관 10부보다 많은 관부를 설치할 정도로 내정업무가 확대일로에 있었음을 반영해 주는데, 이를 전제왕권의 발전과 관련시켜 볼 수 있다. 행정실무 관부인 외관 10부는 신라의 執事部와 같이 22부를 총괄하는 최상의 관부가 존재하지 않는 것으로 보아, 국가행정을 심의 의결하는 기능을 가진 佐平制에 통속되면서도 궁극적으로는 국왕권력에 통할되어 있는 것으로 생각한다. 司軍部의 경우 兵官佐平의 통속 하에 국왕과 연결된 것으로 여겨진다.

또한 22부는 군사권(사군부)과 재정권(곡부, 내·외량부, 점구부, 주부), 그리고 행정권(외사부, 법부, 사구부 등)이 세밀하게 분화되어 있을 정도로 분담 체제를 이루고 있어서 백제사회의 성장을 엿볼 수 있게 해준다. 특히 상술한 바와 같이 재정기구에서 분화현상이 두드러지게 나타나고 있어서 국가발전에 따른 재정의 수입과 지출업무가 중요한 비중을 차지하고 있음을 알 수 있다.

셋째, 22부의 책임자 임명에 임기제를 적용하여 점차 관료제로 나아가는 토대를 마련하였다는 점이다. 22부의 책임자는 長史·長吏 또는 將長·宰

---

44) 22부제의 연원을 『주관』의 6관제를 기본 골격으로 삼고 있는 北周의 제도에서 찾고 있는 견해(鬼頭淸明, 앞의 글(1978), 198~199쪽)가 있다.

長官으로 불리었는데, 3년 단위로 교체되었다고 한다.[45] 종래 좌평의 임기
는 대과가 없는 한 종신적인 경우가 많았으나, 22부 책임자의 임명에 임기
제를 적용함으로써 국왕이 관리임용권 행사를 통해 국왕의 권위를 유지할
수 있게 되었다. 그러나 관부의 분화에 따른 권력의 분산문제를 효율적으로
해결하기 위하여 신라의 관부에서 나타나는 바와 같이 겸직제로 운영하였
을 것으로 생각된다.[46]

이상으로 성왕대의 권력구조는 국가행정의 심의 · 의결기관인 기존의
좌평제를 통해 유력한 귀족세력을 결집 · 유지시키는 대신 국왕 직속의 내
정관부와 행정관부로 구성된 22부를 중심으로 실질적인 국가행정 업무를
관장하게 하여 왕권 중심의 정치운영을 해나갔던 것으로 볼 수 있다. 따라
서 이 22부가 궁극적으로는 전제왕권을 확립하기 위한 것이었음이 밝혀졌
으나, 이 기구가 갖는 한계성을 지적하여 성왕대에 단행한 내정개혁의 성과
를 가늠하고자 한다.

먼저 22부는 국왕의 권력기반에 직접 연결되고 있으나 신라의 內省私臣
이나 侍中의 역할에서 찾아볼 수 있는 것처럼,[47] 병렬적으로 설치되어 있는
여러 관부를 총괄할 수 있는 최고행정의 총재관이 존재하지 않아 관부 상호
간의 견제와 균형은 물론 총괄기능을 유지하기가 어렵다는 점을 들 수 있
다. 또한 관리들의 비위사실을 규찰하는 감찰기구가 설치되어 있지 않아서
귀족세력의 견제를 통한 왕권강화책에 제약을 주고 있다는 점이다. 司正
府 · 左右理方府를 설치하여 감찰기능을 강화시킨 신라의 관부와 대조를 이
룬다.

<hr>

45) 『수서』 권82 동이열전46 백제조 ; 『한원』 백제.
46) 李文基, 「新羅時代의 兼職制」 『大丘史學』26, 대구사학회, 1984, 28~46쪽.
47) 申瀅植, 「신라 권력구조의 특질」 『新羅史』, 이화여대출판부, 1985, 126~127쪽.

4. 문화운동의 전개

1) 祭儀上의 변화

『周書』, 『隋書』, 『翰苑』 등의 중국 사서에 의하면 사비기에 백제왕실에서 제천행사와 五帝神 및 仇台를 받드는 제의가 거행되었음을 알 수 있다.

제천행사는 백제왕실이 기원하고 있는 부여족 간의 전통을 확인하고 결속을 다지는 중요한 제전으로서[48] 백제왕권의 권능을 상징하는 東明廟의 배알 의식과 힘께 행해지기도 하였다. 그린데 이 제전은 동명묘가 실지되어 있는 수도 漢城이 고구려에 의해 상실당한 데다가 유교·불교와 같은 외래 사상의 영향으로 사실상 중단상태에 놓이게 되었다.[49] 웅진 남천 후 동성왕 11년 10월에 壇을 설치하여 祭天祀地를 행하고 있는 점이 주목된다. 동성왕대에 모처럼 행한 제천사지는 원래 정월에 실시하던 것을 10월에 행하고 있어 다소 변질된 면을 보이고 있으나, 이 제전의 부활로 당면과제였던 지배질서의 혼미를 극복하고자 했던 것으로 볼 수 있다.

이와 아울러 사비기 초부터는 백제왕실에서 오제신을 받드는 제사와, 백제 왕실의 시조를 받드는 구태묘에 대한 제사가 거행되었음이 다음 사료를 통해 살펴볼 수 있다.

> F-① 그 왕은 四仲月 즉 2월·5월·8월·11월이면 天과 五帝神에게 제사를 드린다. 또 해마다 네 번씩 그 시조 仇台의 사당에 제사를 드린다.[50]
> ② 국성에다 그 시조인 구태묘를 세워 해마다 네 번 제사를 지낸다.[51]
> ③ 백제성에 그 시조인 구태묘를 세워 四時로 제사 지낸다.[52]

---

48) 成周鐸·車勇杰, 「百濟儀式考」 『百濟研究』12, 충남대학교 백제연구소, 1981, 73쪽.
49) 盧明鎬, 「百濟의 東明神話와 東明廟」 『歷史學研究』10, 전남대학교, 1981, 86쪽.
50) 『주서』 권49 이역열전41 백제.
51) 『수서』 권82 동이열전46 백제.
52) 『한원』 所引 括地志.

위의 사료에서 오제신을 받드는 제의는 음양오행설과 깊은 관련이 있는 것으로 보인다. 음양오행설은 이미 6세기경 백제사회에서 널리 이해되고 있었는데,[53] 여기서 오제신은 하늘에 있으면서 중앙과 사방을 주재하는 五神으로서 중앙은 黃帝, 동방은 蒼帝, 서방은 白帝, 남방은 赤帝, 북방은 黑帝를 지칭하고 있다. 이 제의를 통해 백제왕은 중앙의 황제로 관념되어 天道와 인간사회의 조절자인 동시에 사방을 통할 군림하는 구심적인 존재로 부각시키고자 하였을 것이다. 사비기에 들어와서 오제신을 받드는 제사가 행해지는 것은 어느 면에서 왕권의 전제화 시책과 관련이 있는 것으로 파악할 수 있다.

또한 사비천도 이후에 와서 백제의 시조로 관념되어 온 구태에 대한 奉祀에도 어떤 변화가 있었음을 시사해 주고 있다. 구태는 『북사』나 『수서』 백제전에 2세기경의 부여왕인 尉仇台에 부회되어 또 하나의 백제 건국시조로 주장되고 있다. 백제의 건국시조로 관념되는 동명·온조·구태라는 존재의 구체적인 실체에 대해서는 알 수 없지만, 부여족 계통에서는 '尉' 자가 '位' 나 '近' 자와 서로 통해 相似의 뜻으로 쓰이고 있어서 부여왕 위구태의 존재로 미루어보아,[54] 구태는 동명 후예로서 실존했던 인물일 가능성이 높다. 사비기 이후부터 구태묘가 설치되어 매년 奉祀되어 온 것을 보면 구태는 온조계 백제왕실의 태조에 해당되는 존재가 아니었을까 한다.

그렇다면 구태묘는 온조계 백제왕실의 종묘에 해당하는 것으로 볼 수 있는데 성왕이 사비천도를 단행한 이후에 체제정비과정의 일환으로 구태묘의 제례에 관한 예법과 격식을 일단 정비하였을 것으로 본다. 이는 무령왕계를 중심으로 왕실 내 소가계집단의 祖先을 받드는 제례를 실질적으로 국가의 종묘에 해당하는 위치로 격상시키는 의미를 갖는다고 볼 수 있다. 성왕대에 구태묘의 제례에 관한 정비와 관련하여 시호제의 실시를 보게 된 것이 아닐

---

53) 『주서』 권49 이역열전41 백제.
54) 『삼국지』 권30 위서30 동이전30 부여.

까 한다.

이러한 제천사지와 구태묘 제의의 강화현상은 사비천도 후 국호를 '南扶餘'라고 칭했던 사실과 함께 백제왕실이 기원하고 있는 부여족의 전통을 강조하려는 경향과 같은 맥락으로 이해된다. 그러나 이와 같이 부여족 동질의식을 내세워 자체 분열을 거듭하고 있었던 귀족세력들을 왕권을 축으로 해서 결집시키는 데에는 일정한 한계가 있었을 것으로 생각된다. 종전의 解氏·眞氏와 같은 한성기 이래의 구귀족세력들은 적어도 이념상 부여족 동질의식을 구심점으로 하여 결속될 수 있었지만, 반면 웅진이나 사비천도에 따라 지배질서에 새로 참여하였던 신진귀족세력들은 백제왕실이나 구귀족세력들과는 달리 부여족 동질의식의 차원에서 함께 일체감을 느낄 수는 없었다고 생각한다.

따라서 이러한 한계점을 보완하려는 노력의 일환으로 성왕대에는 불교의 계율을 적극 장려하여 불교 교단을 정비하고 나아가 왕권을 정점으로 하는 정치체계의 확립을 위한 수단으로 활용하게 되었던 것으로 생각된다. 謙益이 인도에서 五部律을 가지고 와서 律部 72권을 번역하여 百濟新律을 만들었고,[55] 또 曇旭과 惠仁 등이 律疏를 지음으로써[56] 백제 율학이 발달할 수 있는 계기가 되었으며 나아가 불교를 폭넓게 이해할 수 있는 기반을 갖추게 되었다.

이에 따라 성왕대부터 무왕대(600~641)까지는 특히 불교사상을 빌려 특정가계 왕족의 신성족 관념을 내세우게 되었는데, 이것은 왕권의 전제화를 이루어나가는 이념적 기반이 되었다. 일본의 善光寺의 연기설화를 통해 볼 때 성왕은 천축국의 月蓋長者로 환생하여 불국토인 백제를 다스리게 되었다고 하였는데,[57] 이는 바로 王法과 佛法을 일치시켜 왕권강화를 꾀하려는

---

55) 金鎔貞, 「百濟의 佛敎思想」 『韓國哲學硏究』上, 韓國哲學會, 1977, 134~135쪽.

56) 李能和, 『朝鮮佛敎通史』上, 1917.

57) 金煐泰, 「請觀音經信仰과 그 日本傳授」 『百濟佛敎思想硏究』, 동국대학교출판부, 1985, 164~173쪽.

백제왕실의 노력의 한 표현이라 할 수 있다. 그러나 성왕대의 계율을 통한 왕권강화책은 백제의 계율이 교학적인 차원에서 일부 계층에만 이해되는 수준이었기 때문에 일정한 한계를 갖는 것이었다.

2) 시호제의 정비와 무령왕계의 왕위계승권 확립

한성 함락에 따라 개로왕이 패사하고 그 직계왕통이 단절된 것으로 보이며, 이어 즉위한 文周王도 권신 解仇의 발호로 시해당하였고, 그의 아들 幼年의 三斤王도 무死함에 따라 문주왕계도 족세가 미약해졌거나, 또는 직계왕통의 단절현상이 나타나게 되었다.[58] 그 뒤를 이어 계위하였던 동성왕과 그의 이모형인 무령왕은[59] 개로왕의 아우인 昆支의 아들이었음을 감안해 보면 웅진기와 같은 비상 시기에는 父系直子相續에 의한 왕위계승이 정상적으로 이루어지지 못했음을 알 수 있다.

따라서 웅진기의 왕위계승은 부계직자의 계승원리에 따라 이루어지기보다는 일정가계 범위 내에 있는 왕족들이 유력한 귀족세력과의 정치적 제휴를 통해 왕위에 오르는 경향이 나타나게 되었다. 그러나 무령왕 이후 그의 직계들에 의해 왕위계승이 이루어지면서 부계직자 상속에 의한 왕위계승원칙의 확립을 보게 되었다.[60] 이로써 웅진기 초부터 야기되었던 일련의 왕위계승상의 혼란은 무령왕의 직계에 의한 왕위계승이 이루어짐으로써 지양되기에 이르렀다.

이와 관련하여 성왕대부터 시호제가 실시되어 무령왕계 왕실을 중심으로 한 왕실계보를 정리하는 의미를 갖게 되었다. 무령왕릉에서 출토된 買地券에 무령왕의 諱가 斯麻王으로 표기되어 있는 것을 보면 武寧이란 시호는

---

58) 李道學, 「漢城末·熊津時代 百濟王系의 檢討」 『韓國史硏究』45, 한국사연구회, 1984, 13~14쪽.
59) 李道學, 앞의 글(1984), 15쪽.
60) 申瀅植, 『三國史記硏究』, 일조각, 1981, 151쪽.

성왕대에 내려진 것이었음을 알 수 있다. 백제의 시호제는 동성왕대부터 적용된 것으로『삼국사기』에 명기되어 있다. 무령왕의 매지권을 근거로 할 때 동성왕은 성왕대에 무령왕계 왕실을 중심으로 왕실계보가 정리되는 것과 관련하여 시호가 추증된 것이 아닐까 한다.

이러한 시호제의 채용은 마치 신라의 성골제가 智證王系에 속한 왕실의 소가계집단의 구성원들에 의해 聖骨身分이 유지된 것처럼[61] 왕권을 배타적으로 독점하려는 일정한 왕실 소가계집단의 우월의식을 고양하는 계기가 되었을 것으로 생각된다. 여기에 불교사상을 빌려 왕실 소가계집단의 배타적인 왕족의식을 고양시킴으로써 왕권의 전제화를 이루어나가는 기반으로 삼게 되었다. 당시 사람들이 聖王이라 불렀다고 하였는데,[62] '聖' 자가 의미하는 바는 바로 이러한 왕족의 배타적 우월 의식과 관련 있는 것으로 볼 수 있다.

5. 대외관계의 전개와 왕권강화

삼국이 고대국가로 발전하는 과정에서 주변 여러 나라와 빈번한 전쟁이나 외교교섭 관계를 불가피하게 갖게 마련이다. 전쟁은 국가유지와 발전의 커다란 자극제가 되어 국민결속의 응집력 내지는 국가성장의 원동력으로 작용하였을 뿐 아니라[63] 왕 자신도 실전경험을 통해서 그 자신의 정치사회적인 지위와 권위를 높일 수 있었다.[64] 그리고 왕은 전쟁을 통해서 많은 영토와 전쟁포로를 획득함으로써 전제왕권을 유지하는 데 필요한 통치영역과 경제적 기반을 갖추게 되었다.

『삼국사기』 백제본기의 기사 가운데 백제의 전쟁관계 기사는 20.6%를

---

61) 李鍾旭,『新羅上代王位繼承硏究』, 영남대학교 출판부, 1980, 254~256쪽.

62) 『삼국사기』 권26 백제본기4 성왕 즉위년.

63) Morton H Fried, *The Evolution of Political Society*, N.Y : Random House, 1967, p.213.

64) 申瀅植,「三國時代 戰爭의 政治的 意味」『韓國古代史의 新硏究』, 일조각, 1984, 297쪽.

차지하고 있어서,[65] 고구려와 신라에 비하여 그 비중이 높았음을 알 수 있다. 4세기 이후 고구려와의 계속적인 전쟁관계는 국가적 성장을 꾀하였던 일면도 있었으나, 반면 불의의 웅진천도와 같이 무모한 국력소모를 가져와 왕권의 쇠미현상도 초래하게 되었다. 성왕대에는 이전의 어느 때보다도 전쟁과 외교관계의 횟수가 빈번하게 나타나고 있어서 이 시기에 추진된 왕권강화책과 관련하여 주목된다.

『삼국사기』에 의거해 볼 때 전쟁관계 기사는 모두 8회로 성왕대의 전체 기사에 비해 40%를 차지하고 있으며, 웅진기의 동성왕대(4회로 8.2%)와 무령왕대(6회로 24%)보다 전체 기사에서 차지하는 비중이 훨씬 높았음을 알려주고 있다.[66] 교전 대상국도 고구려와 다섯 차례, 신라와 두 차례에 걸쳐 각각 전쟁을 벌이고 있는 것으로 나타나고 있다. 고구려와의 전투에서는 승리를 거두어 성왕 자신의 권위와 지배력을 공고히 하는 수단으로 활용하는 경우도 있었지만, 때로는 패배하거나 아니면 신라와 연합하여 고구려군을 물리치는 경우도 나타났다. 고구려와의 전투에서 백제는 步騎 1만에서 3만에 이를 정도의 대규모 병력을 동원하였는데, 다수의 인원을 동원할 수 있는 군사조직의 존재로 보아[67] 성왕대 국가발전의 수준을 가늠해 주는 것으로 파악해 볼 수 있다. 이러한 면에서 사비기의 지방행정조직이자 군사조직망인 方 - 郡 - 城체제와 병관좌평·좌장·사군부·장군 등의 군사관계 관직의 분화가 이 시기에 어느 정도 이루어졌음을 반영해 주는 것으로 여겨진다.

또한 築城·設柵 등과 같은 방어시설의 확충이나 대비책을 강구함으로써[68] 실질적인 왕권강화를 모색하였다. 이와 같이 고구려와의 전쟁에서 대규모 병력을 동원하여 어느 정도 남침을 저지했을 뿐 아니라 실지회복을 위한 선제공격에 나서기도 하였다. 당시 고구려는 대내적으로 왕위계승을 둘

---

65) 申瀅植, 앞의 책(1984), 153쪽.
66) 申瀅植, 앞의 책(1984), 137쪽.
67) Spencer Herbert, *The Principles of Sociology*, Vol2, N.Y : Appleton, 1983, pp.520~524.
68) 『삼국사기』 권26 백제본기4 성왕 4년, 겨울 10월 修葺熊津城 立沙井柵.

러싸고 귀족들 간에 내분을 겪고 있었고,[69] 밖으로는 서북 국경방면에서 돌궐에 의한 군사적 긴장이 점증하고 있었다. 이러한 대내외적인 불리한 정세로 인해[70] 남쪽 방면의 방어력이 약화된 고구려를 공격하기 위해서 성왕은 신라·가야군과 연합하여 북진군을 편성하였다. 신라는 죽령 이북인 10군을 공취하였고, 백제는 475년 이래 한동안 고구려에게 빼앗겼던 한강 하류 일대에 있는 6군을 회복하였다.[71]

한편 성왕은 가야지역에도 세력 확장을 꾀하였던 사실이 『일본서기』 흠명기에 상세히 나타나고 있다. 『일본서기』의 '在任那之下韓百濟郡令城主'[72] 및 '於南韓置郡令城主'[73]라는 기사를 통해서 알 수 있듯이, 성왕이 낙동강 하류에 있는 가야지역에서 가야를 병탄하고자 세력 확장을 꾀하던 신라에 대한 공동방어전선의 구축을 주도하면서 실제적으로는 낙동강 하류에 있는 요지에 백제의 군령과 성주를 두어 백제의 지배권역으로 삼고 있었음을 알 수 있다.

이와 같이 성왕대에는 제라동맹체제를 효율적으로 활용하여 대내외적인 불안으로 어려움을 당하고 있던 고구려를 공파하여 한성 옛 땅을 수복함으로써 백제의 오랜 숙원이었던 실지회복을 실현시킬 수 있게 되었고, 백제 왕실의 상징이었던 한성의 동명묘를 수복함으로써 백제 왕실의 정통성을 확립시킬 수 있게 되었다. 그리고 가야지역에서도 세력 확장을 꾀함으로써 근초고왕대에 이룩해 놓은 영토국가로 회귀할[74] 수 있게 되었다.

---

69) 『일본서기』 권19 흠명 6년 및 7년.

70) 盧泰敦, 「高句麗의 漢水流域의 喪失의 原因에 대하여」 『韓國史硏究』 13, 한국사연구회, 1976, 36~38쪽.

71) 『일본서기』 권19 흠명 12년. 是歲 百濟聖明王 親率衆及二國兵[二國謂新羅·任那也] 往伐 高麗 獲漢城之地 又進軍討平壤 凡六郡之地 遂復故地.

72) 『일본서기』 권19 흠명 4년 11월.

73) 『일본서기』 권19 흠명 5년 봄 정월.

74) 『일본서기』 권19 흠명 2년, 여름 4월 聖明王曰 昔我先祖速古王·貴首王之世 安羅·加 羅·卓淳旱岐等 初遣使相通 厚結親好 以爲子弟….

이렇게 하여 구축한 성왕대의 전제왕권은 신라의 향배에 따른 대외적 여건의 변화로 일단 동요하는 현상이 나타나게 되었다. 성왕 31년(553)에 신라는 고구려와 밀약을 맺고[75] 군사를 돌이켜 백제를 공격하여 백제가 모처럼 수복하였던 한강 하류유역을 점령하고 이 지역에 新州를 설치하여 신라 영토로 삼았다. 이에 분격한 백제의 성왕은 이듬해(554)에 대군을 동원하여 신라와 결전을 벌이게 되었다.[76]

그러나 管山城 전투에서 新州軍主 金武力이 이끄는 신라군에 의해 기습당함으로써 백제는 대패하고 말았다.[77] 이 전투에서 성왕 자신은 물론 4명의 좌평을 비롯하여 3만 명에 가까운 병사들이 전사할 정도로 참패하고 말았다.[78] 이로써 그동안 꾸준히 이룩해 왔던 전제왕권의 기반이 동요하게 되었고, 威德王 집권 초에는 한동안 '耆老' 세력 중심의 정치운영이 불가피하게 대두하게 되었다.[79]

한편 전제왕권의 확립과 관련하여 성왕대 외교교섭의 역할도 중요한 요소라 할 수 있다. 삼국시대의 중국과의 외교교섭은 삼국 자체의 정치적 발전이나 왕권신장과 비례해서 활발히 전개되었다. 백제의 경우『삼국사기』백제본기 기사 가운데 대외관계 기사가 전체 기사의 18%를 차지하고 있어서 전쟁 다음으로 중요한 비중을 차지하고 있는 것으로 나타난다.[80] 성왕대 외교관계 기사는 5회로 성왕대 전체 기사에서 25%의 비중을 차지하고 있는데, 동성왕대(5회로 10.2%)와 무령왕대(3회로 12%)보다도 비중이 훨씬 높게 나타나고 있다.[81]

---

75)『일본서기』권19 흠명 13년 5월 ;『삼국유사』권1 기이1 眞興王 ;『구당서』권199 열전149 東夷 高麗 참조.
76)『삼국사기』권26 백제본기4 성왕 31년 가을 7월 ;『일본서기』권19 흠명 13년.『일본서기』와는 1년의 차이가 있는데, 여기서는『삼국사기』의 기년을 따르기로 한다.
77)『삼국사기』권4 신라본기4 진흥왕 15년 7월 ;『일본서기』권19 흠명 15년 12월.
78)『삼국사기』권4 신라본기4 진흥왕 15년 7월.
79) 盧重國, 앞의 책(1988), 183~184쪽.
80) 申瀅植, 앞의 책(1984), 137 · 153쪽.
81) 申瀅植, 앞의 책(1984), 137쪽.

백제는 근초고왕 27년(372)에 東晉과 처음으로 외교관계를 맺어 근초고
왕이 동진으로부터 '鎭東將軍領樂浪太守'로 책봉된 이래[82] 간헐적으로 주
로 중국 남조국가와 외교관계를 맺어왔다. 성왕대에는 梁과 네 차례에 걸쳐
서 외교교섭을 벌인 것으로 나타나고 있다.[83] 그 교섭의 성격도 책봉 1회,
교빙 2회, 문화청구 1회로 나타나고 있다. 아직 매년 중국 왕조와 외교교섭
을 가질 정도로 긴밀한 관계를 갖지 못한 한계성은 있으나, 중국 왕조로부
터의 책봉을 통해 국제적인 지위를 인정받음으로써 백제 왕실의 권위와 정
통성을 유지하기 위한 수단으로 활용할 수 있게 되었다. 그리고,

> G 大同 7년 누차 遺使하여 方物을 바치고, 또 아울러 涅槃 등의 經義와 毛詩博士,
> 그리고 工匠, 畵師 등을 청하였다.[84]

라고 한 것을 보면, 梁으로부터 불경과 모시박사인 육후 및 기술자 등의 문
화청구는 성왕대 정치개혁에 적지 않은 보탬이 되었던 것이다.

백제는 신라 · 왜와도 긴밀한 우호관계를 유지하였는데, 이는 고구려에
대항하기 위한 방편에서 이루어졌다. 신라와는 제라동맹체제를 통해 적극
적인 우호관계가 모색되었다. 성왕 26년(548)의 獨山城 전투와 성왕 29년
(551)의 한강고토 수복작전에 신라군이 실제로 동원되어 고구려군을 격퇴
하기도 하였다. 이러한 신라와의 동맹관계는 성왕 31년(553)에 신라가 백제
의 한강 하류 유역을 점령할 때까지 유지되었다. 한편 백제는 고구려를 견
제하기 위하여 왜와의 외교관계도 긴밀하게 유지하였다. 이러한 정치적 목
적을 충족시키기 위하여 유학자인 오경박사의 파견[85]과 불교전수[86] 등 선
진문물을 왜에 수시로 제공하였다.

이상으로 성왕대에는 양과 긴밀한 외교관계를 맺어 정치개혁에 필요한

---

82) 『晋書』 簡文帝紀 咸安 2년.
83) 성왕 2년, 12년, 19년, 27년, 네 차례 梁과 외교교섭을 가진 것으로 나타난다.
84) 『양서』 권54 동이열전48 백제.

선진문물의 도읍은 물론 정치적 승인을 통한 백제왕실의 권위를 강화시키기 위한 수단, 또한 고구려의 남침을 저지하고 한성고토를 수복하려는 방편에서 신라·왜와의 긴밀한 관계를 유지하려 했던 것임을 알 수 있다.

끝으로 성왕대의 활발한 대외교섭활동과 관련하여 국가적인 차원에서 對中交涉을 위한 새로운 항로의 개척을 적극 모색하였던 점을 들 수 있다. 삼국 간에 세력균형의 유지와 선진문물의 도입 및 왕권의 권위유지를 위한 대중교섭이 활발히 전개됨에 따라 서해를 통한 對中通路의 확보문제는 왕권은 물론 국가흥망의 열쇠가 될 정도로 절실하였던 것이다.

백제는 4세기 후반 근초고왕대부터 동진과 외교교섭을 가진 이래로[87] 교섭시에는 老鐵山水道를 경유하는 북중국항로를 이용해 왔다.[88] 이 북중국항로는 당항진(경기 남양)-덕물도(덕적도)-마전도(교동도)-초도(풍천)-대동강구-압록강구-요동반도 연안-비사성(대련만구)-오호도(노철산수도)-대사도-등주(산동반도)에 이르는 것이었음이 賈耽이 쓴 『道里記』에 소개되어 있다.[89] 이 항로는 삼국 당시 선박제조기술과 항해술 및 기후조건에 제약을

<hr>

85) 『일본서기』 권19 흠명 15년 2월 百濟에서 下部 杆率 將軍 三貴, 上部 奈率 物部烏 등을 倭에 보내어 청병하는 대신에 德率 東城子莫古를 보내어 이미 가 있던 奈率 東城子言을 교대시키고, 五經博士 柳貴는 固德 馬丁安과 교대케 하고, 僧 曇慧 등 9인은 僧 道深 등 7인과 교대케 하였다. 또 倭의 요청에 따라 易博士 施德 王道良, 曆博士 固德 王保孫, 醫博士 奈率 王有悷陀, 採藥師 施德 潘量豊·固德 丁有陀, 樂人 施德 三斤·季德 己麻次·季德 進奴·對德 進陀를 파견하여 교대케 하였다.
86) 『일본서기』 권19 흠명 13년 10월 겨울 10월 聖王이 西部 姬氏 達率 怒唎斯致契 등을 倭에 보내어 석가불 금동상 1구, 幡蓋 약간, 經論 약간의 책을 전하고, 따로 부처의 공덕을 찬양하는 글까지 전하였다고 하였다.
87) 주) 82 참조.
88) 삼국시대의 항로에 대해서는 다음 글이 참고 된다. 孫兌鉉·李永澤, 「遺使航運時代에 關한 硏究」 『韓國海洋大學論文集』16, 한국해양대학교, 1981 ; 金在瑾, 「張保皐 時代의 貿易船과 그 航路」 『張保皐의 新研究』, 莞島文化院, 1985 및 「韓國·中國·日本의 船舶과 航海術」 『震檀學報』68, 진단학회, 1989 ; 申瀅植, 「韓國古代의 西海交涉史硏究」, 국사편찬위원회, 1989 ; 李基東, 「黃海를 通한 古代 韓·中交涉史의 전개」 『震檀學報』68, 진단학회, 1989.
89) 『신당서』 권43 지33 지리7.

받았던 관계로 연안항로를 이용하여 군대와 사신 및 상인들에 의해 일찍부터 안전한 항로로 널리 이용되어 왔다. 그러나 4세기 말부터 고구려의 남침 공세가 격화되고, 또 요동지방의 확보와 함께 서해의 제해권을 장악함에 따라[90] 백제의 해외활동은 상당히 제약을 받게 되었다.

> H-① 臣이 나라를 東極에 세웠는데 豺狼이 길을 막으니 대대로 靈化를 받았으나 번병을 받들 길이 없습니다. … 험한 파도에 배를 띄워 溟津으로 길을 찾아 목숨을 자연의 운수에 맡기고 정성의 만분의 일이나마 보냅니다. 바라건대 天神地祇가 이에 감동하고 皇靈이 크게 보호하여 天庭에 능히 도달해서 신의 뜻을 통달하게 된다면 비록 아침에 그 소식을 듣고 저녁에 죽더라도 여한이 없겠습니다.[91]
> ② 사신을 보내 宋에 조공하였으나 고구려가 길을 막았기 때문에 이르지 못하고 돌아오고 말았습니다.[92]
> ③ 內法佐平 沙若思를 南齊에 보내 조공하였으나 若思가 서해 중에 이르러 고구려병을 만나 나아가지 못했다.[93]

개로왕 18년(472)에 백제는 北魏로 가는 북중국항로가 이리[豺狼]로 표현되어 있는 고구려의 방해 책동으로 인해 차단되고 있음을 호소하고 있다 (H-①). 백제가 당시 중국에 안전하게 도달할 수 있는 것을 자연의 운수에 맡길 정도로 대중 교통로의 확보에 상당한 어려움을 겪고 있었던 것으로 나타나고 있다. 더구나 475년 고구려에 의해 한강 하류유역이 상실당함에 따라 대중 교통로의 출구조차 봉쇄당하는 결과가 되었다. 웅진천도 후 문주왕 (H-②)과 동성왕(H-③)대에는 남조국가인 宋과 南齊로 가는 교통로가 고구려의 제해권 장악으로 인해 차단당하고 있음이 확인된다.[94]

당시 왕권이 쇠미함에 따라 왕위계승상의 정통성이나 왕권의 권위확보

<hr>

90) 申瀅植, 앞의 글(1989), 18~26쪽.
91) 『위서』 권100 열전88 백제.
92) 『삼국사기』 백제본기 문주왕 2년 3월.
93) 『삼국사기』 백제본기 동성왕 6년 가을 7월.

에 부심했던 백제로서는 고구려로부터의 항로차단을 극복하고 대중교섭을 활발히 전개하기 위해 새로운 항로의 개발이 시급한 과제로 절실히 요구되었다. 그 극복방안의 하나로 모색된 것이 황해횡단항로를 시급히 개발하는 일이었다. 성왕대에 양과 비교적 빈번한 외교교섭이 이루어졌고, 또 한강 하류일대를 다시 확보했던 사실을 감안해 보면, 이 시기에 새 항로의 개척이 어느 정도 이루어졌을 것으로 짐작된다.

황해 횡단항로는 남양만에서 덕물도를 거쳐 고구려의 연안을 최소한으로 이용하면서 백령도 부근에서 산동 반도의 첨단지역을 횡단하는 것으로서 황해도 서해안과는 200km도 못 되는 짧은 거리였다.[95] 이 항로는 중국으로 가는 최단 코스였으나 당시의 선박제조 기술이나 항해술 및 기후조건 등에 비추어 볼 때 많은 위험성이 상존하였던 것이다. 이 항로는 6세기 중반부터 한강 하류일대를 백제로부터 빼앗았던 신라에 의해서도 개척되었으며 후에 唐軍의 백제 침공 때와 張保皐의 해상활동에도[96] 널리 이용되기도 하였다.

이상으로 백제는 성왕대 이후 모색된 새로운 항로인 황해횡단항로의 개척으로 고구려의 항로차단에 따른 국제적인 고립을 극복하고 대중교섭을 통한 선진문물의 도입과 왕권강화를 이룰 수 있게 되었다.

6. 맺음말

지금까지 살펴본 바와 같이 성왕대에 확립된 전제왕권의 특성을 다음과 같이 지적할 수 있겠다.

---

94) 倭도 고구려의 제해권 장악으로 對宋交涉에 상당한 제약을 받았음이 다음 기록을 통해 확인된다. 『宋書』 倭國傳 順帝 昇明 二年(478), 遣使上表曰 … 道逕百濟 裝治船舫 而句驪 無道 圖欲見吞 掠抄邊隷 虔劉不已 每致稽滯 以失良風 雖曰進路 或通或不 ….
95) 申瀅植, 앞의 글(1989), 14~17쪽.
96) 金在瑾, 앞의 글(1985), 121~130쪽.

첫째, 고대 전제왕권의 특징을 중앙집권화된 관료정치와 특정가계 왕실의 배타적인 신성족 관념의 고양이라는 측면에서 찾을 수 있다면,[97] 성왕대에는 16관등제와 22부제, 方 - 郡 - 城의 체계를 가진 군사조직망의 정비 등 중앙집권화된 관제정비가 행해졌고, 특히 내정기구와 근시기구로 구성되어 있는 22부를 중심으로 왕권 중심의 정치운영을 지향하였음을 알 수 있다. 또한 성왕의 '聖' 자로 상징되는 배타적인 왕족의식의 고양 등으로 일단 전제왕권이 확립되었다고 볼 수 있다.

둘째, 성왕대에는 문화운동을 전개하여 전제왕권의 이념적 기반을 마련하였다는 점이다. 이 시기에는 불교 · 불교 · 음양오행설 등의 보편적인 사상을 조화롭게 수용하였으며, 그 밖에 '남부여' 라는 국호에서 시사해 주듯이 부여족 동질의식의 강조, 그리고 오제신 및 구태묘 제의를 통한 백제왕실의 정통성 확립, 시호제 실시 등 일련의 문화운동을 적극 전개하여 전제왕권이 확립될 수 있는 이념적 기반을 마련하였던 것이다.

셋째, 왕권의 전제화 시책에서 요구되는 통치영역의 확보를 백제고토에 대한 실지회복운동으로 표출시키고 있다는 점이다. 고구려의 廣開土王이나 長壽王, 신라의 眞興王과 같은 정복군주들처럼 원 영역을 크게 확대시켜 영토국가의 면모를 보여주었으나, 성왕은 백제의 오랜 염원이었던 한성 고토의 수복과 근초고왕대에 이룩한 가야권에 대한 세력 확장으로 끝나고 있어서 고구려와 신라와는 일정한 차이가 있음을 알려주고 있다.

넷째, 전제왕권확립을 알려주는 하나의 지표인 稱帝建元 문제에서 독자적인 연호사용이 나타나고 있지 않다는 점이다. 『주서』 백제조에 '於羅瑕' 와 '鞬吉支' 라고 하는 백제왕에 대한 고유한 칭호를 특기하고 있어서 주목되는데, 이 칭호는 한자식 표현인 大王號와 관련이 있는 것으로 여겨진다. 그러나 독자적인 연호사용은 고구려의 경우 광개토왕대에 '永樂', 장수왕대에 '延壽'[98] 등이 사용되었으며, 신라도 진흥왕대에 '開國'[99] 등 연호사

---

97) 李晶淑,「新羅 眞平王代의 政治的 性格」『韓國史研究』52, 한국사연구회, 1986, 2~5쪽.

용의 실례를 찾아볼 수 있다. 백제의 경우,

ㅣ그 紀年에는 別號가 없고 다만 六甲을 헤아려 차례로 정했다.[100]

라고 한 것을 보면 연호를 사용하지 않고 다만 干支만을 사용했음을 알 수 있다.

다섯째, 신라 중고기에 추진한 전제왕권의 확립과정과 일정한 차이를 보여주고 있다는 점이다. 신라의 경우 진흥왕대의 영토 확장과 근시집단의 발생, 진흥왕대 5관부의 설치 및 시위부의 개편 등으로 전제왕권이 성립될 수 있는 바탕이 이루어져 성골의식의 대두, 開國 등 독자적인 연호의 사용 및 皇龍寺의 축조 등 전제왕권을 상징하는 지표가 나타나고 있다.[101]

반면 성왕대의 내정개혁에는 국왕의 권력기반인 22부의 설치, 구태묘 제의의 개편을 통한 백제왕실의 정통성 확보, 시호제 실시, 부여족 동질의식의 강화 및 불교사상을 통한 배타적인 왕족의식의 고양, 한강고토의 실지회복 등의 시책으로 전제왕권의 확립을 보게 되었다.

그러나 22부의 설치·운영에는 신라 중고기와는 달리 귀족세력을 압도할 만한 제도적 개편이 이루어지지 못했고, '남부여'라는 국호의 사용에서도 나타나듯이 다원적이고 확대된 귀족세력들을 왕권에 결집시키기 위한 이념적 구심체로서 전통적인 부여족 동질의식을 내세우는 데는 일정한 한계를 갖는 것이었다. 또한 성왕이 건설하고자 했던 근초고왕대 영토국가로의 회귀[102]는 북진을 통해 舊都 한성의 수복으로 일단 성취되었으나, 결국 관산성 전투(554)에서 신라군에 의해 패사함으로써 전제왕권의 유지·발전

---

98) 坂元義種, 『古代東アジアの日本と朝鮮』, 吉川弘文館, 1978, 189쪽.
99) 신라의 연호로는 '建元'(法興王 23년), '開國'(眞興王 12년), '大昌'(眞興王 29년), '鴻濟'(진흥왕 33년), '建福'(眞平王 6년)이 사용되었다.
100) 『한원』 번이부 백제.
101) 申瀅植, 『新羅史』, 이화여자대학교출판부, 1985, 125쪽.
102) 주) 74 참조.

문제는 위덕왕 집권 후반기에 행한 왕권기반 구축 작업과[103] 미륵신앙에 의한 전제왕권의 재확립이 이루어질 때까지 앞으로의 과제로 넘기게 되었다.

끝으로 종래 중앙집권적 고대국가가 확립되는 것을 의미하는 백제의 전제왕권의 확립시기를 근초고왕대로 설정하고 있는 견해[104]는 재검토되어야 할 것이다. 근초고왕대에는 종래 영토 확장과 『書記』의 편찬 및 對東晋 交涉 등의 시책을 부각시켜 전제왕권이 확립된 것으로 이해하여 왔다. 물론 위와 같은 시책에서 나타난 것처럼 왕권이 종전에 크게 신장된 것은 사실이나, 왕권의 사상적 기반으로 주요한 역할을 하였던 불교의 수용이 다음 시기인 枕流王代에 가서야 비로소 이루어지고 있으며, 또한 이때에 와서 왕통도 방계인 고이왕계에서 본계인 초고왕계로 이어지고 있는 형편이다.

따라서 근초고왕은 초고왕계의 왕위계승권 확립이 절실히 요구되었기 때문에 유력한 귀족세력이었던 진씨 세력과의 혼인관계로 이루어진 왕비족과의 연합 체제를 구축하여 취약한 왕권의 기반을 공고히 하고자 하였다. 그리고 근초고왕대의 영토 확장은 시기적으로 고구려가 前燕과의 일련의 긴장관계로 對百濟關係에만 전념할 수 없었고, 또 대내적으로 초고왕계 왕위계승권의 확립과정에서 야기된 내적 모순을 대외전쟁을 통해 극복하고자 한 데에서 그 의미를 찾을 수 있다. 그 외에 전제왕권의 확립을 알려주는 지표인 중앙집권화된 관료정치나 배타적인 왕족의식의 고양 등과 관련되는 근거들을 사료 상에서 찾아볼 수가 없다. 이러한 면에서 성왕대의 전제왕권 확립과정과는 일정한 차이가 있음을 살펴볼 수 있다.

[追記] 성왕대 사비 천도에 대한 견해를 일부 수정하여 1편 「사비천도와 그 배경」에서 다시 정리하였음을 밝혀둔다.

『한국고대사연구』4, 한국고대사연구회, 1991

---

103) 양기석, 「百濟 威德王代 王權의 存在形態와 性格」 『百濟硏究』21, 충남대학교 백제연구소, 1990, 34~40쪽.
104) 주) 4 참조.

管山城 전투의 양상과 영향

1. 머리말

管山城 전투는 554년 백제가 지금의 충북 옥천지역인 신라의 管山城[1]을 공격하다가 큰 패배를 당한 싸움이다. 이 전투에서 백제의 聖王은 신라군에게 사로잡혀 전사하였고, 그의 아들 餘昌[威德王]은 신라군의 포위망을 간신히 빠져 나왔으며, 佐平 4명을 비롯한 3만에 가까운 백제와 가야 및 왜 연합군 병사들이 참살을 당하였다. 이 전투는 한반도를 포함한 동북아시아의 새로운 질서를 변화시키는데 큰 영향을 준 일대 사건이라 할 수 있다. 전쟁 당사국인 백제와 신라 양국뿐 아니라 고구려·가야·일본열도의 왜정권이 직·간접적으로 참여하여 삼국의 항쟁과정에서의 주도권을 확보하려는 국제전의 양상을 띠고 전개되었기 때문이다.

관산성 전투는 신라가 553년 백제로부터 한강하류 유역을 탈취한 데에

---

1) 管山城은 옥천지역으로 '古尸山郡'(『三國史記』 지리지), '古利山'(같은 책 김유신 열전 하), '函山'(『일본서기』 권19 흠명기 15년)으로 각각 나온다. 현재 군북면 환평리의 '環山' (581m)이 옥천지역의 옛 명칭인 고리[管]라는 훈과 관련이 있음을 알 수 있다.

서 비롯되었으며, 백제와 신라 양국은 '悉發國中兵'[2]이라 할 정도로 총력
전을 펼쳤음에도 불구하고 결국 백제의 참패로 끝나고 말았다. 이로 인해
백제는 한동안 고구려의 남진에 공동 대응하기 위해 유지되어 오던 백제와
신라 간의 동맹체제도 사실상 와해되었으며, 백제는 이 전투의 패배에 대한
책임 소재를 놓고 지배세력 간에 심한 내부적 갈등을 겪게 되었다. 반면 한
강유역을 확보한 신라는 대가야마저 영유함으로써 삼국의 항쟁과정에서의
우위를 점하며 장차 삼국 통일의 기반을 마련하는 계기가 되었다.

지금까지 관산성 전투에 관한 연구는 복잡다단한 양상을 보이는 550년
대 전반의 삼국의 역관계 추이와 관련하여 신라나 가야사의 입장에서 그 전
투의 양상과 성격을 구명하거나, 또는 사비시대 정치사의 전개과정과 관련
하여 백제 지배세력의 교체 차원에서 적지 않은 성과를 온축해 왔다.[3]

그러나 관련 사료의 부족으로 인하여 관산성 전투 자체에 대한 구체적인
전개 양상에 대해서는 아직 해명해야 할 여지가 많다. 관련 기록이 백제측
입장과 신라측 입장으로 나뉘어 서술되어 있을 뿐 아니라, 그 내용이 소략
하거나 또는 사건 과정을 포괄적으로 압축해서 서술된 부분이 있어[4] 이 전
투 과정을 구체적이고 객관적으로 재구성해 내는데 많은 어려움을 주고 있
기 때문이다.

---

2) 『일본서기』 권19 흠명기 15년 동12월.
3) 관산성 전투에 대한 주요 연구 성과는 다음과 같다. 이병도, 「진흥대왕의 위업」 『한국고대
   사연구』, 박영사, 1976, 668~684쪽 ; 노태돈, 「고구려의 한강유역 상실의 원인에 대하여」
   『한국사연구』 12, 1976 ; 노중국, 『백제정치사연구』, 일조각, 1988 ; 김태식, 『가야연맹사』,
   일조각, 1993 ; 이희진, 『가야정치사연구』, 학연문화사, 1998 ; 김갑동, 「신라와 백제의 관
   산성 전투」 『백산학보』 52, 1999, 189~214쪽 ; 김주성, 「성왕의 한강유역 점령과 상실」 『백
   제사상의 전쟁』(백제연구총서7), 서경문화사, 2000, 295~321쪽 ; 노중국, 「5~6세기 고구려
   와 백제의 관계 -고구려의 한강유역 점령과 상실을 중심으로-」 『동방사논총』 11, 2006,
   7~64쪽 ; 김태식, 「5~6세기 고구려와 가야의 관계」 『동방사논총』 11, 2006, 117~171쪽 ; 김
   영심, 「관산성전투 전후 시기 대가야 · 백제와 신라의 대립」 『5~6세기 동아시아의 국제정
   세와 대가야』(대가야학술총서5), 고령군 · 대가야박물관 · 계명대 한국학연구원, 2007,
   225~274쪽.

따라서 이 글에서는 관련 기록을 비판적으로 검토하고 기존의 연구 성과를 종합하여 관산성 전투의 객관적이고도 구체적인 전개 양상과 영향에 대해 살펴 볼 것이다. 이를 위해 먼저 553년 신라의 한강유역 공취에 따른 백제의 대응 방식과 대신라 공격을 준비하는 과정을 살펴 볼 것이며, 이어 관산성 전투의 전개 과정을 그 성격상 3시기로 나누고 각 단계마다 나타나는 전쟁 상황의 변화상을 고찰할 것이며, 끝으로 이 전투가 한국 고대사에 미친 영향에 대해 살펴 볼 예정이다.

2. 백제의 신라 공격 준비

관산성 전투는 553년 신라가 백제로부터 한강하류유역을 공취하면서 발단이 되었다. 이에 앞서 551년 백제는 동맹세력인 신라, 가야와 함께 북진을 단행하여 성왕의 오랜 염원이었던 한강하류 유역의 실지 수복작전을 성공리에 마칠 수 있었다.[5] 이는 고구려가 당시 왕위계승에 따른 내분과, 서북쪽 방면에서의 신흥 돌궐의 군사적 압력이라는 내우외환의 위기[6]에 편승한 결과에서였다. 백제가 한강고토를 수복한 551년 이후 삼국이 한강유역의 확보를 위해 치열한 외교전을 전개함에 따라 복잡다단한 사건들이 잇달아 일어났다. 553년 신라의 한강유역 공취 사건이 관산성 전투와 직접 관련이 있음이 다음의 기사를 통해서 알 수 있다.

---

4) 『삼국사기』 백제본기 성왕 32년 7월조에는 당사국의 기록임에도 불구하고 성왕이 신라를 공격하다가 죽임을 당한 것으로 소략하게 서술되어 있고, 같은 책 신라본기 진흥왕 15년 7월조에는 소략하기는 하지만 백제본기 기사보다 비교적 상세하며 신라측 입장에서 정리된 기록이다. 반면 『일본서기』 흠명기 15년 12월조 기사는 『삼국사기』 기록보다는 상세하며 백제측 입장이 많이 반영되어 있다. 『일본서기』 기록은 관산성 전투의 시말에 대해서 포괄적으로 압축해 서술한 면이 있어 이를 활용할 때에는 면밀한 사료 비판이 필요하다.
5) 이에 대해서는 『삼국사기』 신라본기 진흥왕 12년 : 같은 책, 열전 거칠부 末 : 같은 책, 고구려본기 양원왕 7년 ; 『일본서기』 권19, 흠명기 12년조 기사를 참조할 것.
6) 노태돈, 앞의 글, 31~54쪽.

A-① 7월 신라가 동북 변경을 취하고 新州를 설치하였다. 10월에 왕녀를 신라에 보냈다. [『삼국사기』 백제본기 성왕 31년, 553]

② 7월 백제의 동북지방을 취하여 新州를 설치하고 阿湌 武力으로 軍主를 삼았다. 10월에 백제 왕녀를 취하여 小妃로 삼았다. [같은 책, 신라본기 진흥왕 14년, 553]

③ 이해 백제가 漢城과 平壤을 버렸다. 신라가 이로 말미암아 한성에 들어가 살았다. 지금 신라의 牛頭方 · 尼彌方이다[지명은 자세하지 않다]. [『일본서기』 권19, 흠명기 13년. 552]

위의 기사들은 신라가 백제의 동북 변경의 땅을 공취한 사실을 보여주고 있다. 신라가 백제의 동북 지방을 공취한 시기는 『삼국사기』 기사(A-①,②)와 『일본서기』 기사(A-③)와는 1년 차이를 보여주고 있어 어느 것이 사실에 합당한지는 알 수 없지만 『삼국사기』 기사에 의거하여 553년으로 취신하고 싶다. 그리고 신라가 공취한 지역이 『삼국사기』 기사에는 백제의 동북 지역으로 막연히 기술되어 있지만, 구체적으로 한성지역이라고 기술한 『일본서기』 기사가 보다 신뢰성이 있어 보인다. 따라서 신라는 551년 백제가 북진을 하여 고구려가 영유하고 있었던 한성과 평양지역인 6군의 땅 중에서 한강 하류유역인 한성 일대의 땅을 공취한 것으로 볼 수 있다.[7]

신라는 551년 한성고토 수복 후 아직 불안정한 영유 상태에 있던 백제의 한강 하류일대를 공취하기 위해 주도면밀하게 대책을 마련하였다. 그 중요한 대책으로 고구려와의 밀약 체결을 성공한 것이다.[8] 당시 내우외환에 직면한 고구려는 백제의 동맹관계에 있는 신라를 이탈시켜 백제의 전력을 약화시킬 필요가 있었고, 신라는 장차 국가 발전의 기틀이 될 한강유역의 전략적 가치에 보다 주목하였을 것이다. 이러한 고구려와 신라 양국의 이해관계가 합치되어 양국 간에 밀약을 성공케 한 것으로 볼 수 있다. 신라는 백제로부터 공취한 한강 하류유역에 新州를 설치하고 阿湌 武力을 軍主로 삼아 영역화의 길에 착수한 것이다.

어쨌든 553년 신라의 한강 하류일대 공취 사실은 551년 백제가 신라, 가야와 함께 동맹을 맺어 고구려가 영유한 한강유역을 공취한 일과는 다른 양상을 보여준다. 이 일로 인해 그동안 고구려의 남진에 대응하기 위해 유지되었던 백제와 신라 간의 동맹관계가 사실상 해체되었고 삼국관계에서 신라·고구려의 동맹 구축에 대한 백제의 고립이라는 새로운 대결 구도를 설정하는 계기가 된 것이다.

한편 신라의 배신으로 한성고토를 상실한 백제는 그 보복의 일환으로 신라와의 전면전을 결단할 만큼의 강경 조치를 취하는 데에는 많은 어려움이 있었다. 백제는 당시 국력수준으로 비추어 보아 백제 단독으로 신라와 고구려의 동맹세력에 대해 동시에 전면전과 같은 강경책을 취하는 것은 큰 부담이 되었다. 551년 북진 때에 백제가 신라, 가야 동맹세력과 함께 공동 작전을 전개한 사례가 참고 된다. 따라서 백제는 신라에 대항하기 위해서 전면전과 같은 즉각적인 강경책보다는 온건한 외교책으로 그 해결의 실마리를 푸는 것이 상책으로 받아들여졌다. 백제는 여러 수단을 써서라도 신라를 설득하여 551년처럼 동맹관계로 복귀시키는 일이 삼국 간의 세력 균형 유지

---

7) 551년 제라동맹군의 북진과 552~553년 신라의 한강유역 점령에 관한 기록은 사건 전개의 시간이나 지명 등에 대하여 많은 錯綜이 있는 것으로 드러났다(김주성, 「성왕의 한강유역 점령과 상실」『백제사상의 전쟁』, 서경문화사, 2000, 297~307쪽). 551년 북진의 주동 역할을 한 백제측 기록이 거의 남아 있지 않는 상태지만 『일본서기』 흠명기에 백제측의 입장이 상당 부분 반영되어 있을 것으로 판단된다. 신라본기에는 居柒夫와 惠亮의 관계나 竹嶺 바깥 高峴 이내의 10군을 공취한 사실 등 주로 신라측 입장이 반영된 기사로 구성되어 있다. 관련 기사에 대한 사료 비판을 통한 한강유역의 확보과정을 종합적으로 재구성할 필요가 있다. 『삼국사기』 거칠부전에 의하면 신라가 한성만 점령한 것으로 표기되어 있다. 『일본서기』 권19, 흠명 13년 기사에서 평양이 제외된 것은 고구려와의 밀약에 의해 고구려에 양도한 것으로 추정된다. 고구려는 남평양지역이 왕도 평양성과 지근한 거리에 있어 백제의 침입을 공제할 수 있는 완충지대가 필요하였기 때문이다. 이때의 한성은 牛頭方·尼彌方에 해당한다고 구체적인 지명을 명기하고 있다. 우두방은 황해도 우봉으로, 니미방은 경기도 파주 임진현이나 임강현으로 비정되기 때문에(김현구 외, 『일본서기 한국관계기사 연구(II)』, 일지사, 2003, 257~258쪽) 이곳은 신라시대의 북한산주에 해당한다. 553년 신라의 한강유역 점령으로 백제는 고토회복의 염원을 실현하지 못한 채 한강 이남지역으로 퇴축되기에 이른다.

8) 고구려와 신라 간에 밀약이 성립된 사실은 『삼국유사』 권1 기이1 진흥왕 ; 『구당서』 권199 열전149 동이 고려 ; 『일본서기』 권19, 흠명 13년 5월조 기사를 참조할 것.

에도 필요할 뿐 아니라 그가 추구하던 고토회복을 통한 근초고·근구수왕
대 백제의 광영을 재현할 수 있게 될 것으로 굳게 믿고 있었다.

　따라서 백제는 신라에게 기습적으로 한강하류일대를 빼앗겼음에도 불
구하고 신라와의 동맹관계를 다시 회복하려는 노력을 적극 기울이게 되었
다. 비록 내키는 일은 아니었지만, 고육책의 하나로 성왕의 딸을 진흥왕의
小妃로 출가시킬 것을 제의하였다(A-②). 신라는 이러한 백제측의 제의를
흔쾌히 받아들임으로써 백제와의 불필요한 대립의식을 촉발시켜 양국 관계
를 악화시킬 필요는 없는 것으로 판단하였을 것이다.[9] 이러한 혼인 관계를
통한 신뢰 구축 방법은 백제의 대외 활동에서 자주 등장하는 현상이다. 이
는 東城王이 신라 伊湌의 딸과 혼인을 맺어 양국 간의 동맹관계를 더욱 공
고히 한 사례에서 찾아진다.[10] 이러한 백제의 노력에도 불구하고 이후 백제
와 신라 양국이 더욱 악화되어 간 것을 감안해 보면 신라 왕실과의 혼인 정
책은 그리 큰 효과를 보지 못했던 것으로 판단된다.

　백제는 이러한 대신라 외교적 유화책 이외에 함께 추진된 시책이 기존의
가야, 왜의 동맹관계를 더욱 공고히 하는 일이었다. 백제는 신라와의 관계
가 더욱 악화될 만일의 경우에 대비하여 그 굳건한 동맹국으로서 가야와 왜
의 정치적·군사적 도움이 절대 필요하였다. 신라는 이미 고구려와 밀약을
맺어 사실상 고구려와 동맹 관계를 유지하고 있었기 때문이다. 이무렵 백제
가 가야와 왜에 대한 협력 관계 내지는 지원 요청을 한 사례를 제시하면 다

---

9) 김영심, 앞의 글, 250쪽. 이에 대해 백제가 신라로부터 한강 하류지역을 반환받기 위한 고
　육책에서 나온 조처나(金秉柱, 「羅濟同盟에 관한 연구」『한국사연구』46, 1984, 37~39쪽),
　백제가 한반도의 세력 균형을 유지하기 위해서 신라의 한강하류지역 점령에도 불구하고
　신라와의 동맹을 유지하려는 외교적 노력의 하나로 보는 견해(노중국, 「고구려·백제·신
　라 사이의 역관계 변화에 대한 일고찰」『동방학지』28, 1981, 84쪽), 그리고 신라 왕실로부
　터 관산성 전투에 대비한 고급 정보를 캐내려는 의도로 보는 견해(김주성, 「관산성전투의
　배경」『중원문화연구소학술회의 발표요지』, 2008 참조) 등이 있다. 반면 신라와 仇讐 관계
　에 놓이게 된 이때에 두 왕실간에 혼인이 맺어졌다는 것은 믿기 어렵다는 견해도 있다(이
　병도, 『국역 삼국사기』, 1977, 408쪽).
10)『삼국사기』백제본기 동성왕 15년 춘3월 및 신라본기 炤知마립간 15년.

음과 같다.

> B-① 5월 戊辰朔 乙亥 백제·加羅·安羅가 中部 德率 木劦今敦과 河內部 阿斯比
> 多 등을 보내어 "고구려와 신라가 화친하고 세력을 합쳐 신의 나라와 임나
> 를 멸하려고 도모합니다. 그러므로, 삼가 구원병을 청해 먼저 불시에 공격
> 을 하고자 합니다. 군사의 많고 적음은 천황의 명령을 따르겠습니다."라고
> 아뢰었다. 이에 조칙을 내려 지금 백제왕·안라왕·가라왕과 일본부의 신
> 들이 사신을 보내 아뢴 것을 다 들었다. (하략) [『일본서기』 권19, 흠명기 13
> 년, 552]
> ② 정월 甲子朔 乙亥 백제가 上部 德率 科野次酒와 杆率 禮塞敦 등을 보내 군
> 병을 요청하였다. [같은 책, 흠명기 14년, 553]
> ③ 8월 辛卯朔 丁酉 백제가 上部 奈率 科野新羅와 下部 固德 汝休帶山 등을 보
> 내 표를 올려, "(전략) 올해 문득 들으니 신라가 狛國[고구려]과 함께 모의하
> 여 "백제와 任那가 자주 일본에 나아갔다. 생각건대 군사를 빌려 우리나라
> 를 치려는 듯하다. 이 일이 만약 사실이라면 나라의 패망은 발꿈치를 들고
> 기다리는 것과 같을 것이다. 일본의 군대가 떠나기 전에 안라를 공격해 빼
> 앗아 일본과의 통로를 끊자"라고 하였다고 합니다.(후략) [같은 책, 흠명기
> 14년, 553]
> ④ 정월 丙申 백제가 中部 木劦 施德 文次와 前部 施德 日佐分屋 등을 筑紫에
> 보내 內臣과 佐伯連 등에게 묻기를, (하략) [같은 책, 흠명기 15년, 554]
> ⑤ 2월 백제가 下部 杆率 將軍 三貴와 上部 奈率 物部烏 등을 보내 구원병을 청
> 하였다. (하략) [같은 책, 흠명기 15년, 554]

위 기사들은 『일본서기』 흠명기 13년(552)~15년(554)에 걸쳐 백제가 왜
에 원병을 요청하고 있음을 알 수 있다. 이 기사들은 『일본서기』 사관에 의
한 상투적인 표현을 제외하고는 553년 백제의 한강유역 상실 직후 백제의
대왜 청병 외교 현황을 잘 보여주는 자료라 할 수 있다. 이에 의하면 백제는
553년 신라의 한강유역 탈취 전후로 하여 554년 관산성 전투가 일어날 때까
지 모두 5회에 걸쳐 왜에 원병을 요청했던 것으로 드러났다. 백제가 왜에 원
병을 요청한 목적은 사료 B-①에 나타나듯이 고구려와 신라가 동맹을 맺어
백제와 가야제국을 멸망시키려 한다는 우려에 있었음을 알 수 있다. 이때에

는 백제가 대가야[가라], 안라가 공동으로 왜에 요청을 하고 있는 것으로 보아 가야세력이 이미 백제의 동맹세력의 일원이 되어 있었음이 확인된다. 따라서 552년 5월 단계(B-①)에는 이미 백제와 가야, 왜 간에 동맹 관계가 구축되어 신라와 고구려의 동맹세력에 대한 긴박한 대결국면으로 진입하고 있었던 것으로 판단된다.

그런데 백제가 왜에 대해 신라와 고구려에 의한 일련의 긴장 관계에 대비하여 단지 원병만을 일방적으로 요청하는 외교 활동에 국한되지 않았음이 확인된다. 552년 5월 제1차 청병 요청 때에 대해서는 왜에서 "임나와 같이 마음을 합하고 힘을 하나로 하는 것이 마땅하다"[11]는 원론적인 수준에서의 반응을 보였을 뿐이었다. 이 해 10월에는 백제가 왜에 원병 요청을 한데 이어 불교를 전해 주었다.[12] 이는 제1차 청병에 대한 보상책의 일환으로 왜의 고대 중앙집권국가 확립에 필요한 이념을 제공한 것으로 판단된다.

이어 백제는 553년 정월 제2차 원병을 요청하기 위해 上部 德率 科野次酒와 杆率 禮塞敦 등을 왜에 파견하였다(B-②). 이때는 제1차 청병사로 갔던 中部 德率 木劦今敦과 河內部 阿斯比多 등이 아직 귀국을 하지 않는 상태였다. 제1차 청병사가 파견된 직후 신라에 의한 한강유역 탈취와 같은 급박한 상황 변화에 따라 백제가 잇달아 왜에 사신을 파견한 것으로 보인다. 이러한 백제의 원병 요청에 대해 왜에서는 內臣을 백제에 보내 군원물자인 良馬 2필, 同船 2척, 활 50張, 화살 50具을 포함한 군수 물자 제공과 함께 군사 파견도 약속하였다.[13]

왜는 그 대신 백제의 醫博士·易博士·曆博士의 교체를 비롯하여 卜書·曆本과 여러 가지 약물들을 함께 요청하였다. 이어 553년 8월에는 백제가 제3차 청병사로 上部 奈率 科野新羅와 下部 固德 汶休帶山 등을 왜에 파견하였는데(B-③), 신라와 고구려가 공모하여 백제가 위험에 처해 있음을

---

11) 『일본서기』 권19, 흠명기 13년 5월.
12) 『일본서기』 권19, 흠명기 13년 동10월.
13) 『일본서기』 권19, 흠명기 14년 6월.

급박하게 알리고 있다. 관산성 전투가 임박한 급박한 시점에 약속한 왜군의
파병이 아직 이루어지지 않은 상태였다. 따라서 554년 2월에는 백제가 中部
木劦 施德 汶次와 前部 施德 曰佐分屋 등을 왜에 보내 제2차 청병사가 파견
되었을 때 왜가 약속한 파병을 촉구하는 요청을 하고 있다(B-④). 이에 왜는
원병 1천 명, 말 1백 필, 배 40척을 즉시 보낼 것을 약속하여 구체적인 대백
제 지원 규모를 밝혔다.

554년 2월에는 제5차 청병사가 왜에 파견되었는데(B-⑤), 왜가 지원하기
로 약속한 파병을 즉시 실천에 옮길 것을 요청하였다. 이에 대해 왜는 그 반
대 급부로 德率 東城子莫古와 固德 馬丁安 등 오경박사 등의 교체 파견을
요청하였다. 이러한 백제의 지속적인 왜 청병 외교활동이 결실을 맺게 되어
554년 5월에 왜가 마침내 백제에 출병하게 되었다.[14] 이때 백제에 파견된
왜의 병력은 內臣이 筑紫에 거느리고 있었던 군사 1,000명으로 추정된다.

이상으로 백제가 신라와 고구려의 동맹, 그리고 신라의 한강유역 탈취와
같은 급박한 상황에 접하여 가야제국과 함께 왜에 지속적으로 청병 활동을 전
개하고 있었음을 알 수 있다. 이를 통해 나타난 사항을 정리하면 다음과 같다.

첫째, 백제의 5차례에 걸친 지속적인 청병 요청에 대해 왜가 백제에 제
공한 군사적 조치는 미미한 수준으로 드러났다는 점이다. 제2차 청병 때 良
馬 2필, 同船 2척, 활 50張, 화살 50具를 내용으로 하는 군수 물자의 지원과
554년 5월에 병력 1천 명, 말 1백 필, 배 40척이 왜가 백제에 제공한 군사 원
조 내용의 전부라 할 수 있다. 4세기 말~5세기 초에 한반도에 대규모로 파
병된 왜병의 규모에 비해 훨씬 미흡하였음을 알 수 있다. 왜병이 출병할 경
우 백제에서 병사의 의복과 식량을 부담하는 것으로 되어 있다.[15]

둘째, 백제가 왜에 대해 군사적 지원을 요청한 댓가로 선진 문물을 제공

---

14) 『일본서기』 권19, 흠명기 15년 하5월.
15) 544년 소위 임나부흥회의에서 제시된 3책 중에 출병한 왜병에 대한 병참 지급 조건 중에
　　서 백제가 왜병들의 의복과 식량을 지급할 것으로 언급한 점이 있다(『일본서기』 권19, 흠
　　명기 5년 11월).

하고 있다는 점이다. 왜가 백제에 지원한 것은 말·배·활·화살 등 군수물자와 1,000명에 달하는 병력 파견이었다. 반면 백제가 그 댓가로 왜에 지원한 것은 오경박사를 비롯한 여러 지식인과 전문 기술자, 불교, 각종 서책, 그리고 약물 등 선진 문물이었다. 이것은 왜가 야마토정권을 중심으로 일본열도를 통일해 나가면서 고대국가를 확립하는데 필요한 요소들이었다. 백제의 선진문물의 공급과 왜의 군사적 협력관계로 이루어진 백제와 왜와의 특수한 관계를 용병 관계로 규정하는 견해도 있다.[16] 그러나 국가와 국가 간의 관계는 서로의 필요에 의해 관계의 정도가 결정되는 것이지 단지 문물의 授受 정도 차이에 따라 용병 관계로 설정하는 견해는 의문이 든다.

셋째 왜병의 파견이 4세기 말~5세기 초에 걸쳐 백제의 원병으로 참전한 이후에 오랜만의 일이라는 점이다. 당시 왜는 〈광개토왕릉비문〉에 나타났듯이 가야와 함께 백제의 원병으로 참여하여 고구려에 의해 참패를 당한 쓰라린 경험이 작용하였을 것이다. 그 이후 백제가 신라에 접근하여 동맹체제를 유지하는 상황 하에서 왜가 한반도에서 수행해야 할 역할은 극히 제한적이었을 것이다. 475년 백제가 고구려의 공격으로 왕도 한성을 포함한 한강유역 일대를 상실할 때에도 왜의 파병은 이루어지지 않았던 점도 참고가 된다.

넷째, 백제가 가야·왜와의 긴밀한 동맹관계를 구축하고 또 왜에 청병을 지속적으로 청병을 요청하는 외교 활동을 전개한 것과는 대조적으로 중국 梁나라와의 관계는 한동안 단절된 상태를 보여주고 있다는 점이다. 백제 성왕대에는 524년에 양나라로부터 책봉을 받은 이후 534년, 541년, 549년에 각각 양과 교섭을 벌리면서 毛詩博士와 涅槃經·畵工·畵師 등 선진 문물 요소를 요청하여 수용[17]한 바 있었다. 백제가 중국 남조와 긴밀한 유호관계를 유지해 온 지금까지의 전례에 비추어 볼 때 신라의 한강유역 탈취와 동맹관계에서의 이탈과 같은 국가적 위기에 직면한 시기에 양과의 관계가 소

---

16) 金鉉球, 『大和政權の對外關係硏究』, 吉川弘文館, 1985, 47~55쪽.
17) 『삼국사기』 백제본기 성왕 19년.

원한 것으로 드러났다.[18] 이것은 梁이 당시 侯景의 난과 같은 대내적 분란을 겪고 있었기 때문에 유사시에 백제의 큰 도움을 받을 수 없었기 때문으로 풀이된다. 이 점이 백제가 대왜 청병외교에 집중하게 된 배경으로 작용한 것이 아닌가 한다.

3. 백제의 관산성 공격과 패전

553년 신라의 한강유역 탈취 이후 신라의 동맹관계 이탈과 고구려와의 동맹관계 구축 같은 백제에게는 불리한 상황이 전개되자 백제는 이에 대한 대책으로 신라 왕실과의 통혼 정책을 추진하여 신라를 다시 동맹체제에 복귀시키려는 유화책을 구사하였다. 이와 함께 가야와 왜를 끌어들여 동맹 관계를 공고히 하는 정책을 추진하였다. 이것은 신라에 대한 유화책이 더 이상 통용되지 않을 유사시의 사태에 대비한 군사적 외교적 포석이었다. 이런 의도에서 백제는 5차례에 걸친 청병사를 파견하여 왜에 출병을 요구해 왔다 (2장 참조).

그러나 신라에 대한 유화책이 별다른 성과 없이 끝나게 되자 백제는 신라와의 전쟁 수단을 통해 현안 문제를 해결하는 방향으로 선회한 것 같다. 백제가 왜에 대해 지속적으로 청병 외교를 전개한 결과 554년 5월에 왜병 1,000명이 백제에 출병하는 결정이 내려졌고, 그 다음 달인 6월에 이르러 內臣인 有至臣의 지휘 아래 왜병이 백제에 도착하였다. 여기에다 가야제국은 당시 백제에 부용되어 있는 상황에서[19] 백제의 요청이 있을 경우 불가피하

---

18) 백제가 대신라전을 수행하는데 있어서 양으로부터 받을 수 있는 도움은 실현성이 적은 직접적인 군사 파병보다는 아마 외교적 억지력을 이용하여 신라의 동맹인 고구려의 개입을 저지하는데 있었을 것이다. 당시 중국이 남북조로 대치하고 있는 국면에서 472년 백제가 북위에 사신을 보내 고구려 공격을 위해 원병을 요청하였을 때처럼 중국 왕조는 군사 파견과 같은 직접적인 군사적 도움을 주지는 않았을 것이다.
19) 김태식, 『가야연맹사』, 일조각, 1993, 251쪽.

게 참전을 해야만 하는 관계에 있었다. 551년 백제의 북진 때의 경우와 같이 가야군의 참전도 예상되는 일이었다.

백제가 신라를 공격하기 위한 사전 준비는 어느 정도 갖추어진 것 같다. 이에 따라 백제의 신라 공격 여부가 결정이 되어야 했지만 그 결정 과정이 그리 순탄치만은 아니었음이 다음의 기사에서 확인해 볼 수 있다.

C-① 겨울 12월 백제가 下部 杆率 汶斯于奴를 보내 표를 올려 "백제왕 臣 明과 安羅에 있는 倭臣들, 任那의 여러 나라의 旱岐들이 아뢰기를 斯羅가 무도하여 천황을 두려워하지 않고 狛과 마음을 함께 하여 바다 북쪽의 彌移居를 멸망시키려 합니다. 신들이 함께 의논하기를 有至臣 등을 보내 우러러 군사를 청해 斯羅를 정벌하려고 하였습니다. 이에 천황께서 유지신을 보내시니 군사를 거느리고 6월에 왔습니다. 신들은 매우 기뻤습니다.
② 餘昌이 신라를 정벌할 것을 계획하자 耆老가 "하늘이 함께 하지 않으니 화가 미칠까 두렵습니다."라고 간언하였다. 여창이 "늙었구려. 어찌 겁내시오. 우리는 대국을 섬기고 있으니 어찌 겁낼 것이 있겠소"라 하고, 드디어 신라국에 들어가 久陀牟羅에 보루를 쌓았다. [이상, 『일본서기』 권19, 흠명기 15년, 554]

위 기사에서 C-①은 백제의 신라 공격 목적을 엿볼 수 있는 기사이다. 이에 의하면 백제와 가야제국이 신라를 정벌하려는 목적은 신라가 고구려와 결탁하여 백제를 포함한 가야제국까지 멸망시키려 한다는 점에 있다고 하였다. C-①의 이러한 서술은 천황중심의 사관으로 기술된 『일본서기』의 상투적인 표현에 지나지 않는다. 가야지역에서의 백제와 신라 간의 이해관계로 인해 대립 양상을 보인 점은 관산성 전투의 부수적인 이유에 불과한 것으로 그 직접적인 원인이 된 553년 신라의 한강유역 탈취 문제가 간과된 것으로 볼 수 있다.

다음 사료 C-②는 백제 조정 내에서 신라에 대한 和戰 양면을 놓고 갈등을 벌이는 기사이다. 553년 신라가 고구려로부터 수복한 백제의 한강 하류 유역을 불시에 탈취하자 고구려와 신라에 대한 대처 방안을 놓고 백제의 지배세력들 간에 대립과 갈등이 벌어졌던 사실을 보여주고 있다. 성왕의 아들

여창이 한강 수복을 위해 신라와의 전쟁을 계획하자 이에 대해 조정의 기로들이 반대하는 모습이 보인다. 기로들은 "하늘이 함께 하지 않는다"고 하여 아직은 신라로부터 한강유역을 수복하기에는 여건상 적절치 못하다는 점을 내세우고 있다. 그 이면에는 한강 하류유역 수복을 통해 왕권의 권력기반을 강화하려는 성왕과 그 지지세력, 그리고 이에 맞서 귀족 중심의 정치운영을 고수하려는 일부 귀족세력들 간에 내재되어 있던 대립과 갈등이 그 대처방안을 모색하는 과정에서 표출된 것으로 볼 수 있다.

고구려 특히 신라에 대한 강경한 대응자세를 주장하고 있었던 주전파로는 성왕을 비롯하여 왕자인 餘昌, 그리고 대성귀족 중에는 木氏, 眞氏勢力 등,[20] 그밖에 馬武[21] 등과 같은 근시관료 등을 들 수 있다.[22] 성왕은 일단 유화책을 써서 신라를 포용하려 하였으나 신라의 거부로 강경책으로 선회하여 이번에 신라 공격을 준비하게 되었다.

성왕은 이 전쟁의 승리를 통해 근초고 · 근구수왕대의 영광을 다시 한번 재현해 보려는 성왕의 염원을 실현할 수 있다고 믿었기 때문이다. 그의 아들 여창은 성왕의 元子라는 왕위계승권상의 조건 이외에 대외전쟁의 실전경험을 통해서 확실한 왕위 계승권자로서의 정치 사회적인 위상과 권위를 확립하고자 하였을 것이다. 이에 앞서 여창은 551년 북진 때에 고구려군을 百合野塞에서 싸워 이를 격퇴시킨 일이 있었고,[23] 이어 신라에 대한 대응조치를 마련하는 과정에서는 신라와의 싸움을 막으려고 간언하던 '耆老' 들을 질책하면서 신라와의 전쟁을 적극 독려한 바 있었다. 554년 관산성 전투 때

---

20) 목씨와 진씨세력은 왜에 청병사로 자주 파견된 바 있고, 또한 진씨세력은 한성지역에 연고를 갖고 있기 때문에 한강고토수복에는 적극적이지 않았을까 한다(김주성, 『백제사비시대 정치사연구』, 전남대박사학위논문, 1990 참조).

21) 柰率 馬武는 『일본서기』 권19 흠명기 11년 춘2월에, "왕(성왕)의 股肱의 신하로서 위에 아뢰고 아래에 전하는 것이 왕의 마음과 몹시 맞아서 왕의 보필이 되고 있다"라고 하였듯이 성왕대에 국왕 중심의 측근정치의 중추적인 역할을 담당했던 대표적 인물임을 알 수 있다.

22) 양기석,「백제 위덕왕대 왕권의 존재형태와 성격」『백제연구』21, 1990, 39~42쪽.

23) 『일본서기』 권19, 흠명기 14년 동10월.

에는 선봉으로 출전하여 최전방 久陀牟羅塞에서 신라군과 대치하고 있었던 사실로 미루어 보아 여창은 성왕을 도와 신라 정벌을 앞장서서 주도한 주전론자이었음을 알 수 있다.

반면 '耆老'로 표현된 세력은 '老而賢者'로서[24] 당시 국왕의 자문 역할을 담당했던 원로를 뜻한다. '기로'들 중에서 신라와의 전쟁보다는 주화론을 주장한 대성귀족들로는 沙氏와 燕氏세력 등을 상정해 볼 수 있다.[25] 이들은 금강유역에 세력 기반을 가진 귀족세력으로서 한강수복이 실현될 경우 한성으로의 재천도가 단행될 우려를 가지고 있었을 것이다.[26] '기로'들의 발언을 통해 볼 때 이들 세력은 대외관계에 있어서 고구려와 신라의 두 나라에 대하여 동시에 맞설 수 없다는 현실론을 바탕으로 하여 주화론을 내세웠을 것으로 생각된다.

이처럼 백제가 신라 정벌에 대한 찬반 논의가 대두되었지만 결국 주전파의 주장이 관철되어 일단 신라 정벌이 결정되었다. 전황의 전개 과정을 살피기 위해 관련 기사를 소개하면 다음과 같다.

D-① 7월 [성]왕이 신라를 습격하고자 하여 친히 步騎 50을 거느리고 밤에 狗川에 이르렀는데 신라가 복병을 발하여 함께 싸우다 난병에게 시해당하여 죽었다. [『삼국사기』 백제본기 성왕 32년]
② 7월 백제왕 明穠이 加良과 함께 관산성을 來攻하자 軍主 角干 于德과 伊湌 耽知 등이 마주 나가 싸웠으나 패하였다. 新州軍主 金武力이 州兵을 이끌고 와서 교전함에 이르렀는데 神將 三年山郡 高干 都刀가 급히 쳐서 백제왕을

---

24) 노중국, 『백제정치사연구』, 일조각, 1988, 180~181쪽.
25) '耆老'에 대해서는 사씨·국씨·목씨·연씨 등 대성팔족의 귀족세력으로 보는 견해가 있지만(김주성, 「사비시대 백제정치사연구」, 전남대박사학위논문, 1991, 119쪽), 왕권과 대성팔족을 이원화시켜 대립적인 측면으로만 볼 경우 너무 평면적이고 도식적인 이해 범주를 벗어나기 어렵다. 대성귀족들 중에는 이해관계 여하에 따라 왕권에 적극 협조할 수 있는 정치세력이 존재하기 때문이다(김수태, 「백제 위덕왕의 정치와 외교」 『한국인물사연구』2, 한국인물사연구소, 2004, 152~153쪽).
26) 김주성, 앞의 글(2000), 308쪽.

죽였다. 이에 신라군이 승승장구하여 크게 이겨 좌평 4인과 사졸 2천 9백 6
십인을 죽이니 말 한 필도 돌아간 것이 없었다. [같은 책, 신라본기 진흥왕
15년]

③ 옛날 백제의 明穠王[성왕]이 古利山에 있으면서 우리나라를 치려고 꾀하였
을 때 유신의 祖父 武力 角干이 장수가 되어 [그들을] 맞아 쳐서 승세를 타고
그 왕과 재상 네 사람 및 사졸들을 사로잡아 그 침입을 좌절시켰다. [같은
책, 열전 김유신 하]

④ "(전략) 12월 9일에 斯羅를 공격하러 보냈습니다. 신이 먼저 東方領 物部
莫奇武連을 보내 자기 方의 군사를 거느리고 函山城을 공격하도록 하였습
니다. 有至臣이 데리고 온 백성 竹斯 物部 莫奇委沙奇가 불화살을 잘 쏘았
습니다. 천황의 위령의 도움을 받아 이 달 9일 酉時에 성을 불태우고 빼앗
았습니다. 한 사람의 사신을 빨리 배를 달려가게 하여 아룁니다."라고 하였
다. 따로 아뢰기를 "만약 신라뿐 아니라 유지신이 데리고 온 군사로도 충분
할 것입니다. 지금 狛과 斯羅가 마음을 함께 하고 힘을 합하였습니다. 성공
하기 어렵습니다. 竹斯島에 있는 군사들을 빨리 보내 와서 신의 나라를 돕
기를 바랍니다. 또한 임나를 돕는다면 일을 이룰 수 있을 것입니다."라고
하였다. 또한 "신이 따로 군사 만 명을 보내 임나를 돕겠습니다. 아울러 아
룁니다. 이번 일이 매우 급합니다. 한 척의 배를 보내 아룁니다. 단지 좋은
비단 2필, 毾㲪 1령, 도끼 300구, 사로잡은 성의 백성 남자 2명과 여자 5명
을 바칩니다.

⑤ [餘昌이] (중략) 드디어 신라국에 들어가 久陀牟羅에 보루를 쌓았다. 그 아
버지 明王은 여창이 행군에 오랫동안 고통을 겪고 한참 동안 잠자고 먹지
못했음을 걱정하였다. 아버지의 자애로움에 부족함이 많으면 아들의 효도
가 이루어지기 어렵다 생각하고 스스로 가서 위로하였다. 신라는 명왕이 직
접 왔음을 듣고 나라 안의 모든 군사를 내어 길을 끊고 격파하였다.

⑥ 이때 신라에서는 佐知村의 말을 먹이는 종 苦都[다른 이름은 谷智라고도
함]에게 "고도는 천한 종놈이요, 명왕은 이름 있는 왕이다. 지금 천한 종으
로써 군왕을 죽이게 하여, 후세에 전하여져서 사람의 입에서 잊지 않게 되
기를 바라고자 한다."라고 말했다. 얼마 후 고도가 명왕을 붙잡아 재배하
고, "왕의 머리를 베도록 하여 주소서."라고 말하였다. 명왕이, "왕의 머리
는 종의 손에 맡길 수 없다."라고 대답하였다. 고도가 "우리나라 법에는 맹
서한 것을 어기면 국왕이라 하더라도 마땅히 종의 손에 죽습니다."라고 말

했다[어느 한 책에는 "명왕이 의자에 걸터앉아 차고 있던 칼을 풀어 곡지에
게 주어 베도록 하였다"고 하였다]. 명왕이 하늘을 우러러보고 탄식하며 눈
물을 흘리면서 허락하여 말하기를, "과인은 매양 생각해 보건데 뼈에 사무
치는 고통을 참고 살아왔지만, 돌아보건데 구차하게 살고 싶지 않다."라고
하고 머리를 늘여 베임을 당하였다. 고도는 참수하여 죽인 후에 구덩이를
파고 묻었다[어느 한 책에는 "신라가 명왕의 두골은 수습하여 남겨 두고, 나
머지 뼈를 예를 갖춰 백제에 보냈다. 지금 신라왕이 명왕의 뼈를 북쪽에 있
는 관청의 계단 아래에 묻었는데 이 관청을 都堂이라 한다"라고 하였다].
⑦ 여창은 포위당하자 빠져나오려 하였으나 나올 수 없었는데 사졸들은 놀라
어찌 할 바를 몰랐다. 활을 잘 쏘는 사람이 筑紫國造 있다. 축자국조가 나아
가 활을 당겨 신라의 말 탄 군졸 중 가장 용감하고 씩씩한 사람을 헤아려 쏘
아 떨어뜨렸다. 쏜 화살이 날카로워 타고 있던 안장의 앞뒤를 가로지른 나
무를 뚫었고, 입고 있던 갑옷의 옷깃을 맞추었다. 계속 화살을 날려 비오듯
하였고 더욱 힘쓰고 게을리하지 않아 포위한 군대를 활로 물리쳤다. 이로
인해 여창과 여러 장수들이 샛길로 도망하여 돌아왔다. 여창은 국조가 활로
포위한 군대를 물리친 것을 칭찬하고 높여 "鞍橋君"이라 이름하였다[鞍橋
는 우리말로 구라지라 한다]. 이때 신라 장수들이 백제가 지쳤음을 모두 알
고 드디어 멸망시켜 남겨두지 않으려 하였다. 한 장수가 "안된다. 일본 천
황이 임나의 일 때문에 여러 번 우리나라를 책망하였다. 하물며 다시 백제
관가를 멸망시키기를 꾀한다면 반드시 후환을 부르게 될 것이다"라고 하였
다. 그래서 그만 두었다. [이상,『일본서기』권19 흠명기 15년(554) 동 12월]

위 기사들은 554년 백제가 신라를 공격한 관산성 전투에 관한 것을 모은 것
이다. 관산성 전투에 관한 기사는 아주 소략하게 전황을 서술한『삼국사
기』와는 달리 오히려『일본서기』흠명기 15년조 기사는 비교적 상세한 편이
다.『일본서기』흠명기 15년조 기사는 관산성 전투의 개시, 개전 여부를 놓
고 드러난 백제 내부의 갈등, 전투의 전개 과정, 그리고 성왕의 패사와 백제
연합군의 패전 등 여러 기사들을 포괄적으로 서술하고 있다. 여기서는 그
내용 구성을 비판적으로 재구성하여 관산성 전투의 전개 과정을 단계적으
로 파악하였다.

먼저 전투 개시 시점에 대한 문제를 검토해 보겠다.『삼국사기』기록(D-

①,②)에는 관산성 전투 개시 시점을 554년 7월로 명기되어 있는 데 반해 『일본서기』 흠명기 15년조 기사(D-④)에는 12월로 되어 있다. 어느 기사가 사실에 가까운지에 대해서 분명히 밝힐 수는 없지만 『삼국사기』 기록대로 7월에 전투가 시작된 것으로 보고 싶다. 사료 C-①에서 유지신이 거느린 왜 원병이 백제에 도착한 시점이 6월인 점이나 『일본서기』의 관련 기사가 여창과 鞍橋君 관련 전승 등 여러 계통의 기사를 일괄하여 압축 서술한 점이 이를 뒷받침해 준다. 그리고 왜의 원병이 6월부터 12월까지 백제에 장기 주둔할 경우 신라에 의해 그 정보가 노출될 수가 있고, 또한 단기간에 기습전을 감행할 경우 전과를 극대화하기 어려운 점을 들 수 있다.

또한 사료 D-⑤에서 성왕이 오랫동안의 행군으로 고통을 겪고 있는 아들 여창을 위로하기 위해 떠났다는 기사에서 이 전투가 단기전이 아니었음을 시사해 주고 있다. 그런데 다음의 『삼국사기』 기사를 보면 그 전투의 하한 시기를 엿볼 수 있다.

> E-① 承聖 3년[554] 9월에 백제 군사가 珍城을 침범해 와서 남녀 3만 9천명과 말 8천 필을 빼앗아 갔다. 이에 앞서 백제가 신라와 군사를 합쳐 고구려를 치려고 했는데, 진흥왕이 말하기를, (중략) 이에 이 말이 고구려에 전해지니 고구려는 그 말에 감복하여 신라와 우호를 맺었다. 그러나 백제는 이를 원망하였으므로 [신라를] 침범하였다. [『삼국유사』 권1, 기이2 진흥왕]
> ② 10월에 고구려가 크게 군사를 일으켜 熊川城을 침공하였으나 아군에게 패하여 돌아갔다. [『삼국사기』 권27, 백제본기 위덕왕 원년, 554]

위 사료 E-①은 554년 7월 관산성 전투 직후인 9월에 백제가 신라의 珍城[27]을 공격하여 큰 전과를 올렸다는 것인데 전투 시점으로 보아 성왕의 패사를 대대적으로 보복하기 위해 벌린 전투라 할 수 있다. 다음 사료 E-②는 진성 전투가 벌어진 한달 후에 고구려가 백제의 熊川城을 공격한 일을 보여주고

---

27) 珍城은 충남 진산으로 비정된다(三品彰英 遺撰, 『三國遺事考證』上, 塙書房, 1975, 565쪽 ; 강인구 외, 『역주 삼국유사』Ⅰ, 한국정신문화연구원편, 이회문화사, 2003, 299쪽).

있다. 이 기사들에 대해 다소 기사의 신빙성 문제를 제기하는 견해도 있지만 E-①의 경우 '承聖 3년'이란 특정한 기년이 표기되어 있고,[28] 또한 백제가 관산성 패전 직후에 대신라 보복 차원이나 고구려의 신라 지원 차원에서[29] 이 기사들을 이해할 경우 나름대로 신빙성 있는 것으로 받아들여도 좋을 것이다.

이 기사들을 참조해 보면 관산성 전투는 554년 7월에 개시되어 늦어도 554년 9월 이전까지는 종전이 된 것으로 판단된다. 그렇다면 관산성 전투는

---

28) 이 전투에 대해 관산성에서 대패당한 백제가 2개월여 만에 국력이 회복되어 대규모의 보복전을 감행할 수 있었는지에 대해 의문을 품고 552년 9월이나 또는 553년 9월에 발생한 전투로 수정하여 이해하는 견해가 있다(김주성, 앞의 글(2000), 306쪽). 이 전투의 원인이 고구려와 신라가 통호한 데에 있다고 한 점에 주목하여 553년 7월 한강하류유역을 빼앗긴 백제의 신라에 대한 보복전투일 가능성이 높다는 것이다. 이 견해를 따를 경우 관산성 전투를 554년 7월로 기록한『삼국사기』관련 기사보다 554년 12월에 발생한 것으로 기록한『일본서기』관련 기사의 신빙성 문제가 종합적으로 검토되어야 한다.『일본서기』에 554년 12월에 전투가 발생한 것으로 기술된 것은 전투가 끝나고 왜에 귀환한 시기를 기준으로 전투 상황을 일괄해 기술해 놓은 것이 아닐까 한다. 그리고『삼국유사』의 기록은 어느 면에서 관산성 전투를 일괄하여 서술한 또 다른 기록인지도 알 수 없다. 어쨌든 관산성 전투나 진성전투 모두 신라의 한강하류유역 탈취사건에서 비롯된 것인 만큼 진성 전투를 굳이 553년으로 올려볼 근거 또한 부족한 편이다. 진성전투 기사를 신뢰하여 이를 성왕의 유해 수습문제와 관련시켜 보는 견해(김수태, 앞의 글(2004), 166~167쪽)가 어떤 면에서는 시사점을 주고 있다. 즉 이에 의하면 백제가 성왕의 유해를 돌려받기 위해 협상을 벌이는 과정에서 하나의 압력 수단으로 신라의 진성을 침공하였다는 것이다. 따라서 554년 9월의 진성전투는 백제측에서의 전과를 부풀리는 등 다소의 과장은 있었겠지만 신라에 대한 보복전의 성격을 가진 것으로 보아도 좋을 듯하다.
29) 이 기사에 대해 당시 신라와 고구려의 상황을 고려하여 다소 신빙성의 문제를 제기하는 견해가 있다. 즉 당시 한강하류유역은 신라가 영유한 상태였기 때문에 고구려가 백제를 공격하려면 신라의 영토를 관통해야 한다는 것이다. 그렇다고 고구려가 신라의 일정한 양해를 받아 백제를 공격한 것으로 보기에는 어색한 점이 있다는 것이다. 이 전투가 성립되려면 해로를 통해 이루어져야 가능한 것으로 보고 있다(김주성, 앞의 글(2000), 306쪽) 더구나 당시 고구려가 북제나 돌궐과의 일련의 긴장관계에 있었기 때문에 대군을 동원해서 백제를 공격하는 일은 상황에 잘 맞지 않는다. 그러나 이 기사는 백제본기 기사가 원전이 되어 고구려본기에 끼워 들어간 것으로 이해되기 때문에(이강래,『삼국사기전거론』, 민족사, 1996, 88쪽) 사료의 신빙성은 높다. 그리고 백제는 이미 554년 9월에 진성전투를 벌려 신라에 대한 공세를 펴서 보복전을 벌린 일이 있을 정도의 군사적 능력이 있는 것으로 보아 이 기사 자체를 부정할 필요는 없는 것 같다.

2개월 여에 걸친 전투였음을 알 수 있다.

다음으로 전투 진행 과정에 대하여 살펴보자. 관산성 전투 관련 기록을 종합해 볼 때 3단계로 그 전개 과정을 나누어 볼 수 있다.[30]

제1단계 전투는 554년 7월 백제가 선공으로 개전이 되어 신라의 관산성을 공함하는 시기를 말한다. 백제의 신라 정벌군의 규모는 백제가 임나를 구원하기 위해 만 명을 보내겠다는 기사(D-④)에 의거하여 백제군의 참전 병력을 만 명 정도로 추산한 견해가 있다.[31] 그러나 당시 가야제국이 백제의 일정한 부용 관계에 있었다고 하더라도 백제가 신라 정벌을 주도하는 입장에서 자국의 병력을 가야보다 적게 동원하는 것은 어색한 일이다. 관산성 전투의 백제 동맹군의 희생자가 2천 9백 6십명이었고(D-②), 또한 성왕대에 고구려와의 대규모 전투가 벌어진 五合原전투(529)[32]에서 3만 명의 백제군이 동원된 점에 비추어 볼 때 3~4만 명을 상회하는 정도의 군세[33]가 아니었을까 한다. 따라서 이 전투는 대부분 백제군이 동원되었으며, 그 주도 하에 소수의 대가야와 안라에서 차출된 가야군과 有至臣이 지휘하는 1,000명의 왜군이 각각 동원된 것으로 보는 것이 자연스러울 것이다.

백제 연합군이 신라 공격을 시작하자마자 성왕의 아들 여창은 C-②에서

---

30) 관산성 전투 과정을 ① 백제와 가야·왜군의 합동으로 신라를 침입하여 관산성을 함락한 제1단계, ② 백제의 침입을 받고 신라가 전군을 동원하여 전투태세를 준비하는 제2단계, ③ 백제의 성왕이 직접 온다는 정보를 입수하고 복병을 발하여 성왕을 살해하는 제3단계, ④ 성왕의 죽음을 계기로 신라가 총력전을 벌여 백제군을 대패시킨 제4단계로 구분하여 파악하고 있다(김갑동, 앞의 글, 201~204쪽). 그러나 제2단계와 제3단계는 동시에 진행되는 상황임으로 양자를 분리해 파악하는 것은 검토의 여지가 있다.

31) 이는 관산성 전투 때에 백제가 신라에 의해 멸망당할 정도로 큰 피해를 입지 않은 것으로 보는 입장에서 도출된 견해이다(김태식, 『가야연맹사』, 일조각, 1993, 302~303쪽 ; 이희진, 『가야정치사연구』, 학연문화사, 1998, 188~201쪽). 그에 의하면 관산성 전투에서 신라군에 의해 전사한 3만 명을 백제군 만 명, 왜병 천 명, 가야군 18,600명 이상으로 산정하였다. 그러나 백제군이 왜·가야 연합군보다 주축을 이루고 있었다는 점, 관산성 전투에서 성왕은 물론 좌평 5명 중 4명이 전사한 점 등을 미루어 보면 백제군도 많은 사상자를 낸 것으로 보인다.

32) 『삼국사기』 백제본기 성왕 7년 10월.

보듯이 신라 정벌을 반대하는 기로들을 물리치고 신라 공격을 총괄 지휘하는 위치에 있었을 것이다. 성왕 자신이 참전하지 않았을 뿐 아니라 차기 왕위 계승권자인 태자의 위치에 있었기 때문이었다. 그는 선봉부대를 이끌고 신라 서북변의 방어망을 차례로 공략하면서 옥천지역인 신라의 久陀牟羅[34]에까지 진출하여 요새를 쌓고 신라군이 웅거하고 있던 전략적 요충 관산성 일대[35]를 압박한 것으로 보인다. 이때 참전한 가야군의 행적은 알 수 없지만, 至有臣이 거느린 1,000명의 왜군은 백제 5방 중의 하나인 東方[36]에 배속되어 東方領 物部 莫奇武連의 지휘를 받고 여창이 거느리는 백제군과 함께 관산성 일대에서 신라군과 격전을 치루고 있었다(D-④).

　　성왕은 D-⑤에 의거해 볼 때 관산성 전투에 직접 참전한 것이 아니라 후방에서 전황을 수시로 보고받고 중요 사안을 결정하여 명령을 하달하는 역할을 하였을 것이다. 660년 신라가 백제를 정벌하였을 때 태종무열왕은 현재의 상주지역인 今突城[37]에 머무르면서 김유신이 거느린 백제 원정군을 독

<hr>

33) 신라가 관산성 전투 때에 3만에 가까운 연합군을 죽였다고 서술하는 것은 신라측 입장에서 주장하는 과장일 것이다. 오히려 이 숫자는 관산성 전투에 참여한 백제 연합군 전체 병력 수일 가능성이 있다. 『삼국사기』 백제본기에 나타난 백제의 많은 규모의 군대 동원 사례를 살펴보면 369년 평양성 전투에서는 3만 명, 529년의 오곡원 전투에는 3만 명, 602년 아막성 전투에서는 4만 명이 각각 동원되었다. 이 숫자는 백제사상 최대로 평가되는데 관산성 전투와 같이 총력전을 펼 경우에도 최소한의 방어 병력을 제외한 가용 병력은 3~4만 명의 범위를 넘지는 않았을 것이다. 백제 말기의 총 군세는 6만 명 정도인(『당서』 권 220, 열전 145 동이 백제) 점도 참고가 된다.
34) 久陀牟羅는 충북 영동의 옛 이름인 吉同郡과 경북 안동의 옛 이름인 古陁耶郡과 발음이 비슷하여 영동이나 안동에 비정하는 견해가 있다. 그러나 관련 사료에는 관산성에서 집중적으로 전투가 벌어지고 있었던 점에 비추어 볼 때 옥천지역으로 보는 것이 타당하다.
35) 여기서 관산성은 옥천지역의 하나의 특정한 성을 지칭하는 것이 아니라 옥천지역 일대를 포괄적으로 지칭하는 것으로 판단된다.
36) 『周書』 백제전에 의하면 方領 아래에는 德率의 관등을 가진 郡將 3인이 있으며, 1,200~700명의 군사를 통할한 것으로 알려져 있다. 東方의 치소는 得安城으로서 충남 은진 일대로 비정된다.
37) 금돌성은 현재의 경북 상주시 모서면 白華山古城으로 비정되고 있다(鄭永鎬, 「金庾信의 百濟攻擊路 硏究」 『史學志』 69, 1972).

려했던 사례[38]가 참고가 된다. 백제가 관산성을 집중적으로 공략한 것은 옥천지역이 백제에서 신라의 금성으로 가는 지리적 요충에 있었기 때문이다.[39] 관산성은 470년 삼년산성(현재 보은)이 축조됨으로써 백제의 왕도인 웅진(현재 공주)과 사비지역(현재 부여)을 인후부에서 공제하기 위한 전초기지로서 백제와 경계를 이루던 신라의 서부 변경지역의 요충이었다. 당시 백제의 신라 공격로는 지금의 부여(사비도성)→ 황산벌→ 진산→ 마전→ 옥천(관산성)→ 보은(삼년산성)→ 상주→ 경주(금성)로 이어지는 루트로 상정된다.

이에 맞서 軍主 角干 于德과 伊湌 耽知 등이 거느린 신라군은 백제 연합군을 맞이하여 관산성에서 치열한 격전을 벌렸으나 초기의 전세는 불리하여 대패하였다. 관산성에 출동한 신라군은 角干 于德이 이끄는 尙州 軍主 소속의 州兵과 중앙에서 급히 파견된 伊湌 耽知의 중앙군으로 구성되어 있었다. 상주 소속의 州兵과 중앙에서 급파된 신라의 중앙군이 대규모의 총공세를 펴는 백제 연합군의 예봉을 감당하기는 어려웠을 것이다. 신라군은 개전 초반에 관산성 지역에서 열세를 면치 못하였는데 반해 백제 연합군은 勝氣를 타고 관산성 일대까지 진격하여 그 전략적 요충지를 하나씩 장악해 나갔다.

그러나 성왕이 관산성의 狗川에서 사로잡힌 것을 보면(D-①) 백제 연합군이 전쟁이 끝나기까지 관산성 일대를 완전히 장악하지는 못했던 것으로 판단된다. 신라군은 백제 연합군에 대공세에 밀려 고전을 면치 못하는 열세

---

38) 『삼국사기』 신라본기 태종무열왕 7년 6월 21일.
39) 현재 옥천군의 군서면과 군북면을 흐르는 西華川 주변에는 산봉우리를 따라 고대의 많은 성터가 밀집해 있고, 또 전장터와 관련한 지명들이 많이 남아 있다. 서화천 남서쪽에는 東坪城·馬城山城 등이, 동쪽에는 월전리성이, 북쪽에는 노고산성(할미성), 이백리산성 (할배성) 및 환산성이 연해 있다. 또한 이 일대에는 전쟁과 관련된 지명이 많이 남아 있어서 옛 격전지를 실감케 해준다. 옥천읍에서 구진베루로 향하는 길목에 '진터벌', '염장', '말무덤고개' 등이 있고, 그 건너편애는 '군전부락', '군진'이 있으며, 그 너머로는 '개산', '갯골', '진벌부락' 등이 있다. 이에 대해서는 차용걸 외, 『신라·백제 격전지(관산성) 지표조사보고서』, 옥천군·충북대 중원문화연구소, 2003을 참조할 것.

였지만 그런대로 관산성 일부 지역에 남아 증원군이 더 투입되기를 기다리면서 완강한 저항을 시도한 것으로 보인다. 이러한 신라의 어려운 상황을 타개하기 위해 신라 증원군이 투입되었다. 신라는 新州軍主 金武力이 거느리는 신주 관할의 州兵을 대거 동원하여 열세에 있던 신라군의 힘을 더해주었다. 백제 연합군과 신라 양군이 신라 증원군의 투입으로 관산성 일대에서 한동안 일진일퇴의 공방전을 벌이는 양상이 전개되었다.

따라서 제1단계에는 백제가 가야, 왜 연합군과 함께 신라에 대한 총공세를 펴 전쟁의 주도권을 장악해 나갔지만 신라군의 저항으로 관산성 일대에서 더 이상의 전진을 하지 못한 채 신라군과 치열한 전투를 벌이면서 대치전 양상을 보인 시기라 할 수 있다.

제2단계 전쟁은 성왕의 참전과 신라의 총력전에 의한 반격으로 전세를 역전시키는 시기이다. 백제와 신라 양군이 관산성에서 공방전을 벌이고 있을 무렵 이 전투의 향방을 바꿀 만한 큰 사건이 발생하게 되었는데 그것이 바로 성왕의 참전이었다. 성왕이 오랜 행군으로 고생을 하고 있는 아들 여창을 위로하기 위해 50명의 근위병을 거느리고[40] 여창의 부대를 향해 위문을 떠난 것이다. 이러한 첩보를 접한 신라군은 성왕을 공격하기 위해 만반의 준비를 갖추고 전투태세에 임하였다. '悉發國中兵'(D-⑤)이라 한 것을 보면 백제 성왕을 공격하기 위해 총동원령을 내린 것으로 볼 수 있다.

신라는 기존의 투입된 병력에 추가하여 더 많은 병력을 동원하여 이 전투에 사활을 걸 정도로 승부수를 띠운 것이다. 이 시기에 백제와 신라의 군사들이 거의 관산성 일대에 집결되어 있었다고 봐도 과언이 아닐 것이다. 이 일을 해낸 것은 三年山郡의 裨將 高干 都刀[41]가 거느린 부대에 의해서였

---

40) 성왕이 거느린 50명의 근위병 숫자는 당시 신라와 대치하고 있었던 최전방지역임을 고려해 보면 너무 적은 편이다. 따라서 이를 50이 아니라 5천으로 수정해 보는 견해가 제시되었지만, 현재 어느 기사가 타당한지에 대해서는 알 수는 없다. 50명이라 한다면 성왕 일행이 비교적 신변 안전이 보장되는 백제 관할 지역 내에 행차한 것으로 이해된다. 도도가 소규모의 부대를 거느리고 매복에 나선 것도 이러한 분위기를 반영해 준다고 하겠다.

다. 그는 옥천에 이웃한 삼년산군 출신의 재지세력으로서 옥천과 보은 일대
의 지리와 사정에 대해 잘 알고 있던 인물로 보인다. 도도가 이끄는 신라군
은 예상되는 길목에 매복을 하고 있다가 백제 성왕과 근위병이 당도하자 이
들을 습격하여 성왕을 사로잡을 수 있었다.

　　따라서 제2단계 전투에는 여창을 위문차 길 떠난 성왕이 신라군의 매복
작전에 의해 사로잡힘으로서 장차 관산성 전투의 향방을 결정짓는데 큰 영
향을 준 것으로 이해된다.

　　제3단계 전투는 성왕의 죽음을 계기로 신라가 총력전을 벌여 백제군을
대패시키는 시기이다. 신라군에 사로잡힌 성왕은 D-⑥의 기사에 보듯이 都
刀에 의해 狗川[42]에서 죽임을 당하였다. 성왕이 신라에 의해 사로잡혀 죽임
을 당함으로써 백제군의 사기는 크게 떨어진 반면 신라군의 사기는 충천하
였을 것이다. 이제까지 기세당당하게 전세를 주도하였던 백제 연합군은 큰
충격을 받게 되면서 전쟁 상황이 바뀌게 된 것이다. 이를 계기로 신라군은

---

41) 『일본서기』 흠명기 15년조에는 성왕을 사로잡아 죽인 사람을 佐知村에 거주하던 飼馬奴
　　苦都(일명 谷智)라 하였는데 都刀나 苦都는 음이 비슷하여 동일인으로 보인다. 都刀는 아
　　마 軍馬를 대대적으로 사육하던 삼년산군 관할 좌지촌의 유력한 재지세력이었을 가능성
　　이 높다. 그는 성왕을 사로잡은 공로로 인해 外位의 두번째로 높은 관등인 高干을 수여받
　　았을 것으로 여겨진다.
42) 狗川의 위치에 대해서는 현재 구진베루와 갯골의 두 가지 설이 있다. 구진베루는 옥천군
　　군서면 월전리 군전마을을 감싸고도는 협곡을 말하는데(정영호, 「김유신의 백제공격로
　　연구」 『사학지』 6, 1976, 55~57쪽 ; 성주탁, 「신라 삼년산성 연구」 『백제연구』 7, 1976, 42쪽
　　; 관성동호회, 『옥천향지』, 1984, 375~377쪽), 이곳은 바로 밑에 서화천이 굽이쳐 흐르고
　　있고, 위에는 남북 1km 가량 길게 뻗어있는 능선 중앙 부분의 높이가 30m, 경사 90도 가
　　량의 험준한 낭떠러지로 되어 있다. 반면 갯골은 옥천군 군북면 이백리의 갯골을 말하는
　　데(관성동호회, 앞의 책, 377~378쪽), 갯골은 노고산성(할미성)의 북쪽 밑에 위치한 곳으
　　로 구천과 같은 명칭을 갖고 있다. 노고성은 동편 환산성의 한 보루성인 이백리성(할배
　　성)과 동서로 마주 보고 있는데 신라와 백제 양군이 두 성에 각기 주둔하여 싸웠다는 전
　　설이 있다. 성 남쪽에는 구진베루가 내려다보이고 있다. 전설에 의하면 환산성 바로 밑의
　　골짜기 이름이 勝地골인데 이곳은 신라군이 기어오를 때 마침 이곳에 도착한 성왕이 이
　　광경을 보고 배후를 급습하여 대승을 거둔 일이 있었다고 한다. 이때 성왕은 태자 여창과
　　함께 있을 수 없다고 하여 환산성 서편의 노고산성에 오르기 위해 한 밤에 이백리에 있는
　　갯골에 이르렀을 때 신라의 비장 都刀의 기습을 받아 사로잡혀 죽임을 당했다고 전한다.

백제군에 대해 총공세를 전개하면서 곳곳에서 백제군이 심한 타격을 받게 되었다. 구타모라 요새에 주둔하고 있던 여창의 선봉부대는 신라군에 의해 포위를 당하였고 왜군인 筑紫國造의 도움을 받아 간신히 포위망을 뚫고 겨우 몇 명의 부하만을 데리고 탈출하였다.

이러한 신라군의 총공세로 인해 백제 연합군은 큰 패배를 당하였다. D-②와 ③은 신라계통의 사료에 의거한 것인데 백제 연합군의 피해상이 구체적으로 제시되어 있다. 이에 의하면 백제 연합군이 이 전투에서 좌평 4명과 2만 9천 6백 명의 군사들을 상실당하였다고 한다. 이 기록은 다소 신라측 입장에서 전과를 부풀리는 듯한 면이 있지만[43] 성왕은 물론 좌평 5명[44] 중 4명, 그리고 3만에 가까운 사졸들이 패사하였으니 가히 치명적이라 할 수 있다. 이로서 위덕왕을 비롯한 주전파에 의해 강행된 관산성 전투는 참패로 끝났다.

4. 관산성 전투의 영향

554년 백제의 관산성 전투 패배는 삼국 항쟁사에서 여러 변화를 가져왔다. 이 전투의 패배로 인해 성왕이 국왕 중심의 정치 개혁 성과를 바탕으로 하여 추진해 온 한강고토수복은[45] 성왕 자신이 신라에 의해 죽임을 당함으로써 무위로 끝나게 되었다. 한성고토의 회복을 통해 근초고왕·근구수왕대의 영광을 재현해 보려는 성왕의 염원은 허사로 돌아 간 것이다. 그렇지만 관산성 전투는 나름대로 삼국 항쟁사에 있어서 중요한 의미를 갖는다.

---

43) 이는 신라측에서 일방적으로 전과를 과장한 것으로 판단되는데, 오히려 3만이라는 피해 숫자는 백제 연합군의 참전한 실제 전투 병력 수를 말하는 것이 아닐까 한다. 이에 대해서는 주) 33을 참조할 것.
44) 『周書』 권49 열전 41, 백제.
45) 양기석, 「백제 성왕대의 정치개혁과 그 성격」 『한국고대사연구』4, 1991, 77~103쪽.

첫째, 이 전투는 백제와 신라 간에 벌어진 단순한 국지전이 아니라 양국이 국운을 건 일대 대회전이었다는 점이다. 백제는 성왕뿐 아니라 그 아들 여창, 여러 좌평들이 대거 참여한 총력전이었고, 3만 명에 가까운 백제 연합군 병사들이 이 전투에서 희생을 당한 것에 미루어 보면 백제는 최소한의 자체 수비병을 제외한 실제 가용한 병력을 동원한 총력전의 양상을 전개하였음을 알 수 있다. 이에 맞선 신라도 '悉發國中兵'(D-⑤)이라 표현하였듯이 州兵인 尙州와 新州, 그리고 중앙의 정예부대를 포함한 실제 가용한 모든 병력을 동원하여 총력전을 전개하였으며 여기에 耽知,[46] 金武力 등 551년 북진 때 큰 전공을 세우고 전투 경험이 많은 이찬급의 진골귀족들을 총동원하여 백제의 침공을 저지하였다.

한편 이 전투에는 백제와 신라 양국만이 참여한 전투가 아니라 한반도와 일본열도에 있는 정치체들이 직·간접적으로 참여한 동북아시아의 일대 국제전의 성격을 띠고 전개된 것이다. 백제뿐 아니라 그 부용 관계에 있던 대가야와 安羅를 중심으로 한 가야세력, 그리고 일본열도의 왜가 백제측에 참여하였다. 왜가 참여하게 된 것은 백제의 지속적인 청병 외교의 결과라 할 수 있다. 고구려는 이 전투에 직접 참여하지는 않았지만, 사료 C-①과 D-④에서 보듯이 신라와 동맹을 맺고 백제와 가야제국에 대해서는 신라의 입장을 견지하면서 이들 국가에게 잠재적인 위협을 주는 역할을 하였다. 이렇게 한반도와 일본열도의 정치체들이 불럭을 형성하면서 직접적으로 대결을 벌인 일은 4세기 말~5세기 초에 일어난 광개토왕대의 남정 이래의 일대 會戰이라 할 수 있다.

둘째, 기존의 제라동맹체제가 와해되고 양국은 멸망기까지 적대관계로

---

46) 耽知는 진흥왕 12년(551)에 거칠부 등과 함께 고구려로부터 죽령 이북의 10개 군을 빼앗았을 때에 참여한 장군으로 그때의 관등이 迊湌이었다. 〈단양신라적성비〉에 보이는 豆彌知를 탐지로 보는 견해가 있다(武田幸男, 「眞興王代における新羅の赤城經營」『朝鮮學報』93, 1979, 13쪽). 그리고 金武力은 삼국통일의 원훈인 김유신 장군의 조부인데 〈단양신라적성비〉에 보이듯이 탐지와 함께 북진에 참여한 후 한강유역을 다스리는 신주 군주에 보임되었던 인물이다.

돌변하게 되었다는 점이다. 제라동맹은 433년 고구려의 남진에 공동 대응하기 위해 백제측의 제안으로 양국 간에 동맹관계가 성립된 것이다.[47) 450년 신라가 悉直에서 고구려 변장을 살해한 사건[48) 이후 고구려와 신라의 동맹 관계가 소원해지게 되면서부터 464년 이후 고구려는 신라를 공격하는 적대관계에 돌입하게 되었다. 5세기 후반에는 고구려가 백제를 4회 침공한 반면, 신라는 8회나 공격할 정도로 양국 관계가 약화되었다. 이 시기에는 군사동맹체제로 발전을 시켜 공동으로 고구려의 남진에 대처하는 양상이 자주 일어나게 되었다.

그런데 551년 한강유역을 수복한 북진 이후부터 신라는 고구려와 밀약을 맺어 한강유역 확보에 대한 욕심을 보임으로써 백제와 신라 양국관계는 점차 소원해지게 되었다. 553년 백제가 이미 수복한 한강유역지배에 대한 불안정한 상태를 간파하고 한강유역을 탈취해 버리자 양국 관계는 악화일로를 걷게 되었다. 이에 두 나라 왕실 간의 통혼을 통해 원만한 해결을 바랬던 백제의 의도가 이루어지지 않자(A-②) 백제는 신라에 대한 유화책을 버리고 신라 공격이라는 강경책으로 선회하게 되었다.

이로 인해 백제는 삼국 관계에서 고립당하는 존재가 된 것이다. 따라서 그동안 부용관계에 있거나 친연성이 있는 가야세력과 왜를 끌어들여 신라 정벌군을 결성하고 554년 7월에 신라 공격에 나선 것이다. 결국 백제는 관산성 패전으로 그 멸망기까지 신라와는 적대 관계를 유지하게 되었고, 기존에 유지되어 왔던 제라동맹체제도 자연히 붕괴되고 만 것이다. 이런 면에서 관산성 전투는 한반도의 새로운 국제 질서 재편기라 할 수 있다.

셋째, 신라는 한강유역을 확보함으로써 삼국통일의 기반을 조성하게 되었다는 점이다. 한강유역이 갖는 지정학적 조건인 인적 물적인 자원의 증가와 함께 중국과의 외교에 녹자석으로 나실 수 있는 지리적 이점을 갖게 되

<hr>

47) 『삼국사기』 백제본기 비유왕 7년 7월 · 동 8년 2월 · 9월 · 10월.
48) 『삼국사기』 신라본기 눌지마립간 34년 7월.

었다. 반면 백제는 결정적인 타격을 입고 한동안 삼국관계에서 힘의 열세에 놓이게 되었다. 신라는 이 전투의 승리로 한강유역은 물론 함경남도 안변에 이르는 광대한 영역을 확보하게 되어 건국 이래 최대의 판도를 유지하게 되었다. 신라는 관산성 전투 이후 比斯伐에 完山州 설치(555), 북한산 순행(555), 比列忽州 설치(556), 國原小京의 설치(557), 북한산주 설치 등을 통해 한강유역에 대한 안정적 지배를 관철하고 나아가 대중외교를 활발히 전개하여[49] 동아시아에서의 신라의 국제적 위상을 높이려는 노력이 행해지게 되었다.

넷째, 가야세력의 멸망을 촉진하게 되었다는 점이다. 550년대 가야세력은 북쪽의 대가야와 남쪽의 안라의 남북이원체제 상태로 되어 있으면서도 정치적으로는 백제에 일정한 부용관계에 놓여 있었다.[50] 가야세력이 관산성 전투에 참여하여 참패함으로써 신라의 가야 진출이 더욱 본격화하는 양상을 보이게 되었다. 신라는 530년대에 啄己呑이나 금관가야와 같은 가야 소국들을 병탄하였고,[51] 관산성 전투 이후에는 한강유역에 대한 지배를 끝내고 가야제국에 대한 병합에 본격적으로 착수하게 되었다. 더구나 관산성 전투에서 참패를 당한 백제의 퇴축을 이용하여 가야제국 병합을 촉진하게 되었는데 그것이 562년 대가야의 멸망으로 나타났다.

이처럼 관산성 전투의 결과는 삼국 항쟁사에서 큰 변화를 가져다주었다. 그러면 관산성 전투를 계기로 하여 백제는 어떠한 영향을 받게 되었는지에

---

49) 신라는 진흥왕 25년(564) 백제에 앞서 북제와 처음으로 교섭에 나섰는데(『북제서』 권7, 제기7, 武成 河淸 3년 12월), 이어 565년에는 북제로부터 '新羅國王金眞興爲使持節東夷校尉樂浪郡公新羅王' 이란 책봉을 받았다. 진흥왕의 책봉 사실은 삼국 항쟁사에 있어서 획기적인 일이다. 지금까지 삼국의 대중교섭은 거의 고구려와 백제에 의해 이루어져 왔다. 이러한 신라의 중국왕조와의 첫 교섭은 앞으로 삼국의 항쟁과 관련하여 대중교섭에서 큰 변화의 계기를 만든 것으로 볼 수 있다.
50) 김태식, 『가야연맹사』, 일조각, 1993, 251쪽.
51) 『삼국사기』 신라본기 법흥왕 19년 및 『일본서기』권19, 흠명기 2년 하4월의 성왕의 회고담 참조.

대해 살펴보자. 관산성 패전 직후의 상황을 기록한 다음의 『일본서기』기사
를 소개하면 다음과 같다.

> F-① 백제 餘昌이 여러 신하들에게 "소자는 이제 돌아가신 부왕을 받들기 위하여
> 出家하여 修道하고자 한다."라고 말하였다. 여러 신하와 백성들이 "임금[君
> 王]께서 출가하여 수도하고자 하신다면 우선 왕명을 받들겠습니다. 슬프도
> 다. 전의 생각이 바르지 못하여 후에 큰 근심을 가지게 되었으니 누구의 잘
> 못입니까? 백제의 나라는 고구려와 신라가 다투어서 멸망시키려 하는 바입
> 니다. 처음 나라를 세운 이후 이 나라의 종묘의 제사를 어떤 나라에 시키려
> 는 것입니까? 모름지기 도리는 왕명을 따르는 것이 분명합니다. 만약 耆老
> 의 말을 들었다면 어찌 여기에 이르렀겠습니까? 바라건대 앞의 잘못을 뉘우
> 치고 속세를 떠나는 수고로움은 하지 마십시오. 원하시는 것을 굳이 하고
> 싶으시다면 나라 백성들을 출가시키는 것이 마땅합니다."라고 하였다. 여창
> 이 "좋다"고 대답하고는 곧 나아가 신하들에게 도모하도록 하였다. 신하들
> 은 마침내 상의하여 100명을 출가시키고 幡蓋를 많이 만들어 여러 가지 공
> 덕을 행하도록 하였다고 한다. [『일본서기』권19 흠명기 16년(555) 8월]
> ② 백제 왕자 여창이 왕위를 이었는데, 이가 위덕왕이다. [앞의 책, 흠명기 18년
> (557) 춘 3월]

위 F-①기사는 여창이 관산성 전투의 패전 직후 부왕인 성왕에 대한 참
담한 비보를 접하고서 부왕의 명복을 빌기 위해 '出家修道'를 하겠다는 결
심을 밝히자 이에 '耆老'를 포함한 제신과 백성들이 관산성 전투의 패전에
대해 통렬히 책망한 '기로'들의 말을 떠올리면서 여창의 출가를 포기하도
록 간곡히 만류하는 내용으로 되어 있다. 위 기사를 보면 위덕왕의 즉위 과
정이 그리 순탄치 않았음을 단적으로 보여주고 있다. 물론 『일본서기』관련
기사(F-①)를 신뢰하여 3년간의 공위설을 주장하는 견해가 제기되었지만[52]
1995년 부여 능산리사지에서 출토된 〈百濟昌王銘石造舍利龕〉 명문에 의거
해 볼 때 사실이 아닌 것으로 판명되었다.

여창[위덕왕]을 비롯한 주전파에 의해 강행된 관산성 전투는 백제의 참
패로 끝났다. 이 전투에서 성왕은 물론 좌평 5명[53] 중 4명, 그리고 3만에 가

까운 사졸들이 패사하였다. 이 전쟁을 주도한 주전파는 물론 '기로' 세력이
중심이 된 주화파 모두 일시에 타격을 받게 되었으며, 위덕왕이 즉위 초에
'출가수도'의 결행을 선언할 정도로 향후 정국 운영에 큰 파문과 충격을 던
져주었다.

이로 인해 위덕왕 즉위 초의 정치 상황은 '기로'로 지칭되는 주화파 귀
족세력에 의해 한동안 정국 운영이 주도되는 결과가 되었다. 주화파 귀족세
력들이 '기로'들의 발언을 상기시키면서 위덕왕에 대해 패전에 대한 책임
소재를 다시 한번 추궁했던 사실(E-①)에서 지배체제 내에서의 정치적 입지
와 발언권이 크게 강화되었음을 알 수 있다.

이를 계기로 성왕대 이래 추진되고 있었던 국왕 중심의 정치 운영에 대
한 재검토 요구도 거론되었을 것이다. 새로 즉위한 위덕왕은 주전파의 앞장
을 섰던 관계로 그 자신의 정치 사회적 권위 확립에 큰 손상을 입었을 뿐 아
니라 사료 '출가수도'의 결단을 밝힐 정도로 그의 권력기반도 크게 동요되
고 있었음을 시사해 주고 있다.

그렇지만 성왕대의 정치 개혁을 통해 갖추어진 체계화된 정치 체제 운영
으로 인해 성왕의 관산성 패사라는 큰 혼란을 단기간에 어느 정도 극복할
수 있게 되었다.[54] 이후 사비시대 백제사 전개에 있어서 왕권과 귀족 세력
간의 길항관계를 제도적 틀 속에서 유지하면서 대성귀족의 탄생[55]을 가져
올 정도의 대내적인 변화상이 나타나게 된다.

---

52) 이에 대해 『일본서기』의 관련 기록이 관산성 전투를 전후로 한 백제의 사정을 비교적 상
　　세히 전하고 있어서 관산성 패전과 위덕왕의 즉위에 따른 지배세력간의 심각한 대립과
　　갈등이 있었던 것으로 보고 위덕왕의 즉위에는 3년간의 空位가 있었던 것으로 받아들이
　　는 견해가 지배적이었다(노중국, 1988, 『백제정치사연구』, 일조각, 181쪽). 최근에는 이
　　견해를 보다 구체화하여 새로운 견해를 제시하였는데 백제의 최고 귀족회의체인 政事巖
　　회의에서 위덕왕의 관산성 전투 패전에 따른 책임 문제를 거론하여 위덕왕의 즉위 승인
　　을 부결하였다가 위덕왕의 공식 사과를 받은 557년 3월에 가서야 공식적으로 왕위에 즉
　　위할 수 있게 되었다는 것이다(김주성, 앞의 글(2000), 315~316쪽).
53) 『周書』권49 열전 41, 백제.
54) 김영심, 앞의 글, 268쪽.

5. 맺음말

이 글은 554년 백제와 신라 사이에 벌어진 관산성 전투의 배경과 전개 과정, 그리고 그 영향을 관련 자료를 토대로 하여 면밀히 분석하였다. 이를 요약하면 다음과 같다.

백제가 신라를 공격하게 된 단초의 일을 553년 신라에 의한 한강유역 탈취에 있는 것으로 보았다. 이 문제를 해결하기 위해 백제 성왕은 신라에 대한 유화책과 동시에 강경책을 마련한 것으로 보았다. 즉 성왕은 신라가 한강 하류유역을 점유하였음에도 불구하고 그의 왕녀를 신라에 시집보내는 유화책을 구사하면서도 아울러 만일의 사태에 대비하기 위해 당시 백제에 부용관계에 있었던 가야는 물론 왜에 5차례나 군사 원조를 요청한 사실을 밝혀냈다. 성왕의 이러한 노력에도 불구하고 신라의 비협조로 인해 신라와의 동맹관계를 회복하려는 의도의 혼인 정책은 일단 실패한 것으로 보았다.

한편 백제 조정 내에서는 신라에 대한 전면 공격을 놓고 지배세력 간에 큰 갈등이 있었음을 알 수 있다. 결국 성왕의 아들 여창이 주장하는 강경론자들은 '耆老'로 표현된 세력들의 반대를 무릅쓰고 신라 정벌을 결정하였다. 戰況의 전개 과정은 3단계로 나누어 볼 수 있는데, 제1단계는 백제의 선공으로 전쟁이 시작되어 백제연합군의 초반 우세속에 관산성 일대에서 일진일퇴의 공방전이 벌어진 시기, 제2단계는 성왕의 참전과 신라의 총력전에 의한 반격이 이루어진 시기, 제3단계는 성왕의 죽음을 계기로 신라의 대반격이 가해짐으로써 백제 연합군이 패퇴한 시기로 각각 구분하였다.

백제의 관산성 전투 패배는 대외적으로 볼 때 이후 삼국 항쟁사에서 여러 변화를 가져온 것으로 이해하였다. 이 전쟁은 백제와 신라 간의 단순한

---

55) 백제의 대성귀족들은 한성을 기반으로 하는 진씨, 해씨 이외에 금강유역에 기반을 둔 사씨, 백씨 등으로 구성되어 있는데, 이들은 웅진시대까지만 해도 각자의 사적인 세력기반을 토대로 성장하였다면 사비시대 이후의 대성귀족들은 왕권과의 관련 하에 국가 시스템 테두리 안에 존재하고 있다는 점에서 본질적인 차이가 있다.

국지전이 아니라 두 나라가 국운을 건 일대 대회전이라는 점, 기존의 제라
동맹체제가 와해되고 두 나라가 백제 멸망기까지 적대관계로 돌변하게 되
었다는 점, 신라가 한강하류유역을 확보함으로써 삼국통일의 기반을 조성
하게 되었다는 점, 그리고 가야제국의 멸망을 촉진하게 되었다는 점에서 삼
국의 역관계상 큰 변화를 찾을 수 있다. 대내적으로는 위덕왕 즉위 초에 일
어난 혼란을 극복하고 이후 사비시대 백제사 전개에서 나타난 왕권과 대성
귀족들 간의 길항관계를 제도적 틀 속에서 유지하는 대성8족의 탄생으로 이
어지게 되었음을 밝혔다.

『중원문화논총』12, 충북대학교 중원문화연구소, 2009

王興寺의 창건과 변천

1. 머리말

부여 王興寺址는 부소산 북서쪽으로 백마강을 건너 울성산성 남쪽 대지에 위치한 백제시대의 가람터로서 현재 사적 제427호로 지정 보존되고 있다. 왕흥사에 대해서는 『삼국사기』와 『삼국유사』에 창건과 준공 등에 관한 기사가 단편적으로 전하고 있어[1] 이 절이 사비시대 후기 백제 왕실에서 운영하던 중요한 사찰이었음을 알려 주고 있다. 이 기사에 의하면 왕흥사는 법왕 2년(600)에 창건되어 무왕 37년(634)에 완공되어 왕흥사의 건립에 무려 34년이라고 하는 오랜 시기에 걸쳐 세워진 것으로 기록되어 있다.

이러한 왕흥사의 실체가 드러나게 된 것은 고고학적 발굴조사에 의해서였다. 1934년에 '王興' 명 기와편이 발견된 이래 2001년의 조사에서 '王興' 명이 새겨진 고려시대 기와가 출토됨으로써 이곳이 백제시대부터 고려시대

---

1) 왕흥사에 관한 기사는 『삼국사기』 백제본기 법왕 2년, 무왕 35년, 의자왕 20년·26년, 동 신라본기 신라본기 태종무열왕 7년 11월 5일조에 나오며, 『삼국유사』에는 권3 興法篇 法王禁殺 및 권2, 기이, 남부여·전백제·북부여조에 보인다.

에 이르는 왕흥사지였음이 밝혀졌다. 이어 2000년 9월부터 국립부여문화재연구소에 의해 왕흥사지에 대한 발굴 조사가 모두 8차례에 걸쳐 실시되면서[2] 왕흥사에 대한 전모를 어렴풋이 파악할 수 있게 되었다. 특히 2007년 3월 29일부터 시작된 제8차 왕흥사지 발굴조사를 통해서 동·서회랑터, 부속건물터, 동서석축과 남북석축 등으로 된 백제의 전형적인 1탑 1금당식 가람구조를 하고 있음이 확인되었다. 출토 유물로는 목탑 심초부의 사리장엄구[3] 및 옥·금·청동으로 만들어진 각종 공양품·소조광배, 그리고 연화문수막새·연목와 등 백제시대의 와전류가 확인되었다.

그런데 왕흥사지에서 출토된 많은 유물 중에서 우리의 주목을 끈 것은 사리장엄구에 새겨진 명문일 것이다. 왕흥사 목탑터 심초석의 사리공에는 외함에 해당하는 석제장치 안에 내함에 해당하는 청동제 사리함을 넣고, 다시 그 안에 은제병을 넣고, 또 그 안에 사리를 넣는 금제 사리병을 두었다. 그러나 금제 사리병 안에는 사리 실물은 발견되지 않았다. 이러한 사리장엄구에 명문이 새겨져 있는 것은 청동제 사리함이다. 청동제 사리함은 원통형으로 보주형의 손잡이가 달린 뚜껑이 덮혀 있으며, 높이 10.3cm이고 최대 직경이 7.9cm이다. 명문은 동체부 앞면에 모두 6행 29자가 새겨져 있다. 이를 통해 단편적이지만 왕흥사 목탑의 발원자와 창건 연대, 그리고 건립 목적을 알게 되었다.

지금까지 왕흥사지 출토 사리장엄구 명문에 대한 연구는[4] 국립부여문

---

2) 지금까지 왕흥사지 발굴조사는 2000년 9월 이래 국립부여문화재연구소에 의해 모두 8차례에 걸쳐 실시되었다. 제8차 왕흥사지 발굴조사는 2007년 3월 28일부터 寺域 중심부와 그 남쪽편 약 3,300m²에 해당하는 지역을 대상으로 이루어졌는데, 그 결과는 2007년 10월 24일에 공개되었다(국립부여문화재연구소, 「부여 왕흥사지 발굴조사(제8차) 지도위원회 자료 참조).

3) 이 명칭에 대해서는 '사리기'(국립부여문화재연구소, 『부여 왕흥사지 출토 사리기의 의미』, 2008), '창왕명 사리구 명문'(김태식, 「부여 왕흥사지 창왕명 사리구에 관한 고찰」 『문화사학』28, 2007), '청동사리함명문'(손환일, 「백제 왕흥사지 출토 청동사리함명문의 서체」『부여 왕흥사지 출토 사리기의 의미』, 국립부여문화재연구소, 2008) 등으로 부르고 있으나 여기서는 '사리장엄구 명문'으로 표기하겠다.

화재연구소에서 발표한 대로 한두 글자를 제외하고는 명문의 판독과 해석에는 큰 이론이 없는 것으로 드러났다. 홍왕사 목탑은 위덕왕이 죽은 왕자를 위한 追福과 사리신앙을 통한 왕권의 위상 제고에 있었던 것으로 이해하고 있다. 아울러 왕홍사가 『삼국사기』와 『삼국유사』의 창건 기사[5]와는 달리 丁酉年 2월 15일 즉 위덕왕 24년(577) 2월 15일에 창건된 사실을 새롭게 확인하게 되었다.

왕홍사 사리장엄구 명문은 丁亥年(위덕왕 14년, 567)에 건립된 부여 陵寺 목탑지의 〈백제창왕명석조사리감〉 명문과 己亥年(무왕 40년, 639)에 건립된 미륵사지 서탑의 사리 장엄구 명문과 함께 사비시대 백제 왕권의 추이를 상징적으로 보여준다는 점에서 사비시대 백제정치사 연구에 중요한 단서를 시사해 주고 있다. 아울러 왕홍사지 사리장엄구 명문은 위덕왕의 집권 3기[6]의 전환점과 맞물려 있는 자료로서 매우 중요한 것으로 평가된다.

이러한 왕홍사 관련 자료들을 종합적으로 검토해 볼 때 왕홍사는 위덕왕 24년(577)에 창건이 시작된 이래 法王代(599~600)와 武王代(600~640)를 거쳐 義慈王代(641~660)에 이르기까지 백제 왕권의 추이에 따라 기능과 위상 면에서 변화를 거친 것으로 짐작된다. 이에 따라 왕홍사는 단순히 왕실의 원찰로서의 기능 뿐 아니라 백제 왕권을 불력의 힘을 통해 상징적으로 과시하는 국가 호국 사찰로서의 위상을 가진 것이 아니었을까 하는 일말의 궁금

---

4) 왕홍사 사리장엄구에 대한 주요 연구 성과로는 국립부여문화재연구소, 『부여왕홍사지 출토 사리기의 의미』, 2008에 8편의 관련 논문들이 발표되었고, 그밖에 김태식, 「부여 왕홍사지 창왕명 사리구에 관한 고찰」 『문화사학』28, 2007 ; 길기태, 「왕홍사지 사리함 명문을 통해 본 백제불교」 『한국사시민강좌』44, 2009 ; 양기석, 「백제 위덕왕대 왕홍사의 창건과 배경」 『문화사학』31, 2009 ; 鈴木靖民, 「百濟王興寺の舍利容器・莊嚴貝と飛鳥寺」 『東アジア의 古代文化』136, 2008 ; 田中史生, 「百濟王興寺と飛鳥寺と渡來人」, 앞의 책, 2008 등이 참고가 된다.
5) 『삼국사기』 백제본기 법왕 2년 · 무왕 35년 및 『삼국유사』 권3, 홍법 法王禁殺.
6) 양기석, 「백제 위덕왕대의 대외 관계 -대중관계를 중심으로-」 『선사와 고대』19, 2003 및 「위덕왕의 즉위와 집권세력의 변화」 『사비도읍기의 백제』(백제문화사대계 연구총서5), 충청남도역사문화연구원, 2007, 163쪽 및 188~198쪽 및 주) 32 참조.

증을 더해주고 있다. 이런 면에서 볼 때 왕흥사의 창건 사실을 달리 전하고 있는 『삼국사기』와 『삼국유사』의 기록은 단순한 오류가 아니라 왕흥사의 기능상의 변화과정을 단계적으로 시사해 주는 것으로 새롭게 조명해 볼 수 있는 것이다.

따라서 이 글은 왕흥사를 창건하게 된 목적과 시기, 그리고 기능과 위상 면에서의 변천과정을 사비시대 백제 왕권의 추이와 관련하여 살피기 위해 마련된 것이다. 이를 위해 먼저 흥왕사지 출토 사리장엄구 명문과 관련 기록을 중심으로 왕흥사의 건립 시기와 건립 목적을 검토하여 위덕왕대 왕권의 실상을 살펴 볼 예정이다. 이어 법왕대와 무왕대에 이르러 왕흥사가 어떠한 규모와 위상으로 변화하게 되었는지에 대하여 검토할 예정이다. 끝으로 의자왕대에 이르러 유교정치 이념의 강화와 관료제의 정비에 따라 왕흥사의 달라진 위상을 함께 살펴 볼 예정이다.

2. 위덕왕대 王興寺의 창건

1) 왕흥사의 창건 시기

백제시대의 왕흥사는 부여군 규암면 신리 일대에 자리하고 있음이 '王興' 명 기와편과 8차례에 걸친 발굴조사를 통해서이다. 백제시대 왕흥사의 창건에 관한 기록을 살펴보면 다음과 같다.

A-① 봄 정월에 王興寺를 창건하고, 30명이 승려가 되는 것을 허가하였다. [『삼국사기』 권27 백제본기 법왕 2년, 600]
　② 봄 2월에 왕흥사가 낙성되었다. 그 절은 강가에 있는데, 채색과 장식이 장엄하고 화려하였다. 왕은 매번 배를 타고 절에 들어가 行香을 하였다. [앞의책, 무왕 35년, 634]
　③ 다음해 庚申(600)에 30인의 승려를 두고 당시의 도성인 사비에 왕흥사를 창건할 때 겨우 그 기지만 닦다가 돌아가니 무왕이 즉위하여 아버지의 사업을

계승한지 수십 년이 지나 완공하였는데 그 절 이름을 彌勒寺라고도 불렀다. 그 절은 산을 등지고 물을 내려다보면 꽃과 나무들이 수려하여 사시사철 아름다운 경치를 갖추었다. 왕이 매양 배를 타고 절에 들어가서 형승의 장려함을 감상하였다. [『삼국유사』권3, 흥법 法王禁殺]

④ 丁酉年二月/ 十五日百濟/ 王昌爲亡王/ 子立刹本舍/ 利二枚葬時/ 神化爲三[7]
(왕흥사지 사리장엄구 명문, / 는 행 바뀜을 표시한 것임)

위의 『삼국사기』와 『삼국유사』의 기록(A-①, ②, ③)에 의하면 왕흥사는 법왕 2년(600)에 창건이 시작되어 무왕 35년(634)에 가서야 준공을 본 것으로 나타났다. 왕흥사는 무려 35년이 걸릴 정도의 오랜 공역 기간을 거쳐 이루어진 것임을 알 수 있다. 그런데 이번에 발견된 왕흥사 목탑지 사리장엄구 명문에 의하면(A-④) 그 창건 시기를 위덕왕대로 소급해 볼 여지를 남기고 있어서 이에 대한 논란이 제기되고 있다.

자료 A-④는 청동제 사리함 겉면에 음각으로 새겨진 명문으로서 사리를 봉안하게 된 緣起에 관한 일이 담겨져 있다. 오른쪽에서 왼쪽으로 글자를 從書로 써내려갔는데, 모두 6행에 걸쳐 29자가 새겨져 있다. 명문 판독은 3행 4번째 글자를 '三'[8]으로 보는 견해가 있으나 대부분 '亡'으로 보는 견해[9]가 지배적이며, 그밖에 판독과 해독에는 거의 문제가 없다. 그 명문은 "丁酉年 2월 15일 백제왕 昌이 죽은 왕자를 위해 刹柱를 세웠다. 본래 사리 2매를 묻었을 때 신묘한 변화로 셋이 되어 있었다"로 해석된다. 여기서 백제왕 昌은 위덕왕의 이름이기 때문에[10] 정유년은 위덕왕 24년(577)에 해당한다.

이를 종합해 보면 577년에 위덕왕이 죽은 왕자를 위해 '찰주'를 세우고

---

7) 국립부여문화재연구소, 「부여 왕흥사지 발굴조사(제8차) 지도위원회 자료」, 2007, 10.24, 10쪽 ; 국립부여박물관 · 국립부여문화재연구소, 『백제왕흥사』도록, 2008, 19쪽.

8) 이도학, 「〈왕흥사지 사리기 명문〉 분석을 통해 본 백제 위덕왕대의 정치와 불교」『한국사연구』142, 2008, 1~31쪽.

9) 국립부여박물관 · 국립부여문화재연구소, 『백제왕흥사』도록, 2008, 19쪽 ; 손환일, 앞의 글, 184쪽 ; 김태식, 앞의 글, 51쪽. 여기서는 '亡' 자로 판독하여 논지를 전개하였음을 밝혀둔다.

여기에 사리 2매를 묻었는데 신묘한 변화로 3개가 되었다는 것이 된다. 이 명문을 통해서 '刹'의 창건 연대 뿐 아니라 그 건립 목적과 발원자를 알 수 있게 되었다. 즉 왕흥사 목탑지의 창건은 丁酉年 즉 위덕왕 24년(577) 2월 15일로 되어 있으며, 그 발원자는 위덕왕이었다. 그리고 죽은 왕자를 위한 追福을 위해 불사리를 봉안하였음이 밝혀졌다.

그런데 왕흥사 창건 시기는 위덕왕 24년(577)으로 기록한 위의 사리장엄구 명문(A-④)과는 달리『삼국사기』와『삼국유사』의 기록(A-①, ②, ③)에는 법왕 2년(600)으로 되어 있어 일정한 차이를 보여주고 있다. 이에 대해 관련 문헌기록과 왕흥사지 사리장엄구 명문 기록을 종합하여 왕흥사 창건의 일련의 과정으로 이해하는 견해가 지배적이다. 즉 사리장엄구 명문에 의거하여 577년에 왕흥사에 목탑이 먼저 건립된 것으로 보고 600년 법왕 때에 와서 본격적인 공사를 시작하여 634년 무왕 때에 준공을 본 것으로 이해하고 있다.[11] 사리장엄구 명문의 '立刹'이란 문구를 왕흥사의 목탑 건립에 한정된 것으로 보고 금당과 강당, 그리고 회랑과 같은 시설들은『삼국사기』와『삼국유사』의 기록대로 법왕과 무왕대에 걸쳐 완성된 것으로 보고 있는 것이다.

여기서 사리장엄구 명문의 '立刹'은 엄밀히 말해서 목탑의 중심 기둥을 세워 탑을 건립한다는 뜻으로 풀이된다.[12] 이런 면에서 왕흥사지 사리장엄구의 명문은 왕흥사의 목탑의 건립을 말해주는 것으로 볼 수 있다. 이때 목탑 이외의 다른 시설들이 설치되어 있었는지 여부는 아직 알 수 없다. 다만 577년에 왕흥사에 목탑이 건립되었다고 하면 왕흥사의 공역은 이미 착공된 거나 다름이 없는 것이다.[13]

---

10) 위덕왕의 이름에 대해『三國遺事』王曆篇에는 '昌' 또는 '明'으로 나온다. 그러나 '明'은 성왕의 이름이므로 이는 착오인 듯하다. 한편『周書』百濟傳과『隋書』百濟傳에는 '昌'으로,『日本書紀』권19 欽明紀 15년조에는 '餘昌'으로 나온다. 그리고 〈창왕명석조사리감〉에는 '昌王'으로 나온다.

11) 이도학, 앞의 글, 10쪽 ; 김태식, 앞의 글, 53쪽.

12) 여기서 '刹'란 말은 탑을 뜻하기도 하지만 동시에 사찰의 뜻도 함께 지니고 있다(諸橋轍次,『大漢和辭典』권2, 1958, 2580쪽).

그럼에도 불구하고 577년 왕흥사 목탑의 건립 연대는 인정하면서도 법 왕대에 왕흥사가 새로 창건된 것으로 보는 것은 이치에 맞지 않는다. 왕흥 사지의 목탑이 법왕대에 창건한 왕흥사와는 별개의 건물이라는 것이 입증 되지 않는 한 목탑과 왕흥사를 분리해서 보는 것은 타당치 않다. 탑은 사찰 의 주요 구성 요소이자 예배 대상으로서 중요한 시설물이기 때문에 왕흥사 의 전체 가람 배치와 분리해서 볼 수는 없다. 건물의 창건의 경우 본 건물의 立柱한 날 즉 上樑한 날을 기준으로 창건일로 삼는 것이 일반적이다. 비록 위덕왕이 죽은 왕자의 추복을 위해 왕흥사의 다른 시설물보다 목탑을 먼저 건립했다고 하더라도 목탑의 건립 연대를 바로 왕흥사의 창건 연대로 볼 수 있는 것이다.

왕흥사지에 대한 지금까지의 고고학적 발굴조사에 의거해 볼 때[14] 그 창건 시기를 위덕왕대로 소급해 볼 가능성은 높다. 현재 왕흥사지에 대한 종합 발굴조사보고서가 간행되지 않아서 목탑과 다른 건물터와의 연대상의 관계는 분명히 밝혀져 있지 않다. 왕흥사의 건물 배치나 회랑의 형태(남북 길이 10.9m, 동서 너비 5.3m의 긴 세장방형임)가 〈백제창왕명석조사리감〉 이 출토된 부여 능산리사지와 유사하다는 점이 지적되고 있으며, 왕흥사지 의 목탑과 다른 시설물인 회랑터 및 부속 건물터 등의 축조 연대가 큰 차이 가 나지 않는 것으로 보고 있다. 그리고 왕흥사지에서 확인된 기와류 중에 서 위덕왕대에 해당되는 6세기 후반까지 올라가는 것도 출토되고 있다. 왕 흥사지에서 확인된 기와류는 목탑터와 사역의 남쪽 경계에 해당하는 동서 석축의 전면부에서 수막새, 서까래기와, 치미, 마루장식기와, 인각와 등이 다수 출토되었다. 이들 기와류는 형태상 부여 군수리사지나 관북리 등 사비

---

13) 최근에 발견된 익산 미륵사지 서탑의 사리장엄구 명문에 의하면 "(전략) 我百濟王后 佐 平沙乇積德女 種善因於曠劫 受勝報於今生 撫育萬民 棟梁三寶 故能 謹捨淨財 造立伽藍 以己亥年正月卄九日 奉迎舍利 (후략)"이라 하여 발원자인 왕비 사택씨가 미륵사를 세우 고 사리를 봉안한 사실이 있다.
14) 주) 7 및 김혜정, 「왕흥사지 발굴조사 성과」『扶餘 王興寺址 出土 舍利器의 意味』, 국립부 여문화재연구소, 2008, 19~38쪽을 참조할 것.

시대 유적 전역에서 다량 출토되는 것으로 알려졌다.

이를 입증해 주는 또다른 근거로 위덕왕대에 백제의 사원 기술자들이 왜에 파견하여 건립한 法興寺의 사례를 들 수 있다. 법흥사의 경우 금당과 步廊이 먼저 건축이 된 이후에 탑이 조성되고 있는 것으로 드러났다.[15] 법흥사는 일명 飛鳥寺라고도 하는데, 당시 왜의 권력자인 蘇我氏의 원찰로서 일본 최고의 본격적인 사원이다.[16] 법흥사는 친백제노선을 견지해 왔던 소아씨의 적극적인 요청에 따라 백제의 전폭적인 기술 지원으로 창건이 된 것이다. 왕흥사 목탑과 법흥사의 창건이 같은 위덕왕대로서 왕흥사 건립에 따른 백제의 사원건축기술 경험이 법흥사 창건에도 크게 반영이 되었을 것으로 짐작된다. 왜의 법흥사 사례가 백제 왕흥사 조성과정에 그대로 적용할 수 있는지 여부는 알 수 없지만 백제의 적극적인 후원과 시기적으로 10여 년의 시차밖에 되지 않는 점을 고려해 보면 왕흥사의 조성 과정이 크게 참작되었을 것임은 분명하다.

백제 왕흥사의 목탑은 비록 왕자의 뜻하지 않는 죽음으로 인해 금당이나 강당에 앞서 먼저 조성되었다고 하더라도 결국 왕흥사라는 전체 마스터플랜 속의 한 시설물로 조성된 것으로 이해할 필요가 있다. 왜의 법흥사의 경우에 비추어 볼 때 왕흥사의 목탑이 조성될 무렵 전후로 한 시기에는 아마 임시적으로 사원을 관리하기 위한 소규모의 시설들이 마련되었을 것이다. 왕흥사에 단지 목탑만 세웠다고 한다면 이에 따른 불사나 사원 관리가 제대

---

15) 법흥사의 창건 과정은 『일본서기』 기사에 의거해 볼 때 ① 백제가 왜에 불사리 제공, 승려와 寺工·鑪盤博士·瓦博士·畫工 등 사원건축 기술자의 파견(588), ② 법흥사 착공(588, 이상 崇峻 원년 是歲), ③ 불당과 步廊의 착공(592, 崇峻 5년 동10월), ④ 불사리를 찰주 초석 중에 안치한 후 찰주 건립(593, 推古 원년 춘정월), ⑤ 법흥사의 완공(596, 推古 4년 동11월)의 과정을 거친 것으로 드러났다.

16) 일본 飛鳥寺와 백제 왕흥사에 대한 비교 연구로는 佐川正敏, 「古代日本と百濟の木塔基壇の構築技術および舍利容器·莊嚴具安置形式の比較檢討」 『扶餘 王興寺址 出土 舍利器의 意味』, 국립부여문화재연구소, 2008, 63~90쪽 ; 鈴木靖民, 앞의 글, 97~119쪽 ; 田中史生, 앞의 글, 120~130쪽을 참조할 것.

로 이루어지기는 어려웠을 것이기 때문이다.

　이상과 같이 왕흥사는 고고학적인 성과와 일본의 법흥사의 창건 사례를 원용해 볼 때 그 목탑의 조성 시기인 577년 전후의 시기에 창건된 것임을 알 수 있다.

2) 왕흥사의 창건 목적

　왕흥사 창건은 그 사리장엄구 명문에 의거해 볼 때 위덕왕이 죽은 왕자를 위해 577년 2월 15일에 건립된 것으로 나타났다. 왕흥사 창건의 발원자는 위덕왕이었음이 밝혀졌다. 위덕왕대에 세워진 왕실의 원찰이 부여 능산리사지와 왕흥사지 두 개가 확인된 것이다. 두 개의 원찰은 공교롭게도 사비도성의 동쪽과 서쪽의 외곽에 각각 위치하고 있었음을 알 수 있다. 사비도성의 중심가에 위치한 정림사와 같은 큰 사원이 존재하는 것과는 일정한 차이를 보여주고 있다. 정림사는 성왕이 사비천도 직후 사비도성의 중앙에 위치하면서 왕권 강화의 상징물로 세워진 가장 핵심적인 사찰이었다.[17] 『일본서기』 권19 흠명기 6년(545) 9월조에 나오는 장육존상이 정림사와 관련이 있다면[18] 정림사는 석가불을 봉안한 것[19]으로 이해된다.

　반면에 위덕왕대에는 사비도성 외곽에다가 원찰을 건립하였는데 동쪽에는 아버지 성왕의 추복을 위해 능사를, 서쪽에는 죽은 아들을 위해 왕흥사지에 각각 원찰을 건립하여 불사리를 봉안하고 있음을 알 수 있다. 불사리신앙이 석가불신앙과 관련이 깊은 점을 감안해 볼 때 사비시대 성왕계 백제 왕실에서는 석가불신앙을 신봉하고 있었음을 보여주고 있다. 사비도성

---

17) 이병호, 「부여 정림사지의 창건배경과 도성내 위상」『백제와 금강』, 서경문화사, 2007, 95쪽.
18) 이병호, 앞의 글, 71쪽. 사비천도 이전에는 웅진의 대통사와 흥륜사가 성왕과 관련한 중심 사찰로 기능한 것으로 보인다.
19) 장육존상은 『觀佛三昧經』에 "釋迦牟尼佛身長丈六 圓光七尺"이라 하여 석가불을 의미한다. 신라 진흥왕 때 조성된 황룡사의 장육존상(『삼국유사』 권3, 탑상4, 황룡사 장육)도 이에 해당한다.

중앙에는 현실세계를 상징하는 정림사가 중심을 이루고 있는 반면 그 외곽에는 동서로 정토세계를 형상화하여 각각 원찰을 배치한 것으로 보인다. 이는 사비도성이 석가불의 보호를 받는 동시에 성왕계 왕권의 신성성을 상징화하려는 의도로 볼 수 있다.

따라서 왕흥사가 사비도성 동쪽 백마강 너머의 강변에 위치하는 것은 죽은 왕자가 정토세계에 왕생하는 彼岸의 과정을 형상화한 것으로 짐작해 볼 수 있다.

이처럼 국왕을 비롯한 왕족들이 왕실과 국가의 안녕과 염원을 기원하기 위해 왕실의 원찰 건립에 발원하는 일이 종종 찾아진다. 이러한 예는 丁亥年(위덕왕 14년, 567)에 건립된 부여 능산리사지 목탑과 己亥年(무왕 40년, 639)에 건립된 미륵사지 서탑의 사리 장엄구 봉안에도 찾아진다. 부여 능산리사지에서 발견된 〈백제창왕명석조사리감〉 명문[20]에 의하면 능산리사지의 목탑에 안치된 사리장엄구는 성왕의 딸이며 위덕왕의 동생인 공주[妹兄公主]의 발원에 의해 이루어진 것으로 드러났다.[21]

그 발원 목적은 554년 관산성 전투에서 패사한 부왕 성왕의 추복을 위해 부여 능산리 왕릉 묘역에 왕실의 원찰인 능사를 창건한 것이다. 그리고 최근에 발견된 미륵사지 서탑에 안치된 사리장엄구는 佐平 沙乇積德의 딸이며 백제 무왕의 왕비에 의해 발원된 것으로 확인되었다.[22] 이는 연로한 무왕의 무병장수를 기원하는 의도에서 발원한 것이었다.

그런데 왕흥사지 목탑의 경우 그 사리 봉안기를 통해 볼 때 부여 능산리사지의 목탑이나 익산 미륵사지 서탑과는 달리 위덕왕 자신이 탑과 사찰을 조영하는데 발원자로서 주도적인 역할을 한 점이 주목된다. 위덕왕이 왕흥

---

20) 百濟昌王十三年太歲丁亥妹兄公主供養舍利.

21) 부여 능사의 창건에 대한 주요 연구 성과로는 김수태, 「백제 위덕왕대 부여 능산리 사원의 창건」 『백제문화』27, 1998 : 「백제 위덕왕대의 정치와 외교」 『한국인물사연구』2, 한국인물사연구소, 2004 ; 양기석, 「위덕왕의 즉위와 집권세력의 변화」 『사비도읍기의 백제』(백제문화사대계5), 충청남도역사문화연구원, 2007, 161~174쪽을 참고할 것.

사지 목탑에 사리를 봉안하고 사원 건립에 주도적인 역할을 하게 된 직접적인 목적은 죽은 왕자의 追福과 극락왕생을 기원하기 위해서였음이 밝혀졌다.

이러한 왕흥사의 창건 목적에 비추어 볼 때 왕흥사라는 사원 명칭[23]은 그 의도와는 잘 부합되지 않는 점을 찾을 수 있다. 왕흥사가 '국왕의 흥륭을 기원'하는 의미를 가졌다고 한다면 위덕왕이 죽은 왕자의 추복을 위해 '王興'이란 명칭을 사용하지는 않았을 것이다. 이는 어떤 면에서 위덕왕대의 왕흥사의 규모와 위상을 시사해 주는 측면으로 이해할 수 있다. 이런 면에서 볼 때 이때의 건립된 왕흥사는 다른 명칭으로 명명되었을 가능성이 높다.[24]

이 사원은 위덕왕대에는 죽은 왕자를 추복하는 기능에 국한된 왕실의 원찰이었을 것으로 판단된다. 뒤이어 법왕대부터 왕흥사 공역이 본격화되고 있는 것을 고려해 보면 이 사원의 초창기 규모는 불사리가 봉안된 목탑을 중심으로 불사를 거행할 수 있는 정도의 임시적인 부속시설로 구성된 원초적 형태로 운영되었을 것으로 짐작된다. 다만 위덕왕이 그 중요성에도 불구하고 왕흥사의 공역을 완성시키지 못한 이유는 무엇보다도 공역에 소요되는 재원 마련이 어려웠을 것으로 짐작된다. 이와 관련하여 577년 10월에 일어난 신라에 대한 공격이 주목된다.[25] 사원 조성에는 많은 인력과 물력이

---

22) 미륵사 서탑 사리장엄구에 대한 주요 연구 성과로는 조경철, 「백제 익산 미륵사 창건의 신앙적 배경 -미륵과 법화를 중심으로-」, 한국사상사학회발표요지, 2009.3.14 ; 길기태, 「무왕대 미륵사 창건과 불교계」, 한국사상사학회발표요지, 2009.3.14 ; 김수태, 「백제 무왕대의 미륵사 서탑 사리 봉안」, 신라사학회발표요지, 2009.3.21 ; 김주성, 「백제 무왕의 정국운영」『대발견 사리장엄 미륵사의 재조명』, 마한백제연구소 · 백제학회, 2009.4.24 ; 김상현, 「백제 무왕대 불교계의 동향과 미륵사」『익산 백제 미륵사지의 재발견』 ; 박현숙, 「백제 무왕의 익산 경영과 미륵사」, 미륵사지 사리장엄 출토기념 2009년 학술대회 발표요지, 고려사학회 · 전북역사문화학회, 2009.5.16 등이 있다.

23) 1934년과 2001년의 왕흥사지 조사에서 '王興' 명이 새겨진 고려시대 기와가 출토되었는데, 고려시대 기와가 출토된 부여 정림사의 예와 같이 백제와 고려시대에 걸쳐 왕흥사라는 명칭으로 불려졌을 가능성이 높다.

24) 김주성, 「백제 무왕의 정국운영」『대발견 사리장엄 미륵사의 재조명』, 마한백제연구소 · 백제학회, 2009. 4.24, 44쪽.

25) 『삼국사기』 백제본기 위덕왕 24년 10월 및 신라본기 眞智王 2년.

소요되었으며, 더구나 신라와의 전쟁에 즈음하여 대규모 사원 공역을 추진하는 것은 지난한 일이었을 것이다.[26]

그러면 위덕왕이 죽은 왕자의 추복을 위해 왕흥사를 건립하게 된 정치적 의도는 무엇일까? 왕흥사는 위덕왕이 죽은 아들의 추복을 위해 창건한 것이지만 부여 능산리사지나 익산의 미륵사 창건과는 다른 정치적 의도가 담겨 있는 것으로 생각된다. 이번에 죽은 왕자는 위덕왕에게 있어서 아주 특별한 의미를 가진 아들이었을 것으로 생각된다. 왕흥사를 세우고 그곳 목탑에 불사리를 봉안할 정도의 각별한 애정을 가진 아들이었을 것으로 보인다. 이 왕자가 위덕왕과는 어떤 관계이며, 또한 어떠한 연유로 인해 언제 죽었는지에 대해서는 알 수 없다. 다만 그의 죽음은 위덕왕에게 큰 충격과 우려를 안겨준 것만은 틀림이 없을 것이다.

그렇다면 죽은 왕자는 위덕왕이 여러 왕자들 중에서 차기 왕위계승권자로 지목할 정도의 왕실 내에서 큰 비중을 갖고 있었던 적통의 아들이었을 가능성이 높다. 위덕왕은 총애하던 왕자의 죽음을 계기로 하여 장차 왕실의 안위를 염려해야 할 중차대한 과제를 떠안게 된 것이다. 차기 왕위계승권자인 태자의 책봉은 왕실의 안정과 왕권의 안위와 관련된 중요한 일이었기 때문이다. 따라서 위덕왕은 왕자의 뜻밖의 죽음을 계기로 왕위계승에 분란을 미연에 방지하고 왕족의 결속과 왕권의 기반을 강화시킬 필요성이 대두되었다.

이에 따라 위덕왕은 죽은 왕자를 위한 대대적인 추복 행사를 통해 왕권의 건재함을 대내외적으로 표출하는 방법을 추구해 나가게 되었다. 그는 호불의 군주답게 불교의식을 대대적으로 거행하여[27] 왕권의 기반을 재확립하려는 전기로 삼으려 한 것이다. 죽은 왕자를 위한 목탑과 사원의 건립을

---

26) 위덕왕대 왕흥사가 완공을 이루지 못한 원인은 대신라 공격과 관련한 일 이외에 왕의 노령에 의한 추진력 부족 등 여러 내부 요인이 있었을 것이다. 사료 부족으로 그 구체적인 원인은 알 수 없지만 국왕의 추진 능력 과 사업의 우선 순위 여하에 따라 사찰 준공의 시기는 차이가 날 수도 있다. 이후 왕흥사는 법왕과 무왕대에 걸쳐 무려 35년이 걸려 중창을 한 점이 참고가 된다.

위해 불사리 봉안식을 성대하게 거행하는 일에 착수하였다. 사리봉안식의
날짜는 불교에서 성스러운 의미를 가진 2월 15일에 하기로 택일한 것이다.
이 날은 석가모니의 열반일인 동시에 미륵보살이 열반한 이후 도솔천에 왕
생한 뜻 깊은 날이기도 하다.[28]

이런 성스러운 날에 위덕왕이 사리봉안식을 주관하는 것은 여러 측면에
서 정치적 효과를 극대화하는데 더할 나위 없는 호재가 되기 때문이다. 우
선 사리봉안식을 통해 위덕왕 자신이 사리로 상징되는 석가모니불에 비견
되는 존재로 인식될 수 있어 왕권 강화에 도움이 될 수가 있다. 사리는 교조
인 석가모니불을 대신하는 상징석인 유물로 인식될 뿐 아니라 왕권의 신성
성을 강조하는 상징물로 이용되어 온 영물이라 할 수 있다.[29] 사리봉안식은
엄숙하고 경건하게 거행되었으며, 국왕을 비롯하여 대소 신료들과 많은 백
성들이 자리를 함께 하여 부처의 송덕을 찬양하는 불교의식의 제전이기도
하였다.

이때에는 사리를 봉안하는 사리장엄구 뿐 아니라 여러 진귀한 공양품[30]
들이 매납되기도 하였다. 공양품 헌납에는 국왕을 비롯하여 왕족과 대소 신
료들, 그리고 많은 백성들이 참여하여 죽은 왕자의 극락왕생과 자신의 염원
을 기원하였을 것이다. 사리봉안식을 통해 국왕과 귀족들, 그리고 백성들은
일체감을 느꼈을 것이다. 귀족들과 백성들이 부처를 畏敬하는 마음이 현세
의 국왕에 대한 존경심으로 이어졌을 것이다. 이처럼 위덕왕은 사리봉안식

---

27) 위덕왕은 과거 정치적으로 위기에 봉착하였을 때마다 대대적인 불교 의식을 통해 극복해
나간 일이 있었다. 554년 성왕이 관산성 전투에서 패사한 후 왕위에 올랐으나 패전에 대
한 책임론에 따라 '出家修道'를 표명할 정도로 극심한 정치적 위기에 몰린 적이 있었다.
그는 출가를 포기하는 대신 100명의 백성들을 출가시키고 여러 차례의 공덕재를 베풀어
즉위초의 정치적 위기를 극복해 나간 것이다. 그리고 567년에는 부왕인 성왕의 위업을 기
리고 추복을 위해 부여 능산리 왕릉 묘역에 국가적인 대규모 사업인 능산리사지를 창건
하였다.
28) 길기태, 「왕흥사지 사리함 명문을 통해 본 백제불교」『한국사시민강좌』44, 2009, 154쪽.
29) 길기태, 앞의 글(2009), 160쪽.

을 주관함으로써 사리로 상징되는 석가모니불에 가탁하여 왕권의 위상을 높일 수 있게 되고, 아울러 왕권을 정점으로 한 지배질서를 확립하려는 계기[31]로 삼으려는 것이다.

한편 부여 능사 목탑지에서 발견된 〈창왕명석조사리감〉 명문(567)과 부여 왕흥사지 목탑에서 출토된 사리장엄구 명문(577)은 위덕왕대 왕권의 새로운 방향을 예고해 주는 상징물로서 주목되는 자료이다. 〈창왕명석조사리감〉 명문(567)은 위덕왕 집권 2기[32]를 예고해 주는 것으로 부왕인 성왕의 위업을 기리고 추복을 위해 능사의 창건을 알리는 동시에 554년 성왕의 패사 이후 성왕의 권위와 위업을 계승하고 위덕왕 집권 1기의 혼란했던 지배질서를 극복하였음을 단적으로 보여주고 있다. 아울러 성왕의 위업을 추모하여 성왕의 중흥 사업을 계승하려는 위덕왕의 의지를 대내적으로 천명하는 위덕왕대 왕권의 상징물로 이해된다.

---

30) 2007년 3월에 시작한 왕흥사지 8차 발굴조사에서 목탑지 심초석 주변에서 8,150점 이상의 일괄 유물이 수습되었다. 이들 중 다양한 색깔과 크기로 만든 유리옥이 다수 출토되었고, 그밖에 관, 귀걸이, 목걸이, 허리띠장식, 팔찌 등이 나왔다. 이 유물들의 성격에 대하여 목탑지 기단 축조와 관련한 地鎭具 또는 鎭壇具로 볼 것이냐, 아니면 사리장엄구와 관련한 공양품으로 볼 것인지에 대해 다소 논란이 있다. 여기서는 왕족과 귀족들이 사리 봉안에 참여하여 다투어 자비 희사한 물품이란 점에서 공양품으로 보고자 한다(강순형, 「왕흥사 사리장치 깊이 보기」 『법보신문』923호, 2007.11.7 ; 이한상, 「왕흥사 목탑지 일괄유물의 성격과 의의」 『부여 흥왕사지 출토 사리기의 의미』, 국립부여문화재연구소, 2008, 206쪽).

31) 鈴木靖民, 앞의 글, 112~115쪽.

32) 위덕왕대의 왕권을 정치 운영과 외교 관계의 변화에 따라 세 시기로 나누어 파악해 볼 수 있다. 제1기는 위덕왕 즉위년(554)부터 13년(566)까지로서 관산성 전투의 패전의 충격에 따른 왕권의 약화와 점차 성왕대의 정치를 지향하면서 왕권 강화를 모색하는 준비기에 해당한다. 제2기는 위덕왕 14년(567)부터 23년(576)까지로서 중국 왕조인 陳, 北齊와의 대외교섭을 전개하면서 정치적 발전이나 왕권 신장을 꾀하던 시기로 볼 수 있다. 제3기는 위덕왕 24년(577)부터 45년(598)까지로 대내적 지배체제를 정비하고 중국 왕조와 왜를 대상으로 대외관계를 다변화하면서 한반도 정세에 탄력적으로 대응하는 시기이다(양기석, 「위덕왕의 즉위와 집권세력의 변화」 『사비도읍기의 백제』(백제문화사대계 연구총서 5), 충청남도역사문화연구원, 2007, 163쪽).

반면 왕흥사 목탑지에서 출토된 사리장엄구 명문(577)은 위덕왕 집권 3 기의 왕권의 추이를 예고해 주는 것으로 위덕왕이 총애하던 왕자의 죽음을 계기로 하여 지속적인 왕권강화 시책을 추진하려는 의지가 담겨져 있다.

위덕왕은 집권 1기에 대신라 보복전의 전개[33]와 성왕에 대한 추복사업[34]을 통해 어느 정도 정치적 안정을 되찾기 위한 토대를 마련하였다면 위덕왕 14년 이후인 집권 2기에는 거의 큰 전쟁이 일어나지 않았고, 즉위 초 위덕왕의 ‘출가수도’ 발언[35] 이후 귀족세력과의 일정한 합의를 통해 대내적인 체제정비에 전념할 수 있었다.[36] 아울러 중국 남북조국가인 陳, 北齊와 활발한 외교교섭을 통해 백제국가의 손립과 국제적 위상을 높이는데 진력하고 있는 모습을 보여주고 있었다.

이처럼 위덕왕이 집권 2기에 들어와서는 왕권 강화에 대한 노력을 기울였지만 독자적인 위상을 확립하는 데에는 정치적 한계성을 드러냈다. 성왕이 이루어 놓은 권위와 위업을 현창하고 이를 계승해 나가는 것이 그의 권력기반 강화에 도움이 될 것으로 믿었지만 오히려 왕권의 독자적 위상을 확립하는 데에는 제약이 되었던 것이다.

위덕왕은 부왕 성왕의 추복을 위해 부여 능산리 왕릉 묘역에 왕실의 원찰인 능사를 창건하였다. 위덕왕이 능사 건립에 많은 인력과 경제력을 후원하는 역할을 하였음에도 불구하고 불사리 봉안의식에는 주도적인 역할을 수행하지 못하였다. 이 점은 위덕왕대 왕권이 여전히 성왕의 후광에 묻혀 아직 독자적 위상을 확보하지 못했음을 보여주는 것이다. 그리고 위덕왕의 호칭이 ‘百濟昌王’(백제창왕명 석조사리감 명문), ‘百濟王昌’(왕흥사지 사

---

33) 이 시기에 백제가 신라와 벌인 전투는 珍城 싸움(554년 9월), 신라 변경 공격(561년 7월)으로 나타났는데 관산성 패전에 대한 보복전과 성왕의 유해 송환을 위한 압력 수단으로 이해할 수 있다.
34) 성왕의 유해 송환에 따른 능의 축조와 성왕의 추복을 위한 능사 건립 등이 포함된다.
35) 『일본서기』 권19 흠명기 15년 동 12월.
36) 양기석, 「백제 위덕왕대 왕권의 존재형태와 성격」 『백제연구』21, 1990, 43~48쪽.

리장엄구 명문)으로 표기되어 있는 것으로 보면 아직 大王으로 부를 정도에는 이르지 못했던 것으로 드러났다.[37] 이는 익산 미륵사지 서탑에서 발견된 사리장엄구 명문에 무왕을 '大王'이나 '陛下'로 표기한 것과는 차이를 나타내 주는 것이다.

3. 法王・武王代 王興寺의 위상 강화

1) 법왕대의 왕흥사

위덕왕대에 창건을 한 왕흥사는 법왕과 무왕대를 거치면서 규모가 크게 확장되고 또한 위상이 크게 높아질 정도로 변화를 맞게 되었다. 법왕대에 왕흥사에 대한 기사는 사료 A-①, ③에 잘 나타나 있다. 즉 사료 A-①은 법왕 2년 정월에 왕흥사를 창건하고 30명이 승려가 되는 것을 허락하였다는 기사다. 사료 A-③는 법왕이 왕흥사에 30인의 승려를 두고 왕흥사를 창건할 때 겨우 그 基地만 닦다가 죽은 것으로 되어 있다. 이 기사를 종합해 보면 법왕 2년(600)에 왕흥사가 창건되었으나 그 터만 닦은 채 완성을 보지 못하고 중단되었다가 무왕35년(634)에 이르러 준공을 본 것으로 볼 수 있다. 그리고 이곳에 30명의 승려를 두어 불사에 전념하도록 하였다는 것이다.

그런데 법왕대에 왕흥사가 창건되었다는 사실은 왕흥사지 사리장엄구 명문에 의거해 볼 때 사실이 아닌 것으로 드러났다. 이 기사는『삼국사기』와『삼국유사』찬자의 오류가 있는 것이 아니라 새로운 각도에서 검토할 필요가 있다. 왕흥사가 법왕 2년(600)을 기점으로 창건에 비견할 만한 규모나 기능상의 변화를 시사해 주는 것으로 이해된다. 이를 뒷받침해 주는 사례가 법왕대의 다음과 같은 불교와 관련된 시책에서 찾아 볼 수 있다. 법왕은 왕

---

37) 김수태,「백제 무왕대의 미륵사 서탑 사리 봉안」, 신라사학회발표요지, 2009.3.21 참조.

명에서 보듯이 『법화경』의 化城喩品에 의거하여 볼 때 석가로 비견되는 존재로 알려져 있다.[38] 그리고 禁殺生令을 반포할 정도의 호불의 군주였음이 다음의 기사를 통해 알 수 있다.

> B 겨울 12월에 명령을 내려 살생을 금지하고 민가에서 기르는 매와 새매를 거두어 놓아주었으며, 고기를 잡고 사냥하는 도구들을 태워버리게 하였다. [『삼국사기』 백제본기 법왕 원년]

위 기사의 금살생령은 『梵網經』의 제10경계인 축살생구계에 근거를 두고 있다. 『범망경』은 5세기경 중국에서 찬술된 것으로 여러 경론과 계율을 참조하여 만들어진 경전이다. 이는 만약 불자가 국왕이나 전륜성왕 자리에 나아갈 때에 먼저 보살계를 받아야 하며, 계를 받았으면 孝順心·孝敬心을 가져야 한다는 것이다. 『범망경』은 왕권보다 우위에 서서 불법을 설하고 있지만, 다른 면에서 국왕이 보살계를 받아 왕권을 강화하고 통치행위를 정당화시키는 이념으로 이해되기도 하였다.[39]

이어 이듬해 정월에는 왕흥사 공역을 대대적으로 시작하고 여기에 30명의 승려를 두었다[度僧]. 이러한 법왕의 금살생령 반포와 도승은 왕흥사가 국가적 규모의 호국적 기능을 가진 것으로 위치하는 것으로 볼 때[40] 왕흥사가 이때에 이르러 사원의 규모와 기능이 크게 확대된 것으로 이해된다. 그리고 漆岳寺에서 기우제를 지내거나[41] 3산과 5악에 해당하는 곳에 왕흥사와 烏合寺를 창건한 것도 호국적인 기능 이외에 불교적 이념을 토대로 안정적 지배질서를 구축하려는 법왕의 의도가 반영된 것[42]으로 이해된다. 다만

---

38) 조경철, 「동아시아 불교식 왕호 비교」 『한국고대사연구』43, 2006, 21~24쪽.

39) 최원식, 「신라 보살계사상의 성격과 역사적 의의」 『신라보살계사상사연구』, 민족사, 1999, 256쪽. 이를 귀족세력을 억제하기 위한 하나의 방편으로 이용된 것으로 보는 견해가 있다(길기태, 『백제 사비시대의 불교신앙 연구』, 서경, 2006, 80~83쪽).

40) 김주성, 「7세기 백제불교와 그 정치적 확대」, 하와이 한국학학술대회 요지, 2000, 16쪽 ; 길기태, 앞의 책, 83쪽.

위덕왕대에는 사비도성 테두리 안에 있는 3산의 하나인 浮山에[43] 왕흥사를 창건한 반면 법왕대에는 5악의 하나인 北岳에 烏合寺를 지어 불교이념을 사비도성에서 지방에까지 확대시키는 계기를 만든 것으로 볼 수 있다.[44]

이처럼 법왕대에는 왕흥사가 금살생령을 시행하는데 중심적인 위치에 있었고, 아울러 호국적인 성격을 가진 국가적 규모의 사원으로 기능이 보다 확대된 것을 알 수 있다. 이는 위덕왕대 종래 왕흥사가 죽은 왕자의 추복을 위한 백제 왕실의 원찰 기능에 국한되어 있었다면 법왕은 이를 보다 국가적인 규모로 기능을 크게 강화하여 국가불교를 확립한 중심적인 도량의 하나로 자리매김한 것으로 볼 수 있다. 아울러 법왕은 위덕왕대 창건된 이래 완성을 보지 못한 왕흥사에 대한 대대적인 중창을 추진하여 그 규모를 크게 확장하는 일에 착공하였을 것으로 생각된다.

이러한 측면에서 사원의 명칭도 이에 걸맞게 '王興'이라는 이름으로 명명되었을 것으로 판단된다. 법왕의 왕흥사 경영에 대한 두드러진 업적을 감안하여 『삼국사기』나 『삼국유사』의 원전자료인 고기류의 찬자는 왕흥사가 법왕대에 창건한 것으로 인식하여 서술하였을 것이다. 다만 법왕 자신이 연로에 의한 단기간의 재위로 인해[45] 왕흥사의 공역 추진과 불교이념을 통해 지배질서 구축은 중단되고 이어 즉위하는 무왕대의 현안 과제로 이어진 것

---

41) 『삼국사기』 백제본기 법왕 2년 봄 정월.

42) 김수태, 「백제 법왕대의 불교」 『선사와 고대』 15, 2000, 9~12쪽 ; 길기태, 앞의 책, 82~90쪽.

43) 이도학, 「사비시대 백제의 4방계산과 호국사찰의 성립」 『백제연구』 20, 1989, 124쪽.

44) 법왕대에는 왕흥사 이외에 오합사, 금산사 등이 창건되었음을 밝힌 바 있다(이도학, 앞의 글(1989), 120쪽).

45) 법왕이 재위할 때 연령이 어떠하였는지에 대해서는 알 수 없다. 다만 위덕왕이 죽을 때 연령은 대략 77세 전후였을 것으로 추정된다. 『일본서기』 권19 흠명기 14년 10월조에 여창(위덕왕)이 고구려군과 百合野塞에서 전투를 벌였을 때 나이가 29세이었던 점을 고려해 보면 그는 523~525년경에 출생한 것으로 추정해 볼 수 있다. 법왕의 아버지 惠王은 70대 초중반이었을 것으로 추정된다. 혜왕이 법왕을 20세에 낳았을 경우 법왕의 재위시의 연령이 50대였을 것으로 추정된다. 따라서 법왕의 재위 기간이 짧은 것은 불교이념의 강조에 따른 귀족세력의 반발에서 기인한 것이기보다는(이도학, 앞의 글(1989), 120~121쪽) 노령에 의한 자연사일 가능성이 높다.

으로 볼 수 있다.

그러면 법왕이 왕흥사를 크게 중창하려는 이유는 무엇일까? 무엇보다도 법왕이 호불의 군주로서 왕권강화와 관련한 불교정책의 일환에서 찾을 수 있다. 그러나 법왕은 성왕의 직계인 위덕왕과는 다른 혜왕의 아들이었다. 그럼에도 불구하고 법왕이 위덕왕이 창건한 왕흥사를 왕권강화의 구심점으로 삼은 이유는 정치적 측면에서 검토될 수 있다. 법왕은 『隋書』와 『翰苑』 백제조에 위덕왕의 아들로 기록되어 있으나, 『삼국사기』와 『삼국유사』의 기록에 따라 혜왕의 아들로 볼 수 있다. 중국측 사서에서 백제 왕계를 부자 상속으로 기록한 사례가 종종 있기 때문이다.

법왕의 아버지인 혜왕은 성왕의 둘째아들이고 위덕왕의 동생임이 『일본 서기』를 통해 알 수 있다.[46] 법왕은 성왕계의 방계에 해당하는 혜왕계의 소가계집단에 속한다. 혜왕이 형인 위덕왕을 보좌하여 대왜 청병활동을 벌이는 등[47] 그의 권력기반 강화에 큰 역할을 하였다. 따라서 혜왕은 위덕왕과 같이 성왕계를 바탕으로 하는 권력기반의 일정 부분을 공유하는 위치에 있었을 것이다. 위덕왕대 말기에는 위덕왕의 45년간의 오랜 재위 기간이나 577년 총애 받는 왕자의 돌연한 죽음 등으로 인해 혜왕이 권력기반을 장악하게 되는 계기가 되었을 것이다.

그러나 혜왕의 즉위는 그리 순탄치 못한 일면을 보여주고 있다. 혜왕이 70대의 고령에도 불구하고[48] 위덕왕의 사후에 왕제로서 왕위를 계승한 점이나, 위덕왕의 왕자인 阿佐의 정략적인 渡倭 등 일련의 사건은 이러한 점을 뒷받침해 준다. 혜왕의 비정상적의 왕위 즉위와 노령으로 인한 단기간의 재위 등은 법왕에게 일정한 정치적 부담을 주었을 것이다.

---

46) 『일본서기』 흠명기 16년조에는 "百濟王子餘昌遣王子惠[王子惠者威德王之弟也]"라 한 기사가 있다. 반면 『三國遺事』 권1 王曆篇에는 혜왕이 위덕왕의 아들로 나오는데 이는 착오로 볼 수 있다.

47) 『일본서기』 권19, 흠명기 16년 봄 2월.

48) 주) 45 참조.

이에 따라 법왕은 동요하는 성왕계를 적극 포용하고 왕족들 간의 단결을 도모해 나가는 시책을 추진해 나갈 필요가 생겼다. 그 시책의 하나로 위덕왕대에 추진한 불교이념을 통해 왕권강화책을 계승하는 일이 모색되었다. 그런데 당시 사비도성에서 가장 중심적인 사찰은 도성 중앙의 정림사와 동쪽의 능사, 그리고 서쪽의 왕흥사를 들 수 있다. 그 가운데 정림사와 능사는 성왕과 깊은 관련이 있는 사찰이었다. 정림사는 성왕이 사비천도와 함께 왕권을 상징하는 랜드마크로 세웠다면[49] 능사는 554년 관산성 전투에서 패사한 성왕의 추복을 위해 세운 원찰이었다.

따라서 법왕은 권력 기반이 아직 확립되지 못한 상태에서 성왕과 관련이 깊은 이들 사찰들을 권력 강화에 이용하기에는 어려움이 있었을 것이다. 반면 왕흥사는 위덕왕의 죽은 아들을 추복하기 위해 세운 원찰로서 위덕왕과 관련이 깊으며, 또한 사찰이 아직 조영 단계에 있기 때문에 조영과정에서 법왕의 의도를 깊이 반영할 수 있는 이점도 가지고 있었을 것이다. 이러한 의도에서 법왕은 위덕왕대의 중심 사원인 왕흥사를 그의 권력기반 강화를 위한 구심체로 적극 활용하는 시책을 전개해 나가게 된 것으로 볼 수 있다.

2) 무왕대의 왕흥사

법왕대의 왕흥사가 중창을 하면서 규모가 확대되고 국가불교를 확산시키는 국가규모의 호국사찰로 기능이 확대되는 계기가 되었다. 그러나 법왕의 단기간의 재위로 인해 왕흥사의 국가적 규모의 경영은 또 한 차례의 변화를 맞게 되었다. 무왕이 법왕에 이어서 즉위함에 따라 왕흥사는 중창사업이 계속 추진되면서 여러 측면에서 변화 양상이 나타난다.

첫째, 왕흥사가 무왕 35년(634)에 비로소 낙성을 보게 되었다는 점이다. 왕흥사는 위덕왕 24년(577)에 다른 명칭으로 죽은 왕자의 추복을 위한 왕실

---

49) 이병호, 앞의 글, 94~95쪽.

의 원찰로 창건되었지만 사리를 봉안한 목탑을 중심으로 한 소규모의 시설이 갖추어진 상태에 불과하였다. 법왕 2년(600)에 이르러 왕흥사가 중창이 추진되면서 국가 규모의 호국사찰로 규모와 기능이 확대되는 계기가 되었다. 사찰의 명칭도 왕권 강화의 의미를 담은 왕흥사로 개칭되면서 명실공히 불교 이념을 확산시키는 국가불교의 구심체로 역할을 하게 된 것이다.

그러나 법왕의 단기간의 재위로 인해 왕흥사의 중창사업은 한동안 중단을 하게 되었다. 무왕 35년(634)에 이르러 왕흥사가 준공을 하게 되면서 58년만의 대역사를 완성한 것이다. 이 사업은 성왕계인 위덕왕대부터 시작하여 혜왕계인 법왕대를 거쳐 완성한 사비시대 백제 왕실의 난결과 왕권 강화를 상징하는 불교이념의 구심체로 볼 수 있다.

둘째, 무왕대 왕흥사의 공역은 금당, 강당, 회랑, 부대 시설을 포함한 전체 가람뿐만 아니라 그 주변의 조경사업도 함께 이루어졌다는 점이다. "채색과 장식이 장엄하고 화려하였다(A-②)"고 한 것이나, 또는 "그 절은 산을 등지고 물을 내려다보면 꽃과 나무들이 수려하여 사시사철 아름다운 경치를 갖추었다. 왕이 매양 배를 타고 절에 들어가서 형승의 장려함을 감상하였다(A-③)"고 한 기사가 이를 입증해 준다. 완성된 왕흥사 내부 시설들의 단청과 장식이 장엄하고 화려하였으며, 왕흥사 주변의 경관도 사시사철에 맞도록 외부 조경을 수려하고 장엄하게 조성하였음을 알 수 있다. 이는 무왕의 행차에 따른 권위를 과시하기 위한 의도에서였을 것이다.[50]

셋째, 무왕이 왕흥사에 배를 타고 건너가 行香儀式을 거행하였다는 점이다. 왕이 왕흥사에 이르러 禮佛하려고 할 때에는 먼저 인근의 바위에서 부처를 경배할 정도로 신성시하였으며,[51] 왕의 임석 하에 특별한 의식인 行香儀式이 빈번히 베풀어졌다. 행향의식은 향로를 들고 佛會中을 繞行하는 불교의식을 말한다. 부처에게 공양을 할 때 香·燈·茶·花·열매(果)의 다섯

---

50) 이를 지근거리에 있었던 호암사의 존재를 의식해서 외부의 조경을 장엄하게 조성한 것으로 보는 견해가 있다(김주성, 앞의 글(2009), 45쪽).
51) 『삼국유사』 권2, 기이, 남부여·전백제·북부여.

가지 선물 가운데 香 공양이 으뜸이었다. 국왕이 행향의식을 통해 부처에게 예를 올림으로서 스스로 부처와 통하는 존재로 부각시키려는 의미를 가진 의식이다. 2007년도 왕흥사지 발굴조사에서 선착장이 확인되고 배에서 내린 왕이 남북으로 길게 만든 어도를 따라 왕흥사 경내로 진입한 사실이 추정된 바 있다. 남북석축은 사찰의 중심 축선상에 남북방향으로 축조되어 백마강 쪽으로 연결되어 있다. 남북의 길이는 63.4m인데 그 남쪽 끝부분에는 4개의 목주가 확인되었다.

넷째, 왕흥사는 사리신앙, 정토신앙, 미륵신앙, 그리고 법화사상 등을 통섭하여 전제왕권을 구현하려는 왕권 강화의 이념적 도량이라는 점이다. 위덕왕대에는 왕권의 신성성과 다른 귀족과의 차별성을 위해 여러 불교신앙을 두루 이용하고 있었음이 확인된다. 특히 불사리 봉안의식을 통한 사리신앙은 석가불신앙과 통하고 왕권의 신성성과도 연결되었다. 반면 미륵신앙은 바라문 출신의 탄생설화를 가지고 있기 때문에 귀족세력과 깊은 관련이 있는 것으로 이해되고 있다.[52] 무왕대에 이르면 왕권에 연결된 석가불신앙과 귀족세력과 연결된 미륵신앙이 더불어 하나의 질서 속에서 조화를 추구하는 경향이 나타난다.[53] 왕흥사는 종래의 석가불신앙에다가 미륵사상을 수용하는 새로운 변화가 일어났다. 이런 면에서 왕흥사를 彌勒寺라고도 명명되었던 것으로 짐작된다.[54]

그리고 이러한 경향은 왕도지역 뿐 아니라 지방의 중요 거점지역에까지 확산되는 경향을 보이게 된다. 무왕대 이러한 경향이 극명하게 드러난 곳이

---

52) 田村圓澄, 「백제의 미륵신앙」『백제연구』21, 1990, 114쪽.

53) 이기백, 「신라 초기 불교와 귀족세력」『신라사상사연구』, 일조각, 1986, 76쪽 ; 김수태, 「백제 위덕왕대 부여 능산리 사원의 창건」『백제문화』27, 1998, 49쪽.

54) 왕흥사를 미륵사로도 불렀다는『삼국유사』의 기록(A-③)을 익산의 미륵사로 보는 견해가 있다(김삼룡, 「익산 미륵사 창건의 배경」『익산의 선사와 고대문화』, 원광대 마한백제문화연구소, 2003, 412~413쪽). 그러나 이 기사는『삼국사기』백제본기 무왕 35년(634) 봄 2월 기사와 관련이 있는 것으로 사비도성의 백마강 가에 있던 흥왕사에 관한 내용을 말하는 것이다. 일연은 부여 왕흥사와 익산 미륵사를 같은 사찰로 혼동하고 있었음을 알 수 있다.

익산지역이다. 무왕대의 익산 경영과 관련하여 등장하는 익산의 미륵사와 제석사의 존재가 이를 뒷받침해 준다. 최근에 발견된 미륵사지 서탑 사리장 엄구 명문에 의하면 미륵사는 무왕 40년(639) 정월 29일 창건에 즈음하여 사리봉안의식을 장엄하게 거행한 사실이 확인되었다. 발원자는 무왕의 왕 비인 사택씨를 비롯한 왕실이 주체가 되었다. 이 발원식에 참석한 여러 왕 족과 귀족, 그리고 일반 백성에 이르기까지 불사리 봉안식을 통해 미륵불의 하생을 염원하였다. 익산의 帝釋寺에도 불사리를 봉안하고 있었는데 미륵 사 서탑의 창건과 같은 무왕 40년(639) 11월에 불의의 화재가 발생하여 익 신 왕궁리의 오층석탑에 이건토록 한 사례가 있다.[55]

이처럼 무왕대에는 익산지역에 왕실과 관련한 사찰들이 잇달아 창건되 면서 사리의 신성성과 왕권과 제석의 결합을 통해 국왕의 권위를 신성시하 는 지배 이데올로기 성립에 기여하였음을 알 수 있다. 이를 통해 무왕은 지 역적으로 왕도 지역에 국한된 것이 아니라 왕권이 미치는 지배 범위인 지방 에까지 불교이념을 널리 보급시켜 왕권의 위상 제고와 신장을 도모하고자 하였다. 아울러 불교사상 뿐만 아니라 도교사상[56]이나 유교사상[57]을 두루 통섭하는 전제왕권의 위상에 다달은 것으로 볼 수 있다. 미륵사지 서탑 사 리장엄구에 나타난 '大王陛下,' 大王浦의 존재[58] 등으로 미루어 보아 무왕 은 대왕의 위치에 군림한 것으로 왕권의 위상이 크게 높아졌음을 반영하고 있다.

---

55) 『觀世音應驗記』에 의하면, 백제의 武廣王은 枳慕蜜地로 遷都해서 精舍를 새롭게 조영했 는데 貞觀 13년 기해(639) 겨울 11월에 크게 천둥이 치고 비가 와 帝釋精舍가 화재를 입어 佛堂과 七層浮圖 및 행랑방 등이 모두 타버렸다고 한다. 제석사는 지모밀지로 불리던 익 산의 왕궁리에 있었던 사찰이다. 무왕 40년(639) 성월에는 미륵사 서탑에 사리를 봉안했 고, 이 해 11월에는 제석사가 불탔던 것이다. 무왕대에는 익산에 미륵사와 제석사가 동시 에 창건되었던 것으로 볼 수 있다.

56) 무왕 35년(634)에 方丈仙山으로 비유되는 궁남지 축조가 이에 해당한다.

57) 무왕 41년(640) 2월에 자제들을 당나라 국학에 보내 입학을 요청한 사례가 이에 해당한다.

58) 『삼국사기』 백제본기 무왕 37년 3월 ; 『三國遺事』권2 紀異篇 南夫餘 · 前百濟.

4. 義慈王代 王興寺의 위상 약화

무왕대에 성세를 나타냈던 왕흥사는 백제 멸망기인 의자왕대에 이르러 또다른 위상 변화를 겪게 된 것으로 나타난다. 의자왕대에 왕흥사에 관한 기록을 소개면 다음과 같다.

> C-① 6월 왕흥사의 여러 승려들 모두가 배의 돛과 같은 것이 큰물을 따라 절 문으로 들어오는 것을 보았다. [『삼국사기』 백제본기 의자왕 20년, 660]
> ② 11월 5일 왕이 鷄灘을 건너 王興寺岑城을 공격하여 7일 만에 승리하였는데 700명을 목 베었다. [『삼국사기』 신라본기 태종무열왕 7년, 660]

위 사료에서 보듯이 의자왕대에 이르러 왕흥사에 관한 중요한 기사들이 두드러지게 나타나지 않고 있음을 알 수 있다. 사료 C-①은 백제 멸망을 앞두고 발생한 여러 변이들을 『고기』류를 원전으로 하여 채록된 것으로 보인다. C-②는 백제부흥군이 초기에 왕흥사잠성을 거점으로 거병하고 있었던 사실을 보여주는 기사이다. 여기서 왕흥사잠성은 왕흥사지 배후 정상에 축조된 소규모의 테뫼식 산성으로 울성산성에 비정된다. 이 성은 초기 부흥군의 주둔지였다가 신라에 공격을 받아 함락된 성이다. 이를 통해 왕흥사가 왕도 사비성을 외곽에서 수호하는 관방의 요지에 위치하고 있었음을 보여주고 있다.

이처럼 왕흥사가 무왕대와는 달리 국왕이 왕흥사에 배를 타고 건너가 행향의식을 벌인다든가, 또는 여러 법회를 열어 국태민안을 기원하는 더 이상의 역할을 찾아 볼 수 없게 된 것이다. 왕흥사의 위상이 무왕대에 비해 크게 약화된 면모를 엿볼 수 있게 해준다. 이는 의자왕이 불교보다는 유교정치이념을 보다 숭상하는 정치 운영과 깊은 관련이 있다.[59] 무왕이 불교를 비롯하

---

59) 노중국, 『백제정치사연구』, 일조각, 1988, 208~209쪽 ; 김수태, 「백제 의자왕대의 정치변동」 『한국고대사연구』5, 1992, 62쪽.

여 도교, 유교사상에 두루 관심을 보인 것과는 달리 의자왕은 유교사상에 대한 강조를 통해 왕권의 재확립에 정치 운영의 목표를 설정한 것으로 보인다.

의자왕이 유교정치이념에 보다 깊은 관심을 갖게 된 것은 무엇보다도 부왕인 무왕의 영향이 크게 작용하였을 것이다. 의자왕은 효도와 형제 간의 우의를 실천하여 해동증자로 칭송될 정도의 인물이었다.[60] 무왕대에 행해진 태자 책봉(632)[61]이나 일련의 좌평제 개혁,[62] 그리고 자제들을 당의 국학에 입학[63] 등을 통해 유교정치이념과 관료적 정치체제 지향에 깊은 관심을 가졌을 것이다. 특히 의자왕이 유교정치이념에 대한 관심을 적극적으로 지향하게 된 것은 즉위 초에 단행한 일련의 정변을 통해서일 것으로 짐작된다.

> D-① 또 백제의 弔使가 보고하여 말하기를, "지난 해 11월 大佐平 智積이 죽었습니다."라고 말하였다. 또 백제 사신이 말하기를, "(상략) 금년 정월 國主母가 죽었으며 또한 弟王子의 아들인 翹岐 및 그의 어머니의 동생 女子 네명과 內佐平 岐味를 비롯한 고명한 인사 40여 명이 섬으로 쫓겨났습니다." [『일본서기』권24, 황극기 원년]
> ② 백제 사신 대좌평 지적 등을 위해서 조정에서 잔치를 베풀었다[다른 책에는 백제 사신 대좌평 지적과 아들 달솔(이름은 모름) 및 은솔 군신이라 하였다]. 힘센 자에게 명하여 교기 앞에서 씨름을 시켰다. 지적 등은 연회가 끝나자 물러나서 교기의 문전에서 배례하였다. [앞의 책, 황극 원년 6월]

위 기사는 조문을 온 백제 사신을 통해 당시 백제에서 정변이 일어난 사실을 이야기하고 있다. 즉 642년 정월에 모후가 사망하자 동생 왕자의 아들인 翹岐와 그 어머니의 여동생 4명의 왕족들, 內佐平 岐味를 비롯한 명망 높은 가문 출신 40여 명이 섬으로 축출된 사실[64]이 전해오고 있다. 이 기사는

---

60) 『삼국사기』백제본기 의자왕 즉위년.
61) 『삼국사기』백제본기 무왕 33년 봄.
62) 양기석, 「백제 사비시대의 좌평제 연구」『충북사학』9, 1997, 11~12쪽.
63) 『삼국사기』백제본기 무왕 41년 2월.
64) 『일본서기』권24, 황극기 원년(642) 2월.

사료의 신빙성 문제와 왕족의 관계에 대해 많은 논란이 제기되어 왔다.[65] 이 정변은 의자왕이 모후가 죽은 뒤 정적을 제거하고 왕권 강화를 위해 친위정변을 단행한 것으로 보고 있다. 이 정변은 왕권을 강화하려는 의자왕과 기존의 귀족 중심의 정치운영을 그대로 유지하려는 귀족세력 간의 갈등과 알력의 산물로 이해된다.[66] 여기서 국주모는 의자왕의 어머니를 말한다.

반면에 교기는 그의 어머니의 여동생 4명과 함께 추방된 것을 보면 의자왕의 배다른 동생의 아들일 가능성이 있다. 교기는 643년 3월에 일본에 건너간 기사가 있는 것으로 보아[67] 이 정변 직후 일본에 건너간 것으로 추정된다. 이 정변에 연루되어 축출된 세력은 무왕 집권 후반기에 세력을 떨친 의자왕의 배다른 동생과 그의 외척 세력으로 상정된다.

의자왕이 유교정치이념에 크게 관심을 가지고 있었다는 점에서 이들 세력은 유교보다는 불교세력과 깊은 관련이 있는 것으로 보인다. 이런 점에서 이들 세력은 639년에 익산 미륵사지 서탑에 사리를 봉안하는데 주도적인 역할을 한 사택씨 출신 왕비와 깊은 관련이 있는 세력일 가능성이 높다. 위 사료 D-②에 의하면 대좌평 사택지적이 일본에 건너가 642년 정변에서 축출된 교기와 함께 활동하고 있었음을 알 수 있다. 아울러 대좌평 사택지적이 일본에 죽었다고 소문이 날 정도로(D-①) 정치적 위기에 처해 있었던 사실이 이를 입증해 주고 있다.

의자왕은 집권 전반기에 주로 좌평에 임명된 인물들을 대거 기용하여 유

---

65) 이에 대한 주요 연구성과로는 노중국, 앞의 책(1988), 208~209쪽 ; 奧田尙, 「皇極紀の百濟政變記事について」『追水門學院大學文學部紀要』21, 1988 ; 鈴木英夫, 「大和改新直前の倭國と百濟」『古代の倭國と百濟』, 1996 ; 김수태, 앞의 글(1992), 63쪽 및 「백제 의자왕대 왕족의 동향」『백제연구』28, 1998, 315쪽 ; 연민수, 「백제의 대왜외교와 왕족」『백제연구』27, 1997, 207쪽 ; 정효운, 「7세기 중엽의 백제와 왜」『백제연구』27, 1997, 224쪽 ; 이도학, 「일본서기의 백제 의자왕대 정변기사의 검토」『한국고대사연구』11, 1997, 410~413쪽 등을 참조할 것.
66) 노중국, 『백제정치사연구』, 일조각, 1988, 208~209쪽.
67) 『일본서기』 권24, 황극기 원년(642) 3월.

교적 전제정치를 확립해 나간 것으로 보인다.[68] 귀족출신의 좌평들이 의자왕대에 왕권강화와 관련하여 큰 역할을 하는 것은 좌평제의 변화와 함께 관료적인 정치운영과 깊은 관련이 있는 것으로 이해된다.[69] 이러한 의자왕대의 유교정치 지향으로 인해 국가적인 호국불교의 요람인 왕홍사의 기능과 역할은 상대적으로 약화될 처지에 놓이게 된 것이다.

이 시기 왕홍사에서는 사료 C-①에서 보듯이 백제 멸망을 예견하는 災異현상을 보여주고 있는 것이다. 이러한 재이현상은 북악인 烏含寺[70]를 비롯하여 사비도성에 있는 왕홍사, 天王寺, 道讓寺, 白石寺 등으로 확산되는 양상[71]을 보여주고 있다. 이러한 사찰과 관련한 재이현상은『금광명경』에 근거를 둔 불교적 천문 세계관과 깊은 관련이 있는 것으로 이해된다.[72] 이는 의자왕이 유교정치를 지향하면서 상대적으로 불교를 배척함으로써 일어난 이변현상으로 파악된다. 이러한 재이기사는 당시 憬興을 중심으로 한 백제 불교계의 현실정치에 대한 비판을 간접적으로 알려주는 징조라 할 수 있다.[73]

---

68) 김수태, 앞의 글(1992), 65쪽.

69) 이종욱,「백제의 좌평」『진단학보』45, 1978, 50쪽.

70) 오함(합)사의 위치는 현재의 충남 保寧郡 藍浦의 聖住寺址로 추정되고 있다. 충남대학교 박물관에서 성주사지를 발굴한 결과 백제시기의 유적층이 확인되었다(동국대학교박물관,『佛敎美術』2 -聖住寺址發掘調査特輯-』, 1974 ; 충남대학교,『保寧聖住寺址 제5차發掘調査約報告書』, 1994).

71) 의자왕대 사찰과 관련한 재이기사로는『삼국사기』백제본기 의사왕 익름 5월, 20년 5월 및 6월조에 보이고 있다.

72) 김일권,「원효와 경홍의『금광명경』주소에 나타난 신라의 천문 성수 세계관」『신라문화』17, 2000, 168~173쪽.

73) 김수태,「백제 의자왕대의 불교 -경홍을 중심으로-」『백제불교와 왕권』, 2009 백제문화연구소 학술세미나 발표요지, 공주대 백제문화연구소, 2009.6.27, 88~90쪽.

5. 맺음말

이 글은 위덕왕이 왕흥사를 창건하게 된 목적과 시기, 그리고 기능과 위상면에서의 변천과정을 사비시대 백제 왕권의 추이와 관련하여 살피기 위해 마련된 것이다. 이를 위해 먼저 흥왕사지 출토 사리장엄구 명문과 관련 기록을 중심으로 왕흥사의 건립 시기와 건립 목적을 검토하여 위덕왕대 왕권의 실상을 살펴보았다. 이어 법왕과 무왕대에 이르러 왕흥사가 어떠한 규모와 위상으로 변화하게 되었는지에 대하여 검토하였다. 끝으로 의자왕대에 이르러 유교정치 이념의 강화와 관료제의 정비에 따라 왕흥사의 달라진 위상을 함께 살펴 본 것이다. 그 결과를 요약하면 다음과 같다.

왕흥사는 최근까지의 고고학적인 성과와 일본의 법흥사의 창건 사례를 원용해 볼 때 그 목탑의 조성 시기인 577년 전후의 시기에 창건된 것임을 알 수 있다. 왕흥사의 목탑이 조성될 무렵 전후로 한 시기에는 임시적으로 사원을 관리하기 위한 소규모의 시설들이 마련되었을 것이다. 왕흥사는 위덕왕의 발원에 의해 창건되었으며, 부여 능산리사지와 함께 성왕이나 왕자의 추복을 위한 왕실의 원찰이었다. 위덕왕은 왕흥사 목탑 창건을 계기로 하여 왕족의 결속과 왕권의 기반을 강화시켜 나가려는 의도를 갖고 있었다. 그 방법으로 모색된 것이 사리봉안의식이었으며 이를 통해 왕권의 위상을 높이고 아울러 불교이념을 적극 수용하여 왕권의 기반을 재확립하려는 전기로 삼으려 한 것으로 파악하였다.

법왕대에는 위덕왕대 창건된 이래 완성을 보지 못했던 왕흥사에 대한 공역이 재개되었고, 이곳에 30명의 승려를 두어 금살생령을 시행하는데 왕흥사가 중심적인 역할을 하였다. 이에 따라 위덕왕에 단지 죽은 왕자의 추복을 위한 백제 왕실의 원찰에 국한되었던 왕흥사는 규모와 기능이 크게 강화되어 호국적인 성격을 가진 국가적 규모로 변화되었다. 이런 배경에서 사원의 명칭이 왕권 강화의 의미를 담은 '王興'으로 명명되었는데, 『삼국사기』와 『삼국유사』의 법왕대 창건 기사가 이를 의미하는 것으로 볼 수 있다.

이어 무왕대에는 법왕의 단기간의 재위로 인해 한동안 중단되었던 왕흥사의 공역을 준공하면서 왕흥사의 기능이 변화되었다. 왕흥사 전체 가람 뿐 아니라 주변의 조경사업을 장엄하고 화려하게 조성한 점, 무왕이 직접 배를 타고 건너가 이곳에서 행향의식을 성대하게 거행하였다는 점, 익산에 미륵사와 제석사가 잇달아 창건된 점, 종래 석가불 신앙에다가 미륵신앙을 적극 수용한 점 등에서 그 변화 양상을 찾아 볼 수 있다. 이에 따라 무왕대의 왕흥사는 사리신앙, 정토신앙, 미륵신앙, 그리고 법화신앙 등을 통섭하여 전제왕권을 구현하려는 왕권 강화의 이념적 도량으로 기능하게 되었다. 그리고 지역적으로 왕도 지역을 넘어 지방에까지 확대시켜 불교이념을 통한 왕권의 위상 제고와 권위 확립을 도모하고자 하였다.

한편 백제 멸망기인 의자왕대에 이르면 왕흥사의 위상과 기능이 변화한 것으로 드러난다. 백제의 멸망을 災異를 통해 예견하고 있는 점, 그리고 왕흥사잠성이 백제부흥군의 또하나의 거점으로 나타난 점 등으로 보아 호국적 기능은 유지되고 있었다.

그러나 의자왕대에는 새로운 사원을 창건하는 일이나, 또는 무왕대처럼 왕흥사에서 성대한 행향의식이나 여러 법회를 열어 국태민안을 기원하는 사례를 더 이상 찾아 볼 수 없게 된 것이다. 이는 왕흥사의 위상이 무왕대에 비해 크게 약화된 면모를 보여주는 것으로 의자왕이 불교보다는 유교정치이념을 보다 숭상하는 정치 운영과 깊은 관련이 있다. 무왕이 불교를 비롯하여 도교, 유교사상에 두루 관심을 보인 것과는 달리 의자왕은 유교사상에 대한 강조를 통해 왕권의 재확립에 정치 운영의 목표를 설정한 것과 깊은 관련이 있다. 의자왕이 유교정치를 지향하게 된 것은 즉위 초에 단행된 친위정변이 계기가 되었을 것으로 보인다. 이 정변에 연루되어 축출된 세력이 불교세력과 깊은 관련이 있기 때문이다.

『백세문화』41, 공주대학교 백제문화연구소, 2009

찾아
보기